La otra historia del arte

Heterodoxos, raros y olvidados

Maria-Josep Balsach / Estrella de Diego / Mercè Ibarz
María Dolores Jiménez-Blanco / Pablo Jiménez Burillo
Simón Marchán Fiz / Vicente Molina Foix
Pascal Rousseau / Agustín Sánchez Vidal
Guillermo Solana / Mary Anne Stevens

La otra historia del arte
Heterodoxos, raros y olvidados

Instituto de Cultura. FUNDACIÓN MAPFRE

Cubierta:
Georgia O'Keeffe
Detalle de *Two Cala Lilies with Pink,* 1926

Diseño: Juan Pérez de Ayala
Coordinación editorial: María Martín de Argila
Cuidado de la edición: Daniel Gil
Traducción: Polisemia

Fotocomposición y fotomecánica en Cromotex, S.A., Madrid
Impreso en Brizzolis Arte en Gráficas, S.A.
Encuadernado en Ramos, S.A., Madrid

ISBN-13: 978-84-9844-027-0
ISBN-10: 84-9844-027-0

Depósito Legal: M-40054-2006

Introducción

MARÍA DOLORES JIMÉNEZ-BLANCO Y PABLO JIMÉNEZ BURILLO

El interés por la historia del arte es hoy un fenómeno social innegable. Más allá del desarrollo de la historia del arte como una especialidad académica universitaria ya indiscutible, la importancia de este fenómeno social puede medirse por muchos otros índices. Los museos registran grandes colas y las exposiciones se convierten en puntos de atracción para todo tipo de público, no necesariamente especialistas en historia del arte. Más aún, son muchos los que viajan a otro país para contemplar una exposición, un museo o la casa de un artista. Las publicaciones sobre los grandes artistas, sobre esos nombres que atraen al público cada vez más, constituyen éxitos de ventas que interesan no sólo por las grandes obras de los maestros, sino también por la novela de sus vidas. Porque en muchos casos lo que se espera del artista moderno es exactamente eso: literatura. Tragedia y heroísmo, sordidez y grandeza, miseria y belleza... acompañados de audacia artística, color, innovación, rebeldía. El fenómeno ha ocupado no sólo a la creación literaria, sino también a la cinematográfica: desde Picasso a Pollock, desde Van Gogh a Frida Kahlo, son legión los artistas que, previamente convertidos en leyenda, han dado lugar a costosos *biopics* que compiten en los festivales internacionales y se disputan el interés del público. Como si se rescatase el modelo original sobre el que se edificó la historia del arte al final del Renacimiento con el famoso libro de Vasari que recogía las vidas de los más famosos artistas de su tiempo, las biografías han vuelto a ocupar un lugar esencial en el proceso de acercamiento popular a los artistas. Algo que se refleja en la propuesta que ahora presentamos.

Sin embargo, a menudo tenemos la impresión de que la historia del arte que leemos en los libros no coincide con todo eso. No sólo suele despreciar la información que concierne a los aspectos extraartísticos –como los biográficos– como demasiado anecdóticos; también difiere en la elección de los nombres a tratar. Muchos de los artistas que han acabado convirtiéndose para el gran público en héroes indiscutibles de la modernidad –por motivos en muchos casos no sólo artísticos, es cierto– como la mencionada Frida Kahlo, pero también Modigliani, Chagall o Tamara de Lempicka, parecen merecer un lugar sólo secundario, a veces una rápida y desabrida mención en los relatos canónicos de la historia del arte tal como se entiende convencionalmente.

Tampoco parece existir unanimidad entre la historia del arte que se hace y se transmite desde la universidad, de una parte, y la que puede contemplarse en los museos, de otra, donde es más fácil que pueda rastrearse la presencia de esos hombres y mujeres que, a pesar de ser casi olvidados por los manuales, conforman algunas de las imágenes más poderosas que el imaginario colectivo liga a la idea de modernidad artística. Los objetos –los cuadros, las esculturas– son muy tozudos, y a pesar de no encontrar acomodo entre los renglones de una historia cuyas líneas argumentales estaban predeterminadas en otro sentido, siguen afirmándose con su presencia física, a veces hipnotizante, en esos templos laicos que son los museos. Aunque la historia escrita en las páginas de los libros parece rechazarlos, la historia escrita en las salas de los museos los acoge gustosa, llegando a entronizarlos en algunas ocasiones.

¿Por qué se produce esta discrepancia? Aunque la explicación no es sencilla, hay un hecho que podría ayudarnos a entenderla. Salvo algunas excepciones, como la de Picasso, convertido en toda una categoría historiográfica por sí mismo, la historia del arte ha tendido a olvidarse de las individualidades para construir movimientos, llámense «vanguardias» o no. Estos movimientos se entendían como estructuras intelectuales que de un modo u otro sobreentendían el carácter colectivo de las propuestas artísticas de la modernidad: los nombres asociados a cada una de ellas funcionaban, en realidad, como ejemplos que ilustraban con piezas concretas las ideas generales aplicables a tal movimiento. Por ejemplo, las obras de 1905-1906 de Matisse, Derain, Vlaminck, etcétera ilustran el fauvismo a la perfección. Pero en seguida se plantea un problema obvio: al valorar las obras de arte sólo por su conexión con un determinado movimiento artístico, quedaban fuera del relato importantes aportaciones de esos mismos artistas realizadas al margen. ¿Qué ocurría en aquel modelo historiográfico con el Derain postfauve, sólo recientemente recuperado? ¿No es fauve todo Matisse incluso muchos años después, cuando el fauvismo ha muerto como movimiento colectivo, y cuando la obra de Matisse deja cada vez más clara su admiración por el clasicismo? ¿Cómo clasificar –más aún, cómo conocer– la obra de tantos artistas que después de su vinculación a un determinado movimiento artístico han seguido trabajando por caminos personales? Y si éste es el caso de aquellos que de alguna manera acaban asomando en la línea oficial de la historia del arte, aunque su esfuerzo y su trayectoria vital se vean reflejadas en él sólo parcialmente, más drástico es aún el caso de tantos artistas que, por su fuerte individualismo o por el carácter difícilmente clasificable de sus obras, quedan por entero fuera de las narraciones históricas que manejan, por ejemplo, los estudiantes de la carrera universitaria de historia del arte.

El objetivo del curso que dio origen a este libro no era tanto señalar la insuficiencia del modelo historiográfico tradicional, un problema que constituye un tema de debate obsesivo en las últimas décadas en los centros académicos. Se trataba, más bien, de situarnos fuera de la discusión para sencillamente rescatar y celebrar a algunas de las personalidades artísticas más interesantes de la modernidad, que han llegado a convertirse en mitos más allá de lo artístico, que han capturado la imaginación de espectadores, escritores, etcétera, a pesar de que su obra no se pliega fácilmente a las etiquetas estéticas establecidas en una historia del arte entendida como una sucesión de propuestas escalonadas, de sentido unidireccional y de progreso, que no tenía en cuenta la riqueza y la variedad de lo artístico. Que no tenía en cuenta, en suma, la complejidad de todo lo humano precisamente en una época como la modernidad, que había consagrado la libertad como valor supremo, por encima incluso de la belleza. La vida se escapaba por las rendijas de unas estructuras demasiado rígidas, y lo que aquí nos proponemos es simplemente mirar otros nombres que pueden interesar tanto a los lectores como a los historiadores pero que, por diversos motivos, han escapado a la crónica oficial de la historia del arte –aunque no a la crónica popular.

Son muchos los nombres que podrían rescatarse desde este punto de vista. En este libro nos ocuparemos sólo de algunos de los que nos han parecido más atractivos, precisamente por su capacidad de encarnar el poder de la individualidad en el mundo contemporáneo, por su transversalidad, así como por su capacidad de servir como fertilizantes, como inspiradores de muchos otros creadores, no sólo en el campo de las artes plásticas.

El itinerario que les proponemos en estas sesiones se inicia con una artista emblemática de la libertad buscada en el siglo XX: Frida Kahlo. Convertida en las últimas décadas en un verdadero icono de sufrimiento y feminidad, ligada tanto a las propuestas surrealistas como a una militancia de izquierda que se mezcla con su sensibilidad hacia todos los oprimidos por el dolor, como ella misma, o por la miseria, como los pueblos nativos mexicanos. Frida nos traerá imágenes de gran poder de sugestión, imágenes del México tropical o de su propia y fatal tortura física, que traspasan aquella circunstancia para convertirse en imágenes universales que nos apelan muy directamente.

Continuaremos con Amedeo Modigliani, otro de los grandes mitos de la modernidad. Un personaje de vida tormentosa y comportamientos autodestructivos que ha venido a encarnar la bohemia de Montmartre, y que es al mismo tiempo creador de estilizadas e inconfundibles imágenes en las que la huella liberadora del primitivismo es bien patente.

Maurice Denis, quizá menos conocido para el gran público, es un personaje central en el París del cambio de siglo, miembro del grupo de los nabis o profetas del arte nuevo, que sintetizó las aspiraciones del nuevo arte con una célebre frase en 1890: «Recordad que un cuadro, antes que un caballo de batalla, una mujer desnuda o cualquier anécdota, es esencialmente una superficie plana recubierta de colores dispuestos en un determinado orden».

De este modo, en un contexto estético marcado tanto por el simbolismo como por el *art nouveau,* Denis reivindicó de una vez y para siempre el carácter del arte como creación plástica, por encima de sus valores narrativos.

El checo František Kupka, ilustrador en el París simbolista de la última década del siglo XIX, se convertiría después en uno de los primeros investigadores de la abstracción, llevado por su interés de traducir mediante formas plásticas el movimiento que él identifica con la edad de la máquina. Para ello crea sugerentes imágenes que le acercan al orfismo, con el que le emparenta también su fascinación por el misticismo.

Marc Chagall es otro de los nombres artísticos más conocidos y celebrados del siglo XX, que sin embargo raramente aparece en las clases de historia del arte. Identificado con la cultura hebrea, de la que ha creado las imágenes más poderosas en el mundo contemporáneo, es también un artista muy ligado al surrealismo, un movimiento con el que convivió en París y que le permitió comprender que junto al imprescindible componente visual el arte podía tener también un importante componente visionario.

Joaquín Torres-García es un artista en el que la complejidad y la coherencia se dan la mano. Apegado al clasicismo noucentista en la Barcelona de los primeros años del siglo XX, se convertirá después en uno de los más importantes representantes internacionales del constructivismo, residiendo en Madrid, París, Nueva York y Montevideo. Lo que hay detrás de ambas facetas, aparentemente tan dispares, es la búsqueda de un orden universal, capaz de explicar y dar sentido a todas las formas de la naturaleza observada.

En su caso, además, tanto el *noucentisme* como el constructivismo se conjugan con una reivindicación de la cultura del lugar, así como de las técnicas artesanales.

La americana Georgia O'Keeffe se ha convertido en una de las figuras más potentes no sólo del arte americano, sino también del arte del siglo XX en un contexto internacional. Su presencia destacada en los círculos neoyorquinos pioneros de la vanguardia artística, presididos por el fotógrafo y galerista Alfred Stieglitz, le llevó a un rápido conocimiento de las novedades artísticas internacionales. Sin embargo, O'Keeffe propone en su obra imágenes inseparables de la sensibilidad americana, desde poderosas panorámicas de los rascacielos neoyorquinos hasta sus emblemáticos primeros planos de flores, de indudables sugerencias sexuales, muy ligados a una hiperestésica experiencia de la naturaleza.

El italiano Giorgio de Chirico, creador de las enigmáticas imágenes de ciudades desoladas, silenciosas e inquietantes, que identificamos con el título de «pintura metafísica», fue siempre reivindicado a su pesar como un apasionante antecedente por parte de los surrealistas. Pero más allá de su discutida conexión con el surrealismo, De Chirico nos habla de la permanencia del sustrato clásico de la cultura europea, y en su trayectoria tiene cabida una lúcida reivindicación del legado artístico italiano que parecía ir a contracorriente de las rupturas vanguardistas.

El americano Man Ray suele aparecer en el relato de la historia del arte más convencional como uno de los seguidores del movimiento dadá en Nueva York, en el que se producen algunas de las propuestas más radicales e iconoclastas del arte del siglo XX (Picabia, Duchamp). Siendo ésta una faceta muy importante, no basta para conocer la personalidad artística de Man Ray, uno de los más grandes fotógrafos del siglo XX, cercano también, como otros de sus compañeros dadás, al círculo surrealista, y retratista de muchas de las figuras más importantes de la cultura moderna.

Tamara de Lempicka había sido identificada tradicionalmente con lo más sofisticado y elegante del *art déco,* convirtiéndose en uno de los nombres más preciados en subastas y colecciones privadas, aunque generalmente ignorada no sólo en los manuales de historia del arte del siglo XX, sino también en buena parte de los museos. La exposición retrospectiva que recientemente le ha dedicado la Royal Academy de Londres ha venido a confirmar lo que era un secreto a voces: que su obra constituía una de las propuestas más atractivas de la Europa de entreguerras, en las que un nuevo concepto de realismo se abría paso como tendencia de una indiscutible modernidad.

Por último, Fernand Léger, un artista considerado tradicionalmente como uno de los «cubistas esenciales» (junto con Picasso, Braque y Gris), pero cuya obra y experiencia vital se resisten a ser englobados en esa sola etiqueta. Deslumbrado por la experiencia americana de la modernidad, sensible a los problemas sociales del mundo industrializado, Léger ha creado algunas de las imágenes que evocan más poderosamente, entre la ingenuidad más esperanzada y la más depurada capacidad de análisis humano y plástico, el lugar del hombre del siglo XX.

Para hablar de todos estos artistas se ha convocado, como en publicaciones anteriores, a los más reputados especialistas en cada uno de los temas a tratar. Agradecemos a todos ellos su valiosa contribución, e invitamos al lector a disfrutar del volumen que tiene en sus manos.

Frida Kahlo, la artista y sus máscaras

MERCÈ IBARZ

1.

Frida Kahlo vivió cuarenta y siete años, en una época decisiva para el arte moderno. Nació en 1907, año de *Las señoritas de Aviñón* de Picasso, tela enorme no sólo por sus dimensiones, y murió en 1954, cuando Jackson Pollock terminó su último cuadro de gran formato, *Luz blanca*. Ella pintó casi siempre cuadros pequeños. Entró en el mundo cuando las máscaras africanas eran absorbidas como fuente del experimento cubista y lo dejó cuando la Europa después de la lluvia de bombas se había refugiado artísticamente en América y del cruce europeo con el México de los muralistas había surgido el expresionismo abstracto y, a partir de él, el dominio de Estados Unidos en el arte del siglo XX. Si el arte moderno se ha transformado tanto desde entonces, no menos modificaciones en su recepción y legado ha vivido la obra de Frida Kahlo.

La gente que la conoció bien la llamaba «la gran ocultadora». Así se proclamaba ella misma y así la nombraba Diego Rivera, el muralista cubista, dos veces su esposo, referente de su vida y de su obra. Rivera, que probablemente fue quien mejor comprendió y alentó su arte, se pintó en sus últimos años como hijo de Frida.[1] De la relación entre ellos será siempre bueno hablar, pues –además de escenificar las bellas desdichas de una pareja de creadores– una y otro representan dos de las grandes caras del arte político moderno: la narración épica en Rivera, la mirada interior en Kahlo. No sólo su ayuda mutua fue constante en medio de zozobras emocionales e históricas, sino que su interacción artística fue asimismo fértil. Para *ver* a Frida Kahlo hay que escuchar a Diego Rivera. Sobre todo hoy, cuando Frida Kahlo a menudo significa para el mercado global neoexotismo posmoderno.

En el marco de una historia *otra* del arte es oportuno interrogar e indagar en las razones que han convertido a esta pintora en un símbolo de nuestro tiempo en tantos sentidos. Ello comporta una pregunta cuyas respuestas pueden ser más elocuentes sobre nuestro mundo de ahora que sobre la misma Frida Kahlo: ¿qué aporta hoy esta artista que por su impudor estético, por sus autorretratos y sus escenas íntimas, creemos conocer de forma absoluta, hasta el punto de considerarla un mito o un icono, a veces incluso más que una pintora?

Es preciso ser –al menos un poco– como ella, impúdicos estéticamente. Levantar el velo y verla más allá de su carácter de mito y de icono de lo étnico y de la Revolución mexicana, de lo femenino y del dolor trascendido por el arte, también de la posmodernidad que busca lo exótico a toda costa. Dejar de verla como una suerte de Van Gogh femenina. O, más aún, como exponente ejemplar de la estela de «artistas desgarradas» por el sufrimiento físico y amoroso. Ir más allá de la *fridomanía*. Entender por qué lo que pintó permanece en la retina, se queda en ella y no es posible olvidar un cuadro suyo tras haberlo visto.

2.

Fue rescatada y propulsada más allá de México por los estudios culturales feministas en los años ochenta, al igual que tantas otras artistas menospreciadas por el canon vigente hasta aquel momento. Kahlo emergió porque pintaba inequívocamente a partir de su cuerpo dolorido y de su condición de mujer, sin ningún disimulo. Su obra apareció, y así ha continuado desde entonces, como espejo de las interrogaciones de la condición de mujer: en sus cuadros se pinta naciendo y mamando, como amante, como madre frustrada, abortando, como malquerida, como artista indígena y como mexicana de la Revolución, tan decidida y a la vez tan pisoteada como una mujer y un artista –y una revolución– puedan serlo.

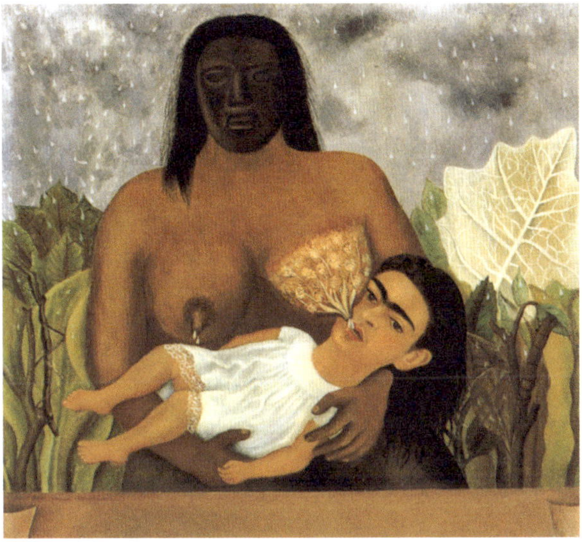

Mi nana y yo, 1937

Frida Kahlo se convertía así en una clásica, en femenino, de la primera mitad del siglo XX. Diego Rivera lo había comprendido mucho antes, pero la historia cultural no le ha hecho caso hasta muy recientemente. La cualidad mayor de la obra de su esposa era que:

> [...] es la primera vez en la historia del arte que una mujer ha expresado con franqueza absoluta, descarnada y, podríamos decir, tranquilamente feroz, aquellos hechos generales y particulares que conciernen exclusivamente a la mujer. Su sinceridad, que quizás llamaremos a la par tiernísima y cruel, la ha llevado a dar de ciertos hechos el testimonio más indiscutible y cierto.[2]

Rivera fue muy pronto consciente de la «retina excepcional» de Frida, una característica «en correspondencia con el temple nervioso que la hizo vital y resistente al sufrimiento», y de que su «cerebro tiene la potencia de un aparato de rayos X que marcara en opaco y claro la criatura del ser sensitivo-intelectual que ella observa».[3] Para Rivera era claro que «no es la tragedia lo que preside la obra de Frida. Esto ha sido muy mal entendido por mucha gente».[4]

Su dolor, su arte. Es una de las máscaras certeras de la «gran ocultadora». Lo denotan sus autorretratos y también los retratos fotográficos que le hicieron. La escritora británica Angela Carter observó que los retratos fotográficos –que son otra de las versiones icónicas de Frida– «se parecen tanto a su cara en sus propias pinturas, que es como si sus ojos tuvieran el poder de subvertir la cámara, haciendo que ésta la vea como ella se veía a sí misma, como ella nos hace ver lo que ve cuando pinta»[5]. Lo que Kahlo ve cuando se pinta a sí misma no es lo que habitualmente vemos en un autorretrato: Kahlo no nos mira, no se dirige a nosotros, no utiliza la argucia del artista que mira al espectador que mira el cuadro. Frida Kahlo se mira a sí misma, «sometiéndose a sí misma al más intenso escrutinio, casi a un interrogatorio», prosigue Angela Carter; «utiliza el narcisismo, el exhibicionismo como forma de disfraz».[6]

Disfrazó su dolor y convirtió el disfraz en pintura. Una pintura que es una representación moderna del dolor y de lo femenino, de lo popular y de lo excluido. Por ello Frida Kahlo no es sólo una clásica de la primera mitad del siglo XX sino también nuestra contemporánea. Han tenido que transcurrir décadas para que en su obra los espectadores veamos las cicatrices del mundo.[7]

Pero no pasó mucho tiempo tras su muerte para que artistas europeos y americanos, ya fueran conceptuales o situacionistas o performantes del *body art* o los neoexóticos de hoy, siguieran una senda cuya genealogía retrotrae, entre otros, a Kahlo y su manera de ponerse a ella misma en la picota.

3.

Ciertamente, Kahlo vivió en permanente dolor físico. Primero fue la polio que la atacó a los seis años, luego el accidente que la dejó inválida a los dieciocho. El dolor no impidió nunca su magnetismo, que fue grande en los diversos órdenes de la vida. Lo significativo fue, y sigue siendo, que con su dolor logró una iconografía de una forma de la vida que hasta ella no se había dado en el arte moderno con su misma tenacidad –pensemos en Francis Bacon–. Una actitud y una iconografía que hoy son condición de cierta estirpe de artistas contemporáneos. No se trata, pues, únicamente, de que Kahlo pinta como mujer. Se trata sobre todo de que pinta la resistencia del sujeto ante un mundo que conspira contra la subjetividad.

En su «tiniebla del dolor», como la llamó Rivera, en su resistencia moral, Kahlo logró sobrevivir y gozar de la vida, tener una notable vida pública y contar en su época. Consiguió un camino estético personal. Esa tiniebla era:

> [...] el fondo tierno donde nacen la luz maravillosa de su fuerza biológica, su sensibilidad tan fina, su inteligencia resplendorosa y su coraje invencible para luchar, para vivir y para mostrar a sus camaradas humanos cómo afrontar las fuerzas contrarias y vencerlas para llegar a una alegría superior, contra la cual nada podrá resistir en el mundo del futuro.[8]

Son palabras de otro tiempo que, no obstante, transmiten gran parte de las razones por las que Frida Kahlo es hoy mucho más conocida que Rivera. Sus alegorías siguen vivas, como el llanto del recién nacido o cierta dignidad que vive en el infortunio. Mientras que la épica de los muralistas se ha convertido en una opaca y decorativa arqueología.

Aunque Kahlo está lejos de convencer a muchos a pesar de que su reputación es sólida, seguramente es la pintora más conocida nunca. Quizás por la dificultad contemporánea de asumir el dolor como enseñanza: el sufrir de Kahlo, que sus cuadros no nos evitan, su impudor, su franqueza insistente, su forma de poner el dolor individual en primer plano, sigue siendo para algunos críticos reputados un signo poco artístico.

4.

Su dedicación al autorretrato, la decidida voluntad de hablarnos a través de su cuerpo, de su rostro una y otra vez, puede hacernos creer que se mostró completamente. Creemos conocerla o, al menos, creemos estar ante un elocuente disfraz, narcisista y sincero a la vez. De nuevo, Diego Rivera advierte algo que conviene retener: «Su autorretrato recurrente nunca se parece al anterior y cada vez se parece más y más a Frida, cambiante y permanente, como la dialéctica universal»[9]. Picasso por su parte también lo comprendió y así se lo escribió a Rivera: «La única carta que me escribió Picasso en su vida fue a raíz de una exposición de los cuadros de Frida en París. La carta decía: ni Derain ni yo ni tú somos capaces de pintar una cabeza como las de Frida Kahlo»[10].

Estas cabezas que Picasso admira, y su carácter cambiante, que Rivera enaltece y destaca, son las máscaras con las que Frida Kahlo nos habla. A cada transcurrir del tiempo, se van revelando.

5.

Mientras vivía, su máscara más conocida –su rostro pintado, su cuerpo desnudo o vestido, enfermo o triunfante– fue la mexicanidad. En la línea de Hermenegildo Bustos, un pintor de pueblo, muy dotado, y del arte popular de los exvotos o los judas que la judera Carmen Caballero Sevilla hacía para Rivera y para Frida. Una pintora enferma y luchadora, mujer brava, sensual y festiva, que hacía cuadros pequeños, un contrapunto del muralismo. Ya en los años treinta fue vindicada por el surrealismo exiliado de Europa. Su mexicanidad empezaba a devenir universal. A ello contribuyó la mirada de André Breton, que cuando vio en México la obra de Kahlo la propulsó fuera de sus fronteras. Pero también contribuyó Breton a lo que tantas veces ha sucedido con las artistas vinculadas al surrealismo: la concepción de la mujer-niña que crea desde lo irracional, la locura, la enfermedad, la dependencia en definitiva. A lo que Kahlo respondió de inmediato: «Yo no pinto mis sueños, pinto mi realidad».

Más tarde expresaría así su poética y sus lances con el surrealismo:

> Realmente no sé si mis pinturas son o no surrealistas, pero sí sé que son la más franca expresión de mí misma, sin tomar jamás en consideración juicios ni prejuicios de nadie. He pintado poco, sin el menor deseo de gloria ni ambición, con la convicción, antes que todo, de darme gusto, y después poderme ganar la vida con mi oficio. De los viajes que hice, viendo y observando todo lo que pude, saqué dos cosas positivas: tratar, hasta donde pueda, de ser siempre yo misma, y el amargo conocimiento de que muchas vidas no serían suficientes para pintar como yo quisiera y todo lo que quisiera.[11]

Las tres miradas sobre Kahlo que hemos visto hasta ahora –la mexicanidad, la óptica de Breton y la de los años ochenta y noventa– dieron lugar a otra máscara, que aún persiste: la de Kahlo como mujer artista casi analfabeta en estética y sólo inspirada por el arte como terapia, que vuelve una y otra vez a su biografía de enferma y de amante, vestida a la manera indígena, con su vello sobre los labios sin depilar y su pelo largo sin domesticar o salvajemente cortado, con sus monos y sus joyas precolombinas. Con su vestido de tehuana interrogando el mundo, el vestido que se puso para casarse con Diego porque él así lo quiso cuando, al volver de quince años en Europa, buscaba las raíces de lo mexicano.

Mas lo popular es un indicio de muchas direcciones. La mujer tehuana –de Tehuantepec o de Juchitán– se había convertido en la época en la encarnación de la resistencia indígena y, más aún, en emblema de feminismo, del triunfo de la libertad de la mujer india. La leyenda del matriarcado de Tehuantepec fascinó a todos los intelectuales mexicanos de entreguerras, poetas, ensayistas y sobre todo a los pintores.[12] Frida llevó este emblema al extremo de convertirse ella misma en su representación física, no sólo en los cuadros. En sus estancias en Estados Unidos, a principios

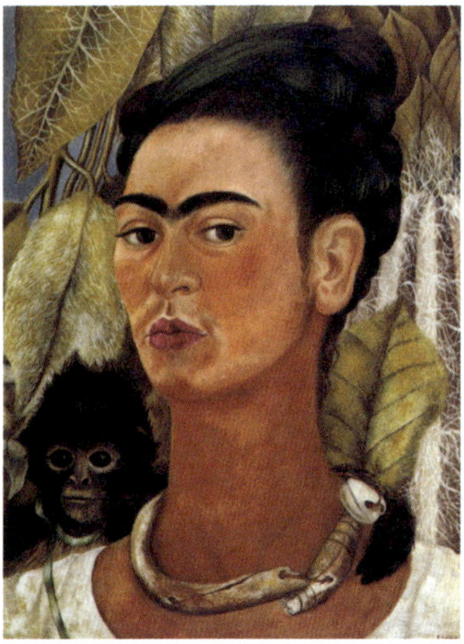

Autorretrato con mono, 1938

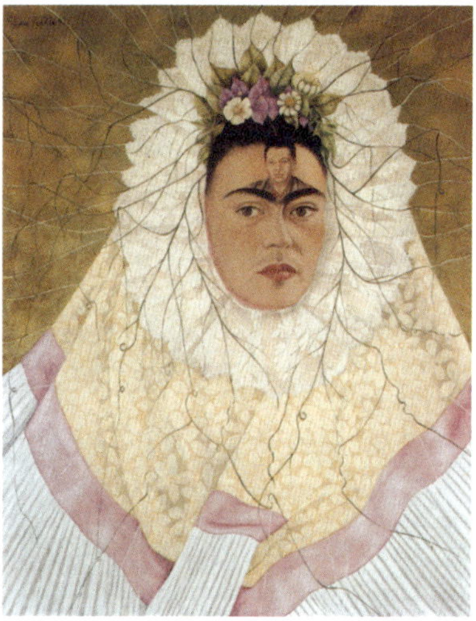

Autorretrato de Diego en mi pensamiento, 1943

de los treinta, los niños la seguían por la calle, pensando que anunciaba un circo. Y por ello pintó allí ese magnífico *collage*-pintura, *Mi vestido colgado ahí,* en medio de la profusión de emblemas y mitos de la América ultramoderna, los Estados Unidos.

6.

Su forma de entender lo político –la mirada interior– es lo que ha terminado por ser premonitorio del arte contemporáneo. Kahlo es en este sentido un precedente. Pintó cuadros pequeños, a menudo sobre metal o sobre mansonite, que es tan liso como el metal. El resultado es una pintura que parece pintada sobre piel. Sobre su propia piel. Tatuajes, impresiones duraderas en carne viva.

Pequeños cuadros lisos como una piel tatuada, con sus motivos a la manera indígena o de los exvotos, o planteados como imágenes de una selva en la que la pintora y modelo es un animal más en armonía, incluso en su dolor. Lo personal es político, lo personal es colectivo. Ahí radica el núcleo de la estética y la política de esta adolescente que se educó en las escuelas creadas por la Revolución. Y que murió cuando la Revolución mexicana era un recuerdo épico dolorido, y en Europa y sus sucesores, los Estados Unidos, el arte se había vuelto hondamente abstracto como forma de afrontar el estupor de la posguerra, el tiempo después de los campos de concentración y de la lluvia de bombas. Pero no fue abstracto el mundo en Frida, aunque sí lleno de estupor. De estupor y también de vindicación del amor y de las puertas de la percepción que abre el sufrimiento. Sus últimos cuadros, sus alegorías políticas, lo proclaman.

Resulta interesante constatar que, a menudo, son escritores y no expertos en arte a la manera académica quienes aportan visiones agudas sobre la obra de Frida Kahlo y su lugar en la cultura mexicana y mundial. Kahlo provoca, sin duda, desasosiego. Siempre, en todas las miradas que se posan en sus imágenes. Pero sobre todo lo provoca en la academia, lo que no está nada mal a estas alturas. Si la narradora inglesa Angela Carter escribió las antes citadas inteligentes observaciones sobre los retratos y autorretratos de la pintora, el novelista francés Le Clézio ha evocado con elocuencia de dónde surge Frida Kahlo. Traduzco el párrafo siguiente:

> Frida es el México arcaico, la diosa tierra descendida entre los hombres, al ritmo lento y religioso de la danza, portadora de la máscara de los ancestros, esta indígena gigante que da su leche como un jugo del cielo, y que enlaza a la criatura entre sus brazos como cordilleras. Ella [Frida] es la voz silenciosa de las mujeres curvadas sobre piedras de lava, en los mercados, portadoras de tierra –las *mariquitas*– que vagan por las calles de los barrios ricos y hacen ladrar a los perros de las mansiones señoriales. Ella es la mirada desamparada y aterrorizada de los niños, el cuerpo ensangrentado de las parturientas, la silueta de los magos de cabellos blancos agachados en los patios de *viviendas* y salmodiando los encantamientos y las maldiciones concebidos desde el fondo de su eterna soledad. Ella es el espíritu creador de la América india, que no debe nada al mundo occidental, pero que extrae del fondo de sí misma, como

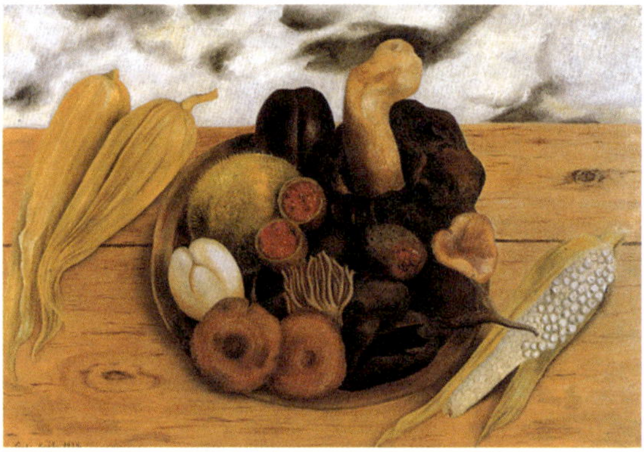

Los frutos de la tierra, 1938

si los arrancara a su propia carne, los trozos de una conciencia muy antigua, cargada de la sangre de los mitos y vibrante de la onda infatigable de la memoria.[13]

Ésta es la Frida Kahlo que ha logrado traspasar la historia de la pintura mexicana moderna y comunicar con un amplio panorama de reencuentros, necesarios hoy para el espectador. «Esa rigidez provocadora, la ausencia de toda concesión y un desvelo de exactitud en los trazos, hasta la crueldad»[14], hacen de sus obras relatos y poemas contemporáneos sobre un mundo más y más cruel. Aliada con el color y la forma, Frida no nos ahorra nada.

Si Kahlo no hubiera muerto joven y hubiera podido vivir la transformación del D. F. y de nuestro mundo, sus cuadros lo revelarían. ¿Podría terminar hoy su vida pintando las esplendorosas naturalezas muertas, en las que escribe «qué bonita es la vida, cuando nos da sus riquezas»? Creo que sí. Su actitud no era ingenua. No fue una artista *naïve*. Otra máscara se revela.

7.

Frida Kahlo nació en 1907, aunque luego cambió la fecha por la de 1910. Su mito dice que cambió su fecha de nacimiento para hacerla coincidir con la Revolución. Aunque no fue así: se quitó tres años para no ser mayor que su primer novio e hizo cambiar la fecha del aniversario de su hermana menor para que todo coincidiera. Pero el mito es certero. Kahlo es una hija de la Revolución. Su familia no se benefició de ella –al contrario, su padre fotógrafo había logrado encargos antes y no los tuvo con el gran cambio–, pero la joven Frida fue consciente de la Revolución a temprana edad. Fue una de las treinta y cinco niñas de un total de dos mil alumnos que entraron en la competente Escuela Preparatoria Nacional, uno de los primeros hitos revolucionarios. Allí estaba pintando Rivera uno de sus murales en 1921, al volver de Europa.

Tenía quince años y quería estudiar medicina. Era hija de un fotógrafo de origen húngaro, Guillermo Kahlo, y de una mujer de origen español e indio, Matilde Calderón, cuyo padre también había sido fotógrafo de daguerrotipos. A los seis años, la niña Frida había contraído la polio y su padre, atento a su inteligencia, la educaría en casa en materia de literatura, naturaleza, arqueología, arte y fotografía. Su vida cambió de forma brutal en 1925, a sus dieciocho años, cuando el bus en el que viajaba chocó con un tranvía, uno de los símbolos de la modernidad. Los efectos del choque la dejaron en un estado de postración frecuente y, al cabo, la hicieron pintora.

Sus padres le dispusieron un espejo en lo alto de la cama y le proporcionaron paleta y colores. Las lecciones que Frida había aprendido de su padre, de arte europeo y de fotografía, y sus nuevos conocimientos en la Escuela Preparatoria se activaron. Admiraba a Cranach y Bronzino, Brueghel y el Bosco. Gracias a las colecciones populares promovidas por el ministro José Vasconcelos, el gran reformador de la enseñanza tras la Revolución, tenía disponibles a Homero, Eurípides, Platón, Dante y Goethe. Se había introducido en el marxismo y Ciudad de México era un mundo efervescente.

Pero lo que la movió decididamente a pintar fueron los frescos de Diego Rivera –la Revolución que se convertía en pintura– y una intuición fundamental: México nacía entonces. Si el país surgía de los más pobres

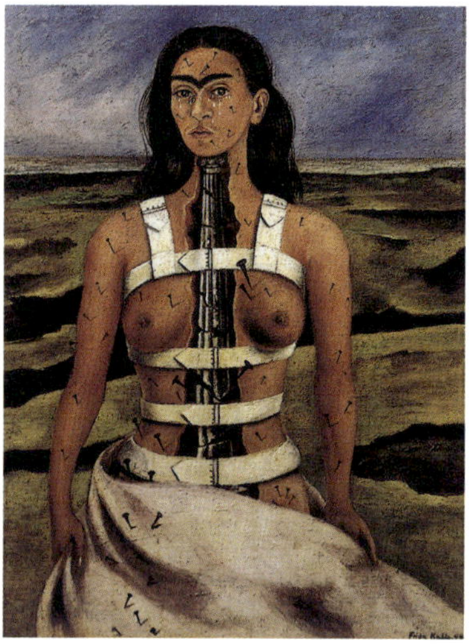

La columna rota, 1944

y desesperados, tal vez de su cuerpo mutilado había de poder surgir algo también, algo que le diera una razón de vivir a la par que su país iniciaba su existencia moderna. Hay que retrotraerse a los años veinte y treinta en Ciudad de México para vivir esa explosión de vitalidad a la que se sumó la joven enferma.

Frida empezó a pintar. A pintarse. ¿Intuía tal vez que su imagen podía representar el artefacto mexicano moderno por antonomasia? ¿Que aquella muchacha que lo tenía todo por delante, como la Revolución, había topado con un muro de contención, como pronto le empezaría a suceder a la historia de su país, aquella nueva nación aparecida con orgullo en el mapa? ¿Que debía seguir adelante para testimoniar lo que había existido y debía ser preservado?

Uno de sus cuadros más conocidos, *La columna rota,* de 1944, puede ser interpretado como una alegoría política y no sólo de México. Muchas columnas vertebradoras se estaban quebrando entonces... No fue Frida una militante comunista tan activa como su esposo, pero siguió los muchos avatares que las gentes de izquierda vivieron en el México que ya estaba acogiendo a los refugiados españoles y a otros desterrados, como Lev Trotski, con quien Frida y Diego intimaron y a quien ayudaron tanto como pudieron.

Pintando muy a menudo en soledad, drogada para soportar el dolor, festiva y amante complicada, luchadora y cercana a sus vecinos y amigos, enseñando en sus últimos años, así llegó Frida Kahlo a ser la artista que muestra en su propia carne las cicatrices de una mujer en la historia de México, su revuelta primordial, y, hoy, las cicatrices de un mundo herido.

8.

Hasta llegar a este punto, Kahlo pintó en diversas direcciones. Uno de sus primeros cuadros fue un autorretrato que solía llamar «el botticelli»: *Autorretrato en terciopelo verde* (1926), pintado a la manera renacentista. Con este cuadro se presentó a Diego Rivera a pedirle opinión, cuando él estaba acometiendo los frescos del Palacio Nacional. Más adelante, uno de sus primeros retratos de pareja, ya casados, *Frida Kahlo y Diego Rivera* (1931), puede ser contrastado con *El matrimonio Arnolfini* de Van Eyck (1431).

Entre el autorretrato boticelliano y el retrato de su unión con Diego tomaron cuerpo dos de los motores de la obra de Kahlo: la fusión de la simplicidad del arte popular mexicano con sofisticadas referencias culturales y el uso de su propia imagen como representación de la frágil subjetividad de la mujer en términos históricos. Una fragilidad de lo subjetivo que todo artista habrá de salvar y potenciar aún más a partir de mediados del siglo XX.

Su obra se hace decididamente política en 1932, cuando viaja a Estados Unidos –Chicago, Detroit, Nueva York– para acompañar a Rivera en su aventura de pintar frescos para los grandes industriales del capitalismo, para los escenarios del trabajo de la clase obrera más avanzada técnicamente. El arte de Frida Kahlo cobró intensidad. Tuvo allí experiencias decisivas –quedarse embarazada y tener que abortar– y vio otro mundo, otras formas de pintar y de crear. Fue también a partir de entonces, al volver a México, cuando las tensiones privadas con Rivera llegan al máximo y su divorcio y posterior nuevo casamiento llevarán

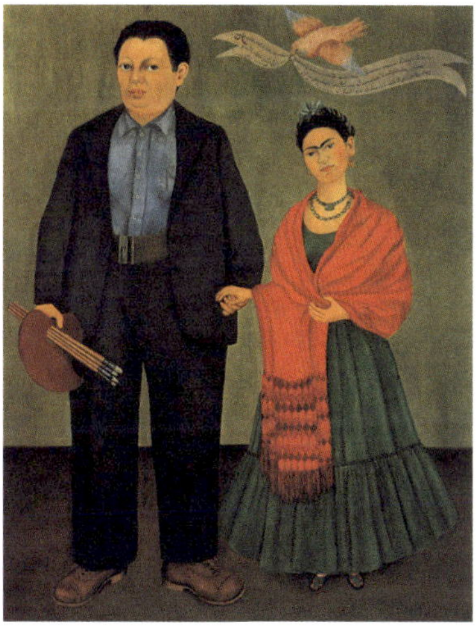

Frida y Diego Rivera, 1931

a la artista a una soledad muy provechosa, de la que dan cuenta sus obras hasta su muerte.

Sólo hizo tres exposiciones en vida, una en su país. Hoy, en cambio, es uno de los artistas americanos más cotizados y en muchos aspectos su obra es más elocuente que la de Diego Rivera y otros artistas de su generación. Su reputación es tanta que esconde, incluso en México, la obra de otras artistas de su tiempo, en particular la de su estricta coetánea María Izquierdo (1906-1955), pintora con la que la obra de Kahlo puede mantener un interesante diálogo. También sería interesante ver a Frida Kahlo y María Izquierdo (durante años unida a Rufino Tamayo, otro destacado pintor mexicano, discípulo de Rivera) en paralelo a dos pintoras no nacidas en México pero que allí han desarrollado su obra, la nacida española Remedios Varo (1908-1963) y la nacida británica Leonora Carrington (1917), todavía en activo.

9.

Así pues, las máscaras de «la gran ocultadora» se han hecho más y más visibles y al tiempo complejas. Nuevas exposiciones y publicaciones se suman a escritos e interpretaciones anteriores. Nuestra mirada es reclamada a una relación renovada con su obra. Frida Kahlo propone hoy privilegiar su sentido de lo político y de lo cultural (en los dos extremos del arco, la cultura popular y la cultura de museo) tanto como nos puedan atraer su biografía, sus amantes y sus múltiples amigos de fama internacional.[15]

Pero renovar la mirada exige nuevas preguntas y mirar detenidamente esta obra y su trasiego reciente. Un legado que ha devenido mediático: biografías, películas, coleccionistas famosos del mundo del pop, subastas millonarias y récords nunca vistos. La palabra *fridomanía* es de uso corriente y el mercado global del arte la considera el paradigma del neoexotismo posmoderno. Ésta es ahora la máscara de Frida, la que la globalización galopante le ha adjudicado.[16]

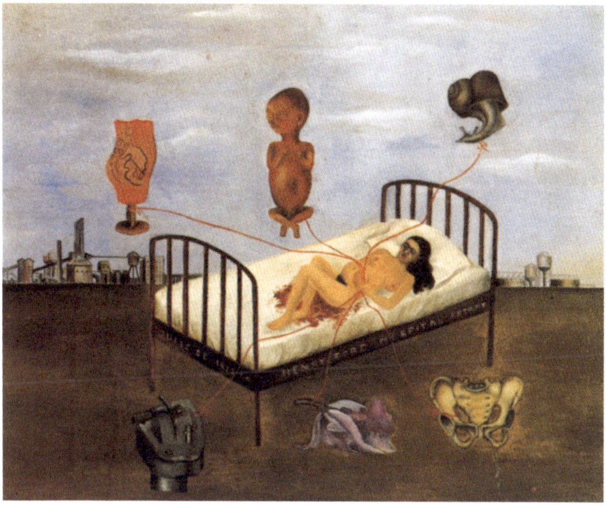

Hospital Henry Ford, 1932

Propongo volver a la raíz de la pintura de Kahlo. En un ensayo reciente, John Berger, otro escritor, aunque también crítico de arte, plantea una de estas necesarias nuevas preguntas: «¿Cómo es que una pintora tan concentrada en su propia imagen nunca es narcisista?»[17]. Hay diversas respuestas posibles, y una de ellas es la que he intentado formular aquí. La pintura de Frida Kahlo trasciende el narcisismo para convertirse en espejo colectivo, su figura es un vehículo que transporta a mundos que tal vez sin ella no querríamos transitar, ya sean el del dolor o el de la diferencia.

Frida Kahlo, dijo Rivera un año antes de la muerte de su esposa, a la que sobrevivió tres años, es «el más grande de los pintores mexicanos» y su obra «uno de los mejores y mayores documentos plásticos y más intensos documentos verídicos humanos de nuestro tiempo. Será de un valor inestimable para el mundo del futuro».[18] Puede alegarse que el futuro tiene memoria cínica. Frida Kahlo es hoy, ciertamente, de un valor inestimable para la mercadotecnia. Pero también es plausible entender que el neoexotismo que impone el mercado no ha tenido más remedio que rendirse ante el vasto alcance de sus máscaras.

NOTAS

[1] En 1947, para el comedor del Hotel del Prado, Rivera pinta una suerte de autobiografía, *Sueño de una tarde dominical en la Alameda Central.* Aparecen José Guadalupe Posada, su primer maestro, y distintos personajes hasta llegar a Frida Kahlo, al lado de José Martí, vestida de tehuana, con la efigie colgante del yin y el yang, y llevando de la mano a su hijo único, Diego, bajo los trazos de un chico de doce años, la edad que tenía cuando entró a estudiar pintura en la Academia de San Carlos.

[2] Declaraciones recogidas por Raquel Tibol en su libro *Frida Kahlo. Una vida abierta,* México, Universidad Nacional Autónoma de México, 2002, pág. 105 (ed. revisada y aumentada de la primera ed. en Oasis, 1983).

[3] Ibídem, pág. 106.

[4] Ibídem, pág. 14.

[5] *Frida Kahlo,* Londres, Redstone Press, 1989, pág. 7. Introd. de Angela Carter y contribuciones de Laura Mulvey, Faith Evans, Nina Kidron, Isabella McEwen, Jo Labanyi, Richard Gott, Isobel King, Christabel Gurney y Hiang Kee.

[6] Ibídem, pág. 8.

[7] Tomo la expresión del historiador Juan Rafael Coronel Rivera, nieto de Diego Rivera, en declaraciones a Catalina Serra: «Ahora todos somos Frida porque todos nos sentimos este ser humano débil, enfermo y maltratado que ella representa, en un mundo que sentimos frágil debido a la crítica situación internacional. En este contexto, Diego Rivera es una figura aleatoria porque él representa al artista intelectual, en cierta manera renacentista. Tal vez si pasamos esta etapa tan desesperada de la humanidad volveremos a ver al hombre desde una perspectiva humanista, pero hoy por hoy Frida forma parte de este conjunto de artistas que nos enseñan las cicatrices de este mundo herido» (*El País,* 30 de abril de 2005, pág. 35 de la ed. catalana).

[8] En Martha Zamora, *Frida: el pincel de la angustia,* México, Autor-Editor, 1987, pág. 155.

[9] Citado por Emma Dexter en «The universal dialectics of Frida Kahlo», en Emma Dexter y Tanya Barson (dirs.), *Frida Kahlo,* Londres, Tate Publishing, 2005, pág. 12 (catálogo de la exposición retrospectiva en la Tate Modern, Londres, del 9 de junio al 9 de octubre de 2005).

[10] Citado por Raquel Tibol, *op. cit.,* pág. 103.

[11] Texto para el catálogo de la exposición *45 autorretratos de pintores mexicanos. Siglos XVII al XX,* México, Instituto Nacional de Bellas Artes, 1947, que recoge las poéticas de cada artista. Citado por Raquel Tibol, *op. cit.,* pág. 106.

[12] «Para Diego Rivera como para Orozco, Tamayo, Roberto Montenegro o María Izquierdo, la mujer tehuana es inseparable de su país, de la costa de Tehuantepec, tan caliente y violenta, desierto

tropical con sus ciudades quemadas por el sol y la fiesta india resonando en la noche». Jean-Marie Le Clécio, *Diego et Frieda,* París, Gallimard, 2005, pág. 261 (primera ed. en Stock, 1993).

[13] Ibídem, págs. 268-269. Las palabras en cursiva están en español en el original.

[14] Ibídem, pág. 241.

[15] Entre las muchas publicaciones que desde los años noventa se ocupan de Frida Kahlo, quiero destacar aquí algunas más recientes. La monografía *Frida Kahlo* (México, RM, 2005), catálogo de la Exposición Frida Kahlo. La Selva de sus Vestidos, los Judas de sus Venas, contiene investigaciones y textos de Juan Rafael Coronel Rivera y de Nadia Ugalde Gómez sobre la relación de la artista con la cultura popular, la liturgia y el sentido de la transformación en la naturaleza. *Frida Kahlo* (Londres, Tate Publishing, 2005), catálogo ya citado, editado por Emma Dexter y Tanya Barson, contiene ensayos que valoran el contenido político, dialéctico y religioso de la estética de Kahlo, con contribuciones de Gannit Ankori, Oriana Baddeley, las propias comisarias de la exposición antes citadas y Raquel Tibol.

[16] «La nueva atracción de los centros hacia la alteridad ha permitido mayor circulación y legitimación del arte de las periferias. Pero con demasiada frecuencia se ha valorado el arte que manifiesta en explícito la diferencia, o mejor satisface las expectativas de "otredad" del neoexotismo posmoderno. La "fridomanía" (pasión por Frida Kahlo) en Estados Unidos es un ejemplo evidente. Esta actitud ha estimulado la "autootrización" de las periferias, donde algunos artistas –consciente o inconscientemente– se han inclinado hacia un paradójico autoexotismo». Gerardo Mosquera, «El mundo de la diferencia. Notas sobre arte, globalización y periferia», *Universes in Universe. Magazín* [en línea], <http://www.universes-in-universe.de/magazin/marco-polo/s-mosquera.htm>.

[17] *La forma de un bolsillo,* México, Era, 2002, pág. 94 (ed. original inglesa de 2001).

[18] Citado por Raquel Tibol, *op. cit.,* pág. 106.

Amedeo Modigliani: un italiano en París[1]

PABLO JIMÉNEZ BURILLO

Amedeo Modigliani: sólo el nombre vale ya por media novela. Modigliani es uno de los pocos, poquísimos artistas de los que casi todo el mundo ha oído hablar. Todos asociamos a su nombre, inmediatamente, una manera elegante y personal de retratar, y de retratar, fundamentalmente, a las mujeres. Una modernidad elegante y, sobre todo, perfectamente reconocible junto a cualquier otro pintor. Mujeres de cuellos largos, ojos almendrados, de curvas rítmicas y sinuosas. Mujeres siempre lejanas, bellas y misteriosas.

Modigliani es, además y sobre todo, el símbolo de eso que llamamos la bohemia. De una página especialmente importante de nuestra cultura, entre 1900 y el final de la Gran Guerra en 1918, durante la que se define lo que hoy entendemos por arte de vanguardia. Pero también y, sobre todo en el caso de Modigliani, de una época marcada por los excesos y las miserias, por mujeres desinhibidas y medio liberadas –es la época de Kiki de Montparnasse, de esnifadores de éter, bebedores de absenta, locos, suicidas en potencia y en la práctica y de supervivientes al hambre, a los peligros de la tuberculosis, la desesperación, la demencia.

Modigliani es el mejor símbolo de todo ello: desordenado, excesivo, violento, alcohólico, camorrista, impertinente y pobre; pobre de solemnidad, por eso no sorprende que sus amigos lo llamaran *Modi*. Sobre todo porque su historia es de tal truculencia, tan brutal, el dolor es tan desmedido, tan teatral, que apenas muerto ya se había creado una leyenda a su alrededor. Una leyenda que crecía en libros como el de André Salmon.

Modigliani sufrió mucho y sufrió, sobre todo, porque sus compañeros no lo consideraban un gran artista. Porque nadie se lo tomó nunca en serio. Pero, ¿podemos tomarnos en serio a Modigliani? Modigliani llega a París en 1906. Aparte de los primeros cuadros, que tienen interés como antecedentes y porque proporcionan muchas pistas sobre sus planteamientos artísticos, el primer momento interesante en su obra es entre 1911 y 1914, cuando se dedica casi en exclusiva a la escultura. Después, el Modigliani maduro, el más interesante como pintor, lo encontramos entre 1914 y 1916. Es la época en la que inicia una galería de retratos de los artistas y personajes de la vanguardia. El año 1917 está sobre todo marcado por los grandes y maravillosos desnudos. A partir de entonces y hasta su muerte, Modigliani, ya completamente aislado de los círculos vanguardistas, se va haciendo más y más amanerado, terminando de construir su estilo más personal, el más reconocible, pero, desde el punto de vista artístico, el menos interesante. Modigliani muere en enero de 1920.

Si consideramos toda su obra estamos hablando de cuatrocientos cuadros (más de la mitad pintados durante los dos últimos años de vida), y de 32 esculturas realizadas en apenas catorce años. Si eliminamos los primeros balbuceos y la última época, menos interesante, realmente estamos hablando de seis años de trabajo. Seis años además, marcados por la enfermedad; en 1912 Ortiz de Zárate, el pintor chileno al que conoce antes incluso de llegar a París y que será uno de sus más leales compañeros, lo encuentra inconsciente en su estudio, tras lo cual Modigliani regresa a Italia una larga temporada para reponerse, durante la que apenas trabaja.

¿Estos seis años permiten que nos tomemos en serio a Modigliani? ¿Por qué no? Modigliani nos ofrece una visión diferente y muy intensa de ese París justo anterior a la primera guerra mundial en el que conviven artistas de todo tipo y especie en un ambiente de pobreza y camaradería en el que se establece una infraestructura de la supervivencia y en el que parecería que los diferentes movimientos de vanguardia se sucedían vertiginosa y ordenadamente, como una serie de sucesivas batallas. Un espíritu de renovación y de rebeldía, de vivir de espaldas de la sociedad. Un mundo que se acabará con la primera guerra mundial y, sobre todo, con la muerte de Modigliani.

La muerte de Modigliani coincide prácticamente con eso que llamamos «la vuelta al orden», con el éxito comercial incluso del propio Modigliani, y fue un suceso que conmocionó París, el París de los artistas, por supuesto, el París de Montmartre y de Montparnasse. El mundo cambió. Cómo no iba a cambiar con tanta muerte, con tanto dolor. Tantos amigos desaparecidos, tantas cosas destruidas. Modigliani fue el último de una larga serie y de una amarga estela que venía de Van Gogh, de Rimbaud, de una estirpe de artistas desgraciados, locos e inadaptados que configuran algo así como el pasado mítico y heroico sobre el que hemos construido la historia del arte contemporáneo.

¿Qué sabemos realmente de Modigliani? Que era un personaje. Más aún: un personaje en un mundo de personajes. Hasta hace muy poco, cuando intentábamos leer algo sobre su obra casi todos los textos estaban escritos siguiendo este patrón: «La inquietud que refleja su obra latía en su vida, en la que las mujeres y el vino ocuparon un lugar preferente», o: «El admirable pintor del dolor, al que la vida resulta insoportable y que precisa del sufrimiento como fuente de creación», dice Gustave Coquiot; «Los recursos que obtenía de su familia eran tanto menos insuficientes cuanto que ya pedía al alcohol aquella excitación que necesitaba para pintar [...]», apunta el pintor Othon Friesz.

«Inquietud, dolor, excitación, drama y desasosiego» son los términos más habituales para referirse a una obra especialmente serena, bañada de un gran afán de clasicismo, apacible, imbuida de preocupaciones formales y que si peca de algo, no es en modo alguno de un exceso de vitalidad o fogosidad, sino, muy al contrario, de un exceso de decorativismo, de elegante esteticismo.

Una obra que parece aspirar a la armonía, a un equilibrio entre la modernidad y la pintura de los museos, a algo serio y respetable, bello y armónico. Algo que, por otra parte, era también lo que querían hacer Picasso, los cubistas, Matisse, el *art déco* y, en general todo el arte de esa época. Un curioso afán de establecer un orden moderno y clásico a un mismo tiempo.

Se cuenta que un día Rousseau, *el Aduanero* que contribuyó a devolverle la inocencia a la pintura, al visitar el estudio de Brâncuşi, el gran amigo de Modigliani, pronunció una famosa frase: «Ya veo lo que quieres hacer, quieres convertir la Antigüedad en modernidad».

Y es que para los artistas de este momento el arte supone el equilibrio de una compleja carga hecha de muy diversas tradiciones, desde las culturas africanas al románico catalán, del Cinquecento italiano al arte japonés, con un estilo moderno, con unos modos y unos recursos más desenvueltos y naturales que no tienen nada que ver con los sistemas de representación anteriores y que se basan, fundamentalmente y grosso modo, en la simplificación de las formas, que tienden hacia la geometría, y en una mayor pureza en los colores; la pintura plana y la talla directa. Unos mismos principios de pulcritud formal y afán vitalista, asepsia sentimental y perspectivismo relativista. A lo que hay que añadir una fuerte voluntad de refundar el arte. De encontrar una vía que le devuelva un carácter más verdadero y que consiga escapar de los procesos de la propia historia del arte occidental.

Unas señas de identidad comunes no sólo para la mayoría de los artistas de ese momento, estuvieran o no en la vanguardia, sino que de forma más general son las mismas señas de identidad de la americana generación perdida de Hemingway, la francesa de Saint-Exupéry y Montherlant, la alemana de Ernst Jünger y Mannheim, la inglesa de T. H. Lawrence y T. S. Eliot, la italiana de Gramsci, la portuguesa de Pessoa, la rusa de Stravinski o la mexicana de Alfonso Reyes. Todos ellos preocupados por la labor de refundar un arte, una música, un pensamiento y una literatura modernas, basados en un legado clásico heterogéneo, capaz de asimilar las más distintas procedencias. Unas señas de identidad en las que, desgraciadamente, no podemos entrar aquí, más que para aproximar a Modigliani a las características que lo unen con los movimientos estéticos imperantes en su época.

Pero si la leyenda de Modigliani se forja en el París que le era más próximo, su propia familia, y muy especialmente su propia madre, con razón o exagerando la razón, ayuda sobremanera a aumentar lo novelesco del personaje.

Así, parece ser que incluso el propio Modigliani ayudó a difundir la idea de que su abuelo, siguiendo una tradición judía, había sido banquero del papa, o que descendía directamente del filósofo Spinoza que, como todo el mundo sabe, murió sin descendencia.

Aunque lo cierto es que los propios datos de su biografía resultan más sorprendentes que todo eso. Su madre, una marsellesa de nombre Eugénie Garsin, casó siendo casi una niña con un italiano brusco e introvertido (hijo del socio italiano de su padre) que pronto demostró unas especiales dotes para arruinar a la familia con tanta rapidez como eficacia. Un matrimonio algo triste desde el principio, marcado por la incomprensión y las continuas ausencias. La propia hija de Modigliani, hablando de su abuelo, el padre de Modigliani, dirá: «La influencia directa de Flaminio sobre la familia y, en particular sobre Amedeo, fue mínima y enteramente negativa».

Esta Eugénie Garsin procedía de una familia judía venida a menos; realmente la historia de los Modigliani y los Garsin es una historia de ruinas y bancarrotas, tanto financieras como psicológicas. El propio Modigliani nace durante un embargo de los bienes de su casa: el parto tiene lugar mientras se están llevando literalmente los muebles. Su tío Amedeo se enriqueció y arruinó tres veces consecutivas, suicidándose en 1905, estando enfermo de tuberculosis. Su tía Gabriella se suicida en 1915. El propio abuelo de Modigliani padeció, al final de su vida, delirios de persecución. Unos delirios, esta vez bañados en filosofía, hicieron que se tuviera que hospitalizar a Laura Garsin, otra de las tías de Modigliani, la que lo introdujo en las lecturas de Nietzsche, D'Annunzio, los panfletos de Kropotkin y la filosofía de Bergson.

Dentro de este panorama repleto de acontecimientos desmedidos, Eugénie Garsin, la madre de Modigliani, resultó ser una mujer inteligente, sensible, de cierto sentido común y de claras inquietudes culturales. Había traducido a D'Annunzio al francés, publicado al menos un cuento y, según ella misma nos dice, había iniciado por lo menos una novela. También sabemos que en sus esfuerzos por sacar a flote la difícil economía familiar y una vez que se había liberado de la asfixiante y rígida estructura de la familia Modigliani, creó en su casa una escuela particular e incluso trabajó de negro para un norteamericano en la redacción de una historia de la literatura italiana.

Escribió un diario y una fina y divertida historia de la familia Garsin que han ofrecido mucha información sobre los primeros años de la vida del joven Modigliani, al tiempo que han contribuido a crear su leyenda.

Lo cierto es que gracias a su madre y a su familia, Modigliani obtiene un cierto bagaje cultural marcado, eso sí, por el socialismo de su tío Alberto, las interpretaciones, las más de las veces delirantes, que su tía Laura hacía de la filosofía y la literatura, y una literaturización de su propia vida cotidiana y de su historia familiar, a lo que era muy proclive su propia madre, siempre en pos de transformar las bancarrotas más banales y torpes en hazañas de héroes domésticos trágicamente derrotados.

Dentro de todo este universo un poco confuso, hay un hecho cierto y muy importante en la vida de Modigliani: la enfermedad. En el diario de Eugénie, en las páginas que corresponden al verano de 1895, cuando Modigliani –al que llamaban familiarmente *Dedo*– tiene once años, podemos leer:

> Dedo ha tenido una pleuresía muy grave y todavía no he terminado de reponerme del miedo terrible que he pasado. El carácter de este niño todavía no está suficientemente formado para que pueda dar aquí mi opinión. Sus modales son los de un niño mimado al que no le falta inteligencia. Ya veremos más adelante lo que hay dentro de esta crisálida. ¿Tal vez un artista?

Qué extraña clarividencia sobre el destino de un niño que en momento alguno había destacado por su manera de dibujar o pintar.

Pero cuatro años después, Modigliani vuelve a caer gravísimamente enfermo. Esta vez se trata del tifus, una enfermedad entonces incurable y mortal de necesidad. El niño de quince años se debate durante semanas entre la vida y la muerte. Semanas llenas de delirios y angustias, en las que, al parecer, soñaba con museos e iglesias llenos de obras maestras. Y así, cuando milagrosamente se repone, el niño dice que no quiere hacer otra cosa en la vida más que dibujar y pintar.

De pronto, la imagen de la crisálida que cuatro años antes había utilizado su madre se nos revela especialmente oportuna. El niño común y vulgar como un gusano moriría para renacer convertido en artista, en una especie incluso de *dandy*, en un iluminado llamado a una vida deslumbrante pero corta, como una gran mariposa.

Y el niño que sólo como artista puede volver a la vida lo hace de la misma manera alucinatoria e intuitiva como pintará, se supone, más tarde sus cuadros. Se teje así una especie de imagen romántica del genio, del artista como ser tocado por los dioses, tan literaria como realmente fantástica. Con ello tenemos al personaje construido ya: antecedentes de locura y melodrama, graves enfermedades que marcarán los altibajos de su época de madurez, curaciones milagrosas, revelaciones mágicas, visiones y alucinaciones y, en definitiva, una vida marcada por el drama, la miseria, lo sobrenatural, la desesperación y una poética trágica ejemplificada maravillosamente en los acontecimientos que rodean su muerte.

A esta imagen no sólo hay que oponer la de su obra –que, como ya hemos visto, es justo lo contrario: la mesura, el equilibrio, el buen gusto y los temas clásicos por excelencia: el retrato y el desnudo–. Además, tenemos que Modigliani nunca ha estado demasiado bien aceptado por la crítica y la historiografía del arte. Cuanto más, se le considera dentro de esa piadosa clasificación de «los casos aparte» cuando no en una «escuela de París» que resulta tan confusa en su definición como insustancial en su calidad y trascendencia.

Sí se reconoce su indudable talento como escultor, a pesar de lo corto de su producción. Éste parece quedar un poco menguado por la mayor radicalidad formal de un Brâncuşi, por ejemplo, con el que guarda ciertas similitudes de principio. Como pintor, resulta tanto más complicado

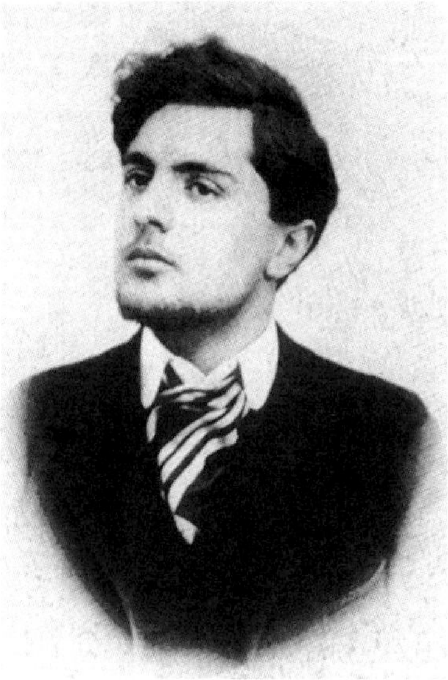

Modigliani, h. 1902

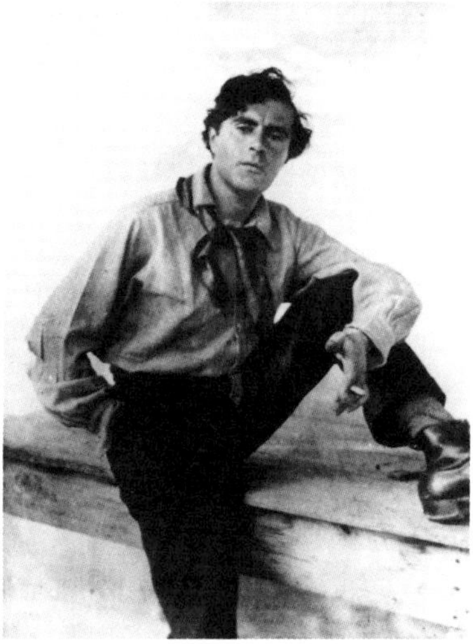

Modigliani, h. 1915

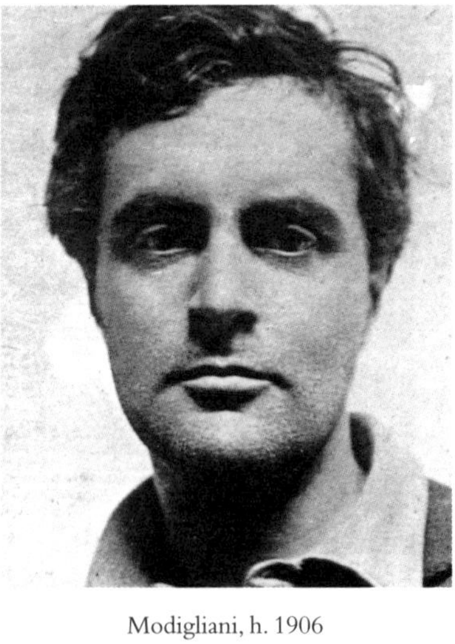

Modigliani, h. 1906

situarle cuanto que no participa de ninguno de los movimientos en los que se estructura la vanguardia en esos años (él mismo se negó, por ejemplo, a firmar el manifiesto futurista) y su obra resulta demasiado personal, demasiado reconocible, demasiado amable y demasiado popular.

Jean Cocteau, que mantuvo con Modigliani una clara enemistad, tal vez porque en el fondo se parecían demasiado, escribe: «El arte pictórico de Modigliani emana la elegancia más sublime. Él era nuestro aristócrata». Cocteau sitúa muy sutilmente a Modigliani cerca de los artistas importantes del momento, entre los cuales lógicamente se encuentra él mismo, pero como mero retratista, como alguien, en el fondo, extraño al mundo de la vanguardia, a pesar de estar constantemente cerca de ellos. «Era nuestro aristócrata», es decir, alguien elegante, pero como un lujo innecesario e intrascendente. Es cierto que hizo la galería iconográfica moderna de los grandes protagonistas de la vanguardia, pero si no la hubiera hecho tampoco hubiera pasado nada.

Pero a Cocteau, en su pequeña maldad, se le escapa una frase tremendamente reveladora: «Él nos sometía a todos a su trazo, al prototipo que llevaba en su interior, y ya, por costumbre, buscaba rostros que se parecieran a la configuración que exigía en los hombres y mujeres». Y ésta es la característica de Modigliani que nos faltaba por destacar: su voluntad de estilo, su afán de imponer su propio estilo a la visión de la realidad.

A Modigliani, desde su llegada a París, ya no le interesa representar en sus cuadros tal o cual visión de la realidad. No se trata de transcribir, como los impresionistas, fenómenos de la naturaleza, o de mostrar, como los simbolistas, la trascendencia y la espiritualidad de las cosas. Modigliani quiere pintar modiglianis, como Picasso quiere pintar picassos, y eso es lo que, sobre cualquier otra cosa, les hace especialmente modernos. Una de las constataciones de la nueva generación, del nuevo arte de vanguardia, es precisamente ésta de marcar y definir el lugar desde donde se pinta. Cada cuadro, cada obra, nos habla no de la realidad sino del artista. Todos y cada uno de los artistas en esa afirmación personal intentan sobreponerse a un mundo cada vez más fragmentario en el que parecen haberse perdido las grandes ideas. Y sólo queda la búsqueda introspectiva. Y la imposición del mundo interior y personal.

Pero volviendo a Modigliani y entrando ya directamente en lo que es su obra, nos lo encontramos en París en 1906 con veintiún años. Antes, para reponerse de una tercera grave enfermedad, en los primeros años del recién estrenado siglo ha viajado por la Italia del sur: Nápoles, Capri y Roma; más tarde Venecia y Florencia. Desde Roma escribe lleno de entusiasmo y pasión a su amigo y compañero Oscar Ghiglia:

> Roma no me rodea mientras te cuento esto, sino que está dentro de mí como si fuera una terrible joya engastada por sus siete colinas como siete ideas imperiosas. Roma es la orquestación en la que me envuelvo, el círculo en el que me encierro y en el que acomodo mis pensamientos. Su encanto febril, su paisaje trágico, sus formas llenas de belleza y armonía, todo eso me pertenece, está en mi razonamiento y en mi trabajo.

Y esta imagen de esa Roma interior con «su paisaje trágico» al lado de esas «formas llenas de belleza y armonía» no deja de ser interesante para entender la obra de Modigliani: ese afán por la búsqueda de la belleza y la armonía desde territorios que rondan paisajes trágicos y sórdidos. Ello explica bien cómo tardó tan poco Modigliani en establecer su territorio, su estilo, una forma bella y armónica que imponer al mundo.

Resulta complicado trazar un retrato de Modigliani en estos catorce años que dura su carrera de artista. El propio Modigliani favorecía la existencia de su leyenda. Era una parte de él. Sus broncas, escándalos y borracheras son más que famosas y siempre tienen un lado divertido y un lado patético, según qué biógrafos. Su hija, la niña que sobrevivió a su última unión con Jeanne Hébuterne, escribió un libro intentando deshacer la leyenda de su padre. Una nuera de Charlie Chaplin escribió una especie de biografía de Jeanne Hébuterne y Modigliani para inventar otras nuevas leyendas.

Es cierto que Modigliani consiguió pronto que se le reconociera como un personaje. También debió de ser seductor cuando quiso e insoportable la mayoría de las veces. Pero creo que hay lazos indisolubles entre el hombre, el artista y la leyenda. Modigliani crea un personaje. Un personaje desde el que pintará sus cuadros. Y eso es algo muy moderno. Algo totalmente siglo XX, por mucho que Rimbaud, en un alarde de genio, ya lo hubiera dicho: «Je est un autre».

Como decíamos, Modigliani llega a París en 1906 –el mismo año que el español Juan Gris–, un año especialmente importante para la historia del arte. Es el año de la muerte de Cézanne, del que un año después se hará una gran exposición. Es el año de la gran retrospectiva de Gauguin en el Salon d'Automne, que tendrá sobre Modigliani una gran influencia, y es también el año en que el Estado francés compra el *Almuerzo campestre* de Manet, cuadro que cuarenta años antes había resultado tremendamente escandaloso.

Pero 1906 también es el año en que Picasso, a su regreso de Gósol, establece definitivamente su voluntad de refundar su arte y empieza a pintar *Las señoritas de Aviñón,* abriendo la puerta al cubismo y a un nuevo momento en la historia del arte.

Los primeros años de Modigliani en París están marcados por ese estilo general de la pintura del momento, que unía las influencias de Cézanne con otras que procedían del simbolismo, de los fauves y los primeros expresionistas, del Picasso azul...

Pronto conoce al doctor Paul Alexandre, que será una persona muy importante en su biografía, uno de los pocos que lo apoyó siempre, aunque su movilización en el frente durante la Gran Guerra impidió que estuviera cerca de Modigliani al final de su vida. Es su primer coleccionista, que le proporciona, además, encargos para retratos y le facilita un estudio. Una vieja casona que había habilitado como taller y vivienda para artistas, y aunque Modigliani nunca se instaló a vivir ahí, sí trabajó durante bastante tiempo (exactamente hasta que un día se puso a destruir los cuadros de sus compañeros).

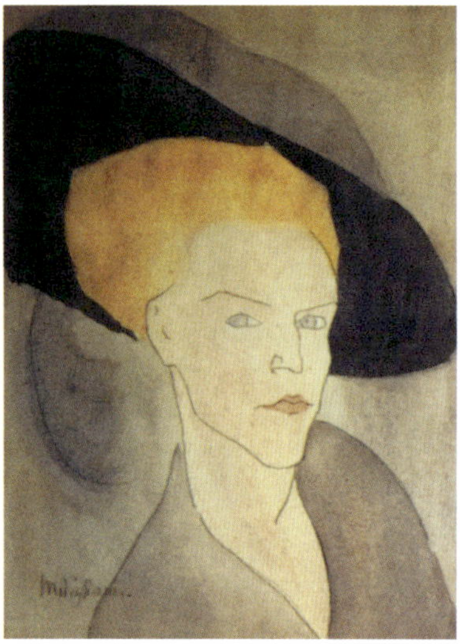

Cabeza de mujer con sombrero, 1907-1908

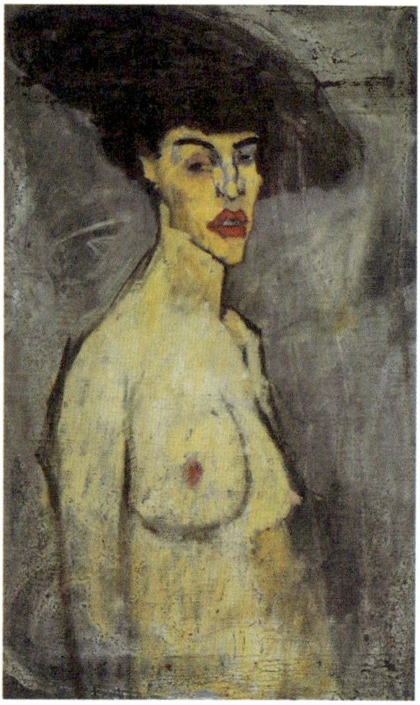

Desnudo femenino con sombrero, 1907-1908

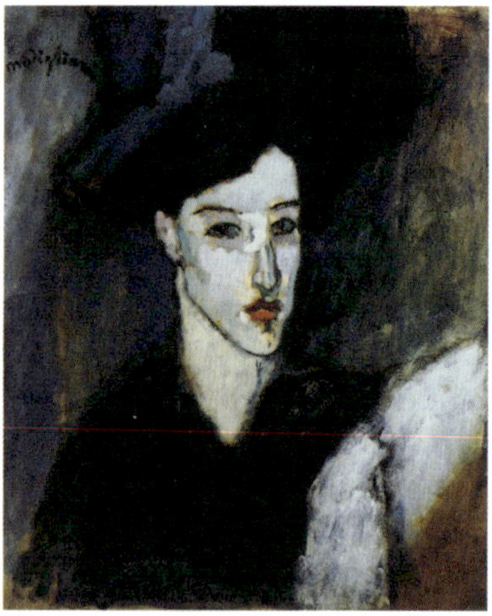

La judía, h. 1908

Entre 1907 y 1908 pinta tres cuadros que son como tres versiones diferentes de un mismo motivo y que muestran bien sus primeros tanteos.

Cabeza de mujer con sombrero es una acuarela fechada en 1907. Destaca su gran delicadeza, los colores planos y el espacio estructurado en zonas perfectamente recortadas. La elegancia y la sutileza del color, la serenidad y la armonía que se desprenden del personaje casi contrastan con una composición muy elaborada y marcada por la fuerte mancha oscura del sombrero que cruza el cuadro en diagonal. También sorprende que para el color haya buscado un sistema anterior al impresionismo, un sistema aprendido en los maestros italianos del Renacimiento que es el de la tricromía: el uso exclusivo de los tres colores primarios, siempre con dos dominantes, como son aquí el amarillo y el azul, y el fuerte acento puesto en el tercero, el rojo.

El *Desnudo femenino con sombrero* parece presentarnos a la misma modelo aunque en un tratamiento y una actitud completamente distintos. Ahora los elementos expresivos priman sobre los formales. El propio asunto resulta un tanto chocante: un desnudo con sombrero. No deja de ser una extravagancia. Se mantiene la línea que marcaba el contorno: ahora se ha convertido en un trazo grueso, pero su función es más expresiva también. El cuadro ya no está compuesto por fragmentos recortados de colores distintos, sino que el dibujo se pierde por la parte de abajo. Casi como si la figura se estuviera desintegrando.

Eso también hace que el interés se concentre en el rostro, en él hay más color, está más trabajado, más recortado y en suma es el fragmento más complejo. La composición es, sin embargo más estática, más vertical. Y el sombrero, también cortado, aquí parece que lo que hace ahora es sujetar la cabeza desde la parte de arriba del cuadro. El fondo se ha hecho más denso, más dramático, y en la parte inferior prácticamente penetra el cuerpo. Eso hace que se acentúe la sensación de imagen plana, en la que figura y fondo son una misma cosa.

La judía bien podría ser una tercera versión de la misma modelo. Al menos mantiene la misma idea de retrato femenino con gran sombrero.

Llama aquí la atención el uso arbitrario del color. El rostro es blanco, el blanco de los ojos es verde. En el fondo seguimos estando ante una tricromía pero mucho más compleja. Parece como si la cara hubiera quedado aislada en medio del cuadro. Y la tensión expresiva es menor que en la obra anterior, aunque no ha desaparecido.

La obra tiene una gran estabilidad muy estudiada. Todo está debidamente compensado, como en general en todos los cuadros de Modigliani, que siempre mostró una gran elegancia para la composición y mucha finura para el uso del color. Aquí, por ejemplo, la boca, el único toque rojo, que como hemos visto establece el equilibrio tonal, está en el centro geométrico del cuadro, marcando la unión entre la vertical y la horizontal que estructuran la composición en cruz. La obra, que se expuso en el Salon des Indépendants de 1908, nos hace pensar en Toulouse-Lautrec y en el Picasso azul, pero hay ya algo muy personal. Sorprende incluso el título, *La judía:* recordemos por un momento que Modigliani era judío.

En 1909 pinta *El violonchelista*. Aquí resulta muy evidente la influencia de Cézanne. E interesa destacar fundamentalmente dos cuestiones: la primera, que no se trata de un retrato, sino más bien de un cuadro de

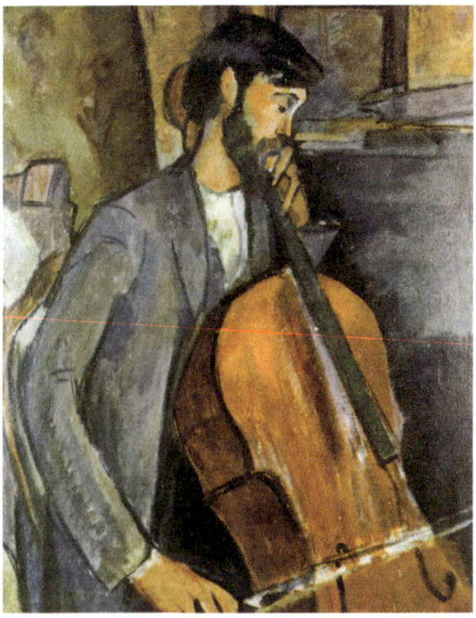

El violonchelista, 1909

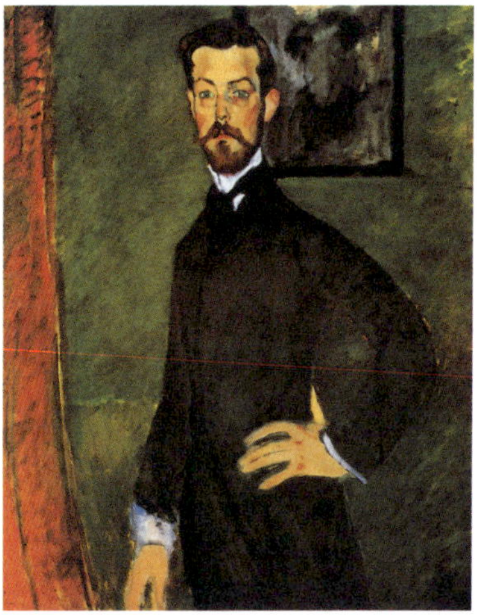

Retrato de Paul Alexandre sobre fondo verde, 1909

género; un personaje sorprendido en su actividad, actividad que también lo define. Y, a diferencia del retrato, no mira al espectador. Está totalmente ensimismado.

La segunda tiene que ver con la forma de componer. La mano derecha está cortada. Esto de los cuerpos cortados o fragmentados es una constante en sus obras. Modigliani utiliza mucho las composiciones con una fuerte tensión vertical, tensión que se ve acentuada por el hecho de una mano cortada en la base del lienzo y de que la cabeza, si no está cortada ella misma como en algunos casos, se confunde con un elemento del fondo, un cuadro, una ventana, que sí lo está.

El pintor Curt Stoermer, que conoció a Modigliani en 1909, aparte de hablar de su pintura extremadamente sutil y de que ya tenía fama de misterioso, comentando este cuadro escribe:

> Más tarde, observé en los siguientes trabajos que el ademán profundamente anímico del chelista no era más que un estadio intermedio que Modigliani abandonaría. Odiaba los sentimientos. ¿Qué tendrá que ver un pintor con estados de ánimo? Aniquiló el contenido, su pintura se hizo objetiva, su trazo se concentró en esos trazos precisos que, sin pensar, fluían de sus manos tan nerviosas.

Creo que es una clave importante que nos permite aproximarnos a un Modigliani más formalista, más preocupado por problemas de composición y de orden, problemas más puramente pictóricos. Y es el mismo camino de su generación. No olvidemos que Picasso acaba de abandonar el período azul para descubrir el cubismo. No olvidemos que Matisse ya está también abogando por una visión decorativa de la pintura. No es una época propicia a los sentimentalismos, sino más bien marcada por una cierta asepsia sentimental.

El *Retrato de Paul Alexandre sobre fondo verde* de 1909 nos ofrece una imagen de su protector. Lo que más llama la atención es que se trata de un retrato de aparato: Paul Alexandre representado como un nuevo príncipe del Renacimiento. Es un cuadro de empeño en el que destacan la severidad y la elegancia del personaje. La mano izquierda está perfectamente colocada como si se tratara de un cuadro renacentista (la misma postura de los dedos que *El caballero de la mano en el pecho* del Greco). El modelo posa y mira directamente al espectador. No es una actitud sorprendida, sino una pose con todas sus consecuencias. La mano derecha está cortada por la composición y, por el contrario, hay un elemento que escapa por la parte superior del cuadro que envuelve la cabeza y tira de ella fuera de la composición. En este caso se trata del retrato *La judía,* para añadir un elemento simbólico, como en la tradición del retrato que presentaba al personaje con sus atributos. Así, volvemos a tener una fuerte tensión vertical en un juego compositivo en el que predominan los triángulos del fondo y los círculos del personaje. Sólo parece importar el rostro, el traje negro se hace casi transparente y se confunde, en el lado derecho, casi con el fondo. Pero lo importante es que estamos ante un retrato de aparato, no ante una escena casual.

Modigliani pintó, salvo un par de paisajes y la serie de desnudos, fundamentalmente retratos. No creo que haya en la primera mitad del siglo XX un pintor que se haya dedicado tan obsesivamente a un género tan poco moderno en sí mismo. Para el matrimonio Francastel, que dedicó un fantástico libro al género, el retrato es incluso imposible en el siglo XX. El retrato no es compatible con una sociedad que se basa en la igualdad de todos los hombres, porque el retrato defiende y se basa, precisamente, en las diferencias. Dicen los Francastel hablando del mundo moderno:

> En todos los campos, el hombre, el artista, deja de volcarse hacia fuera. Ya no se interesa más que en el desarrollo de su espíritu, y la misma noción de retrato no implica ya la toma en consideración del otro.
>
> Nuestra época, y esto es de lamentar, tiende a tratar a los individuos en un plano de igualdad. Desde hace milenios la noción de retrato estaba basada en un mismo principio que era la unidad de la persona.

Nuestra época ya no cree en la persona ni en ninguna clase de jerarquía entre los seres vivientes. No conoce otros valores que los que se desprenden del análisis de los fenómenos. Que se trate de matemáticas o de pintura, el principal interés del hombre se ha desplazado y desde ahora se sitúa en la concepción de conjuntos y en la constitución de series.

El tono apocalíptico de los Francastel plantea, sin embargo, un razonamiento tremendamente interesante. Ya Baudelaire, en un texto muy conocido y muy citado, decía: «Éste será el pintor, el verdadero pintor que sabrá arrancar a la vida actual su lado épico y hacernos ver y comprender, por medio del dibujo, cuán grandes y poéticos somos con nuestras corbatas y nuestras botas lustradas». Dicho en otras palabras, ése será el gran pintor moderno: el que sea capaz de individualizarnos, de dignificarnos, de sacar lo que hay en nosotros de grande, lo que nos distingue de la masa de las grandes ciudades modernas; y eso a pesar de nuestro atuendo convencional y uniformado, intercambiable, vulgar y común, en suma.

Y esto no está tan lejos de lo que hace Modigliani con el doctor Alexandre: un personaje de aspecto grandioso, casi épico en su severidad, imponente, elegante, nada vulgar. Aunque, bien mirado, el retrato de Modigliani tiene más de metáfora, de puesta en escena, de petición de principio y de voluntad de estilo que realmente de retrato. Es muy poco lo que nos dice, finalmente, del doctor Alexandre.

El retrato, según la tradición, es un género especialmente complejo. En principio sólo podríamos hablar de retrato cuando, de una manera consciente –y cito a los Francastel–, «el artista distingue entre el interés que experimenta por sus propias percepciones y una intención completamente deliberada de hacernos sensible la apariencia de otra individualidad distinta a la suya».

Así, en el retrato, todo, el punto de vista, la mirada del personaje, su forma de presentarse, de vestirse, los símbolos que lo acompañan, etcétera, todos los elementos del cuadro se unen para hablarnos del personaje retratado: quién es, cómo es, qué representa...

Esta idea del retrato es, para empezar, impensable en el panorama del arte moderno que, desde 1870, parece escrito tomando en consideración solamente el paisaje. Hablando groseramente podemos decir que los impresionistas entendían el mundo como un sistema de fenómenos. Estos fenómenos se codificaban en unas determinadas formas de percepción, sobre todo lumínicas, que se descomponían y se podían recomponer según un determinado procedimiento. Por eso el personaje tiene la misma importancia que la mesa que hay a su lado: la de reflejar luz que se transforma en color.

En general, para la pintura moderna los hombres ya no son sino fragmentos de la realidad entre otros fragmentos. Y es que lo fundamental de esta historia se encuentra más allá de la propia pintura, y no se les escapaba a los Francastel cuando dicen que en este mundo moderno el hombre ha perdido la unidad, es decir, una identidad cerrada y definida. En este mundo moderno todo está en movimiento. Nada permanece estable, la posibilidad de puntos de vista es casi infinita. Y los artistas van a intentar representar precisamente ese nuevo mundo en continuo cambio.

Y así, no sólo los cubistas representan sobre un plano dos puntos de vista distintos de una sola imagen, el perfil de una cara que ya vemos de frente; pintores como Torres García, Barradas o los Delaunay nos contarán la nueva sinfonía de las ciudades hechas de colores chillones, de luces cambiantes y de movimiento. Qué decir del desnudo de Duchamp bajando una escalera y su secuencialidad casi fotográfica, qué decir de un movimiento que se llama simultaneísmo o qué decir de los futuristas que proclaman que un coche a ciento veinte kilómetros por hora es más hermoso que la Victoria de Samotracia.

Y así, si el retrato sobrevive en su apariencia, los personajes tienden a aparecer cada vez más en poses casuales y anodinas, como si se tratara de instantes congelados de una visión casual de un fragmento de realidad intercambiable. Y así el retrato tiende a dos vertientes: a cuadro de género, cuando el artista se interesa por un determinado ambiente, y pienso por ejemplo en Toulouse-Lautrec y sus peripatéticas, o a un planteamiento puramente formal, una imagen que descomponer y recomponer, llegando al extremo, como en el cubismo analítico, de no sólo resultar difícil reconocer al retratado, sino incluso de adivinar que se trata de un retrato.

Sólo apuntar un dato más: paralelamente la fotografía ha ido imponiendo una iconografía más casual y más banal de las personas. Unas imágenes carentes de significado, que suponen un elemento que añadir en contra de ese mundo complejo y refinado del retrato.

Modigliani, como hemos visto, es, en principio, uno de esos artistas para los que, según los Francastel, el retrato estaría vedado: lo que más le interesaba era pintar modiglianis, construir figuras de cabeza alargada, ojos almendrados y suavidad de curvas, mucho más que interesarnos por el ser humano que se sentaba frente a él.

Pero lo que Modigliani recupera para la pintura del siglo XX es la escenografía del retrato clásico: la pose, el juego de la mirada, el escenario, toda la parafernalia, en suma; la belleza del retrato como género clásico. Es cierto que es un retrato desprovisto de sustancia: en el extremo, un retrato sin retratado, pero con la belleza íntegra de su puesta en escena.

El propio Modigliani le dice a Soutine: «Las figuras de Cézanne, al igual que las estatuas más bellas de la Antigüedad, no miran. Las mías, sin embargo, lo hacen. Sus pupilas ven, aunque no las haya pintado, pero al igual que los personajes de Cézanne, no quieren expresar más que una afirmación muda de la vida». Retratos mudos que nada nos dicen sobre los retratados. Afirmaciones bellas y armónicas de la vida, algo así como una representación, una representación clásica, no ya de una persona, sino de un fragmento de realidad como cualquier otro fragmento. El énfasis del retrato.

A Modigliani se le conoce sobre todo como pintor. Sin embargo sabemos que su gran pasión era la escultura y que puso en ella todo su empeño y toda su energía. De hecho, dentro de su producción las esculturas son las únicas obras que no representan a nadie en concreto, o incluso un determinado aspecto de la realidad. Son, por el contrario, expresión de un ideal, de algo soñado o imaginado. No son representaciones, sino elementos de la realidad en sí mismas. Incluso las llama «cariátides», como si tuvieran una función arquitectónica.

Entre 1909 y 1914 se dedica casi exclusivamente a la realización de esculturas o de los centenares de dibujos e incluso de pinturas preparatorios para las esculturas. En esas fechas las cartas que manda a su madre las firma como «Modigliani, scultore».

Parece que su afán por ser escultor venía de lejos. Que en ese encuentro decisivo en Venecia con Ortiz de Zárate, pintor chileno y amigo fiel, antes de ir a París, ya le habría dicho de su deseo de ser escultor y que sólo la falta de recursos y las enfermedades, su propia debilidad, se lo habrían impedido.

Lo que realmente sabemos es que durante cinco años su preocupación y su producción directa es la escultura y que tras esos cinco años dejará de esculpir tan brusca y drásticamente como había empezado. No menos cierto es que esa experiencia resulta determinante para la construcción de su estilo de madurez. A la escultura debe las formas ligeramente curvadas de los contornos, la importancia de la línea y cierta inexpresividad llena de elegancia.

En el origen de su escultura hay que situar dos circunstancias que, al margen de toda especulación, resultan determinantes: el cimiento del arte negro, seguramente gracias al propio doctor Alexandre, coleccionista de máscaras e ídolos, y al *marchand* Paul Guillaume, pero además de la experiencia directa con el arte negro hay que tener en cuenta su amistad con uno de los escultores más importantes del siglo y más decisivos a la hora de establecer la génesis de un nuevo lenguaje escultórico: Constantin Brâncuşi. Brâncuşi llegó incluso a acompañar a Modigliani en sus viajes estivales a Italia a reponerse a casa de su madre.

El arte primitivo africano, de Oceanía y otros lugares del mundo configuraba lo que entonces se llamaba arte negro y tiene una importancia fundamental en la génesis del arte de vanguardia. De todo el mundo es sabida la influencia que ejerce en los principios del cubismo. Se cuenta que fue Vlaminck quien descubrió en un *bistrot* de la calle Bougival, hacia 1907, una escultura negra: llevó la estatuilla al estudio de Derain, por entonces su inseparable compañero, la colocó sobre un caballete, la miró y dijo:

«Es casi tan bella como la Venus de Milo». «No, es igualmente bella», respondió Derain. Al no lograr ponerse de acuerdo, los dos amigos fueron a pedir la opinión de Picasso. Picasso miró la escultura, escuchó la opinión de Vlaminck y de Derain, y luego sentenció: «Los dos estáis equivocados: es más bella».

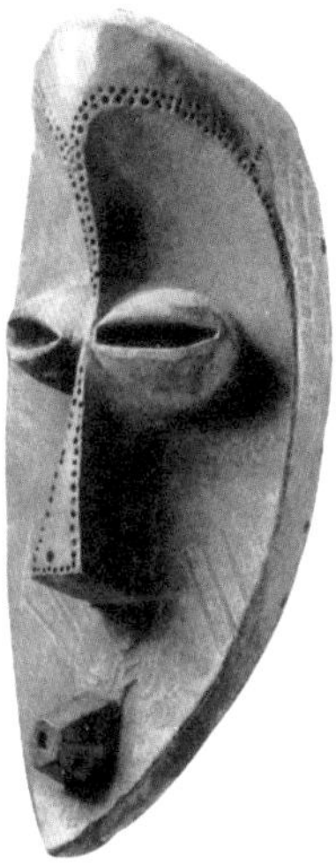

Máscara africana mahongwe

Las máscaras proponían una importantísima lección formal: su enérgica fuerza de síntesis, y así, pronto, nació una necesidad de crear estructuras firmes y netas. Les sorprendió el vigor y la capacidad de síntesis formales. Había una simplificación casi brutal: anchos planos, volúmenes netos, pequeñas deformaciones... ni un resquicio para· la anécdota, todo esencial y general.

Y detrás de esas formas sintéticas y esenciales, todo el misterio, toda la noche. Si Picasso y los cubistas extraen esa lección formal de los grandes planos, los ángulos, los trazos decididos, los expresionistas, por ejemplo, descubren en los fetiches las oscuras potencias del cosmos que estaban buscando, la primitiva tristeza por la muerte, como si los artistas negros hubieran conseguido hacer aflorar en sus obras el afán de simplificación o el sentimiento trágico que unos y otros buscaban.

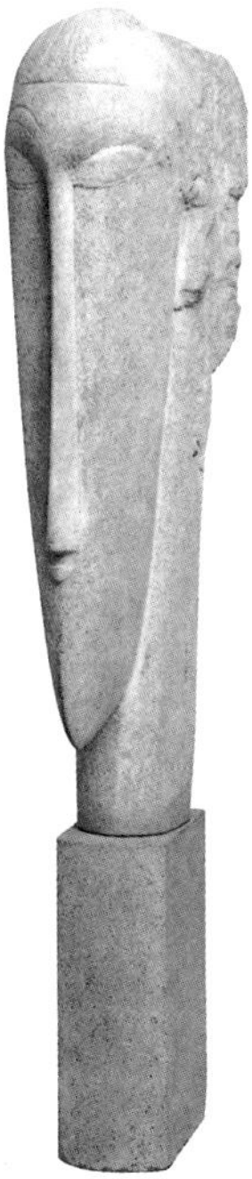

Cabeza, 1911-1912

Realmente no hay en esa época artista importante que, de un modo u otro, no haya estado influido por el arte negro, o generalizando un poco más, el exotismo, el infantilismo o el arcaísmo. Todo aquello que permitiera

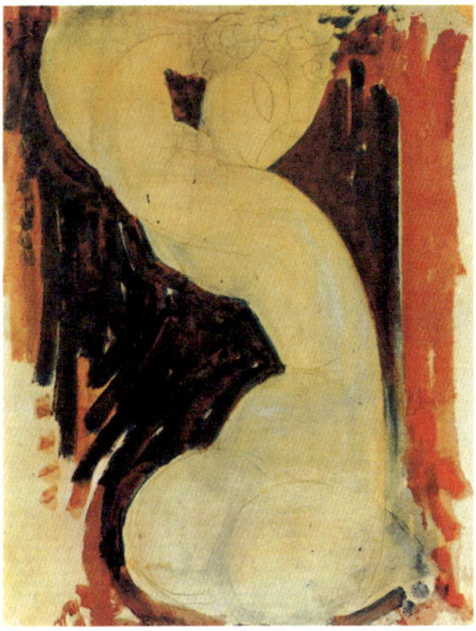

Cariátide, 1913-1914

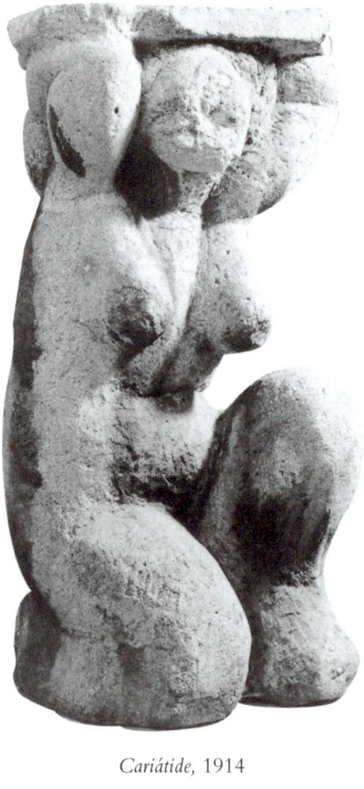

Cariátide, 1914

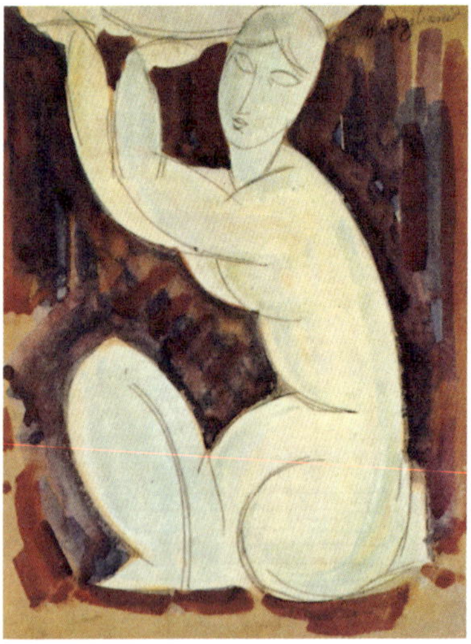

Cariátide, 1913

una referencia inédita para refundar el arte. Para hacer un arte más inocente, más esencial, más verdadero.

De ahí también una cierta nostalgia. El arte negro, su sencillez, su esencialidad, su misterio, su impenetrabilidad... nos habla, en definitiva, del paraíso perdido.

Dicho esto y volviendo a Modigliani, tenemos que si bien sacará una lección formal de las máscaras negras, no verá en ellas, como los cubistas, los principios de la abstracción, sino más simplemente la perfección formal de lo sencillo, un refinamiento y una elegancia casi absolutos y una cierta melancolía.

Modigliani, que sepamos, realizó veinticinco esculturas en piedra y una talla en madera. Al gusto de la época y en contra de la tradición más académica e inmediata, simbolizada por Rodin, sólo se dedicó a la talla directa, nunca al modelado ni en barro ni en yeso.

Su dedicación a la escultura coincide con su traslado al barrio de Montparnasse, donde tiene un estudio con patio, lo que le permite trabajar con sus piedras. También hay que tener en cuenta que por entonces Montparnasse era un barrio en construcción, lo que le proporcionaba una manera barata de conseguir piedras.

Aunque es importante, como hemos visto, la influencia del arte negro en su decisión de hacerse escultor, escultor como los antiguos, no resulta imposible que Modigliani pensara también en su admirado Miguel Ángel y buscara realmente nuevos arquetipos de belleza y armonía. En 1913 Modigliani está en Italia. Su penoso estado de salud ha promovido una colecta entre los amigos para mandarlo a casa de su madre. Desde allí, un entusiasta Modigliani escribe al doctor Alexandre: «Lo haré todo en mármol».

Modigliani esculpe una primera serie de cabezas de mujer, todas en piedra caliza. Son bloques estrechos y alargados, parece ser que esta primera serie se inspiraría más directamente en las máscaras baule de Costa de Marfil, las más elegantes y refinadas.

Pero Modigliani añade un toque personal muy interesante: el bloque apenas está tallado; hay una fuerte simplificación geométrica de los rasgos:

aristas de la nariz, ojos que son óvalos, bocas apenas marcadas; el rostro responde a una visión estereográfica y se impone una violenta estilización vertical que tiene que ver con la propia estructura del bloque de piedra.

Todo ello proporciona una sensación de anonimato fisiográfico, de arquetipo algo atemporal y una cierta objetualización de la elegancia. Como hemos visto que decía el propio Modigliani, son figuras que se contentan con existir. Bellos objetos en los que se combina el más exquisito de los refinamientos con algo tosco y primitivo.

Y es que ya podemos destacar elementos que serán clave para el estilo de Modigliani. No sólo encontramos ojos sin pupilas (lo que no es tan raro si tenemos en cuenta la proximidad con las máscaras), no sólo se hace cada vez más evidente la importancia de las líneas suaves y amplias, no sólo es notorio el alargamiento redondeado de las formas, sino que además destacan las composiciones de verticales y horizontales (ojos y nariz como estructura central de la obra), algo que en la pintura posterior se transformará en una obsesión por las composiciones en cruz.

Pero, curiosamente, estas cabezas no estaban pensadas como obras en sí mismas. Así, en una exposición de 1911, en el estudio del pintor portugués Souza Cardoso, Modigliani presentó varias de estas cabezas a las que llamaba «columnas de ternura» en un «conjunto decorativo» que compondría una especie de «templo de la belleza». La puesta en escena no podía ser más espiritual y melodramática: las iluminó con velas, con multitud de velas. De este modo no sólo se consigue lo que hoy en día entendemos como una instalación, sino, volviendo al origen, un ambiente mágico, trascendente y espiritual, casi místico, del conjunto.

Si por un instante intentamos imaginárnoslo, volvemos a encontrarnos con un asunto central para el arte moderno y contemporáneo y, muy en concreto, para las propuestas de ese momento: movimiento y estatismo. Las velas producen sombras cambiantes, que transforman los rostros, que, sin embargo, mantienen su identidad esencial. Identidad y transformación, simultaneidad de imágenes, sin olvidarnos de cierta tendencia, muy de Modigliani, hacia lo esotérico, hacia las corrientes espirituales alternativas.

Un equilibrio insospechado entre tensiones de signo distinto.

Pronto –todo en la breve biografía de Modigliani es pronto– abandonará esta serie de cabezas y se entregará a la elaboración de piezas más complejas desde el punto de vista formal: las cariátides. Se conservan cerca de un centenar de dibujos más algunos óleos sobre estas figuras destinadas, en su origen arquitectónico, a sujetar la armadura del tejado de los edificios.

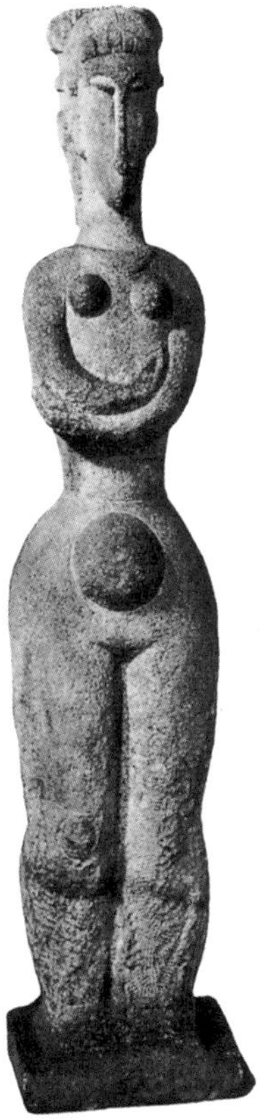

Cariátide, 1912-1913

A esta serie debemos algunos de los dibujos más elegantes, sintéticos y bellos de la obra de Modigliani. El giro del torso con la creación de ritmos de una gran delicadeza, las que serán famosas estructuras en S. Lo sincrético y elemental del lenguaje.

La reducción a formas básicas de la geometría: ovales en las nalgas, ovoides en la cabeza, la importancia de los ejes verticales y horizontales, el tratamiento de los bloques con texturas rudas y fragmentarias y la estilización vertical configuran una propuesta moderna y original dentro de la escultura de su tiempo, dentro de la génesis de una nueva escultura. Y una serie de obras de una gran plenitud que se ajustan perfectamente a la definición que Modigliani dio de la felicidad al doctor Alexandre: «La felicidad es un ángel de rostro severo»

En 1914, el año de la Gran Guerra, de empezar a trabajar con Paul Guillaume, un importante galerista al que le ha presentado Max Jacob, Modigliani abandona la escultura definitivamente. Pero 1914 es también el año de su encuentro con Beatrice Hastings, que será su amante durante dos años y medio y que lo acercará a los círculos más intelectuales. Su relación con Hastings marca uno de los momentos de madurez en su obra.

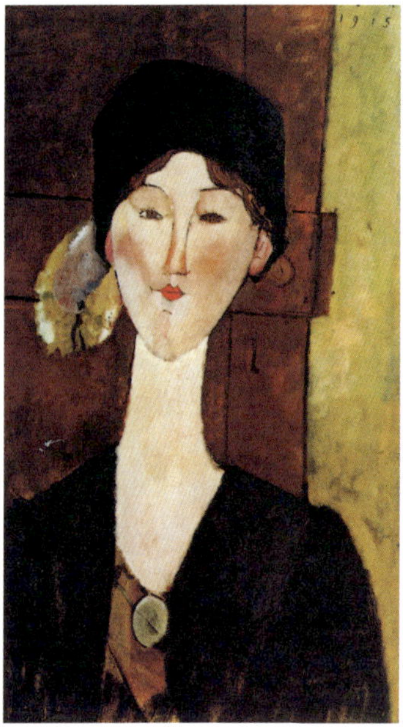

Beatrice Hastings, 1915

La relación fue muy tormentosa. Se cuenta, por ejemplo, que un día Modigliani la arrojó por la ventana sin ni siquiera molestarse en abrirla antes. Pero, sobre todo, es cierto que a pesar de los pesares, en los primeros años de la guerra en los que a Modigliani no le llegaba la asignación mensual que con sacrificio mandaba su madre, Beatrice Hastings, que vivía de recursos estables, aportó a Modigliani los momentos más confortables de su estancia en París.

Beatrice Hastings había llegado a París en abril de 1914 como redactora de la revista inglesa *The New Age* para escribir una sección de cotilleos artísticos con el título de *Impresiones de París.* Max Jacob la recuerda así: «Borracha, pianista, elegante, bohemia, vestida a la moda del Transvaal y rodeada de bandidos un poco artistas, un poco bailarines».

Pero es la propia Hastings quien nos cuenta su encuentro con Modigliani:

> Un carácter complicado. Un cerdo y una perla. Me lo encontré en 1914 en una pastelería. Estaba sentada frente a él. Hachís y brandy. No me impresionó especialmente. No sabía quién era. Tenía un aspecto feo, salvaje, voraz. Volví a encontrarlo en el café de La Rotonde. Se había afeitado y estaba arrebatador. Se quitó el sombrero con un movimiento gentil, sonrojándose, y me pidió que lo acompañara a su casa para ver sus obras. Y fui. Siempre llevaba un libro en el bolsillo. *Maldoror* de Lautréamont. El primer óleo presentaba a Kisling. Detestaba a todos menos a Picasso y Max Jacob. Aborrecía a Cocteau. Nunca hizo nada bueno bajo los efectos del hachís.

Y entre otras cosas, Hastings se propone hacer carrera de Modigliani y antes de que trabaje con Paul Guillaume le consigue un contrato con el *marchand* Chéron de la calle de La Boétie. Pero parece que éste encerraba a Modigliani bajo llave en un sótano con una botella de coñac y una modelo.

También es cierto que a estas alturas de su vida, Modigliani, como bien dice Hastings, no debía de ser nada fácil, todo un carácter complicado. Max Jacob, que tuvo por él un gran afecto, lo retrata así:

> En Dedo todo se orientaba a la pureza del arte. Su orgullo insoportable, su sombría ingratitud, su arrogancia, no eran más que la expresión de alcanzar una pureza cristalina, una sinceridad incondicional hacia sí mismo, tanto en la vida como en el arte, actitud que no excluía la confianza. Era cortante, pero a la vez frágil, como el cristal; y también inhumano como el cristal, por así decir. Esto era muy característico de aquella época, que no postulaba más que la pureza del arte y que no se proponía otra cosa.

Pero Beatrice Hastings también era todo un personaje. Emily Alice Haig, nacida en 1879, y por lo tanto cinco años mayor que Modigliani, era hija de un *filateur* londinense que había emigrado a Sudáfrica. Su vida, también novelesca, nos la sitúa regresando a la vieja Inglaterra a bordo de un barco sobrecargado de heridos de la guerra de los Bóer. Se hace miembro de una extraña y esotérica secta y termina sus días como una fascista inglesa, suicidándose en 1943. En su haber tiene al menos un misterioso matrimonio y una amistad profunda y agitada con otra mujer: Katherine Mansfield. Y entre 1920 y 1925 llega a tener una impresionante reputación internacional como médium.

La vuelta a la pintura de Modigliani está marcada por un gran cambio. Los procedimientos se han hecho más concisos y, en general, se muestra más radical, dejando entrever todo lo que ha aprendido en su experiencia de escultor. Retratos como el de Diego Rivera y el de Pablo Picasso

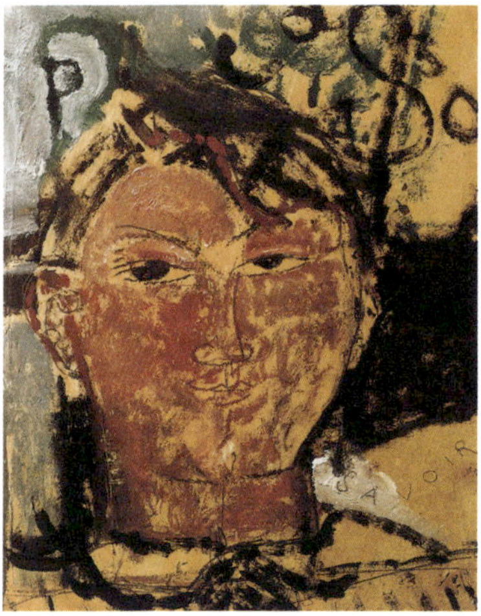

Retrato de Pablo Picasso, 1915

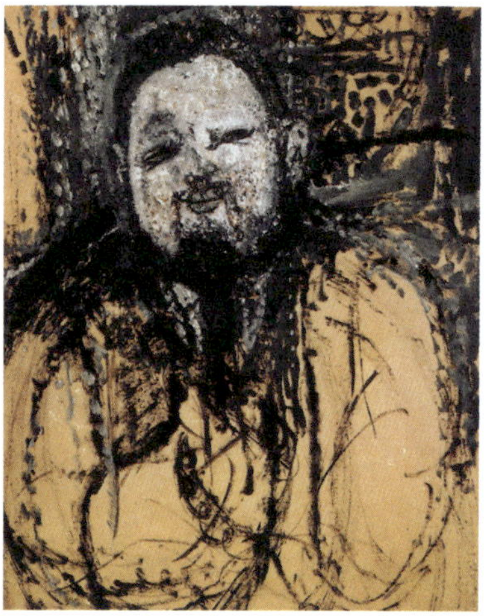

Retrato de Diego Rivera, 1914

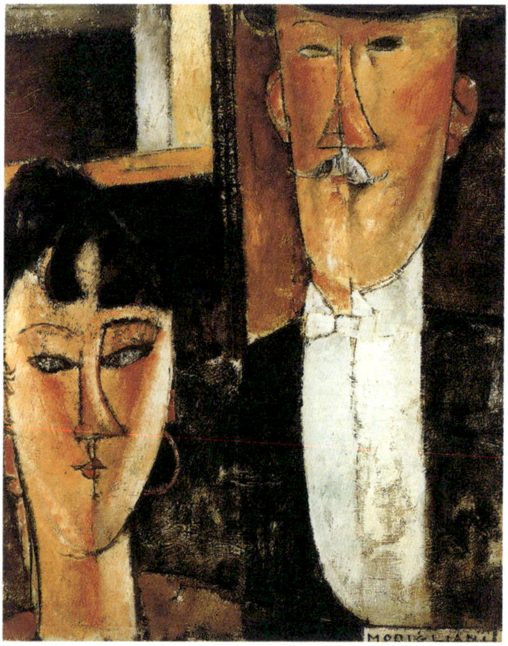

Los esposos, 1915-1916

abren una auténtica galería iconográfica de sus amigos y compañeros, de los protagonistas del París de las vanguardias.

Los esposos, también conocido como *Novio y novia,* fechado entre 1915 y 1916, nos muestra bien este lenguaje de madurez de Modigliani. Es como si su escultura se hubiera inscrito en una materia cromática densa. Los rasgos individuales de los personajes se subordinan a las deformaciones de los planos.

El cuadro se divide claramente en dos por una línea vertical que separa a los personajes, como si se tratara de dos esculturas en dos niveles distintos: la cabeza de mujer que parece reposar directamente sobre el suelo y el hombre sobre ese extraño pedestal alargado que forma la pechera de su camisa.

A su vez cada uno de los personajes aparece dividido por una línea vertical que los secciona en dos mitades no simétricas (al contrario de lo que ocurría con las esculturas). La obra se presenta, así, tremendamente fragmentada, en una formulación que puede recordar vagamente al cubismo o a algunos planteamientos formales muy del tipo de los de Torres-García.

Pero lo más sorprendente, lo que realmente resulta brutal, es que los personajes también están fragmentados. Al personaje masculino le falta media cabeza y tiene el cuerpo cortado por los dos lados. A la novia le falta una oreja y un trozo de cara. Fragmentos en un mundo de fragmentos. Un cuadro extraño, intenso a la vez que enigmático y silencioso, apacible. Y abajo, a la derecha, la firma de Modigliani como si fuera una proclama, como algo superpuesto a la realidad.

Ahora empieza la gran serie de retratos; en ellos Modigliani escribe el nombre del retratado incluso en cuadros de personajes desconocidos como uno en el que leemos «enfant gras» (niña gorda), en el que si nos fijamos vemos realmente la pintura de una escultura puesta sobre una mesa. El ideal confrontado con la realidad, la visión del volumen expresada en un plano.

En el retrato de Paul Guillaume, su nuevo galerista, que se suicidaría en 1934, leemos en la parte de abajo «NOVO PILOTA» y arriba a la derecha,

«STELLA MARIS». En algún sentido nos recuerda al retrato de Paul Alexandre; es el personaje retratado con sus símbolos, aquí simplemente escritos: el nuevo piloto de una nueva estirpe de artistas, la estrella que brilla sobre la inmensidad oscura del mar y que guía a los barcos. En esta galería iconográfica del Montmartre y el Montparnasse del momento, Modigliani parece esforzarse en definir a sus personajes, darles nombre, arrancarlos del anonimato. Hacerlos singulares. Por mucho que sus cuadros, más que nunca en toda su carrera, sean eso: cuadros, superficies planas en las que se despliega un juego de líneas y de zonas coloreadas.

En otro retrato del mismo Guillaume, del año siguiente, Modigliani fuerza un recurso que será muy frecuente y que ya hemos visto: la fragmentación del modelo, a pesar incluso de la pose manierista de las manos, ahora cortadas. El personaje parece tratado con más ternura, ha perdido el aspecto más desafiante y casi chulesco del anterior. También el carácter más simbólico. Es un retrato más íntimo. Llama la atención la pérdida de la verticalidad; nos alejamos de las esculturas. El rostro junto con las manos proponen una visión más zigzagueante. La cabeza y el cuerpo responden a la dirección de ejes distintos.

Cabeza de mujer con cinta de terciopelo es un cuadro muy especial. No sólo porque es el único de este momento que se inscribe dentro de un paisaje, sino porque, además, marca muy bien las características de este primer momento. Se mantiene, por un lado, el carácter casi escultórico de la cabeza; lo que en escultura era volumen, aquí son líneas negras. Pero al pasar el volumen a la superficie plana, el cuadro se transforma en un conjunto de fragmentos yuxtapuestos de colores y formas distintas. La cabeza ovoide frente a la masa también ovoide del pelo, como un raro eco que ya encontrábamos en la camisa del novio con la cabeza, el cuello, las dos partes del cuello de la camisa, el camino, cada uno de los troncos de los árboles...

Al mirar el cuadro uno no puede dejar de pensar en Gauguin, en esas mujeres sobre fondos de naturaleza tratados como si fueran un tapiz de áreas de color muy definidas y recortadas. Pero éste, en todo caso, es un

Gauguin muy siglo XX, es claramente un cuadro postcubista, por mucho que incorpore otras tradiciones. Un cuadro posterior a la gran revolución del arte.

Antonia, de 1915, marca perfectamente la madurez de este lenguaje de formas y personajes alargados, estructuras básicas próximas a una cierta geometrización, perfectamente recortadas sobre una composición en cruz. Basada, como en las esculturas, en la propia estructura del rostro: ojos, horizontal; nariz y boca, vertical que se prolonga por el cuello como si fuera una base. Vuelve a llamar la atención la delicada pose de la mano que, una vez más, se sale del cuadro.

Cabeza roja, también de 1915, muestra bien la forma de estructurar: la cabeza como un todo forma una almendra con su peana. Una vez más, el doble eje de los ojos y la nariz y la composición en cruz que ya se distingue claramente sobre el fondo.

Retratos de Jacques Lipchitz y su esposa Berthe, de Max Jacob, Jean Cocteau, Chaïm Soutine, Blaise Cendrars, Henri Laurens...

En el maravilloso retrato de *Adrienne,* de una sorprendente belleza y elegancia y de una poderosa presencia física, si lo comparamos con el de *Pelirroja,* vemos perfectamente cómo ha evolucionado este primer período. Cómo las cabezas arcaizantes o negroides, arquetípicas y generales se han ido transformando sin perder del todo su estructura, han ido abandonando su solemnidad pétrea para permitir retratos en los que la personalidad del modelo se impone a los condicionantes formales; son retratos cargados de amor y de ternura, rebosantes de una íntima humanidad.

En 1916, fecha de una famosa sesión de fotos de Cocteau con Picasso y demás celebridades, Modigliani rompe definitivamente su relación con Beatrice Hastings, y también con su galerista Paul Guillaume. Está enfermo y, a decir de las gentes, cada vez más insoportable. Conoce al poeta polaco Leopold Zborowski, el que sería el mayor admirador de su obra y tal vez el amigo más comprensivo, generoso y enérgico. Zborowski había llegado a París para estudiar literatura y se dedicaba a la venta de grabados.

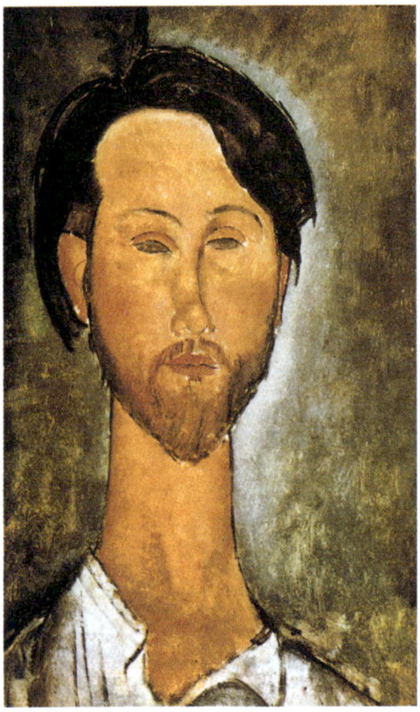

Retrato de Leopold Zborowski, 1918

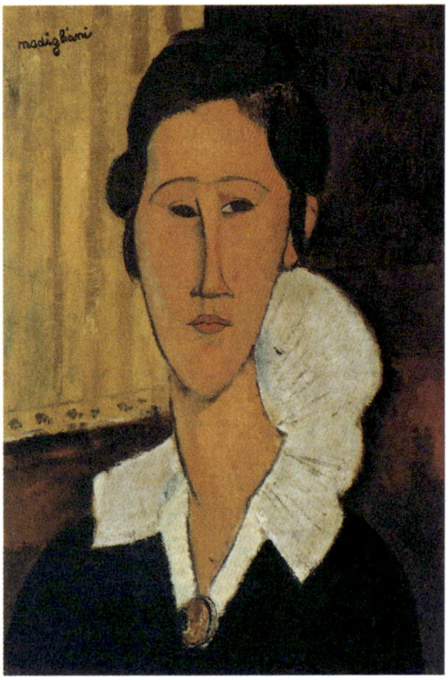

Retrato de Anna Zborowska, 1917

Como galerista no tenía nada que ver con Paul Guillaume. Ni tenía sus contactos, ni su importancia. Tampoco le interesaba tanto la vanguardia. Pero apoyó de una manera altruista a un Modigliani enfermo y cansado, le ofreció su casa cuando tuvo que marcharse de la de Hasting, le dio una especie de asignación mensual, el pago de los lienzos y los materiales y la posibilidad de instalar su caballete en el salón de su casa.

Alejado de los círculos más intelectuales y vanguardistas, sin el empuje de Beatrice Hastings y lejos de la influencia de Paul Guillaume, Modigliani inicia una serie de retratos más manieristas, en los que curiosamente deja entrever un interés mayor por los modelos del Renacimiento italiano.

En el *Retrato de Anna Zborowska,* la mujer de Zborowski, ya se puede advertir cómo hay una cadencia más amable que envuelve todo el busto con sus líneas redondeadas, por mucho que permanezca todavía la composición en cruz.

Pero esta tendencia se hará mucho más pronunciada un poco más adelante, tras su encuentro con la jovencísima pintora y última amante Jeanne Hébuterne. En esos retratos de los últimos años, que ofrecen la imagen más estereotipada de Modigliani, advertimos una especie de S muy pronunciada que recorre a unos personajes que, por regla general, muestran más que el simple rostro de los cuadros anteriores.

Una especie de S que, a través de una línea fluida y melódica, se adapta y alarga por todo el cuerpo, sobre todo el cuello y el busto, mientras que las cabezas se balancean hacia un lado y los rostros planos aparecen curvados o alargados. Las poses y los tratamientos amanerados producen una deformación que lleva casi a un nuevo formalismo, pero todo ello se ve superado por el encanto y la delicadeza, por una elegancia que llega casi a la afectación.

Pero incluso este recuerdo más manierista, estos planteamientos más amables y casi más próximos a la tradición se ven siempre superados por un lenguaje moderno y propio: rostros que tienden a los grandes planos, alargados y estilizados; los ojos vacíos y rasgados, la boca pequeña con labios apretados; los cuellos curvados y alargados que fuerzan una silueta deformada, los contrastes de colores planos dentro de áreas cerradas a las que se añaden, inesperadamente, valores de claroscuro y pinceladas suaves y difuminadas.

Pero las figuras, que parecen encajar siempre en un espacio fuertemente estructurado y que no remite más que a sí mismo, nos hacen ver con claridad que Modigliani no plantea el viejo problema de la figura sobre fondo, sino que mantiene siempre un lenguaje moderno que le hace entender el cuadro como una superficie plana en la que se disponen formas, líneas y colores.

«Lo que busco no es lo real –dice Modigliani en un cuaderno de 1907– ni tampoco lo irreal, sino lo inconsciente, el misterio de lo instintivo, de la raza». La frase, al margen de tributos a la última moda –el inconsciente de Freud, la raza de Nietzsche–, explica bien ese dejarse llevar por lo que hay en uno mismo sin establecer ningún tipo de jerarquía: las distintas tradiciones que conoce y admira, las primitivas y las occidentales; eso y el afán, el entusiasmo de ser moderno.

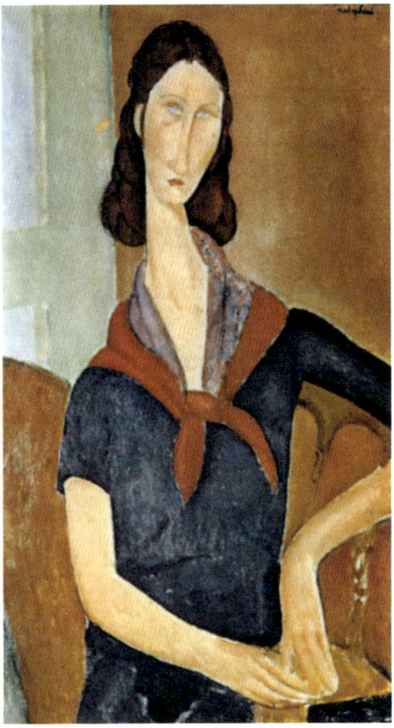

Jeanne Hébuterne, 1919

En 1916, Modigliani comienza una serie de desnudos que conforman el último de los grandes núcleos de su producción. Curiosamente, estos desnudos fueron objeto de la única exposición individual que Modigliani realizó en vida. Breve exposición que se clausuró en el propio transcurso de su inauguración. La policía irrumpió y confiscó los cuadros por inmorales. Y es que hasta los policías se dieron cuenta que esos cuadros nada o muy poco tenían que ver con los desnudos de los museos.

Si en 1909 el *Manifiesto futurista,* entre otras cosas, decía: «Estamos contra el desnudo en pintura, tan nauseabundo y fastidioso como el adulterio en literatura», a finales de 1916 y principios de 1917, cuando Modigliani comienza su serie, son muchas las cosas que han cambiado. Porque, por ejemplo, 1917 es también el año es que Picasso pinta el famoso *Retrato de Olga en un sillón* y empieza una recuperación de un pintor como Ingres, y así, el clasicismo que había permanecido latente en su obra anterior, más violentamente primitiva, aflora ahora abiertamente.

Los desnudos de Modigliani entroncan con una tradición clásica y moderna. El clasicismo italiano, pero también Goya, Ingres, Manet... Pero a esa doble tradición, Modigliani aporta una concepción totalmente nueva: se trata de un ideal de belleza puro, la belleza objetiva y un tanto fría del cuerpo femenino desinhibido.

No hay lugar para lo accesorio, para lo narrativo, ni siquiera para las fantasías eróticas de sus compañeros Foujita, Pascin o Van Dongen.

Tampoco tienen nada que ver con el primitivismo de las cariátides, ni el formalismo de los retratos. Son obras más libres y relajadas. Parece que hasta el afán de estilo ha desaparecido. Sólo se mantiene la tensión en la composición, lógicamente ahora horizontal aunque a veces tremendamente fuerte y obligando a una deformación tremenda de los modelos. Por lo demás, son formas de belleza y armonía en sí mismas. Como había dicho Modigliani: «No quieren expresar más que una afirmación muda de la vida».

En los primeros desnudos todavía quedan restos del formalismo en los rostros, pero ya llama poderosamente la atención la fuerte fragmentación: la casi totalidad de los cuerpos, por no decir todos, están cortados. En modo alguno es una torpeza, más bien un punto de equilibrio forzado, siempre sobre un fondo inestable.

Podemos distinguir claramente dos grupos. Uno más relajado, más intimista y naturalista, despreocupado por todo, incluso por el ideal de perfección, y un segundo grupo en el que advertimos un mayor empeño. Obras más próximas a modelos clásicos: Giorgione, Tiziano, Goya, Manet... Pero, en general, lo que nos encontramos es con unos desnudos tumbados relajadamente sobre sus camas. No miran directamente al espectador, no se percatan de su presencia, lo que termina de eliminar cualquier asomo de provocación. Reúnen un montón de tradiciones, de ecos culturales de distinto registro, desde el clasicismo de la silueta un tanto ingresca a la lejana referencia al arte negro.

Los fondos adquieren una gran autonomía, una gran abstracción, lo que contribuye a que la figura se haga más irreal, más aislada y más formalista.

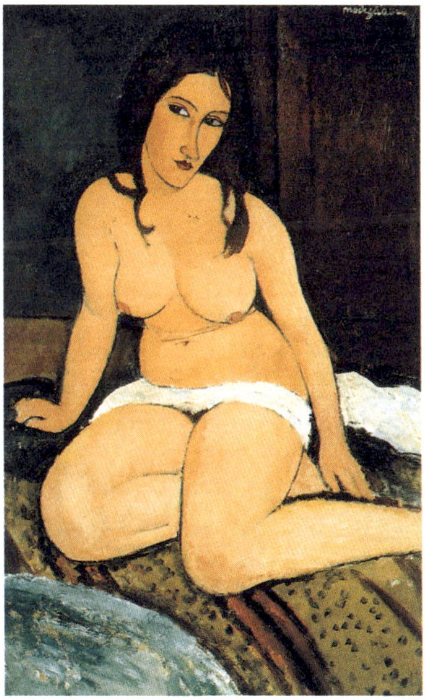

Desnudo sentado, 1917

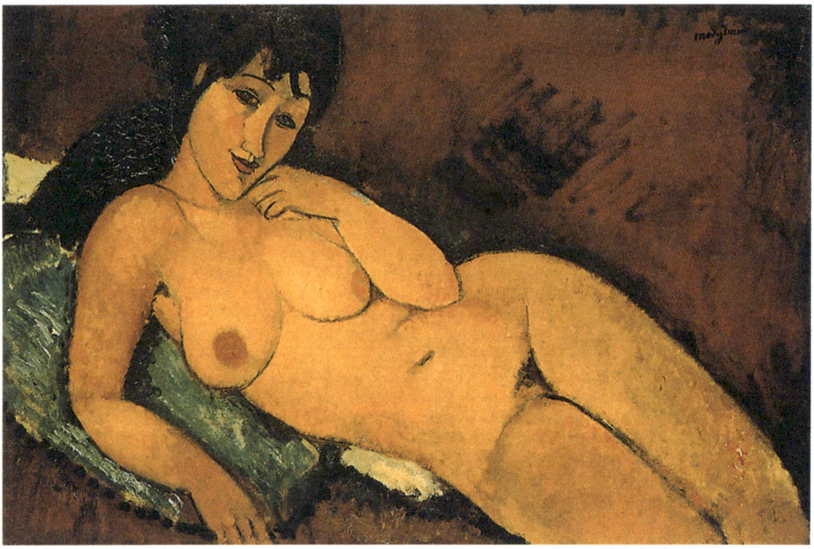

Desnudo echado sobre un cojín azul, 1917

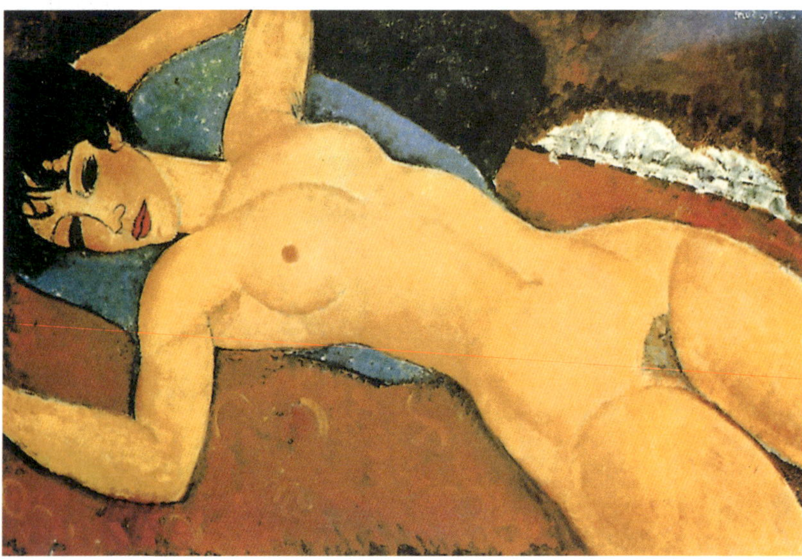

Desnudo echado con los brazos abiertos (desnudo rojo), 1917

Resultan tremendamente modernos en su síntesis de empaque clásico y precisión moderna, en su asepsia sentimental y la deformación personal y primitivista, en la idea siempre presente de la pintura como un plano lleno de tensiones y equilibrios. Y, sobre todo, esa idea de fragmentos en un mundo de fragmentos; la realidad como algo fragmentado, algo ya no sujeto a categorías ni a grandes principios clasificatorios, suficientes en sí mismos para determinar jerarquías organizativas, sino el mundo como una mera yuxtaposición de fragmentos dispares. Un mundo sin trascendencia, sin sentido, hecho sólo de fragmentos. Fragmentos aislados y yuxtapuestos, como el propio Modigliani.

Con un Modigliani cada vez más aislado, más enfermo, más borracho, Jeanne Hébuterne, su compañera que acababa de darle una hija, terminó por acostumbrarse a que el bueno de Ortiz de Zárate lo trajera por las noches inconsciente a casa. Cuando clareaba la madrugada y Ortiz de Zárate no llegaba, Jeanne iba a buscarlo a las comisarías.

Desesperado, huraño, pendenciero y jactancioso; lleno de ira hacia un mundo que no lo entendía y que lo humillaba, Modigliani, conforme notaba que se iba acercando la muerte, se fue alejando de todo el mundo, ¿o todo el mundo se fue alejando de él? Incluso consiguió enemistarse con Zborowski, al que reprochaba todos sus males y, sobre todo, el que no le dejara entrar en su casa cuando estaba borracho, además de su propensión a llamar al médico.

Cuentan que un día, en 1920, Modigliani ya no pudo levantarse de la cama. Jeanne Hébuterne había llegado a su noveno mes de embarazo. Permanecieron solos; durante una semana, nadie se interesó por ellos, desesperados, aguardando la muerte; sólo tenían unas latas de sardinas y una botella de vino. Al séptimo día llegó Ortiz de Zárate y se encontró a Modigliani inconsciente y a Jeanne inmóvil y como perdida al pie de la cama. Se lo llevó al hospital de beneficencia, pero nunca volvió en sí y murió esa misma tarde.

Jeanne fue a casa de sus padres. A las cuatro de la mañana abrió la ventana y se arrojó al vacío. Con las primeras horas del alba un obrero encontró el cadáver y lo subió a la casa. Pero su hermano no quiso recibirlo. Mandó que lo llevaran al estudio de Modigliani. Ése era su sitio. El obrero cargó el cadáver en su carretilla y cruzó medio París. La portera de Modigliani tampoco le quiso dejar pasar. Y, al final, tuvo que intervenir la policía para que, durante unas horas, el cadáver permaneciera solo sobre el suelo del estudio.

Corpus Barga nos habla de esos años de los que fue testigo:

> El entierro de Modigliani, que fue el nacimiento de su pintura, puede tomarse como la fecha arbitraria y fatal para marcar la muerte del Montparnasse cubista. Modigliani había sido un cubista de Montparnasse que no hacía cubismo. Cuando los mercaderes empezaron a fijarse en este pintor, ya arruinado y alcohólico, el hombre se murió. La muchacha que vivía con él se tiró por la ventana para seguirle para el otro mundo que han falsificado tantos pintores antiguos. Al entierro de Modigliani asistió todo Montparnasse, desde Picasso hasta el último mono. Desfilaron en el depósito, por delante del cadáver, pintores de todas las nacionalidades, razas y religiones; cada cual saludaba según su rito, con el sombrero, con la cabeza, con los brazos o con el cuerpo. El último mono de Montparnasse, con el cuello del gabán levantado sobre el pelo rubio –a quién quiso imitar este personaje de la selva–, le dio el último adiós, un adiós con la mano, volviendo la cara. Parecía el adiós que se daba paradójicamente todo un Montparnasse a sí mismo.

Ya nada sería lo mismo. Ni siquiera Modigliani, que empezó ese mismo día a ser famoso y a estar cotizado. Con él murió una época y con su muerte se iniciaba la vuelta al orden y los felices años veinte.

NOTAS

[1] El presente texto resulta de editar la conferencia pronunciada por Pablo Jiménez Burillo el 24 de octubre de 2005. Al ser transcripción de una comunicación oral, no se indica en nota la procedencia precisa de los textos citados, que en cualquier caso corresponden a las obras que aparecen en la bibliografía final [nota del editor].

BIBLIOGRAFIA

Durieu, Pierre, *Modigliani,* París, Hazan, 1995.

Krystof, Doris, *Amedeo Modigliani (1884-1920). La poesía del instante,* Madrid, Taschen, 2000.

Modigliani (cat. exp.), Barcelona, Centre Cultural de la Caixa de Pensions, 1983.

Parisot, Christian, *Amedeo Modigliani,* París, ACR, 1996.

Schmalenbach, Werner, *Amedeo Modigliani: Paintings, Sculptures, Drawings,* Múnich, Prestel, 1991.

Werner, Alfred, *Modigliani,* París, Cercle d'Art, 1988.

Maurice Denis: el radical y el conservador

MARY ANNE STEVENS

A pesar de haber sido recientemente objeto de varias exposiciones –en particular, la importante retrospectiva ofrecida en Lyon, Ámsterdam y Liverpool en 1994-1995–,[1] la estimación de los logros de Maurice Denis (1870-1943), el reconocimiento de su contribución al desarrollo del arte moderno y la valoración de su obra en el contexto del arte del siglo XX aún no han recibido suficiente atención por parte de los críticos e historiadores. En cierto modo, hay que disculparles, dadas las dificultades que la carrera de este pintor, grabador, ilustrador, crítico y teórico ofrece a cualquier intento de valoración objetiva de su producción individual en el contexto de su época, comprendida entre finales del siglo XIX y principios del XX. La problemática posición de Maurice Denis queda bien demostrada en tres afirmaciones realizadas por él en fechas que abarcan un periodo de casi veinticinco años, coincidiendo con la creación de dos obras, *Retrato del artista* (1889) y *Los primeros pasos de Dominique* (1911). En 1886, en su *Diario*[2] –una visión personal de valor incalculable sobre la vida del artista, su trabajo, sus ideas, sus esperanzas e inquietudes–, un joven Denis con dieciséis años a la sazón, declara: «La pintura es un arte esencialmente religioso y cristiano»[3]. Cuatro años más tarde, en la revista *Art et Critique,* entonces recién fundada, y en la línea de la revolución simbolista iniciada por Paul Gaugin y Émile Bernard a finales de la década de 1880, Denis publicó su definición del «arte nuevo», muy citada posteriormente, en la que toda referencia a cualquier imperativo religioso en el arte quedaba excluida por completo: «Recordad que un cuadro, antes que un caballo de batalla, una mujer desnuda o cualquier anécdota, es esencialmente una superficie plana recubierta de colores dispuestos en un

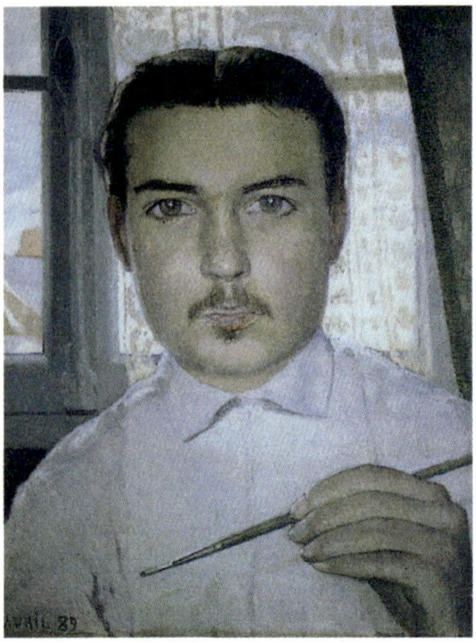

Retrato del artista, 1889

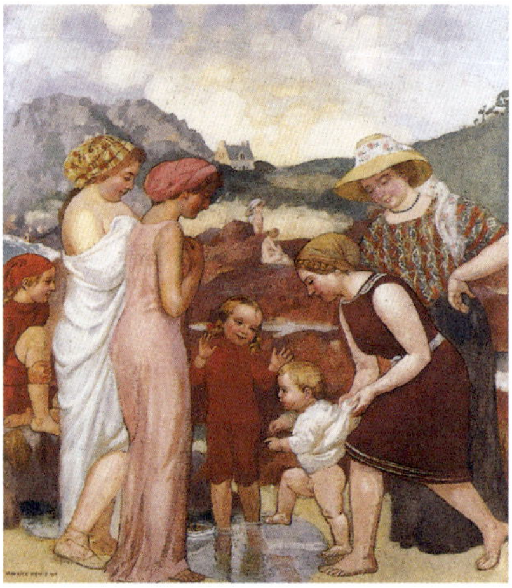

Los primeros pasos de Dominique, 1911

determinado orden»[4]. Con esa diferenciación palmaria de lo que fuera el arte respecto a la representación directa de un tema concreto, dicha definición resultó tan radical que ha sido interpretada, si bien erróneamente, como un manifiesto a favor del arte abstracto. Diecinueve años después, sin embargo, en 1909, cuando Denis vuelve a tratar la relación entre arte, naturaleza e inspiración artística, adopta ya otro enfoque. En un artículo titulado «De Gauguin et de Van Gogh au classicisme», publicado en *L'Occident,* declara:

> Para nosotros, los pintores, la evolución hacia el clasicismo se basaba en nuestro buen juicio al tratar los problemas centrales del arte, tanto estéticos como psicológicos [...]. Demostramos que cualquier emoción o estado mental suscitado por una determinada percepción alzaba en la imaginación del artista símbolos o equivalentes concretos que, a su vez, eran capaces de infundir idénticas emociones o estados mentales sin la necesidad de crear una copia de la percepción original; y que por cada matiz de nuestra percepción emocional hay un objeto con el cual se corresponde, en armonía con él y capaz de representarlo con todo detalle. El arte no es simplemente una impresión visual que

recibimos, una fotografía, por sofisticada que resulte, de la naturaleza. No, es una creación mental, para la cual la naturaleza no es más que el trampolín.[5]

A un cierto nivel, se puede argumentar que esta explicación, más detallada, de la relación existente entre naturaleza exterior, creatividad artística y lenguaje visual es simplemente una prolongación de la definición que Denis ofreció en 1890, antes citada. No obstante, debe señalarse que el pasaje completo viene prologado por la frase «Para nosotros, los pintores, la evolución hacia el clasicismo», expresión que sugiere un estándar estético intemporal, objetivo y universal, que dista enormemente del personal programa estético individual trazado en su definición de 1890, y en el que la naturaleza no se ve desterrada del proceso creativo, sino que recibe un papel de «trampolín», de punto de partida. Este cambio en su teoría del arte queda patente si se comparan dos de sus obras: *Julio* (1892), creada poco después de su definición de 1890, y *Los pastores* (1909), casi dos décadas posterior. Vistas ambas conjuntamente, demuestran la pertinencia de estudiar la obra de Maurice Denis, no sólo por su fugaz adhesión a una pintura radicalmente no naturalista en la última década del siglo XIX, sino sobre todo, por su relación con el abanico de opciones abiertas a los artistas contemporáneos de comienzos del siglo XX.

Este artículo pretende analizar las diferentes facetas de dicha relación. Tanto las obras de Denis como sus escritos plantean cuatro interrogantes específicos: su lugar en el contexto del simbolismo pictórico radical durante la década de 1890, tras la marcha de Gauguin a Tahití y la muerte de Van Gogh; la relación del arte de Denis como miembro de los nabis en un momento en que el grupo se cuestionaba arduamente la relevancia y viabilidad del simbolismo radical; la relación de Denis con las jóvenes generaciones de artistas, y su especial aprecio a Matisse y los fauvistas; y su contribución a las artes visuales durante las primeras décadas del siglo XX. Con el fin de tratar estos temas, se profundizará en la vida de Denis, su papel en la formación y evolución del grupo de los nabis y del simbolismo

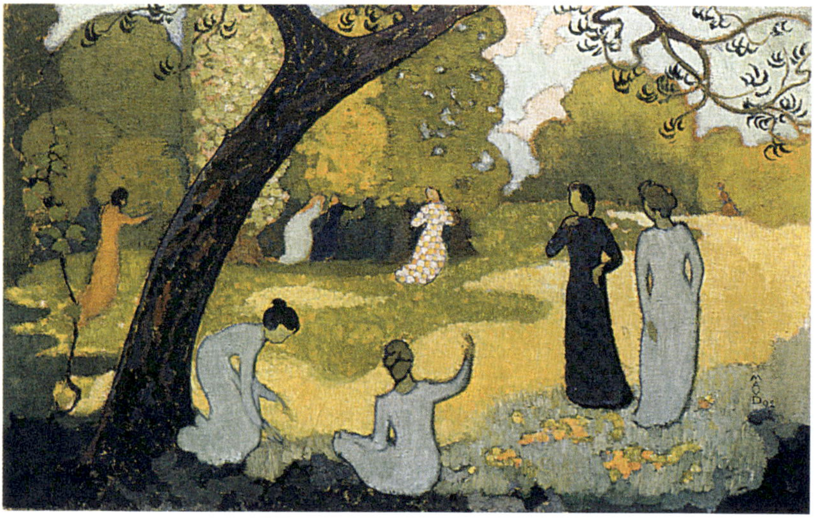

Julio, 1892

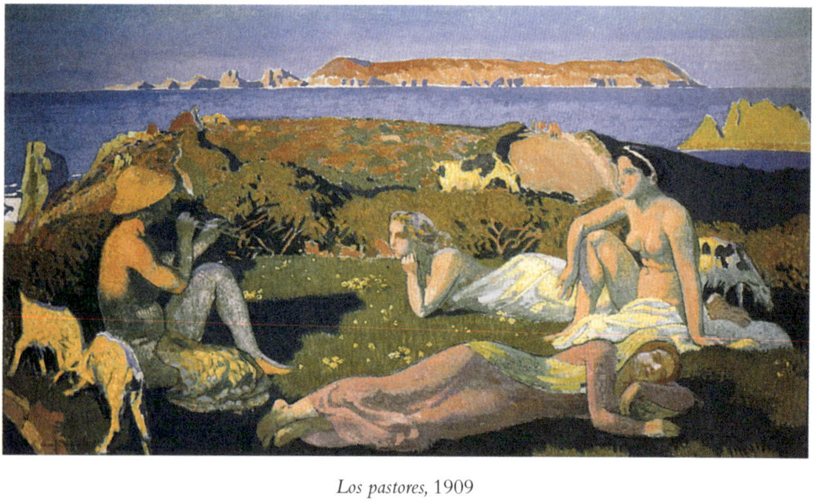

Los pastores, 1909

pictórico en la década de 1890, su evolución estilística desde el simbolismo al clasicismo (1895-1900) y la visión general de su producción después de 1900.

Maurice Denis nació en Granville, en la costa de Normandía, en 1870. Su familia regresó a París tras el final de la guerra francoprusiana, y a partir de 1882 asistirá a una de las escuelas más prestigiosas de la ciudad, el Lycée Condorcet. Allí conoce a Ker-Xavier Roussel y Édouard Vuillard, dos de los futuros miembros del grupo de artistas radicales conocido como los nabis, a Thadée Natanson, futuro propietario y director de la revista vanguardista *Revue blanche,* y a Aurélien Lugné-Poe, futuro actor, director, productor y fundador de los vanguardistas Théâtre de l'Art y Théâtre de l'Œuvre, con los cuales los nabis tendrían una estrecha relación. Denis desarrollará un temprano interés tanto hacia la religión como hacia el arte. Mientras en su *Diario* registra su profundo compromiso con el catolicismo, también deja constancia de los apuntes y copias realizados en el museo local de Saint-Germain-en-Laye y en el Louvre, donde se muestra especialmente impresionado por el arte medieval y el de los primeros años del Renacimiento. Sus visitas al Salon de París y a otras exposiciones desarrollarán una especial preferencia por el arte de Pierre Puvis de Chavannes, creador de importantes murales decorativos. Antes de seguir estudios formales, Denis ingresará en la Académie Julien en 1888, donde conocerá a otros dos futuros nabis, Paul Sérusier y Pierre Bonnard, para ingresar finalmente en la École des Beaux-Arts. El impacto de tan dispares influencias formativas puede verse en sus obras más tempranas, como *Plato de ciruelas* (1889), donde la textura del color, clara y seca, y los nítidos contornos, claramente señalados, sugieren respectivamente la influencia del primer Renacimiento italiano y las decoraciones murales de Puvis de Chavannes, mientras que la presencia de sombras indica aún su adhesión a los principios del naturalismo.

Su ingreso en la Académie Julien, en 1888, sería de trascendental importancia tanto en el desarrollo de la obra de Denis en la siguiente década como en la de sus compañeros, quienes iban a constituir la segunda generación

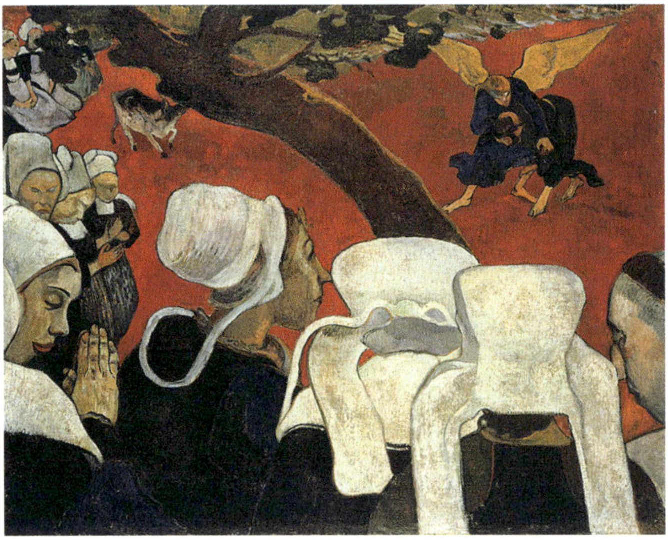

Paul Gauguin, *Visión del sermón,* 1888

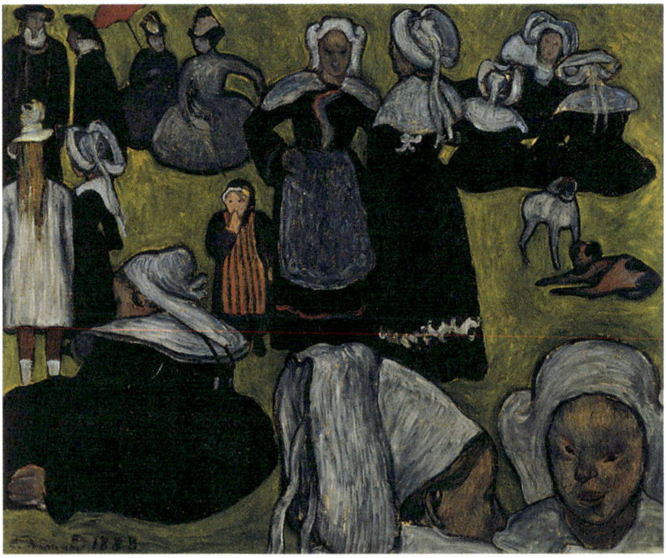

Émile Bernard, *Bretonas en la pradera,* 1888

de pintores simbolistas. En el otoño de 1888, Paul Sérusier regresó a la Académie Julien tras un verano trabajando en la colonia para artistas de Pont-Aven, en Bretaña. Allí había conocido a Paul Gauguin, que acababa de terminar su *Visión del sermón* (1888), un cuadro radicalmente innovador. Aquel verano en Pont-Aven, Sérusier había pintado un pequeño cuadro siguiendo las indicaciones de Gauguin en la línea del nuevo lenguaje visual del simbolismo; la tabla viajó con Sérusier a París. Derivado en sus orígenes de un movimiento literario nacido a principios de 1880 en París como oposición al naturalismo o registro objetivo del mundo exterior, el simbolismo tenía en las ideas y la emoción profunda el tema de sus obras, forjando un nuevo vocabulario y nuevas estructuras literarias que favorecían la sugerencia antes que la descripción explícita. Tras haber sido articulado en diversos manifiestos publicados en revistas literarias a mediados de 1880, los artistas que se habían ido desilusionando del naturalismo y particularmente del callejón sin salida al que habían llegado tanto el impresionismo como el neoimpresionismo, buscaban un equivalente pictórico al simbolismo literario. Émile Bernard y Louis Anquetin, que habían sido compañeros en el Atelier Cormon de París y que tenían estrechos vínculos con figuras clave del movimiento simbolista como Gustave Kahn y Édouard Dujardin, adoptaron los motivos artificiales, tomados del circo y de los cabarés, los contornos netos, las perspectivas distorsionadas, la ausencia de sombras y los colores planos de las ilustraciones japonesas y las vidrieras medievales como medios para desarrollar un nuevo vocabulario visual que distanciase la representación pictórica de la descripción realista, con el fin de dirigirla hacia un no naturalismo. En la época en que Émile Bernard había llegado a Pont-Aven en el verano de 1888, ya podía dar réplica a esa búsqueda personal de Gauguin de un nuevo vocabulario visual que alejara al espectador del concepto de observar una pintura como una representación del mundo exterior. Mientras Gauguin creaba su *Visión del sermón* –obra que expresaba a un tiempo la fe de los campesinos bretones y el papel del sacerdote/artista, dotado de genio, como mediador entre las grandes ideas y los simples mortales/espectadores–,

Bernard crearía sus *Bretonas en la pradera* (1888), una composición igualmente radical realizada a partir de un lenguaje de contornos duros, colores planos y ausencia de perspectiva, para comunicar el primitivismo intrínseco de Bretaña.

El resultado de la lección que Gauguin brindó a Sérusier fue *El talismán* (1888), una pintura al óleo ejecutada sobre una pequeña tabla de madera. A pesar de haber sido realizada frente al propio motivo, la composición formada por los árboles, el sendero y el río, había sido significativamente simplificada en bloques de color puro, y cada tono realzado para distanciar el objeto de la representación naturalista. Así, los tonos otoñales de los árboles se ven traducidos en intensos bloques de rojos y naranjas, mientras que el agua adopta con toda crudeza el azul intenso del cielo. Por añadidura, dado que más de la mitad de la composición está dedicada al reflejo del paisaje en el río Aven, más que al propio paisaje, la deliberada distancia de representación con respecto a la transcripción literal empujaría al espectador a considerar la idea de la relación entre arte y naturaleza, a saber, que el arte es un espejo más que una ilustración directa. La llegada de *El talismán* a la Académie Julien fue de capital importancia para los alumnos, entre ellos Maurice Denis, quien describió su impresión de esta forma:

> Uno podía crear un paisaje esencialmente sintético, formado de violetas, bermellones, verde veronés y otros colores puros, tal y como salían de los tubos, sin apenas mezclarlos con blancos [...]. De esta forma, se nos situaba por primera vez ante una paradójica pero inolvidable forma, ante el concepto vivo de «una superficie plana recubierta de colores dispuestos en un determinado orden». De esta forma, nos concienciábamos de que cada obra de arte era una transposición, una caricatura, el equivalente emocional de la sensación recibida.[6]

A este asalto visual al ojo de Denis había que añadir la poderosa experiencia que al parecer le supuso la exposición de arte realizada en el Café

Volpini en junio de 1889, cuando ya estaba próxima la Exposición Universal. Denominada Exposition des Impressionnistes et Synthétistes, la muestra consistía en una selección de obras del simbolismo pictórico, recientemente creado, que reunía a Gauguin, Bernard, Anquetin y sus seguidores, incluyendo a Schuffenecker, Laval, De Montfried, Fauché y Louis Roy. El impacto fue, sin duda, espectacular, pues ofrecía una clara alternativa al naturalismo de Bastien-Lepage y los impresionistas, tal como Denis recuerda en un artículo publicado en marzo de 1934. Frente a *El Cristo amarillo* y *Visión del sermón,* de Gauguin, y las grandes *bretonneries* de Émile Bernard, entre las que se incluyen *Bretonas en la pradera* y *El trigo negro* (1888), exclamó:

> Primero, qué cegadora experiencia, y después, ¡qué revelación! En lugar de ser ventanas abiertas a la naturaleza, como las pinturas impresionistas, éstas presentaban superficies recargadas de decoración, colores fuertes, y pesados y brutales contornos, *cloisonné,* pues la gente hablaba de este estilo como *cloisonnisme,* o también como *japonisme.*[7]

Inmediatamente a continuación de este pasaje, hay una serie de reflexiones en torno a otros modelos y asociaciones visuales que fueron suscitados por la revelación del nuevo arte, en particular el de Pierre Puvis de Chavannes, y concretamente su cuadro *El pobre pescador* (1881), que Denis había visto en la importante exposición retrospectiva de la obra de Puvis ofrecida en la Galerie Durand-Ruel en 1887:[8]

> Ayer fui a ver la muestra de Puvis de Chavannes. Encontré muy hermosa la sosegada y simple apariencia decorativa de sus pinturas; el color, admirablemente apropiado para los murales: en los pálidos árboles las armonías son maravillosas. Los fondos son muy interesantes como decoración: fondos así son preferibles a los fondos dorados de ciertos frescos. La sobria y etérea composición me asombra, debe de proceder de un conocimiento prodigioso. Es esto lo que infunde en el alma tan delicada y misteriosa impresión de reposo y elevación.[9]

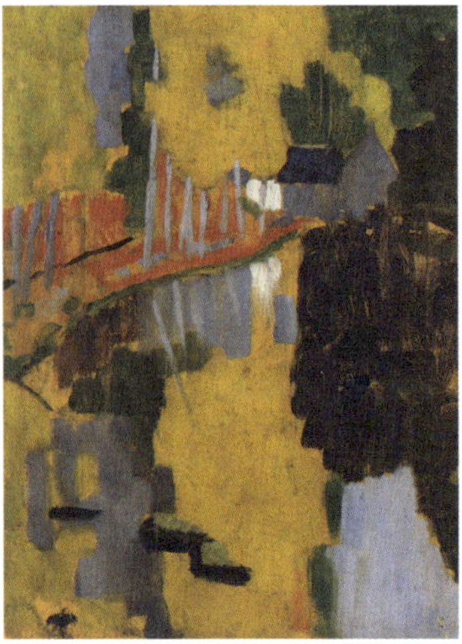

Paul Sérusier, *El talismán,* 1888

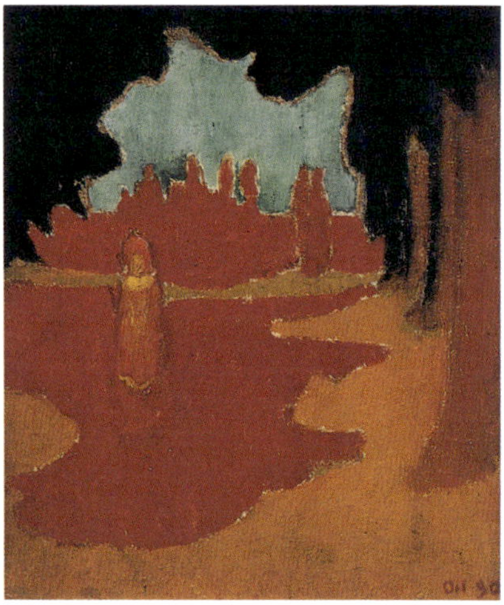

Manchas de sol en la terraza, 1890

La conjunción entre el descontento hacia el naturalismo, la admiración hacia Puvis de Chavannes y el primer arte renacentista, más el impacto de la revolución pictórica no naturalista de Gauguin y Bernard, filtrada inicialmente a través de *El talismán* de Sérusier y consolidada por la exposición del Café Volpini en 1889, estableció los cimientos para la creación de una joven generación de artistas simbolistas, los nabis (del hebreo *nabí,* profeta) o profetas del arte nuevo, formada por Maurice Denis, Paul Sérusier, Pierre Bonnard, Édouard Vuillard, Ker-Xavier Roussel, Paul Ranson y Henri Ibels, al que en breve se unirían el artista suizo Félix Vallotton y el húngaro József Rippl-Rónai. Dado que éstos habían expresado su nueva estética en obras como *Palacio de patinaje sobre hielo* (1898) de Bonnard, *La conversación* (1892) de Édouard Vuillard, *Retrato de Paul Ranson* (1890) de Sérusier, Denis adoptó una aproximación similar en su representación de la luz del sol cayendo sobre la terraza de Saint-Germain-en-Laye, radicalmente plana y simplificada (*Manchas de sol en la terraza,* 1890), y en la representación que hacía de la primavera por medio de una esquemática vista del valle del río Sena en Saint-Germain-en-Laye, por el cual desfilan unas jovencitas (*Abril,* 1892). Fueron estas fuentes de

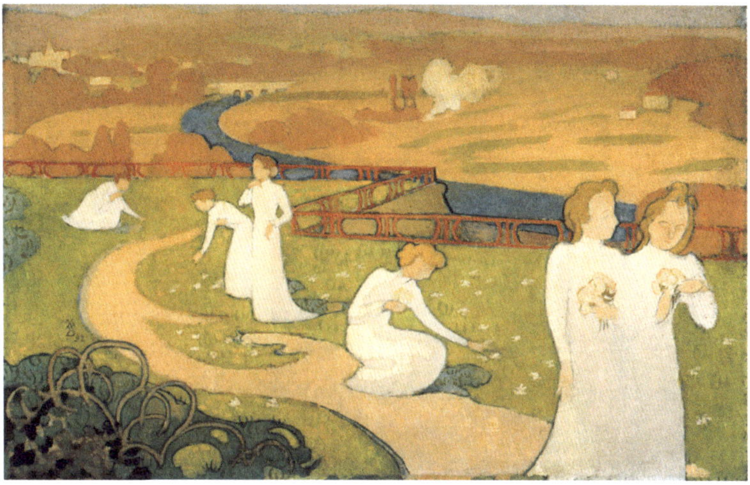

Abril, 1892

inspiración y su interpretación práctica las que proporcionaron la base del manifiesto de Denis para el arte nuevo publicado en 1890 con el que se abría este artículo: «Recordad que un cuadro, antes que un caballo [...], es esencialmente una superficie plana recubierta de colores dispuestos en un determinado orden».

El arte creado por Maurice Denis como miembro de los nabis fue indudablemente radical. No existe indicio de ninguna ambigüedad latente en el programa de esta segunda generación de simbolistas, ni de las implicaciones a muy largo plazo de la profunda fe religiosa de Denis. Es más, Denis y el resto de los nabis propagaron la naturaleza radical de su programa a nuevas áreas de actividad, sobre todo el teatro y las artes gráficas, y en especial la ilustración de libros, que tendrían una prolongada influencia en el siglo XX. En un artículo titulado «Paul Sérusier» y publicado en *L'Occident* en diciembre de 1908, Denis proponía una convincente explicación de su compromiso, junto con el de los restantes nabis, hacia un campo en el que se invitaba al arte a mezclarse con la literatura: el teatro y la ilustración de libros. Describiendo la marcha de Paul Gauguin a Tahití en 1891 como un vacío en el liderazgo del simbolismo pictórico, Denis señalaba que este vacío había sido ocupado por el simbolismo literario: tal cosa se evidenciaba muy especialmente en la implicación de los nabis en «el deseo de renovar el arte de los decorados teatrales; los esfuerzos de Édouard Dujardin, o de Paul Fort, o de Lugné-Poe tenían nuestra adhesión más entusiasta»[10].

Denis y los nabis fueron iniciados en el mundo del teatro de París principalmente a través de Lugné-Poe, actor y posteriormente director del Théâtre de l'Œuvre (fundado en el invierno de 1893), compañero de escuela de Denis y Vuillard, así como compañero de piso de Denis, Vuillard y Bonnard en un estudio en la Rue Pigalle desde agosto de 1890. Por dicho estudio pasaría una gran cantidad de artistas, entre los que se contaban Paul Sérusier y Paul Gauguin, antes de su marcha a Tahití; músicos, escritores como Camille Mauclair y Paul Fort, marchantes de arte como Le Barc de Boutteville y actores-empresarios como Coquelin *cadet*. Además, Lugné-Poe mantendría con los artistas constantes intercambios de ideas acerca del estado del teatro de París en aquellos momentos y les leería textos de los autores fundamentales del simbolismo literario, desde Rimbaud y Verlaine hasta Maeterlinck, Ibsen y André Gide. Más allá de eso, Lugné-Poe ya había establecido en 1890 importantes relaciones con dos destacados innovadores del teatro contemporáneo: Antoine, director del Théâtre Libre, y Paul Fort, fundador del Théâtre d'Art et d'Application en 1890.

El potencial para alejarse del naturalismo que mostraban tanto los textos de las obras de teatro como su puesta en escena había ido emergiendo durante la década de 1880, en paralelo a la evolución que estaba teniendo lugar tanto en la literatura como en las artes visuales. Ya en 1881, la figura central del simbolismo literario, Stéphane Mallarmé, había publicado un artículo en el cual pedía explícitamente una mayor artificiosidad en el teatro, demanda que se reflejó en la aparición de manifestaciones sofisticadas tales como el Petit Théâtre des Marionnettes de Signoret en 1888, el mismo año en que Félix Larcher formaba su Cercle Funambulesque, con el énfasis puesto en el sombrío mundo de la figura de Pierrot. Estas iniciativas se vieron complementadas por un creciente cuerpo de escritos críticos y teóricos. Gustave Kahn, autor de uno de los manifiestos del simbolismo, «La réponse des symbolistes»[11], exponía su visión del teatro del futuro en un artículo publicado en la *Revue de l'Art dramatique,* donde demandaba una ruptura completa con toda práctica vigente con el fin de establecer «esta impronta de mundo de hadas que el teatro parece pedir a gritos»[12]. La misma opinión recibió una expresión más audaz en un artículo de Jean Jullien publicado en *Le Théâtre vivant,* donde se exigía una ruptura completa entre la realidad y el mundo de la escena: «Del mismo modo en que el arte no trata de la naturaleza, tampoco el teatro tratará de la vida [...]. Una obra teatral es una síntesis de vida y arte, al contrario que un libro, que no es sino un análisis [de la vida]»[13].

Esa frontal declaración de Jullien de que «el arte no trata de la naturaleza» presenta un claro paralelismo con el programa estético de Maurice Denis y los nabis. El hecho de que Jullien también señalara la inmediata relación que subyacía entre una aproximación no naturalista al arte y un programa igualmente artificial, alejado por completo de la vida, para el teatro, hace sugerir un terreno estético común que, al ser considerado en conjunto con la amistad de los nabis con influyentes figuras que proponían la reforma del teatro mediante la introducción de obras realizadas por destacados nombres del movimiento simbolista, convirtió en inevitable la implicación de los artistas en general, y de Denis en particular, en la producción de escenografías y programas de mano. Durante el curso de la década de 1890, Denis y los restantes nabis proporcionaron decorados y programas de mano para el Théâtre d'Art et d'Application, en el cual Lugné-Poe era el primer actor, y el Théâtre de l'Œuvre fundado por Lugné-Poe con Camille Mauclair y Édouard Vuillard en el invierno de 1893.

A diferencia de los programas de mano realizados para las citadas compañías teatrales, como los *Soutiens de la Société* (23 de junio de 1896) de Vuillard, que aun se conservan, los decorados eran necesariamente efímeros, de modo quc la información sobre su naturaleza radical debe ser entresacada de las críticas de las obras y las descripciones ofrecidas en los documentos de la época. La estética general a la que aspiraban los nuevos diseños teatrales fue expuesta en los recuerdos de Paul Fort *Mes mémoires. Toute la vie d'un poète, 1872-1943,* y referida como «décors synthétiques»: «[...] el decorado debe ser un simple diseño imaginario y ornamental que complete la ilusión [del mundo de la escena] mediante la analogía de las líneas y los colores con la acción»[14]. El desafío planteado a los artistas por esta ambiciosa y novedosa estética puede verse, por un lado, en los propios recuerdos de Denis sobre su implicación en tales tiempos de experimentación, que él recordaba en su artículo de 1908 sobre Paul Sérusier:

> Discusiones interminables alrededor de la mesa del café: miríadas de proyectos para la renovación del teatro; trapos de arpillera apilados en el escenario; la alegría de unas construcciones improvisadas apenas para nada; asombro en los ensayos con trajes y vestidos; y la placentera sorpresa de las reacciones del público, sumiso o escandalizado, pero nunca indiferente.[15]

Por otra parte, sobreviven algunas descripciones de los decorados realizados por el propio Denis, por ejemplo los creados para *Théodat,* la producción de Rémy de Gourmont en el Théâtre d'Art, estrenada el 11 de diciembre de 1891. Ofrecida en sesión continua junto a *Les Aveugles* de Maeterlinck, *Théodat* era una obra en prosa cantada por actores disfrazados, a los que acompañaba música de órgano, con un fondo de siete mil leones heráldicos bordados en hilo de oro sobre púrpura oscuro.[16]

Las resonancias de esa radical innovación en el diseño de los decorados, los carteles teatrales y los programas de mano ejecutados por Maurice Denis y los nabis fueron tan decisivas que proporcionaron un modelo esencial para todo tipo de publicidad teatral durante los primeros años del siglo XX. Si esta innovación se inició con el reconocimiento de Denis y los nabis de la importancia que el simbolismo literario insistía en dar a la creación de un arte nuevo, así también fue esta manifestación del simbolismo lo que iba a su vez a conformar otro ejemplo de arte radical en la década de 1890: la ilustración de libros.

La aparición de una nueva relación entre ilustración y texto fue reafirmada por la recuperación de la técnica de grabado a finales de 1880. Considerado por Gauguin y Émile Bernard como una extensión genuina del simbolismo estético, e integrado por tanto en la exposición del Café Volpini en 1889,[17] el grabado constituía una obra gráfica independiente, y no sólo, como hasta entonces, una reproducción impresa de una obra de arte creada en otro medio y producida en ediciones estrictamente limitadas para asegurar de esta forma la calidad. Dado que el simbolismo defendía que la traducción de una idea o de las emociones profundas a una forma pictórica o literaria a través del empleo de equivalencias, o símbolos, era el rasgo diferenciador del artista como genio, cualquier medio elegido por el artista a través del cual dicha traducción pudiera ser llevada a efecto quedaba calificado como obra de arte, ya se tratase de una pintura, una escultura o un grabado creado por el puro placer de hacerlo.

La integración entre grabado y literatura lograda por Denis y los nabis se plasmó de dos maneras. En primer lugar, se les encargó la composición de los grabados para las revistas del simbolismo literario que proliferaron durante la década de 1890. Denis fue invitado a contribuir con un grabado para el número de diciembre de 1894 de *La Revue blanche,*[18] editada por Thadée Natanson, y en 1897, *L'Image,* que había sido fundada ese mismo año, también incluiría xilografías del artista. El compromiso con la técnica del grabado también supuso la participación de Denis y los nabis en carpetas de obra gráfica original, como *L'Estampe originale* (1893-1895), además de encargos del marchante y editor Ambroise Vollard, quien en 1897 publicó un álbum con grabados de los nabis, *L'Album des peintres-graveurs,* donde se incluían obras de Denis,[19] así como de Vuillard, Bonnard y Roussel; en 1899, Vollard publicaría nuevas carpetas monográficas de diferentes artistas nabis, entre ellas la serie *Amour,* de Maurice Denis.

Con respecto a la edición limitada, la técnica del grabado puede tener su prolongación en la ilustración de libros. Ya en 1890, en su artículo «Définition du néo-traditionnisme», Dennis había tratado el tema

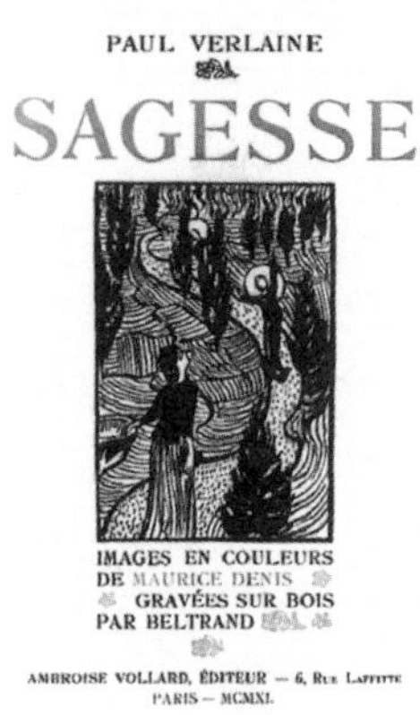

Paul Verlaine, *Sagesse,* 1889
(ilustraciones de Maurice Denis)

de la ilustración de libros y sus ideas acabarían reflejándose en su estética radical y no naturalista. En dicho artículo señalaba que la ilustración debía acompañar al texto literario al tiempo que debía preservar la intención primordial del arte nuevo, es decir, la de dar preeminencia a la forma sobre el contenido. Más que producir una mera ilustración para un texto, la ilustración de un libro «debe encontrar el modo de dar forma ornamental sin mostrarse servil al texto, sin ser una exacta correspondencia con el tema de la historia; debe ser más bien un bordado de arabescos sobre la página, un acompañamiento de líneas expresivas».[20] A lo largo del año en que escribió esta definición, Denis produjo dos series de ilustraciones. Ambas acompañaban a textos simbolistas o protosimbolistas, a saber, una edición de *Sagesse* de Paul Verlaine (primera edición de 1881)[21] y de *Le Voyage d'Urien* (1893)[22] de André Gide. Las dos series concebían la página como un plano único sobre el cual texto e imagen se distribuían, estableciendo una trama de negro sobre blanco en concordancia con el rítmico fluido y el sugerente significado de cada poema.

Denis continuó realizando ilustraciones para libros a lo largo de toda su vida, como se evidencia en las producciones de *Imitation de Jésus-Christ* (1903),[23] *Fioretti de Saint-François d'Assise* (1913) y *Annonce faite à Marie,* de Paul Claudel (1940). La naturaleza religiosa de estos tres últimos títulos nos recuerdan el compromiso subyacente de Denis con la Iglesia católica, un rasgo de su personalidad que no sólo marcaba la elección de los temas a tratar –incluso durante los años más radicales de su compromiso con los nabis–, sino que también le llevó a adoptar una estética que podría ser interpretada como conservadora.

Desde su juventud, Denis era consciente de la relación establecida entre su fe y su pintura. En 1886, como ya se ha citado más arriba, había declarado que el arte, su profesión elegida, era una actividad «religiosa y cristiana». A pesar de su adhesión a un arte no naturalista, con sus contornos rotundos, sus rellenos de colores planos y su desprecio por el tratamiento lógico del espacio, los temas que trataba, tales como *Ascenso al Calvario* (1889), *Misterio católico* (1890) y *Sancta Martha* (1893), expresaban con insistencia su arraigada fe católica, si bien es cierto que presentaban los temas tradicionales en espacios contemporáneos, con frecuencia mezclando en ellos a sus allegados más íntimos, como es el caso de su primera esposa, Marthe, que interpreta un doble papel, como modelo para la figura de Marta en el episodio de Jesús en la casa de Marta y María, y como ella misma en un retrato. Es más, puede decirse incluso que la fe que Denis practicaba también influyó en su rechazo a las estrechas manifestaciones del simbolismo pictórico en la década de 1890, en favor de un arte más profundo, universal e intemporal. Este proceso bien pudo iniciarse durante su primera visita a Italia en 1895, y continuarse a lo largo de sus

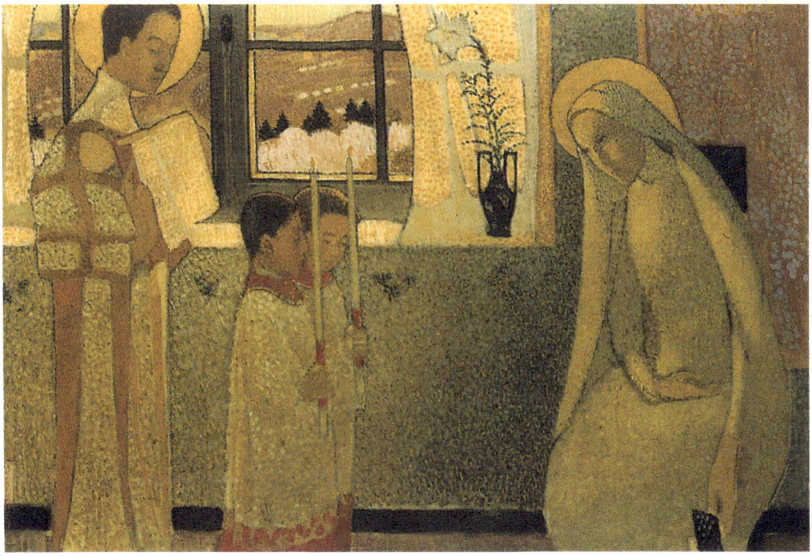

Misterio católico, 1890

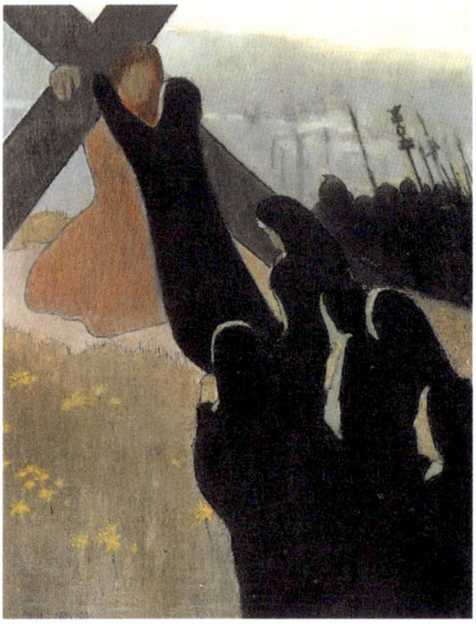

Ascenso al Calvario, 1889

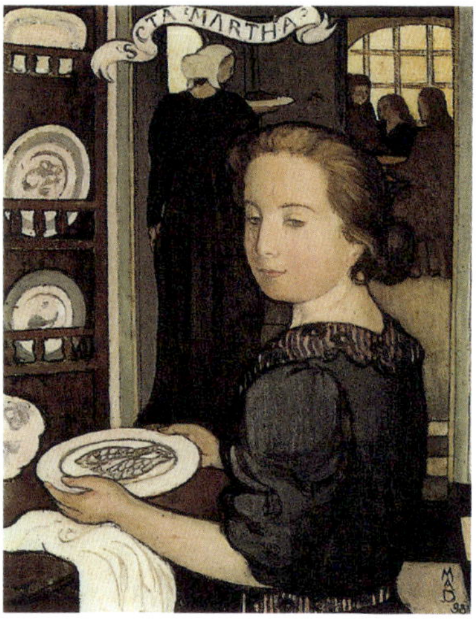

Sancta Martha, 1893

posteriores viajes: su estancia en Fiesole, Florencia, en 1897, o su visita a Roma con el escritor André Gide en 1898 (durante la cual formuló una nueva interpretación del arte clásico al hilo de sus estudios de las antigüedades grecorromanas, el arte de Rafael y Fra Angelico); también pudieron influir en el proceso su renovado interés por el clasicismo del siglo XVII francés de Nicolas Poussin; así como una nueva valoración de la pintura de Paul Cézanne.[24] Mientras que la fe y la sencillez de Fra Angelico quedan patentes en su *Maternidad con manzana* de 1897, las lecciones del pasado clásico se ven ampliamente demostradas en su *Galatea* de 1917.

La distancia que hay entre *Galatea* y obras como *Procesión bajo los árboles* (1892), creada durante el período de mayor auge de la segunda generación del simbolismo, nos obliga a preguntarnos por qué Denis se apartó del programa radical en cuya gestación había tenido una importancia central. Dos factores estrechamente relacionados muestran especial relevancia. En primer lugar, la contradicción inherente al programa original del simbolismo. El simbolismo exigía que el tema, la idea o emoción profunda, adquiriese una forma concreta a través del símbolo. Con el fin de llevar al espectador desde el reconocimiento de una representación específica al reconocimiento de la idea o la emoción profunda, los objetos representados, es decir, los símbolos, debían sufrir una distorsión. Una vez distorsionados, ya no podía aplicárseles la medida convencional de excelencia, es decir, el grado en el que un objeto pintado se aproxima a su original en el mundo exterior. De ahí que la excelencia de la obra recaiga únicamente en la habilidad del artista para crear una composición original. La innovación por la innovación se convertía así en el baremo para valorar una gran obra de arte. Para artistas y escritores, este nuevo criterio de excelencia se hizo muy difícil de mantener, y así, los artistas que formaban el grupo de los nabis junto con Denis terminaron retornando a los criterios de excelencia previamente establecidos, como la naturaleza –en el caso de Pierre Bonnard y Édouard Vuillard– o el pasado clásico –en el de Ker-Xavier Roussel–. Muy especialmente, como Denis ya había señalado en su artículo de 1890, existía el peligro de que al poner el énfasis en el color puro y en las superficies planas, a expensas del tema, el programa de los nabis dentro del simbolismo pictórico quedase reducido a una exaltación de los aspectos decorativos de la pintura por encima de su contenido, la idea.

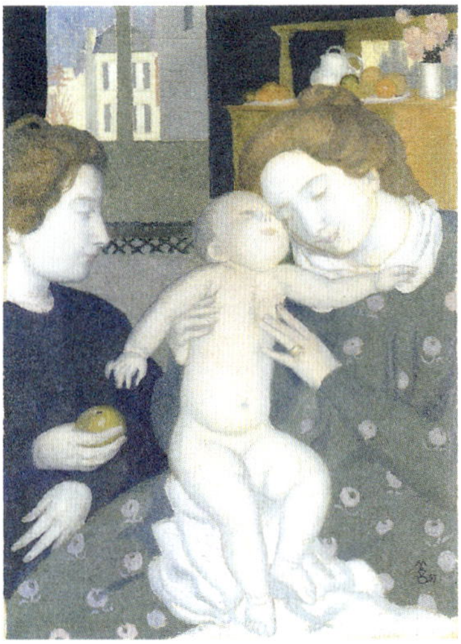

Maternidad con manzana, 1897

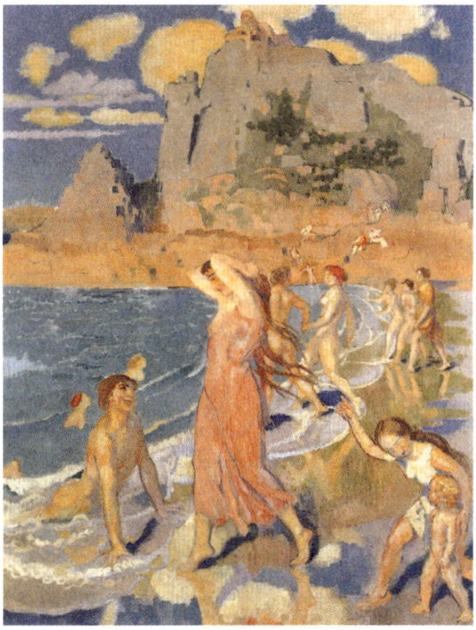

Galatea, 1917

Confrontado a estos problemas inherentes al simbolismo en general, y al programa de los nabis en particular, Denis buscó una solución que, como se ha descrito más arriba, implicaba tanto un regreso a la gran tradición visual del pasado como la búsqueda de un vocabulario visual compatible con la transmisión de su fe católica, de modo que se estableciera una equivalencia entre clasicismo y nuevo arte sacro. Para entender mejor el fundamento de dicha ambición es necesario situarla en su momento histórico, las últimas décadas del siglo XIX, en el auge de un renacimiento católico enormemente conservador, hasta el punto de que en ocasiones ha sido caracterizado como una revolución reaccionaria.

Tras los pasos dados por la Iglesia católica en Francia durante 1880-1890 para hallar acomodo entre la fe y el positivismo, entre lo sagrado y lo laico, que culminó en un movimiento por parte de la Asamblea Nacional en 1879 y 1886 para secularizar completamente la educación, los creyentes tradicionales y más comprometidos con la fe se aislaron de cualquier colaboración con el Estado, retrocediendo hacia una forma radical, pero profundamente conservadora, de catolicismo. Esto también hallaría expresión en el terreno de la literatura, la política y las artes visuales. Desde una perspectiva política, el nuevo conservadurismo precipitó la formación del ala derecha radical, la Action Française, por Maurice Barrès, con sus demandas de orden y, en algunos casos, de un regreso de la monarquía. Influyentes figuras culturales sufrieron también una conversión, por ejemplo, el escritor y crítico Joris-Karl Huysmans, autor de la novela «decadente» *À rebours* (1884), que emprendió el viaje desde la novela satánica *Là-bas* (1891) hasta una llamada a la fe de *En route* y *La Cathédrale* (1895), trayectoria que tuvo su reflejo en la del escritor, dramaturgo y diplomático Paul Claudel, quien pasó de ser un ávido seguidor de Stéphane Mallarmé y un defensor de la anarquía a convertirse en un mordaz católico, como ya había quedado patente en su obra *Tête d'or*. En las artes visuales, tales conversiones se enmarcaban en el círculo que Gauguin tenía en Pont-Aven, por ejemplo la del artista holandés Jan Verkade o el caso de Émile Bernard, para quien una crisis personal acontecida entre 1891 y 1892 conllevaría una conversión al catolicismo que precipitó una secuencia de cambios estilísticos, conduciéndole desde la veneración del arte medieval hasta la aceptación de la superioridad de los viejos maestros. En el caso de Maurice Denis, para quien la conversión no era el asunto, el estatus de arte religioso capaz de transmitir el mensaje de la Iglesia requería destreza, y, en el espíritu del programa radical del simbolismo pictórico, demandaba un nuevo vocabulario visual. Ya en 1890, en su «Définition du néo-traditionnisme», Denis había condenado el estado actual del arte religioso que, afirmaba, se aliaba íntimamente con el naturalismo, de ahí su incapacidad de expresar lo espiritual y lo sagrado: «[...] el Jesús de los pintores modernos da igual si está envuelto en la túnica más precisa y realista, no es nada más que literatura [...], es la imitación de la naturaleza»[25]. En cambio, dado que desde 1895 Denis estaba sumido en la búsqueda de una fusión entre lo imperecedero y lo intemporal a través de un regreso al vocabulario visual conformado por el arte clásico y el contemporáneo, también buscó, en su determinación de impulsar la resurrección del arte religioso, una fusión entre lo sagrado y lo laico. Por un lado, esto se expresa con total elocuencia en una obra como *Sinite parvulos venire ad me* o *Dejad que los niños se acerquen a mí* (1900), en la cual la figura de Cristo bendice a los propios hijos del artista, en tanto que él y su esposa Marthe observan la escena. Gracias a un tratamiento tridimensional y monumental de las figuras y a la descripción lógica del espacio que ocupan, se aprecia claramente el impacto de lo antiguo, mientras que los nítidos contornos que circunscriben las formas y la claridad

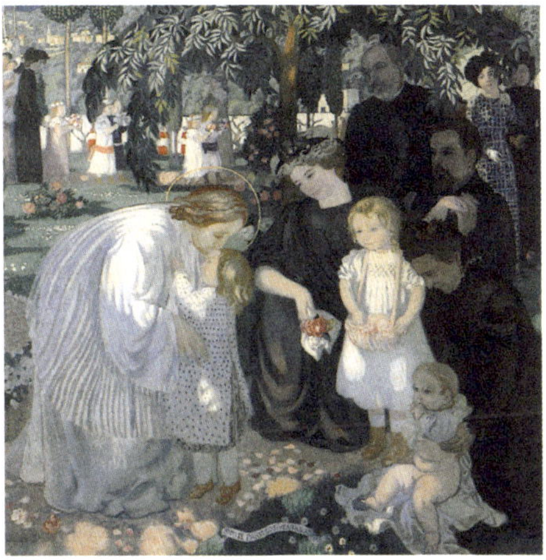

Sinite parvulos venire ad me
(Dejad que los niños se acerquen a mí), 1900

dominante en los tonos de la paleta revelan sin lugar a dudas las fuentes del Quattrocento, en especial la de Fra Angelico. Por otro lado, la determinación de crear una forma nueva y moderna de arte religioso para el gran público llevó a Denis a aceptar encargos de enormes decoraciones murales, como el ciclo de la vida de san Pablo Apóstol para la iglesia homónima en Génova, en 1916,[26] o las amplias decoraciones para la capilla del Collège de la Sainte-Croix, en Le Vésinet, un suburbio de París, en 1899,[27] así como a crear con Georges Desvallières el Atelier d'Art sacré en 1919 y, ya hacia el final de su vida, a publicar un amplio estudio de arte religioso titulado *Histoire de l'art religieux* (1939).

A pesar del rechazo de Maurice Denis hacia las más extremas manifestaciones del simbolismo a partir de 1895, sería incorrecto considerar sus últimas obras meramente como *retardataires*. Reconocía la trascendencia del sentido de la «decoración», que compartía con Henri Matisse, y admiraba la contribución de Paul Cézanne al cubismo. Al reconocer las limitaciones del nuevo programa estético –el simbolismo–, y reconsiderando los radicales logros de Paul Gauguin y los nabis en el más amplio escenario

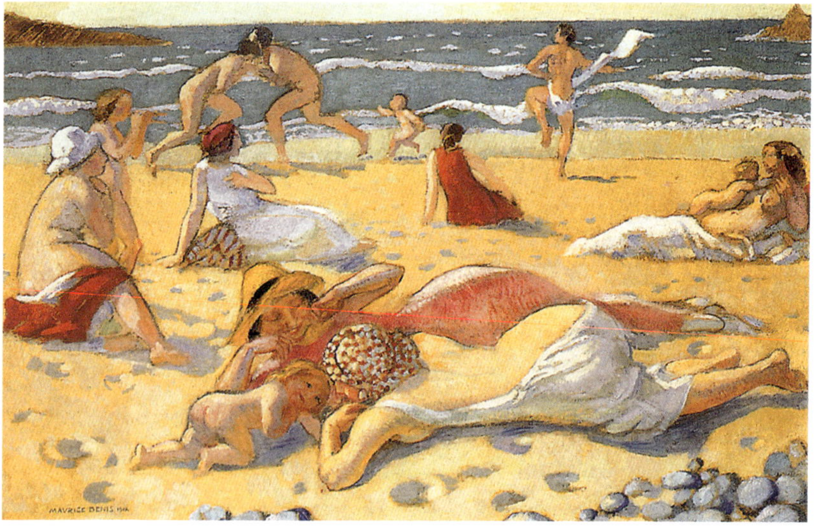

Playa con luchadores, 1912

de la tradición del arte clásico, Maurice Denis buscó un nuevo equilibrio entre forma abstracta –o diseño– y contenido –o tema–, en el cual el contenido dictara la forma, antes que dejar que la forma superase y quizás llegara a aniquilar el tema. El tema podía ser cualquiera: bañistas jugando en la playa bajo la luz del sol, como en *Playa con luchadores* (1912), con sus figuras nítidamente definidas por separado, aun cuando el conjunto está dominado por un movimiento rítmico que expresa la lírica exaltación de la figura humana al fundirse con la naturaleza; Cristo bendiciendo a los hijos del artista en la terraza de la villa Silencio, por encima de un mar dorado y una playa de fríos tonos grises en *Cristo con niños* (1910), donde a pesar de presentar una articulación más clara del espacio y la forma, la tonalidad dominante en el cuadro le confiere una unidad que también comparten la pintura de los dos artistas a los que Denis había admirado desde su juventud: Puvis de Chavannes y Fra Angelico, los artistas de las ideas y de la fe.

NOTAS

[1] La exposición Maurice Denis se mostró en el Musée des Beaux-Arts, Lyon (del 29 de septiembre al 18 de diciembre de 1994), Wallraf-Richarts Museum, Colonia (del 22 de enero al 2 de abril de 1995), Walker Art Gallery, Liverpool (del 21 de abril al 18 de junio de 1995) y Van Gogh Museum, Ámsterdam (del 7 de julio al 17 de septiembre de 1995).

[2] Maurice Denis, *Journal 1884-1943,* París, Éditions du Vieux Colombier, 1957-1959, 3 vols.

[3] Ibídem, 5 de enero de 1886.

[4] «Définition du néo-traditionnisme», *Art et Critique,* 23 y 30 de agosto de 1890, reimpr. en Maurice Denis, *Théories, 1890-1910. Du symbolisme et de Gauguin vers un nouvel ordre classique,* París, Bibliothèque de l'Occident, 1912, págs. 1-13.

[5] «De Gauguin et de Van Gogh au classicisme», *L'Occident,* noviembre de 1909, reimpr. en *Théories, 1890-1910,* cit., pág. 262.

[6] «L'Influence de Paul Gauguin», *L'Occident,* octubre de 1903, reimpr. en *Théories, 1890-1910,* cit., pág. 55.

[7] «L'Époque du symbolisme», *Gazette des Beaux-Arts,* marzo de 1934, reimpr. en *Théories, 1890-1910,* cit., pág. 58.

[8] Exposition de Tableaux, Pastels, Dessins par M. Puvis de Chavannes, Galerie Durand-Ruel, París, 1887.

[9] *Journal 1884-1943,* cit., vol. I, diciembre de 1887, pág. 67.

[10] «Paul Sérusier», *L'Occident,* diciembre de 1908, reimpr. en *Théories, 1890-1910,* cit., pág. 55.

[11] Gustave Kahn, «Réponse des Symbolistes», *L'Événement,* 28 de septiembre de 1886.

[12] Gustave Kahn, 15 de septiembre de 1889, cit. en la obra de Jacques Robichez *Le Symbolisme au théâtre: Lugné-Poe et les débuts de l'Œuvre,* París, L'Arche, 1957, pág. 48.

[13] *Le Théâtre vivant: essai théorique et pratique,* París, Charpentier et Fasquelle, 1892, pág. 11, cit. en Jacques Robichez, *op. cit.,* pág. 67.

[14] Paul Fort, *Mes mémoires. Toute la vie d'un poète, 1872-1943,* París, Flammarion, 1944, pág. 31.

[15] Véase la nota 10.

[16] Véase Jacques Robichez, *op. cit.,* pág. 131, y Paul Fort, *op. cit.,* pág. 32.

[17] Tanto Gauguin como Bernard incluían una serie de grabados originales en la muestra.

[18] *La Visitación en el palomar,* litografía en tres colores. Reprod. en Pierre Cailler, *Catalogue raisonné de l'œuvre gravé et lithographié de Maurice Denis,* Ginebra, Pierre Cailler, 1968, núm. 79.

[19] *El reflejo en la fuente,* litografía en cuatro colores, vol. II de *L'Album.* Reprod. en Pierre Cailler, *op. cit.,* núm. 100.

[20] «Définition du néo-traditionnisme», cit., reimpr. en Jean-Paul Bouillon (comp.), *Le Ciel et l'Arcadie,* París, Hermann, 1993, pág. 5.

[21] Poemas de Paul Verlaine con setenta ilustraciones de Maurice Denis, xilografías ejecutadas por Jacques Beltrand. Publicado por Ambroise Vollard en 1911.

[22] Texto de André Gide, con veinticuatro litografías de Maurice Denis, publicado por La Librairie d'Art indépendant, París, en 1893.

[23] Con doscientas quince ilustraciones de Maurice Denis, publicado por Ambroise Vollard en 1903.

[24] Para una aproximación más detallada del tránsito de Maurice Denis desde el no naturalismo al clasicismo, véase el catálogo de la muestra *Maurice Denis, 1870-1943. Lyon, Musée des Beaux-Arts, 29 September-18 December 1994. Cologne, Wallraf-Richarts Museum, 22 January-2 April 1995. Liverpool, Walker Art Gallery, 21 April-18 June 1995. Amsterdam, Van Gogh Museum, 7 July-17 September 1995,* Gante, Snoeck-Ducaju & Zoon, 1994; en particular, Ekkehard Mai, «Abstraction and Synthesis. Maurice Denis' Writings in a European Context», y Gilles Gentry, «Maurice Denis after 1900. The Joys of Classicism».

[25] «Définition du néo-traditionnisme», cit.

[26] Iglesia de San Paolo, Génova, para la cual Maurice Denis también diseñó en 1917 los motivos de siete vidrieras (realizados entre 1918 y 1922), y en 1922 creó el diseño para un mosaico, *El bautismo de Cristo,* instalado en 1923.

[27] Decoración de la pequeña capilla del colegio que fue encargada en 1898 y completada el año siguiente. La obra le fue devuelta a Denis en 1905, cuando el colegio cerró; los cinco paneles inferiores fueron adquiridos por el Musée des Arts décoratifs de París, en 1911, mientras que el panel superior fue entregado al mismo museo por François Denis en 1924. Maurice Denis también recibió el encargo de crear el ciclo decorativo de la parroquia de Le Vésinet, Sainte Marguerite, en 1901.

František Kupka. El ojo visionario

PASCAL ROUSSEAU

Evocar la figura del pintor de origen checo František Kupka (1871-1957) en un ciclo de conferencias dedicado a los márgenes de la historiografía del arte moderno, invita de entrada a hacer mención de las nociones de centro y periferia en la difusión de la vanguardia. A este respecto, el caso de Kupka resulta particularmente interesante. Kupka, que nació en Bohemia oriental y se instaló en París a principios del siglo XX tras una estancia decisiva en Viena, no sólo se sitúa en el cruce de diferentes áreas culturales, sino al margen de los numerosos *ismos* que florecen en este cambio de siglo en el que el imperativo de la modernidad impone una acelerada obsolescencia de los movimientos artísticos. Pasa por el simbolismo, el fauvismo y el orfismo sin buscar adscribirse a ninguna capilla estilística concreta, manteniendo siempre una posición singular a la zaga de las corrientes dominantes y de los discursos de legitimación que las acompañan. Durante sus primeros años creativos, František Kupka mezcla estrechamente el simbolismo y el naturalismo, la fantasía cosmogónica y la crítica social, síntoma prematuro de su dificultad para responder a las categorías estilísticas y sus discrepancias ideológicas. Si bien la mayoría de las exposiciones dedicadas al artista han mantenido esta distinción –simbolismo por un lado (la cara oculta y mística) y naturalismo por otro (la cara materialista y política)–, en la actualidad quedaría por demostrar en qué medida estas dos maneras participan del mismo impulso, relacionado con el universo libertario del artista. El recurso a la mitología y a las creencias de un pasado remoto (magia negra, druidismo, brujería, etcétera) constituye una prueba de su rechazo al materialismo reinante en la sociedad industrial, al que el artista

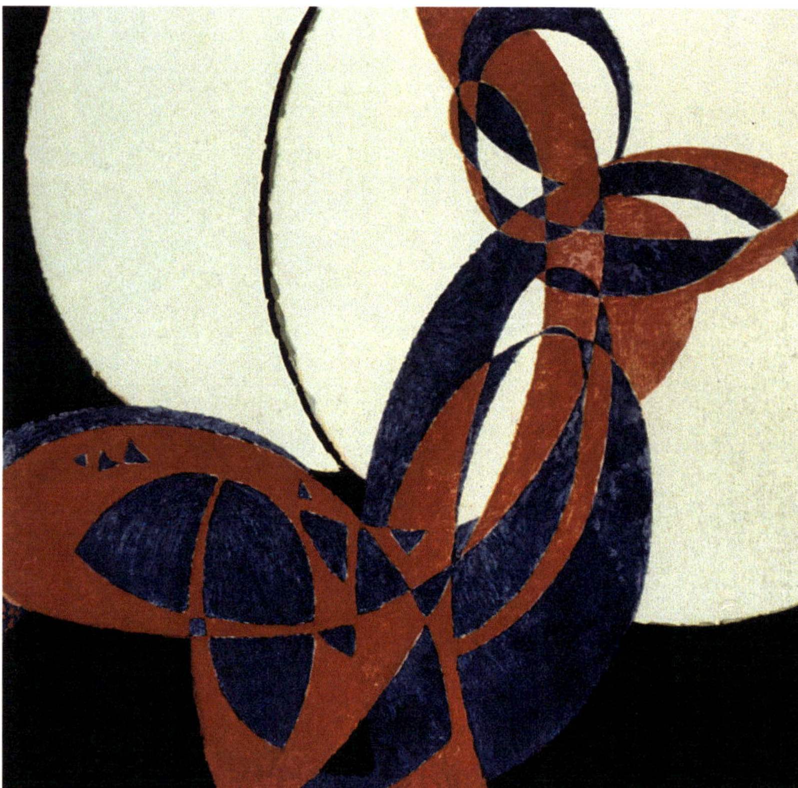

Amorfa. Fuga en dos colores, 1912

opondrá un reencantamiento posible del mundo en la comunión social de los individuos.

Por otro lado, Kupka se mantiene en la periferia de las redes institucionales, aunque ocupa un espacio central en la arena de debate de la estética y, en particular, en lo que concierne al desarrollo histórico de la abstracción. Kupka, al que la historia canónica del arte del siglo XX ha subestimado con demasiada frecuencia en favor del triunvirato Kandinski-Malévich-Mondrian, se considera sin embargo una figura central y pionera de la brecha abierta con la aparición de la pintura abstracta a principios de la década de 1910. Es uno de los primeros pintores, si no el primero junto a Francis Picabia, que propuso al gran público una obra completamente «inobjetiva»: *Amorfa. Fuga en dos colores*. La obra, de un formato más bien monumental, se presentó en el Salon d'Automne de 1912 como una obra efectista pero, sobre todo, como un desafío, al consumar la ruptura definitiva con los códigos de representación clásicos. *Amorfa,* un juego rítmico de arabescos y mocárabes tricolores que orquestan la movilidad del ojo, constituye, varios meses antes del *Disco* de Robert Delaunay o de *Udnie* de Francis Picabia, la manifestación más radical del orfismo,[1] una obra primordial en la historiografía de la abstracción. Como quiera que sea, este gesto inaugural no es el único motivo por el que Kupka merecería la consideración de figura central de la vanguardia, sino más bien por el hecho de situarse en el punto de convergencia, raro, de los distintos marcos explicativos de los orígenes de la abstracción.

La variedad de motivos que conducen a los primeros pintores abstractos a dar este salto cualitativo hacia la «pintura pura» y las explicaciones que han dado los historiadores son harto complejas y, a veces contradictorias, hasta el punto de haber excluido o marginado ciertas actuaciones en función del ángulo de análisis. Pero František Kupka es uno de los pocos artistas y teóricos que concilia, o incluso reconcilia, estas distintas pistas: con un pie en el positivismo reinante de la estética científica y el otro, sin contradicción, en el horizonte más oculto del espiritualismo de finales de siglo, cree en la posibilidad de una visión moderna ampliada que, a través del contacto con las nuevas tecnologías, permitiría ver lo invisible tanto de lo infinitamente pequeño como de lo infinitamente grande, así como abrir la mirada a dimensiones aún desconocidas, sin dejar de reivindicar la postura antiilusionista de la pintura moderna. Kupka ofrece numerosos argumentos a los defensores de la explicación formalista de la abstracción. En las obras que lo conducen hacia la pintura pura domina la reivindicación del plano bidimensional del lienzo, con *Amorfa. Fuga en dos colores* a la cabeza. En ella descubrimos lo que Maurice Denis denominaba, desde 1890, una «superficie plana recubierta de colores dispuestos en un determinado orden», consagrando el largo proceso de destrucción de la ilusión de perspectiva que proponía la lectura formalista, de Manet a Cézanne (ausencia de punto de fuga, cierre del espacio, sistema de pasajes, homogenización cromática del lienzo) hasta el cubismo (deflagración de las formas, simultaneidad de puntos de vista, sistema de transparencia...), que precede a una abstracción cuyo objetivo no será tanto la desaparición del objeto como la reivindicación de la autonomía radical obtenida por sus propios ingredientes plásticos, la línea y el color. Desde *Planos de colores* a los numerosos estudios realizados para *Discos de Newton* y *Amorfa,* el conjunto de obras pintadas por Kupka en 1912 tiene en común la afirmación de la llanura radical de una pintura convertida a la causa de su propia autonomía, emancipada de la restricción mimética y descriptiva tradicional.

Pero la búsqueda formal de Kupka dista mucho de reducirse a este proyecto antiilusionista. También se nutre en gran medida de un vocabulario ornamental heredado sin orden ni concierto del *Jugendstil* vienés, de las tradiciones decorativas de la *Mitteleuropa* y de los arabescos arabomoriscos de los que se hacen eco, directamente, los mocárabes de *Amorfa* o la ordenación de las verticales de *Planos*. En este sentido, se asimila a otra cara de las fuentes de la abstracción, abordada en la exposición Ornament and Abstraction, organizada en 2001 por Markus Brüderlin en la Fondation Beyeler de Basilea. Y es que la tradición gráfica de las artes decorativas había alimentado esta gramática expresiva de la línea que Kupka,

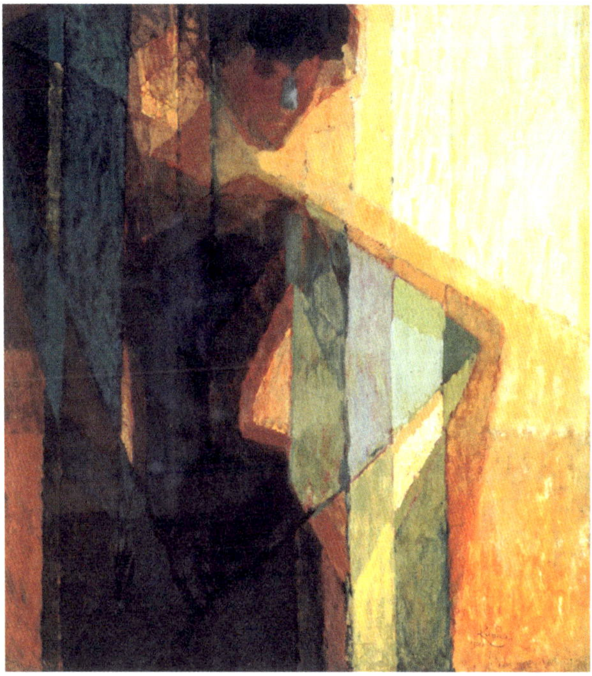

Planos de colores, 1910-1911

junto con el crítico vienés Roesler, autor de varios artículos sobre el ornamento abstracto del *Jugendstil,* rebatía desde principios de siglo. Este diálogo proporcionaría al artista las armas conceptuales para defender un lenguaje emocional de las líneas que libraría a la pintura abstracta del posible escollo de la insignificancia semiótica de los motivos ornamentales. En el caso de Kupka, esta búsqueda de un contenido expresivo, cuando no inteligible, de la línea y de los colores se apoya en escritos científicos relacionados con los descubrimientos recientes de la psicología experimental (cálculo de las emociones, estudios sobre las reacciones motoras a los estímulos cromáticos, etcétera), que elaboraba de manera empírica toda una elementarización del lenguaje de las formas a partir de unidades primarias (líneas y colores) cuya combinatoria formaría el vocabulario simplificado de una emoción en relación a una serie de variables psicofisiológicas. Es el caso de las teorías difundidas por Charles Henry, amigo de los pintores de la generación neoimpresionista (Seurat, Signac, Pissarro, etcétera) cuyo proyecto titulado *Essai d'une théorie de l'expression: les lignes, les couleurs, les sons* inauguraba en 1880 una serie de trabajos que buscaban medir la reacción emocional del espectador. Para ello, era preciso crear un vínculo directo de causalidad entre el orden armónico inscrito en la forma y su potencial expresivo. Henry proponía reducir el conjunto de las funciones psíquicas a «movimientos virtuales» inducidos, en los que la orientación de la línea imprimiría a la conciencia un movimiento que, por analogía ideomotriz, se asociaría a un arquetipo emocional. Es lo que Éric Michaud, a propósito de un posible «fin de la iconografía», denominó «teoría de la impresividad del signo»[2], que se impone a lo largo de todo el siglo XIX a medida que las experiencias de laboratorio tienden a confirmar la idea de que la reacción del individuo frente a las líneas y los colores es previsible, y que provocaría el desarrollo de múltiples «gramáticas de las artes» en el ámbito de la estética.

Este enfoque científico, su modelo mecanicista de la percepción, podría parecer muy reduccionista si en la actuación de František Kupka no estuviese compensado formalmente con un horizonte espiritualista. Kupka no es sólo un ávido lector de tratados de física y óptica fiel a la interpretación racional y tangible de los fenómenos; también le fascinan los misterios del más allá, los arcanos más oscuros de las relaciones entre el cuerpo y el espíritu. Era sabido que había desarrollado facultades de médium en su Bohemia natal y, al igual que Kandinski o Mondrian en la misma época, demuestra una clara curiosidad, o podría hablarse incluso de franca afinidad, hacia los círculos teosóficos. Éste es el motivo por el que se considera que Kupka pertenece por pleno derecho a la rama espiritualista de la abstracción, que Maurice Tuckmann analiza magistralmente en 1985 en la exposición Spiritual in Art, Abstract Painting 1890-1985, celebrada en el LACMA de Los Ángeles.

Sixten Ringbom con Kandinski y Robert Welsh con Mondrian habían abierto el camino –desde finales de los años sesenta (en plena hegemonía del formalismo)– a este nuevo enfoque crítico al revelar la enorme deuda de los pioneros de la abstracción con el simbolismo de finales de siglo y su sustrato espiritualista –un contexto que el constructivismo reinante había relegado a las últimas filas de la vanguardia.

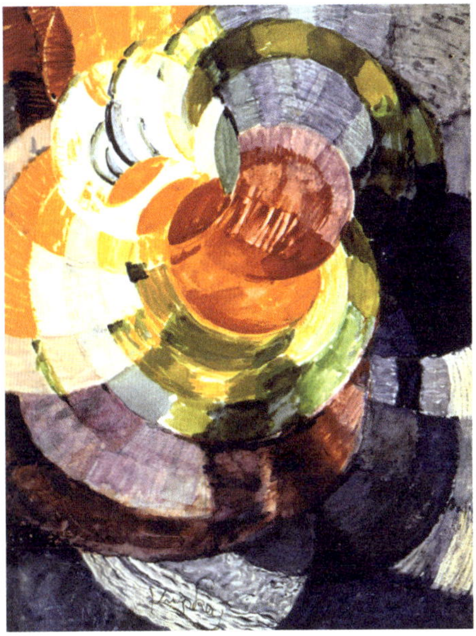

Discos de Newton, 1911-1912

Quedaba al descubierto cómo el proyecto de la pintura abstracta se apropiaba de la concepción platonizante del simbolismo, según la cual el mundo real no es más que un reflejo ilusionista de una realidad superior más esencial cuyos signos, secretos, estarían inscritos en la superficie de las cosas como si fueran jeroglíficos que el pintor, con una sensibilidad más agudizada, debería descifrar para darlos a (entre)ver mejor. Kupka es de los que se sienten claramente investidos de esta misión profética: el profeta prometeico de una nueva religión de la humanidad, con visos claramente nietzscheanos, libre de los oropeles de las antiguas creencias oscurantistas. Con un nuevo idioma universal pentecostista, el vocabulario sintético de las líneas y los colores, susceptible de ofrecer, más allá de las convenciones alfabéticas de cada país, una comunicación directa y original, propiamente adánica.

¿Cuál podría ser este nuevo idioma sino el de la vibración que invade el mundo y da acceso a lo visible? ¿Cuál podría ser este idioma del nuevo Adán sino el de los colores y los sonidos? Éste es el punto de encuentro entre Kupka, atento a los fenómenos de vibración óptica de los colores, y la genealogía impresionista de la abstracción. Así, los *Discos de Newton* y su incandescencia cromática son el punto culminante, junto con las

Ventanas (1912) y las *Formas circulares* (1913) de Robert Delaunay, las pinturas rayonistas de Mijaíl Larionov (1912) y las *Compenetraciones iridiscentes* de Giacomo Balla (1912), de toda esta andadura de la pintura moderna que había conducido a Turner, y después a los impresionistas y los divisionistas, a hacer desaparecer la forma en favor de la atmósfera ambiente. Ya no se trata únicamente de despejar el motivo dominante del cuadro, sino de intensificarlo a través de la vibración del color. El brillo se obtendrá mediante la simple yuxtaposición de los colores puros, complementarios. Las formas se desdibujan en la densidad material de la luz, con el objetivo último de crear una vasta superficie incandescente en la que el ojo experimentaría la embriaguez retiniana del deslumbramiento, como si de una confrontación con el Sol se tratase, ante el exceso de sensaciones y la fantasía de una «claridad» absoluta. La pintura se emancipa de los límites del contorno en la dilatación de la mirada deslumbrada –lo que el abad de Lescluze, en un tratado sobre el color publicado en 1904, denomina la tentación «abstraccionista» del impresionismo.[3]

Lejos de quedar relegada a la luz, la vibración se extiende al conjunto de los fenómenos perceptivos. Y puesto que la luz que creíamos puramente corpuscular se interpreta a partir de entonces como una onda que atraviesa la atmósfera, se le atribuyen formas de difusión y de percepción similares a las del sonido: lo que se prestaba a ver se presta súbitamente a oír, en una escala de frecuencias que permitiría establecer puentes entre la vista y el oído. Ésta es la vía musicalista a la que se adhiere Kupka, dado que la mayoría de las obras que marcan su paso a la abstracción evoca el tema de una visión acústica. En primer lugar, el famoso *Amorfa. Fuga en dos colores,* cuyo título hace referencia explícita a un modelo musical. Porque la música, el arte más abstracto de la pirámide de las artes, no sólo es un arte inmaterial; es también un lenguaje con significado en sí mismo; está al margen de cualquier relación con objetos extrínsecos y no cobra su significado a partir de referentes que no le son «propios». Por tanto, está por naturaleza abocada a convertirse en un modelo para todo pintor que desee librarse de la representación mimética de lo real. Kupka, que, una vez más, no ve en la fractura de la abstracción la ruptura con lo real sino la posibilidad de extender definitivamente la mirada, recurrirá a él de forma activa. Aquí, concederemos toda la atención a esta extensión de lo visible para mostrar en qué medida la evolución de las investigaciones de Kupka en torno a la óptica de los colores hila de forma permanente esta metáfora de un ojo visionario que adopta la gestación orgánica de las formas para comulgar mejor con la vitalidad del mundo.

En la línea de Turner y de Monet, Kupka experimenta primero la disolución impresionista del objeto en el ardor del deslumbramiento. Es el caso del amarillo invasivo de *Notre-Dame* (1911), en el que el artista pinta la difracción de un haz de rayos solares a través de la superficie refringente de una vidriera. Porque, según Kupka, «la transparencia de los vidrios de color, interpuestos entre el ojo y la fuente de luz, permite captar con más intensidad los distintos estados de la luz»[4]. Después, los *Discos de Newton* permiten ver el prisma completo en una imbricación de anillos concéntricos. En la primera versión, conservada hoy en día en la colección del Musée national d'art moderne de París, aparecen cuatro discos de colores con los que se podría reconstituir, por la persistencia retiniana, un blanco luminiscente. En la versión que se conserva en Filadelfia, el fenómeno ondulatorio se mezcla con el principio de los discos rotativos en sutiles juegos de transparencia que desmultiplican este efecto vibratorio, presente en el mismo momento en la serie de *Ventanas* de Robert Delaunay, con el auge de «la acción de los colores»[5] con la que Kandinski comulgaba. En *La Création dans les arts plastiques,* Kupka describe la retina como una «máquina grabadora» que «da cuenta de la configuración de las cosas».[6] El ojo que «acapara el resto de la información sensorial» es la puerta hacia el conocimiento y la luz, el umbral de su despertar, porque «las percepciones visuales son lo que gracias a su diversidad y su amplitud más contribuye al desarrollo tanto de la inteligencia como de la conciencia».[7] Como en el caso de Delaunay, se impone un enfoque muy *encarnado* de la percepción pura, por oposición a la concepción kantiana del esencialismo cubista de la época. El motivo por el que la luz interesa tanto a los pintores orfistas es que condiciona lo que Schopenhauer denomina «la actividad total de la retina»: los objetos ya no se inscriben en el cuerpo de las cosas, sino en el cuerpo del observador. La experiencia visual del deslumbramiento es una prueba de aptitud del domino físico de la «sensación coloreada».

Pero no se trata únicamente de los nervios ópticos; la resonancia psicológica de los colores también es determinante:

> La descomposición de los rayos luminosos mediante el prisma es un problema cuya solución –demasiado fría para el arte– no es capaz de satisfacer la sensualidad a la que apelamos con tanta naturalidad al distinguir los colores. Por tanto, nos parece más oportuno considerar e interrogar las sensaciones de luz, de carácter y valor diferentes, en tanto en cuanto suscitan en nosotros estados de ánimo –que a decir verdad, son estados fisiológicos–, seguirlas en su huida hacia el reino de una poesía tejida por manos ágiles.[8]

El color apela a una memoria afectiva que emborrona los datos más objetivos de lo que Kupka llama los «secretos de los discos rotativos». El orden óptico del prisma deja lugar a la oposición muy goethiana entre colores «cálidos» y «fríos»; ciertos colores «avanzan», otros «retroceden», sus combinaciones forman una alternancia entre expansión y contracción en la que la luz lucha con la sombra en una sístole permanente que al pintor le parece comparable con el latido cardiaco. Jan Purkyně ya había recurrido a esta metáfora utilizando en sus discos rotativos la secuencia cronofotográfica de un latido de corazón cuya animación recomponía a partir del movimiento alternativo. Porque la alternancia es el paradigma mismo de la vida, y el naturista Kupka identifica en el «color-luz» una fuente de energía vital que regenera el organismo de forma permanente: exponerse a la luz es renovarse en el baño pulsativo de la vida. Kupka comparte con numerosos pintores de la vanguardia histórica (Boccioni, Balla, Larionov, Delaunay, etcétera) esta concepción antidecadentista del color que había sido una fuente de motivación de la generación fauvista y expresionista en el cambio de siglo: «La sangre circula de nuevo a través de los robustos músculos; todo rebosa frescor, se respira salud [...]. ¡Enarbolemos la bandera de los colores vivos!»[9]. Los halos de luz de sus primeros lienzos abstractos son las auras visibles de una verdadera «cromoterapia», dietética corporal del color en la que «la viabilidad del organismo se manifiesta en un vaivén, en una suerte de irradiación hacia el exterior»[10] que conduce incidentalmente a Kupka a hilar la metáfora goethiana del ojo solar.

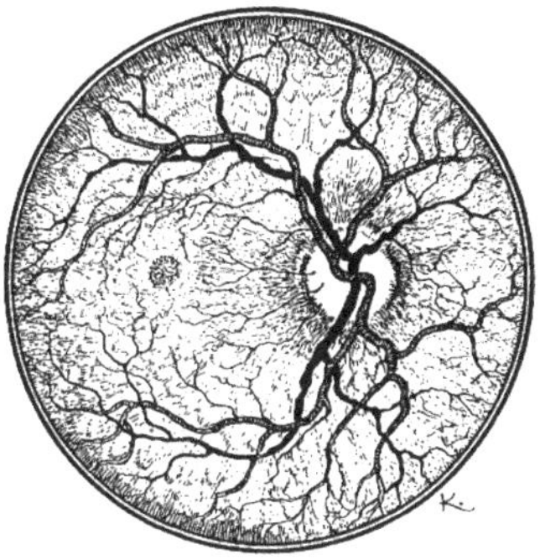

Anatomía del ojo, s. f.

Kupka realiza numerosos análisis sobre el funcionamiento del ojo. Fascinado por el descubrimiento de los rayos X de Röntgen, trata de escrutar el interior de las cosas, quiere observar «al microscopio todas las maravillas del cuerpo humano» y, en particular, el *antrum* de este ojo que nos da acceso al mundo. Diseca el globo ocular, dibuja los cortes vistos de perfil y de frente, las capas internas de la retina, porque necesita conocer el misterio de la transformación «química» de la impresión (luz) en sensación (energía). Consulta numerosas obras de oftalmología y de anatomía y bebe, sobre todo, de *La Psychologie naturelle* de William Nicati,[11] un análisis detallado de la «transformación de los rayos luminosos en energía nerviosa que se desarrolla en el fondo de la retina»[12]. Ésta es la obra en la que Kupka conoce el principio de la «electricidad retiniana» y su corolario, el paradigma magnético de la visión. El capítulo que Nicati dedica al «mecanismo del color» presenta la retina como una superficie sensible constituida por células (el epitelio) que transforman el impulso de luz en descarga eléctrica que informa al cerebro. La mirada se electrifica, literalmente, llevada por la potencia magnética de una serie de polaridades de las que emerge la identidad de la forma y del movimiento (claro/oscuro, calor/frío, excéntrico/concéntrico, etcétera).

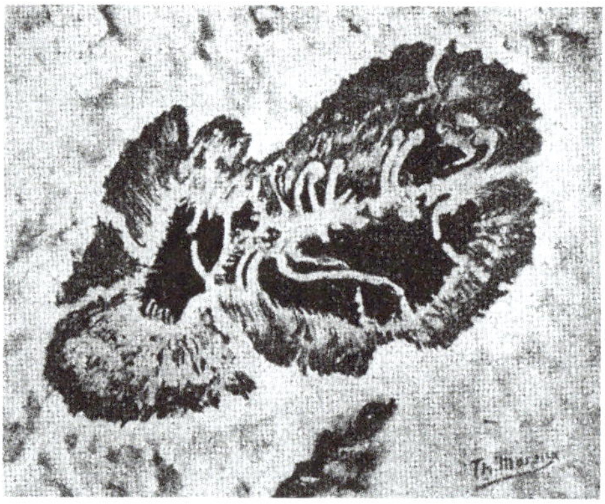

Théophile Moreux, *Mancha solar,* 1911

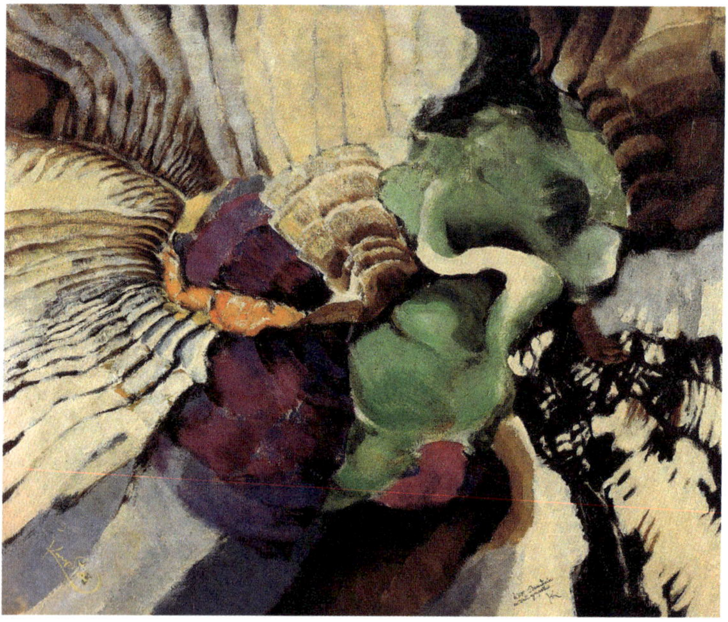

Complexe, 1912

Kupka identificará esta tensión «eléctrica» en la superficie del Sol. De hecho, se interesa por la astronomía y, en particular, por el curioso fenómeno de las manchas solares, descrito en numerosas obras de la época, desde *L'Astronomie populaire* de Camille Flammarion a los tratados de divulgación del abad Moreux, director del observatorio de Bourges.[13] Gracias a nuevos instrumentos ópticos que superan el alcance del simple telescopio, se constata que el brillo de la superficie luminosa del Sol, la fotosfera, obedece a una serie de asperezas granuladas que producen «la luz y el calor que recibimos del Sol»[14]. «Corrientes de materia luminosa» convergen en haces centrífugos hacia una abertura oscura central, creando un vórtice de filamentos radiantes de origen electrostático; las manchas solares serían «cavidades producidas por erupciones esencialmente eléctricas».[15] Ciertos experimentos de laboratorio confirmarían esta hipótesis comentada, e ilustrada mediante grabados, en las columnas de *La Nature,* una revista que parece que Kupka consulta en numerosas ocasiones. Ésta es la perspectiva desde que la que se debe interpretar una obra como *Complexe,* pintada en 1912, en la que se reconoce la huella formal de las manchas solares. Entre el modelo óptico de los *Discos de Newton* y la superficie eléctrica del Sol, los motivos «órficos» adoptados por Kupka reflejan a modo de estructura de caja china lo que él denomina la «coherencia orgánica» entre el ojo y el mundo, donde la luz no será a partir de entonces más que una manifestación exteriorizada, la más visible, de esta vida rebosante de ondas «magnéticas» que animan el universo a todas las escalas.

La obra se convierte en el lugar de una posible armonía fusional entre el sujeto creador, la naturaleza y el espectador, lo que Kupka, recurriendo a un vocabulario próximo al vitalismo bergsoniano, llama «coherencia orgánica». El artista debe traducir estas líneas de fuerza que «ordenan a la materia que tome forma» y el cuadro debe confiar a la mirada del espectador el «drama de la constitución de la materia organizada». A este respecto, el caso de la *Fantasía fisiológica* (1923) resulta sin duda instructivo. Kupka describe en él las ramificaciones del sistema nervioso que une la mano del artista con el cerebro, y en el centro de este complejo sensorial,

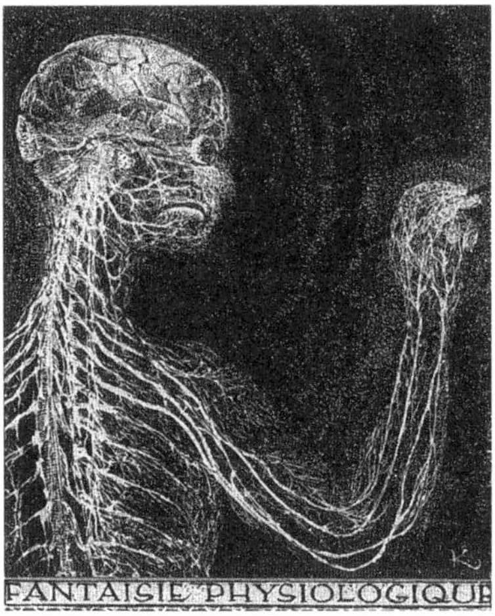

Fantasía fisiológica, 1923

un ojo desorbitado que irradia una serie de anillos de finas partículas cuyas emanaciones serán a partir de entonces más mentales que luminosas. La luz corpuscular de Newton se transmuta en ondas cerebrales, de acuerdo con el principio común de la emisión electromagnética que había impuesto James Clerk Maxwell en la segunda mitad del siglo XIX. Ya no se trata sólo de buscar la analogía entre el ojo y el Sol sino la «correspondencia entre la actividad general de todo el universo y la actividad psíquica y cerebral de un hombre»[16]. La evolución del ojo humano diagnosticada por Léon Arnoult quedaba relegada al campo óptico del espectro; la que evoca Kupka se extiende a una sensibilidad extrarretiniana que se nutre en su caso de las numerosas investigaciones «metafísicas» sobre la telepatía. En el último capítulo de *La Création dans les arts plastiques,* el artista anuncia una nueva forma de arte «sin mediación material alguna», una comunicación inmediata del pensamiento que lleva a su madurez la fantasía vanguardista de una transparencia absoluta del lenguaje artístico:

> Teniendo en cuenta los avances que se están produciendo en todas las disciplinas, tendríamos motivos para creer en la posibilidad de medios de comunicación nuevos, desconocidos hasta el momento, una

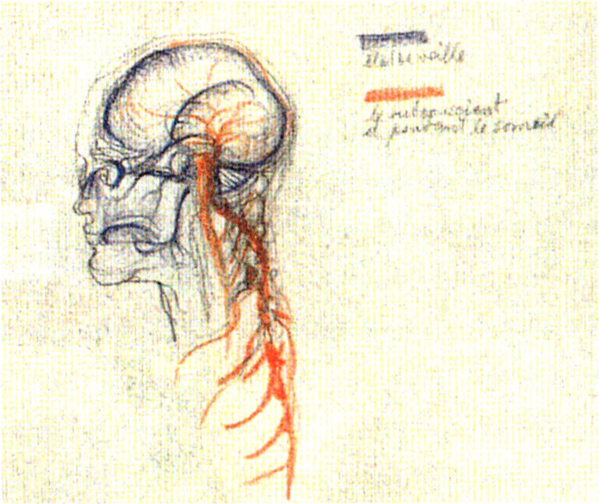

Estudio anatómico, h. 1922

> comunicación más directa que se serviría de la vía de las ondas magnéticas manejadas por los hipnotizadores. A este respecto, el futuro nos reserva grandes sorpresas. Cabría esperar la invención de una X-grafía capaz de revelar los acontecimientos más sutiles, invisibles o, hasta el momento, mal aclarados tanto del mundo exterior como del alma del artista. Al perfeccionar cada vez más los medios técnicos de los que disponen, tal vez los artistas consigan un día mostrar al espectador la vida tan rica de su mundo subjetivo sin tener que asumir la copiosa labor que comporta hoy en día la confección de una pintura o una escultura.[17]

Al igual que los futuristas y, más adelante, los neoplásticos o los constructivistas, Kupka especula sobre una evolución acelerada de la conciencia humana al contacto con las nuevas tecnologías de «comunicación» (telegrafía inalámbrica, telefonía, transporte aéreo, etcétera). A largo plazo, la nueva humanidad estaría dotada de una visión extrasensorial que dejaría completamente obsoleta la óptica transmitida por la pintura tradicional, «el arte de nuestra era aún cuaternaria». El salto cualitativo de la abstracción está pensado, por tanto, como una etapa intermedia (la de la desaparición de la forma en la vibración de los colores) precursora de una modalidad de comunicación de la emoción más inmaterial a través de la «transmisión del pensamiento», la «psicografía del futuro», que derrocará hasta la propia materialidad del cuadro: «Pero, ¿que será de los marchantes?»[18].

«Un progreso de esta índole presupone una inteligencia entre los espectadores del futuro inexistente en la actualidad»[19], precisa Kupka. El horizonte de esta revolución cognitiva está sin duda muy cerca, aunque aún no se ha instaurado; está reservado a unos pocos iniciados. Éste es el contexto que da sentido al papel mesiánico del artista. Como un Prometeo dotado de una «sensibilidad superior», deberá preparar a su público para «acercarse cada vez más a la plena consecución, a la quintaesencia y a la completitud del arte»[20]. Estamos en 1912-1913. Kupka piensa que el color puro es una propedéutica de la telepatía comulgacional del mañana y que el artista debe mantenerse fiel, provisionalmente, a «la obra de arte concebida y ejecutada de manera tradicional»[21]. Así, lo que convoca en el lienzo es el espectro visible de los colores, como una forma incompleta de un universo de ondas aún insospechadas. El poder de emisión magnética de estos colores sigue siendo muy edulcorado en comparación con los «placeres» interiores, mucho más intensos, del lenguaje futuro, pero el potencial vibratorio del «contraste simultáneo» sirve de solución transitoria, la solución «órfica». Los *Discos de Newton* no solo permiten ver la luz, *lucem aspicere;* son ya una «exteriorización» de la «visión del artista»: una fuente de energía autónoma que desencadena un movimiento «molecular» en el ojo del espectador que estremecerá su psique.

Desde 1895, en su *Théorie physique de la pensée. Corollaire d'une théorie de la couleur,* William Nicati proponía, como hemos visto, un modelo más general de interpretación de la cognición que redujese el pensamiento a un «juego de fuerza eléctrica» y la emoción a «una variación de estado o de potencial o, sencillamente, de evolución eléctrica»[22]. La obra concluye con un capítulo dedicado al «arte», en el que el autor reflexiona sobre el hecho de compartir las emociones: «Una obra de arte no es jamás la reproducción de la naturaleza, sino un artificio duradero, capaz de despertar el pensamiento y de hacerle experimentar lo que el propio artista ha sentido a través del contacto con las cosas y los sucesos»[23]. Dicho de otro modo, al electrificar el pensamiento de los individuos, la obra de arte cristaliza el «sentimiento colectivo». Identificamos fácilmente todo lo que František Kupka, visiblemente marcado por el espiritualismo anarquista de finales de siglo, pudo sacar de esta concepción unanimista. Para él, «el arte del futuro» se asentará sobre una comunicación directa de la emoción, el esperanto de una comunión global elevada a la escala de una colectividad reconciliada en el arte. La música le ha servido como palanca para liberar la pintura de la representación mimética del tema; a largo plazo, debe proporcionarle el modelo de un arte puramente inmaterial, que flote como un efluvio magnético que cautive a los espectadores, cargado de una energía que galvanice los cuerpos y los espíritus para llevarlos a esferas más elevadas. Al igual que Kandinski, que se interesa en la misma época por una posible técnica de «fotografía del pensamiento»[24], se trata de alcanzar la utopía radical de la abstracción: la fantasía telepática de una comunicación emocional directa, sin convenciones, sumergida en la vibración pura, realización mesiánica del sueño ancestral de la *lingua adamica,* abierta a las dimensiones cósmicas del universo en la era de las tecnologías y la telegrafía inalámbrica.[25]

NOTAS

[1] Virginia Spate, *Orphism. The Evolution of Non-Figurative Painting in Paris 1910-1914,* Oxford, Clarendon Press, 1979.

[2] Éric Michaud, «La Fin de l'iconographie. Une nouvelle rhétorique du sensible», *Les Cahiers du Musée national d'art moderne,* núm. 5, 1980, págs. 446-455.

[3] «El impresionismo es la retina del pintor interpretada por el cerebro del espectador. El pintor impresionista tiene sensaciones, pero no las cuenta. Las impresiones pasan al papel del espectador, que asume la parte activa en la creación del cuadro. En la visión impresionista, lo primero que debe hacer el pintor es abstraerse de todo lo que es obra del cerebro en la percepción visual [...]. Existe de hecho una falsificación de la que la escuela impresionista debe alejarse. Lo que yo denominaría,

sencillamente, *abstraccionismo.* De la idea preconcebida, los abstraccionistas no comunican más que una parte de sus sensaciones, con el fin de ofrecernos charadas dignas de las imágenes de Épinal». G. de Lescluze, «L'Impressionnisme», en *Les Secrets du coloris. Guide pratique d'observations expérimentales sur les harmonies colorées,* Brujas, Demolin-Claeys, 1904, págs. 198-199.

[4] František Kupka, *La Création dans les arts plastiques,* pref. de Philippe Dagen, trad. al francés de Erika Abrams, París, Cercle d'Art, 1989, pág. 153.

[5] «El "problema de la luz y el aire" de los impresionistas me interesaba muy poco. Me parecía que los doctos debates sobre esta cuestión tenían más bien poco que ver con la pintura. Más tarde, me pareció mas importante la teoría de los neoimpresionistas, que en el fondo hablaba de *la acción de los colores* y dejaba al aire en paz». Vasili Kandinski, *Regards sur le passé et autres textes 1912-1922,* ed. de Jean-Paul Bouillon, París, Hermann, 1974, pág. 98.

[6] František Kupka, *op. cit.,* pág. 104.

[7] Ibídem, pág. 106.

[8] Ibídem, pág. 124.

[9] Ibídem, pág. 142.

[10] Ibídem, pág. 116.

[11] En una nota de *La Création dans les arts plastiques,* una de las pocas que hace referencia explícita a una de sus fuentes, Kupka presenta a Nicati como «excelente guía y amigo de los artistas para todas las cuestiones fisiológicas que pueden presentarse en su trabajo». Ibídem, pág. 130.

[12] Ibídem.

[13] Théophile Moreux, «L'Avenir du soleil», en *Où allons-nous?,* París, Bayard, 1911, pág. 35-42.

[14] Camille Flammarion, *Astronomie populaire. Description générale du ciel,* París, C. Marpon/E. Flammarion, 1881, pág. 319.

[15] Gaston Planté, «Les Taches solaires et la constitution physique du soleil», *La Nature,* núm. 153, 6 de mayo de 1876, págs. 353-354.

[16] Kupka, cit. por Linda Dalrymple Henderson, «Kupka, les rayons X et le monde des ondes électromagnétiques», en *František Kupka. 1871-1957 ou l'invention d'une abstraction* (cat. exp.), París, Paris-musées, 1989, pág. 55.

[17] František Kupka, *op. cit.,* pág. 229.

[18] Ibídem, pág. 230.

[19] Ibídem.

[20] Ibídem, pág. 231.

[21] Ibídem, pág. 230.

[22] William Nicati, *Théorie physique de la pensée. Corollaire d'une théorie de la couleur,* Marsella, Barthelet, 1895, pág. 8.

[23] Ibídem, pág. 38.

[24] Véase Andreas Fischer, «Ein Nachtgebiet der Fotographie», en *Okkultismus und Avantgarde. Von Munch bis Mondrian, 1900-1915* (cat. exp.), Fráncfort, Shirn Kunsthalle, 1995, pág. 519.

[25] «Edison demuestra que en el terreno de la transmisión del pensamiento y de la palabra humanos queda todo, o casi todo, por hacer. Los teléfonos más perfeccionados no son más que meros juguetes de niños [...]. Según Edison, el hombre descubrirá tarde o temprano una fuerza nueva que suplantará el telégrafo, el teléfono y la tecnología "inalámbrica", que "permitirá utilizar las ondas del éter de una manera más práctica". La naturaleza tiene todavía todo un arsenal de fuerzas aún desconocidas». Edison, cit. por V. Forbin, «Les Idées de M. Edison», *La Nature,* núm. 1969, 18 de febrero de 1911, págs. 187-188.

Marc Chagall. Memorias de Vitebsk

MARIA-JOSEP BALSACH

Rusia, 1887-1910

Mi vida, escrito entre 1921 y 1922, es el libro autobiográfico que Marc Chagall publicó en el exilio y en el que aparece la génesis de su obra pictórica en el arco de tiempo que va de 1907 hasta 1920. En estos quince años se articula el fundamento de su lenguaje expresivo que, alejado de escuelas y tendencias, se basará en la imaginería de su tierra natal, sus costumbres, su desamparo como judíos jasídicos en un mundo aparte, con la intención de dejar aflorar una realidad espiritual que se halla entretejida en la misma realidad cotidiana. En una fotografía de la familia Segal de 1907, podemos ver al pintor rodeado de sus siete hermanos: es una familia muy pobre, aunque en este retrato aparezcan vestidos como judíos acomodados del *shetl* de Vitebsk, una pequeña localidad de Bielorrusia, que

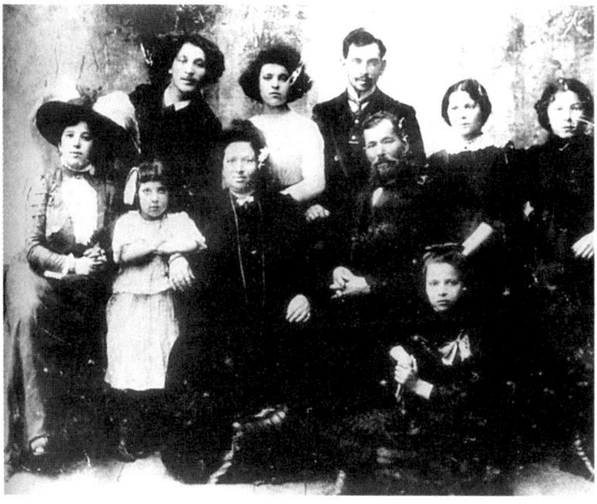

La familia Segal en Vitebsk, 1907. Marc Chagall es el primero de la fila superior

será el centro de gravedad de todos los temas y de todos los paisajes –reales o soñados– de su pintura.

> En el mismo instante en que nací en una casa cercana a la carretera en las afueras de Vitebsk, detrás de una cárcel, estalló un gran incendio.
>
> La ciudad estaba en llamas, el barrio de los pobres judíos. [...] Pero ante todo, yo nací muerto. No quise vivir. Imaginaos una burbuja blanca que no quiere vivir. Como si la hubieran atestado de cuadros de Chagall. [...] Realmente, ¿cómo he podido nacer aquí? ¿Cómo puede uno respirar en este lugar? [...] Por todas partes iglesias, vallas, tiendas, sinagogas sencillas y eternas, como los edificios de los frescos de Giotto. [...] ¡Mi ciudad triste y alegre! A mis ojos de niño te muestras luminosa. Cuando el tabique me molestaba, me subía a un pequeño pilón. Si aún no conseguía verte, subía hasta el tejado. ¿Por qué no? Mi abuelo también subía. Y te contemplaba a gusto. Aquí, en la calle Pokrovskaia, nací por segunda vez.[1]

En 1906, Chagall obtiene la autorización de residencia exigida a los judíos, abandona su aldea y se marcha a San Petersburgo para comenzar sus estudios de pintura en la escuela Zvantseva. Su objetivo era acceder a un sólido estudio artístico en el centro cultural de Rusia. Allí se encuentra con Léon Bakst, el gran escenográfo de los Ballets Rusos e influyente partidario de un simbolismo pictórico en el círculo de artistas vinculados con la revista *Mir Iskusstva* (El mundo del arte) con el que más tarde coincidirá también en París.

De esta primera época de formación en San Petersburgo, existen tres espléndidos retratos que Chagall pintó en sus regulares visitas a Vitebsk, transgrediendo la norma de no representación de la ortodoxia judía. El primero, el *Retrato de su hermana Mania* (1909) en el que podemos ver la influencia de Ilyá Ivánovich Mashkov y –más concretamente– la de Matisse, cuya obra se difundía en Rusia gracias al gran coleccionista Shchukin; el segundo es el *Retrato de Aniuta* (1910), su otra hermana, pintado frontalmente y mucho más desnudo de referencias, en el que comienza a utilizar grandes expansiones de color junto al uso de contornos negros; y por último, el *Retrato de Bella con guantes negros* (1909). Bella Rosenfeld, que pertenecía a una rica familia hebrea de Vitebsk, había estudiado interpretación con Stanislavski en Moscú. Éste es el primer retrato de muchas de las imágenes de Bella que Chagall introducirá en sus pinturas, aunque su rostro se transformará –simbólicamente– en su obra en animales, astros y figuras aladas que aparecerán a partir de 1914.

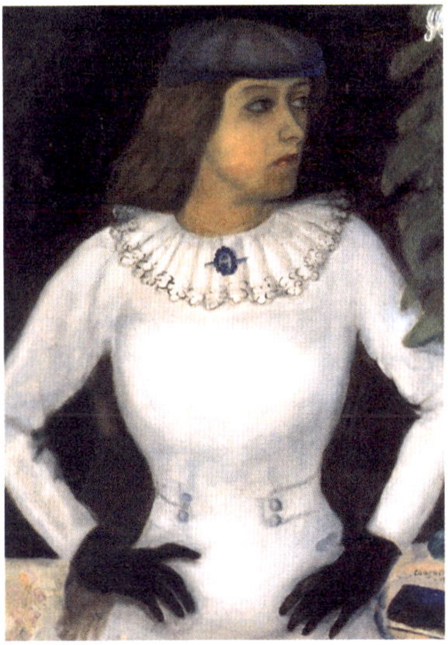

Retrato de Bella con guantes negros, 1909

Pero no son los retratos los que centran sus primeros trabajos en el campo de la pintura, sino escenas de la vida local y campesina de su ciudad natal. A Chagall le fascinaban las costumbres del gueto de Vitebsk, la descripción de la vida en la calle, su humanidad, su humildad. Estas pinturas tienen también su punto de partida en la tradición de los pintores ambulantes rusos de finales del siglo XIX, que describían escenas populares y fantásticas basadas en los *luboks* y las tradiciones del folklore eslavo. Este tipo de pintura estaba directamente influenciada por el pensamiento de Tolstoi, quien, en su texto titulado *¿Qué es el arte?* (1898), define su concepción del arte como un medio de comunicación y de unión entre los hombres para conseguir una fraternidad universal. Sus ideales artísticos son: «Simplicidad, naturalidad, verdad», los cuales aluden directamente a una nostalgia de la sencillez de la vida campesina y se alzan en contra de la civilización y el progreso. En este ideal utópico, de resonancias románticas y finiseculares, se elabora una crítica de la sociedad contemporánea y un mensaje social, en el que el artista es un mero intermediario entre la obra y el público. Como Kandinski, Chagall recogió de Tolstoi la afirmación de que el pintor es un individuo «que puede dibujar y pintar cualquier cosa», frase a la que el pintor añadirá, más tarde, la idea que «el artista es quien proyecta la luz en las profundidades del corazón humano»[2].

En *La boda* (1909), Chagall describe un momento festivo de una boda según el rito judío, como un momento suspendido en la cotidianidad, entre campesinos y rabinos:

> Me gustan los músicos de los banquetes de boda, el sonido de las polkas y de los valses. [...] El «badchan», con su voz alta, canta y chilla: «¡Novia, novia, piensa un poco en lo que te espera!» / ¿Lo que te espera? / Con estas palabras, mi cabeza se separa delicadamente de mi cuerpo y llora en alguna parte cerca de las cocinas donde se preparan los pescados.[3]

En *Muerte* (1908), la casa que cobija al muerto ha desaparecido. Es la idea de la muerte en la intemperie, en el abandono de un crepúsculo. El violinista en el tejado; la mujer que grita; un barrendero barre la calle. Lo más trágico aparece aquí como formando parte de una vida que transcurre al margen, haciendo coincidir el símbolo con el elemento cotidiano.

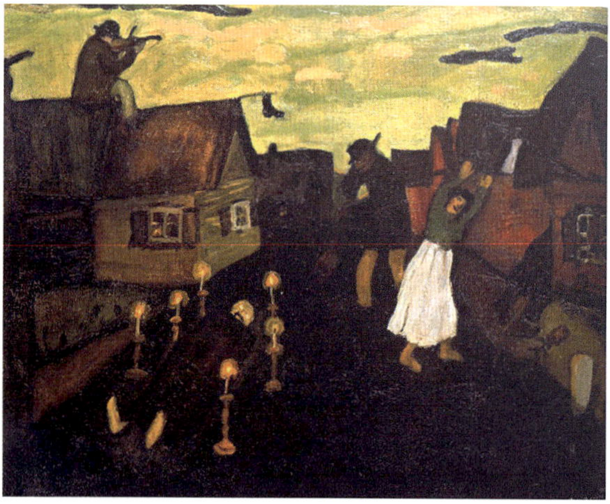

Muerte, 1908

Estas pinturas son vivencias reales de la infancia del pintor y que él transforma en imágenes suspendidas en el tiempo. En *El nacimiento* (1910), una de las obras claves de esta época, Chagall pinta el nacimiento de su hermano pequeño:

> Encontré la casa llena de hombres y mujeres con miradas serias, cuyas masas obscuras ocultaban la luz del día. Ruidos, susurros; de pronto, el grito penetrante de un recién nacido. Mamá yacía sobre la cama, semidesnuda, pálida, con la piel color de rosa. Mi hermano más pequeño había venido al mundo[4].

El nacimiento es puesto en escena como en un teatro, con una iluminación dramática, tal como Chagall lo había aprendido con Léon Bakst. De pie, en el centro de la cama, la partera sostiene al niño, hierática, mostrándolo descuidadamente, como una representación invertida de la Virgen Blachernitissa de los iconos bizantinos; a sus pies la madre rosa y sangre y –debajo de la cama– el padre, oculto, como si huyera o estuviese soportando el peso anímico de toda la escena. A la derecha, los campesinos irrumpen, siguiendo un gesto de silencio, como si se tratase de una Natividad. La cotidianidad de un nacimiento y la referencia al tema evangélico están fusionadas en su visión de la realidad. Muy distinta es esta representación de la del año anterior, *La familia* o *Maternidad* (1909), en la que se representa un ritual de circuncisión, una escena familiar tratada también como un tema religioso.

En San Petersburgo, donde vive pobremente, Chagall conoce a Maiakovski y al círculo literario del grupo hyleano. La ciudad del Neva ha provocado siempre una gran fascinación literaria. Tenemos multitud de descripciones de esta ciudad creadas por escritores y poetas que la visitaron, la habitaron, la imaginaron y en la que también hicieron vivir a sus personajes. Casi todas coinciden en dos cosas: su inquietante y monumental geometría y el sentido fantasmagórico que ésta genera. Para Dostoievski, es la ciudad «más premeditada y abstracta de todo el globo terráqueo», la ciudad que el escritor contemplaba desde su reclusión en la fortaleza de Pedro y Pablo y que le inspiró la idea utópica del palacio de cristal; Gérard de Nerval describe San Petersburgo como un desbordamiento del sueño en la vida real: «Vi abrirse un profundo abismo donde se lanzaban todos los flujos del Báltico helado. Parecía como si todo el Neva, de aguas azules, tuviese que precipitarse en esta obertura sin fin». Para Gógol, es una ciudad enorme, fría, indiferente: «Las personas que pasean por las calles no parecen personas vivas, sino sombras dentro de una linterna mágica». *Petersburgo,* escrita en el cambio de siglo por Andrei Bieli, es una novela extraordinaria concebida como un espacio geométrico cerrado, un centro matemático que carece de dimensión, en la que la ciudad aparece como un ser vivo, pensante y sintiente, poblada de una infinitud de fantasmas: «Petersburgo es una avenida infinita elevada a la enésima potencia. Más allá de Petersburgo no hay nada»[5].

Sueño arquitectónico de Pedro el Grande, construida en poco más de diez años sobre una zona pantanosa en los confines de los desiertos fineses, se podría decir que San Petersburgo aparece de repente en 1714, sin estratos históricos, sin memoria, sin dar nunca una sensación de sedimentación, de enraizamiento. En la construcción de esta nueva capital de los zares murieron miles de obreros a causa de las emanaciones venenosas producidas por los miasmas de su inhóspita geografía. Petersburgo habría de ser la Palmira del Norte, la que abrazaría todo el arte de Europa y todas las riquezas de Asia, el puente entre Roma y Persia. Catalina I le dará la monumentalidad neoclásica de estilo palladiano que pronto dejará ver su propio desmoronamiento, la corrosión de la piedra por el agua, la desaparición de los tonos rosas y rojos de las fachadas de los palacios por el gris que coincide con el color del crepúsculo báltico. Esta imagen acentúa la sustancia de la vida petersburguesa representada en el siglo XIX e inicios del XX como espejismo, como ficción. «Nada le gustaba tanto como la rectilínea avenida Nevski; esta avenida le recordaba el transcurrir del tiempo entre los dos extremos de la vida.» (Bieli).

París, 1910-1914

En 1910, Chagall decide no volver a San Petersburgo. Sus obras son incomprendidas en el mundo del arte petersburgués, la ciudad fantasma, y entra en una profunda crisis emocional. En el otoño de este mismo año, Chagall decide ir a París, siguiendo los pasos de Léon Bakst, su maestro. Pero una vez en la capital de Francia, éste se desentiende totalmente de su estudiante judío. Chagall encontrará refugio en La Ruche, un gran edificio situado en las cercanías de los mataderos de ganado, que era una comuna para artistas refugiados, sobre todo rusos y polacos, entre los que se encontraban Soutine, Laurens, Lipchitz y Metzinger.

El sabbat (1910) fue una de las primeras obras que Chagall pintó en París. En ella podemos ver la influencia de Van Gogh: un interior distorsionado por la perspectiva irracional y el gusto por el uso pronunciado de colores cálidos como el amarillo. El efecto es opresivo y aquí Chagall parece haber pretendido su anterior deseo de pintar un sentimiento intangible más que un mero hecho físico. *La habitación amarilla* (1911) nos muestra el mismo espacio con un incremento de la distorsión compositiva. En esta obra la puerta está abierta. Un hombre es atraído por la luz

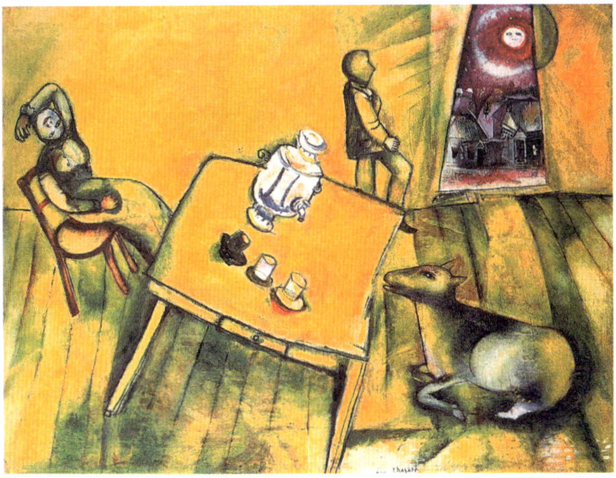

La habitación amarilla, 1911

nocturna y brillante de una aldea rusa. La mujer, con la cabeza invertida –cabeza que aparece también en la Luna– se alza literalmente del espacio en una composición de fuerte carácter expresionista. Nostalgia. Atracción. La representación de la vaca está centrada delante de la puerta abierta, como si formara parte del paisaje lejano. El sentido y la imagen iconográfica de la vaca –animal que se verá casi obsesivamente en las obras de Chagall–, tiene también un origen biográfico: su abuelo trabajaba en el matadero de Vitebsk y su convivencia con el sacrificio de los animales vacunos era omnipresente en su infancia:

> Las velas encendidas en ocasión del sabbat me degollaban, como a aquella vaca en el establo de mi abuelo.
> [...]
> Santidad de la sangre. [...] Sangre a raudales. [...] Y tú, vaquilla, desnuda y crucificada, en los cielos, sueñas. La cuchilla reluciente te ha elevado por los aires. Los intestinos se retuercen, los pedazos se separan. La piel cae.
> Los pedazos rosados, ensangrentados se derriten.[6]

Tanto *El sabbat* como *La habitación amarilla* ponen de manifiesto también la pervivencia de Vitebsk en París, su necesidad de continuar pintando su realidad originaria aunque asimilando también nuevas propuestas plásticas que marcarán la irrupción de elementos cubistas y órficos en su obra inmediatamente posterior.

El contacto de Chagall con el cubismo se establece a partir de su amistad con Sonia Terk, bailarina rusa que se convertirá posteriormente en la mujer de Robert Delaunay. El cubismo era, para Chagall, un lenguaje con el cual se podía expresar la magia del mundo, la vida secreta de los objetos más allá de toda funcionalidad. Chagall usó retículos geométricos sólo como instancias ordenadoras que permitían expresar sueños y vivencias en una lógica pictórica inteligible: las realidades imaginadas eran ya suficientemente complicadas. Chagall halló en la complejidad de las formas cubistas un medio adecuado para expresar sus visiones.

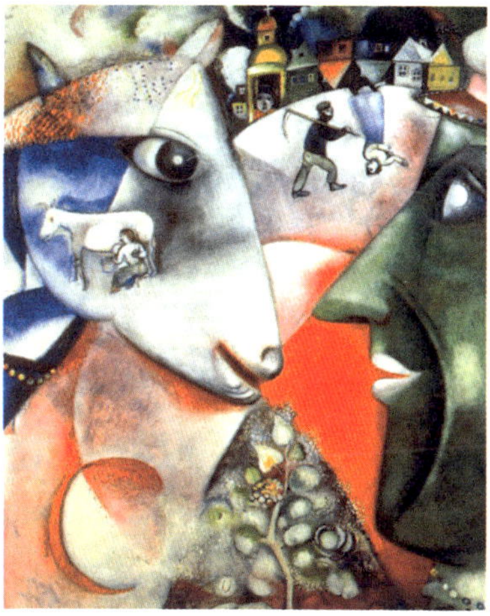

Yo y la aldea, 1911

Yo y la aldea (1911) es el cuadro programático de Chagall en París. La composición radial, la organización del cuadro a partir de un punto central, es el principio ordenador de esta obra. Partiendo de la pintura de círculos de Delaunay –quien utiliza el Sol como única referencia figurativa en sus composiciones cromáticas abstractas–, Chagall logra la síntesis de motivos tomados de diversos niveles de realidad en una unidad pictórica. Cada uno de los cuatro sectores en los que está dividido el cuadro presenta un tema central de lo que será la iconografía del pintor de Vitebsk. La figura humana (que representa al mismo Chagall) se contrapone al animal, unidos por una línea que junta las dos pupilas: un ojo abierto y otro velado. Estas dos figuras centrales están unidas, forman conjuntamente un rostro, el rostro de su paisaje interior. La disposición geométrica de las superficies, la estructuración del cuadro con diagonales y segmentos de círculos, confieren un dinamismo astral. La simultaneidad de motivos y la transparencia de formas, dos elementos básicos del cubismo, integran la representación de imágenes recordadas, visiones y fragmentos de diferentes realidades en una misma representación. La cabeza del cordero, cuyos contornos enmarcan la figura de una mujer ordeñando una vaca, las casas de Vitebsk, con su iglesia de cúpulas ortodoxas, los campesinos invertidos (la muerte con la guadaña), con proporciones que contradicen toda experiencia real: estos elementos expresan una realidad que trasciende el mundo visible, representan un universo imaginado en el que los recuerdos se vuelven símbolos. Todo lo que conecta esta obra, pintada en París, son recuerdos, imágenes surgidas de su mundo interior. Fueron precisamente los poetas franceses los primeros que conectaron con su pintura, quienes buscaban, junto con él, los significados ocultos de las cosas. El título de esta obra, *Yo y la aldea,* proviene del poeta y escritor francés Blaise Cendrars, el amigo más cercano de Chagall en París, y que tendrá muchas afinidades con el mundo maravilloso del pintor ruso.

Chagall pintará a Cendrars en su obra *El poeta* (1911): su cabeza, desprendida del cuerpo, boca abajo, escapa al retículo de diagonales que domina el cuadro. El poeta tiene un ojo abierto y el otro velado. Esta obra es uno de los primeros intentos de superar la geometrización cubista de la pintura. Las líneas de orden constructivo ayudan a la expresión de contenidos, tensando en su trama el cuerpo del poeta, pero liberando la cabeza, como si formase parte de un mundo *otro,* símbolo de la liberación, de la profundidad, de la creación, en contraposición con la cotidianidad, en el momento de escribir. Las estructuras geométricas se transforman, pues, en metáforas, en portadoras de poesía. A Chagall le fascinaba del cubismo la posibilidad de un uso místico de la forma geométrica. En este momento, Blaise Cendrars dedicó a Chagall un poema, publicado dentro de su libro *Dix-neuf poèmes élastiques,* titulado «Portrait»:

> Duerme
> Se despertó
> De pronto pinta
> Toma una iglesia y pinta como una iglesia
> Toma una vaca y pinta como una vaca
> Con una sardina
> Con cabezas, manos, cuchillos
> Pinta con un nervio de buey
> Pinta con todas las sucias pasiones de una pequeña ciudad judía
> Con toda la sexualidad exacerbada de la provincia rusa
> Por Francia
> Sin sensualidad
> Pinta con sus muslos

Tiene los ojos en el trasero
Y es de pronto vuestro retrato
Eres tú, lector
Yo soy
Él es
Es su prometida
Es el tendero de la esquina
La vaquera
La partera
Hay cubos de sangre
Donde se lava a los recién nacidos
Cielos de locura
Bocas de modernidad
La torre en tirabuzón
Manos
Cristo
Cristo es él
Él pasó su infancia en la Cruz
Se suicida todos los días
De pronto, no pinta más
Se despertó
Duerme ahora
Se estrangula con su corbata
Chagall se asombra de vivir todavía.[7]

En *A Rusia, los asnos y los demás* (1911-1912), Chagall vuelve a separar la cabeza del cuerpo de la campesina, un cuerpo lleno de pequeños círculos que parecen ojos, ella que vuela sobre las cúpulas de la iglesia ortodoxa Ilich, suspendida en la noche. El cielo es hendido con destellos de color brillante. Encima de los tejados, una vaca amamanta a un niño junto a un ternero. Alimento celeste, «su» alimento. Nostalgia de la tierra natal, la que le proporciona toda su fuerza generadora.

Sólo mi cabeza vuela lentamente en la habitación.

[...]

Techo transparente. Nubes y estrellas azules que penetran a la vez que el aroma de los campos, del establo y de los caminos. Tengo sueño [...]. Murmura en silencio, y la tez amarilla de su cara cruza los umbrales, baja a la calle, se tumba sobre la cúpula de la iglesia. Se parece a una casa de madera con techo transparente. [...] Miro a menudo el vacío del azul del cielo, lo miro sin lágrimas, con piedad y tristeza.[8]

En esta obra, la ciudad de Vitebsk es vista a través de una visión próxima al cubismo, a través de bloques de colores geométricos cercanos al fauvismo. «Sobrenatural» *(surnaturel),* escribió Apollinaire del mundo de imágenes creado por Chagall. Apollinaire, el creador del concepto del surrealismo, el poeta que más influencia tuvo en el mundo del cubismo y de la primera vanguardia europea, fue un incondicional de la pintura de Chagall. Después de una visita en su estudio de La Ruche, Apollinaire escribió el poema «Rotsoge», que fue reproducido en el catálogo de su primera exposición en Berlín, en la galería Der Sturm, en 1914.

He estado buscando durante mucho tiempo en los caminos
Demasiados ojos están cerrados a lo largo de las avenidas
El viento hace del sauce un bosque llorón
Abierto abierto abierto abierto abierto
Mira pero sólo mira
Un viejo está lavando sus pies en un charco
Una volta ho inteso dire Ach du lieber Gott
Y he comenzado a llorar mientras recordaba nuestras infancias
Y aquí tú me muestras un atroz color púrpura
Esta diminuta pintura donde hay un carro me ha recordado el día
Un día compuesto de fragmentos malva amarillo azul verde y rojo
[...]

Su perro ladra a las lilas
Y la luz apagada de la noche
Pétalos han caído en el vestido
Cerca de las sandalias dos anillos de oro
Han sido iluminados arriba en el Sol
En todas partes tu pelo es como el carro
A través de una Europa vestida con pequeños fuegos multicolores.[9]

En la obra titulada *Homenaje a Apollinaire* (1911-1912) encontramos a Adán y Eva dentro de un gran círculo orfista, unificados en una sola figura. La referencia al mito andrógino y a la figura alquímica de la *coniunctio* se acompaña con una dedicatoria en la que se encuentran proyectados apócopes de los cuatro elementos en los nombres de los amigos (Apollinaire, Cendrars, Walden –su marchante– y Canudo, este último amigo de Marinetti). El aire es Apollinaire; *Wald* (tierra) hace referencia a Walden; *cendres* (fuego) a Cendrars, y *d'eau* (de agua) a Canudo. Chagall también cifró su propia firma con letras hebreas (el álef, el inicio) de significados cabalistas. Eva no surge de la costilla de Adán, sino que forma con él un solo cuerpo. La referencia a los círculos de tiempo, junto con la expresión de los rostros, parece hacer referencia a la expulsión del paraíso, con grandes semejanzas expresivas con la obra del mismo tema de Masaccio. La caída en el tiempo, en el mundo, el lugar del trabajo y del sufrimiento pero también –para la tradición de la mística jasídica– el lugar de la transformación. En la percepción jasídica de Chagall, la meta del ser humano era reunificarse con una única forma, y el amor era el modo de esta reunificación. Chagall resaltó el significado místico de esta pintura con el uso de polvo dorado y plateado, aludiendo a sustancias alquímicas.

«Personalmente no creo que esfuerzos científicos puedan servir al arte. El impresionismo y el cubismo me son extraños. El arte me parece ser sobre todo un estado del alma», escribió Chagall a Apollinaire. El rechazo a la representación de lo visible, a una «época que canta himnos a la técnica y endiosa el progreso», la visión ingenua de la magia del mundo, la búsqueda del mensaje secreto en las cosas, tienen un marco de referencia en las tradiciones judías, en el sentimiento metafísico del alma eslava y en la estricta prohibición iconográfica del judaísmo. En este sentido, los escenarios de Chagall son transformados inicialmente en símbolos para llegar a ser los representantes de una realidad invisible.

En Chagall se suceden períodos analíticos y de síntesis. Durante su primera época en París, inspirado por el procedimiento de analogía del cubismo, investigó su mundo vivencial en la unión de motivos, colocó impresiones al lado de recuerdos, enlazándolos sólo con un retículo abstracto que abarcaba toda la superficie del cuadro. En su época parisina tardía (1913), su atención se centra más en la escena individual que domina todo el cuadro, en la concentración de sus pensamientos en un solo instante, en el que el tiempo parece haberse detenido: «Mientras en Francia participaba en un proceso de transformación profunda de las técnicas artísticas –escribe–, con mis recuerdos, con mi alma, por así decirlo volvía a mi país. Vivía con la espalda hacia aquello que tenia delante de mí»[10].

El violinista (1911-1914) es uno de los últimos trabajos de la época parisina, y que tiene una gran afinidad con las obras de Mijaíl Larionov y de Natalia Goncharova de esta misma época. *El violinista* en rojo, que hace alusión a los recuerdos de Chagall de su infancia, es una escena de carácter popular que describe la vida de una aldea. El niño y el violinista tienen un leve desplazamiento de los ojos, uno abierto y el otro velado, ojos que aparecen también en *La toma de rapé* (1912-1913), obra que muestra la figura de un judío barbado con la estrella de David y dos brazos de la menorá. Esta representación de un ojo abierto y el otro velado tiene su significado en el concepto hebraico de *ha'or hanejshaj:* «No existe luz si no es la luz que emerge de las tinieblas», dice el *Zohar,* el gran libro de la mística judía. «¿Qué es la luz? Es la luz que es revelada desde las profundidades de las tinieblas». Para el *Zohar,* «los iluminados son aquellos que son capaces de contemplar las cosas que la gente no puede expresar con palabras» (*Zohar,* IIb, 183).[11]

La toma de rapé es también un documento nostálgico que oscila entre sentimientos de cercanía y lejanía, cotidianidad y trascendencia. «Segal Mose», se puede leer en el libro abierto: es decir, el nombre de Chagall en hebreo. En su libro *Mi vida,* Marc Chagall escribe:

> Crujido de hierba verde.Vuestras piedras.Vuestras tumbas.Vallas, río turbio, rezos agradables, todo esto está ante mí.
>
> Ni una palabra. Todo se esconde en mí, se retuerce y flota como vuestro recuerdo.
>
> Palidez, manos delgadas, vuestros esqueletos secos me anudan la garganta.[12]

En *El rabino* (1912-1913), obra pintada al final de sus años en París, vemos cómo la figura, lejos de la formula visual del cubismo, se acerca al expresionismo.[13] En esta obra, Chagall muestra a un orante sentado junto a un rollo de la Torá, con la estrella de David flotando como un halo sobre su cabeza. Este orante carece de rostro, como una representación de todos los judíos, estando la cabeza casi separada del cuerpo en un juego de dobles elipses. «A veces tenía delante de mí a una figura, a un hombre, tan viejo y tan trágico, que casi se veía ya como a un ángel. [...] En la profundidad del agua, con la cabeza del revés, zozobra el reflejo de mi padre.»[14] El *Retrato de mi padre,* pintado en París en 1911, se considera uno de los primeros trabajos hacia el expresionismo de Chagall.

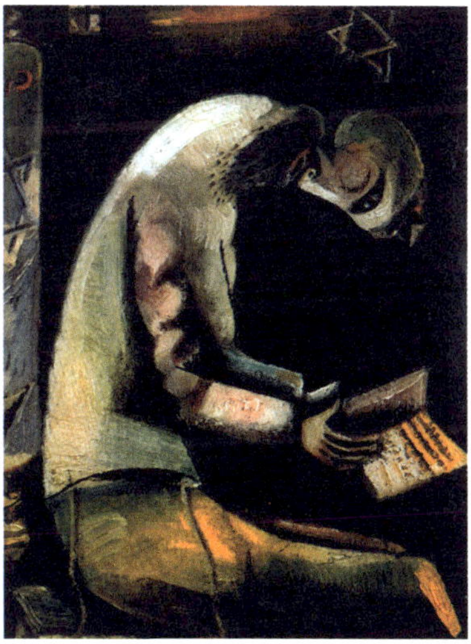

El rabino, 1912-1913

Mi padre tenía ojos de un azul grisáceo, pero sus manos estaban llenas de callos. Trabajaba, oraba, callaba. Como él, también yo callaba. [...] ¿Habéis visto alguna vez en las pinturas florentinas a uno de esos personajes con la barba jamás afeitada, los ojos marrones y a la vez color ceniza, y la tez de barro cocido y recubierto de pliegues y arrugas? Es mi padre. [...] Tu retrato debiera de haber provocado el efecto de una vela, que se enciende y que se apaga al mismo tiempo. Su olor –el del sueño. [...] Levantaba paquetes pesados y mi corazón temblaba como un barquillo turco cuando veía que cargaba tanto peso y que removía con sus manos heladas los pequeños arenques. [...] Todo me parecía misterioso y triste en mi padre. Imagen inalcanzable. [...] Corazón del pueblo, poético y aturdido por el silencio. [...] La noche entraba con él.[15]

Antes de concluir su estancia en París, Chagall pinta dos obras importantes en las que veremos aparecer otro registro iconográfico que va más allá de la tradición jasídica. Se trata de *Mujer encinta* (1913) en el que podemos ver una campesina que se alza sobre el pueblo y que lleva un niño en su seno. Esta imagen la habíamos encontrado ya en la representación de animales preñados, en los que Chagall había hecho transparente la carne. La mano de la mujer señala al niño, perfectamente desarrollado, que se hace visible como un anuncio futuro. Esta imagen es la transposición de la *Theotokos Blachernitissa,* una imagen de la Virgen de la tradición bizantina que está presente en los iconos ortodoxos. En ella aparece la visión del niño en su seno, uniendo ambos cuerpos, que –como veremos–, era

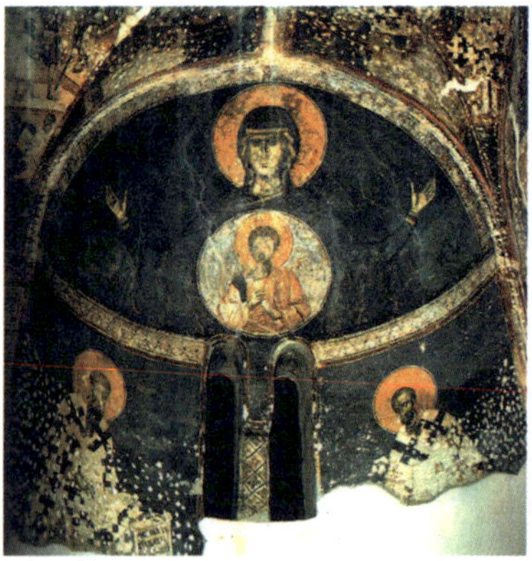

Theotokos Blachernitissa.
Fresco, h. 1310. Capilla de San Nicolás, catedral de Bogorodica Ljeviška, Prizren (Kosovo)

para Chagall su interpretación de la cuarta dimensión.

La campesina de Chagall porta el oro de los iconos y los mosaicos medievales en la falda junto con una decoración solar y germinal que contrasta con el cielo rojo y blanco geometrizado en el que se encuentra la Luna –símbolo de lo femenino– y una vaca que vuela, siempre la vaca, como signo de la nutrición celeste.

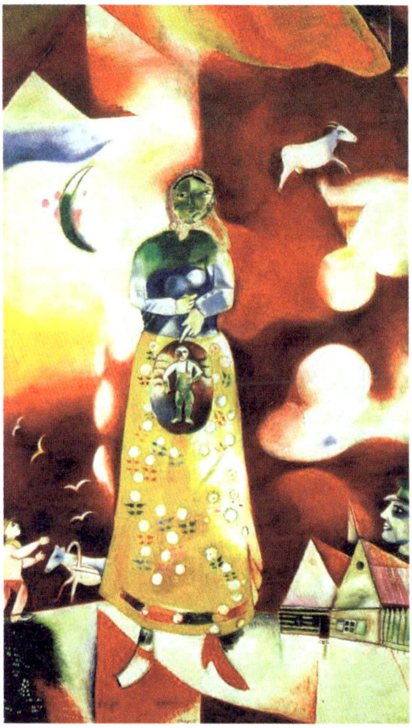
Mujer encinta, 1913

La otra obra que cierra la época de París es *El carro volador* (1913), una pintura que se ha denominado como apocalíptica, pintada ante la presencia inminente de la primera guerra mundial. Una casa en llamas (que por las letras LAV, una abreviación de *lavka* –que significa tienda–, hace referencia a la frutería de su madre en Vitebsk) nos conduce a un pasaje narrado en su biografía, en el que nos dice que hubo un incendio en su casa en el momento de su nacimiento. En esta pintura un hombre corre a apagar el fuego; la madre aparece detrás de la casa, medio transparente, con un jersey color fuego, delante de los astros, el único espacio sereno.

Estoy solo en el río. Me baño. Apenas remuevo las aguas.
Alrededor, reposa la ciudad. El cielo lechoso, negro azulado, todavía es más azul a la izquierda y de lo más alto resplandece la felicidad del cielo.
De repente, de la otra orilla, llega el humo que sale del tejado de la sinagoga.
Parece que se oigan los lamentos de los rollos de la Torá ardiendo en el altar.

Se rompen los cristales.
¡Rápido fuera del agua!
Completamente desnudo, a través de las vigas, corro a buscar mi ropa.
¡Me gustan tanto los incendios!
El fuego prende por doquier. Medio cielo ya está cubierto por el humo.
Se refleja en el agua.
Cierran las tiendas. Todo se estremece –la gente, los caballos, los muebles. Gritos, llamadas y desprendimientos.
Más querida, más emocionante, se ha vuelto para mí mi casa natal.
Corro hasta ella, para verla y despedirme. Sobre el tejado está cayendo ya el carbón, las sombras y los reflejos del fuego.
Parece que se esté desvaneciendo.
Mi padre, yo, los vecinos, la rociamos, la mojamos; la salvan.
Al atardecer, me subo al tejado para contemplar mejor la ciudad quemada. Todo humea, se agrieta y se derrumba.
Triste y cansado, regreso a casa.[16]

El fuego era para Chagall algo más que una mera fuerza destructora, era también un tema que podía representar la intensidad espiritual. El cuadro *El carro volador* también ha sido llamado *La casa ardiendo,* pero él negó

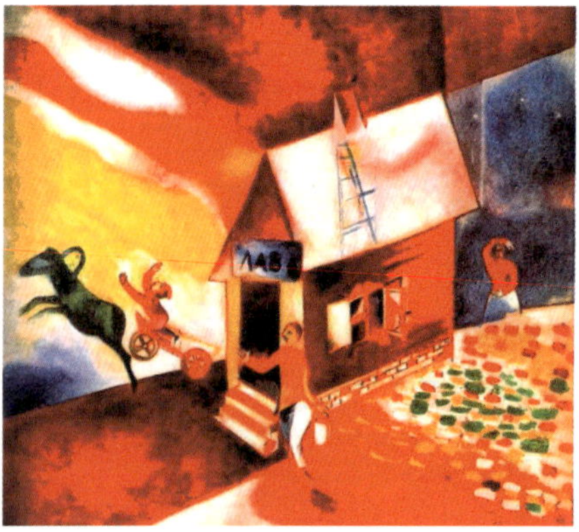

El carro volador, 1913
(también llamado *La casa ardiendo*)

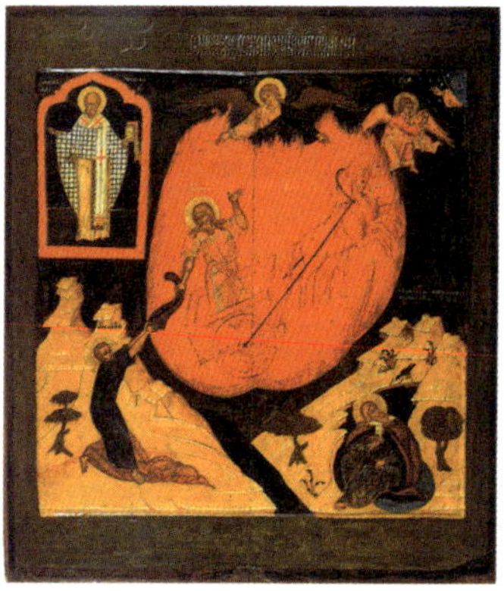

Elías raptado por el carro de fuego. Icono de la escuela de Nóvgorod, siglo XVI

más tarde que la pintura describiese miedo. Insistía en que la pintura evocaba una sensación de éxtasis. El carro que se alza hace referencia al tema bíblico del rapto de Elías, el rapto con un carro de fuego, que es uno de los temas preferidos de la pintura de iconos de la tradición ortodoxa rusa. El poder de esta imagen que era, para el pintor, un símbolo del espíritu humano, un ideal de trascendencia, de evasión del mundo que será clave en toda la vanguardia rusa. En *El carro volador,* pues, une diversos mundos de significado que él hace coincidir en *su* realidad interior. Realidad profunda y objetiva en la que él nos proporciona su interpretación, su concepción y su génesis de la pintura.

La exposición de Chagall en Berlín precede al inicio de la primera guerra mundial. «Mis cuadros se deterioraban en la Potsdamer Strasse, mientras en las cercanías eran cargados los cañones», escribe. El 13 de junio de 1914, el pintor parte hacia Rusia. Tenía un visado de tres meses, pero la guerra era inminente y las fronteras cerrarán inmediatamente. Las tres semanas que Chagall debía permanecer en Rusia se convertirán en ocho años. El pintor se reencuentra de nuevo en Rusia con la evocación y los colores de todas sus pinturas, su amada Vitebsk y su futura esposa, Bella. A Bella Rosenfeld la encontraremos en la mayor parte de sus obras posteriores, junto a la pobreza y a la experiencia terrible de la Revolución rusa.

Guerra y revolución en Rusia, 1914-1923

Chagall retorna y reencuentra en Vitebsk sus colores, sus costumbres, el pequeño mundo del que surgió.[17] En *La casa azul* (1917) pinta de nuevo su casa y su ciudad natal. Fuertes colores reemplazan el simbolismo mágico de la obra del pintor en París. De espaldas al mundo, sus obras se convertirán en iconos de un mundo detenido en el tiempo. «Vitebsk es por sí misma un mundo; una tierra aparte, una ciudad como ninguna otra: una única, desdichada y aburrida ciudad.»[18] *Sobre Vitebsk* (1914) está pintada desde la ventana de su casa, dominada por la iglesia ortodoxa

Ilich que encontramos a la derecha, en el silencio y la quietud de la ciudad nevada. Un hombre inmenso flota sobre la ciudad. Esta pintura combina los elementos del paisaje realista y de la figura sobrenatural. Aunque, como estamos viendo, la pintura de Chagall se tornará más suave y menos deliberadamente experimental.

Algunos críticos han referido esta imagen del hombre que sobrevuela la ciudad a la representación del arquetipo del judío errante, Ahasvero. Elías, el personaje bíblico, era también un hombre errante que perseguía una profecía de la esperanza. La expresión judeoalemana «él camina sobre la ciudad», significa un pobre que va de puerta en puerta. Chagall pudo haber puesto esta figura como una especie de juego de palabras visual, una práctica que ya había empleado anteriormente. Tarkovski, en su película *Andrei Rubliov,* filmó imágenes de este vuelo simbólico para trascender, verticalmente, el mundo, vuelo que fue afín al alma revolucionaria y utópica de la vanguardia rusa.

Svig (que en ruso significa «vuelo») es la consigna del nuevo arte revolucionario, el umbral de un nuevo mundo.

El *Letatlin* (1929) fue construido tardíamente por Tatlin en una torre del monasterio de Novodévichi. Este artefacto constructivista consistía en unas grandes alas destinadas a liberar al hombre de la fuerza de la gravedad y dejarlo volar libremente por el espacio: «Un sueño tan antiguo como Ícaro», escribe Tatlin.[19] Esta idea, que también fue perseguida por Leonardo, tiene aquí un punto de contacto con la idea del «hombre resurreccional» de Charles Nodier. En su *Ensayo sobre la palingenesia humana,* Nodier describe al hombre convertido, por evolución, en una especie de gran torso neumático que viviría en un palacio como el que describió Shelley en su *Prometeo:* un palacio construido con «trozos de día intenso y sereno», cubierto con «placas de luz lunar».[20]

Esta libertad metafórica y simbólica del vuelo individual, diseñada a partir de la observación del vuelo de los pájaros es, a priori, la voluntad concreta de partir de los modelos de las formas naturales para diseñar la percepción del nuevo mundo. Pero la verticalidad exige un gran aprendizaje.

El hombre de ascensión es, para Nietzsche, el mismo camino de la voluntad de poder. «Se debe ser aéreo, ligero, ascensional, para valorar las fuerzas de lo sobrehumano. ¡Primero volar, después conoceremos la tierra! Luego podrán aceptarse las metáforas más ocultas, cuya acción es continua», escribe Nietzsche en el *Zaratustra*. «A quien venza la gravedad, le será dada una supernaturaleza». Para los artistas rusos los contenidos de estos vuelos, su razón estética, fueron creados a partir de la poesía. «En el nuevo "mundo / luz" se abrirán –escribe Maiakovski– las rosas de los sueños embrutecidos por el poeta. / Todo, / por el placer / de nuestros nuevos ojos de niños.»[21]

El poeta Velimir Jlébnikov introducirá el concepto del *bolshoe chustvo mira* (que podría ser traducido como «sentido superior del mundo»), que se caracteriza por un «poder especial de percepción» que otorga al hombre una visión intensificada de los fenómenos naturales y lo capacita para trascender las limitaciones de la percepción mediante los cinco sentidos, siendo un elemento esencial el retorno a la naturaleza. Este retorno fue intensificado por Chagall. Aunque lejos de los postulados suprematistas y constructivistas de la vanguardia rusa, Chagall encarna por completo los ideales utópicos del vuelo espiritual que él reencuentra en los *luboks* y en los orígenes del alma rusa.

En 1915, Chagall se casa con Bella Rosenfeld. En *El cumpleaños* (1915) vemos una de las primeras imágenes de este vuelo que será narrado por ella en su libro de recuerdos *Luces ardientes*. «Abría la ventana –escribe Chagall– y junto con Bella entraban en mi cuarto azul de cielo, amor y flores. Vestida toda de blanco o de negro aparece desde hace tiempo en mis cuadros.» La sensación de vuelo será completa en *Amantes sobre la ciudad* (1917). La ingravidez que caracteriza a la pareja del cuadro es tan sólo la transcripción de sus metáforas, la reformulación fiel a su significado de una imagen verbal en una imagen pintada. El vuelo es entendido por Chagall como sinónimo de éxtasis y de felicidad –tal como fue representado también en *El paseo* (1922)–, y asimismo como signo espiritual. Escribe Chagall: «¡Y las tías Moussia, Gouttja, Chaja! / Con alas de ángel, volarían a través del mercado, por encima de los cestos de bayas, de peras y de grosellas. / La gente las mira y pregunta: "¿Quiénes son esas que vuelan?"»[22].

En *El poeta tendido* (1915) encontramos invertida la imagen del vuelo. La figura del poeta llena por completo el espacio del cuadro en su borde inferior. Es como si toda la representación surgiera del sueño del poeta, de sus raíces, como creación. Realidad y ficción se unen siempre en el concepto de representación del pintor: «Por fin solo en el campo. Bosque, pinos, soledad. La Luna detrás del bosque. El cerdo en la pocilga, el caballo detrás de la ventana en el campo. El cielo, lila»[23].

Esta obra celebra un mundo intacto, que se contrapone con la dura realidad de los años de guerra, un mundo idílico en armonía con la naturaleza y con el hombre. Pero esta realidad evocada y representada va a ser pronto truncada por su reclutamiento para combatir en el frente.

En San Petersburgo, Chagall vive lo que él denominará «el suceso más importante» de su vida: los acontecimientos de la lucha contra el régimen zarista y el inicio de la Revolución de Octubre. Existen dibujos en tinta y grafito muy poco conocidos de Chagall como *Soldado herido* (1914), *Lamentación* (1914-1915), *Soldados con pan* (1914-1915) o *Guerra* (1914-1915). Éstas son obras sombrías, en las que vemos las consecuencias de la guerra, la soledad, el dolor.

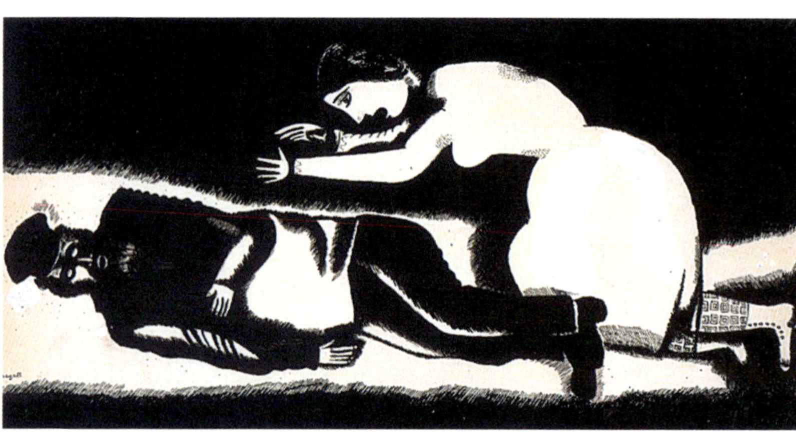

Lamentación, 1914-1915

En *Los portones del cementerio* (1917), el mismo pintor escribe en caracteres hebreos: «Así ha dicho Jehová, el Señor: yo abriré vuestros sepulcros, pueblo mío, y os haré subir de vuestras sepulturas, y os traeré a la tierra de Israel». Los bolcheviques habían finalizado la guerra y los judíos habían adquirido los mismos derechos civiles que los ciudadanos rusos. La proyección de la profecía del Antiguo Testamento en esta obra refleja la euforia de un mundo nuevo, el optimismo cristalino de una comunidad liberada de su reclusión y sometimiento. En esta obra, Chagall vuelve a utilizar la técnica cubista en el cielo y en el árbol, con prismas de luz. Puertas abiertas a la esperanza.

En 1918, Lunacharski, un polémico activista que había coincidido con Chagall en París, fue designado por Lenin director del Ministerio de Cultura, y nombró a Chagall comisario de Bellas Artes en Vitebsk. Hasta Vitebsk no llegaron con toda su intensidad las hambrunas que pronto azotaron el país. Lo mejor de la vanguardia rusa se mudó poco a poco a la provincia: El Lissitzky y Kazimir Malévich trajeron la bohemia a la ciudad. La estética y la política debían inspirarse mutuamente en su compromiso más humano. El arte autónomo debía avanzar una nueva humanidad basada en el poder anónimo de la igualdad. La academia de arte local contó con una impresionante lista de pintores de la vanguardia. El constructivismo y el suprematismo se instalaron en el centro de la vida campesina de resonancias míticas que había evocado Chagall.

En el primer aniversario de la Revolución, Vitebsk fue adornada con una colorida decoración creada por Chagall. De los árboles pendían escenas campesinas, vacas volando, rostros verdes. La alusión a los *luboks* y a los iconos, el ensueño y su visión profunda de la naturaleza están presentes en sus representaciones utópicas. Pero pronto surgirán las voces de la incomprensión: «¿Qué tiene que ver todo esto con Marx y con Lenin?». No bien había comenzado Chagall a identificarse con la Revolución, la exigencia de utilización política de su obra se hacía más intransigente. Mandelstam, Jlébnikov, Ajmátova son los poetas que más sufrirán de este espacio de represión que se convertirá, bajo el mandato de Stalin, en la peor pesadilla y en la persecución del arte y de la poesía más atroz del siglo XX.

La pintura de Chagall sufrirá, a partir de 1919, un doble rechazo: junto a la incomprensión del pueblo y de los dirigentes comunistas se le añadirá el ataque de Malévich y de muchos de los profesores de la escuela de Vitebsk. El arte, según el suprematismo, debe ser no objetivo y apuntar hacia la supresión del objeto en su interpretación teórica de la cuarta dimensión. El *Cuadrado negro sobre fondo blanco* (1914) será el nuevo icono del arte revolucionario. El equilibrio espiritualizado de campos de colores abstractos, que Malévich propagaba como «pintura pura», y su postulado de que el arte debía renunciar a toda relación con la realidad exterior, hería profundamente a Chagall. Su mundo, por el contrario, era un arte de cosas, de presencias, de personas, de sentimientos. La cuarta dimensión era teorizada por Chagall no como un campo infinito y monocromo para representar lo irrepresentable, sino como los nexos invisibles que unen todas las cosas y que él representaba en sus composiciones de carácter ilógico, en su concepción de lo sobrenatural. Pero Chagall recibió también la influencia de Malévich en muchas de sus obras de 1919, como en *La vida campesina* (también llamada *Noche* u *Hombre con látigo*), donde podemos ver un

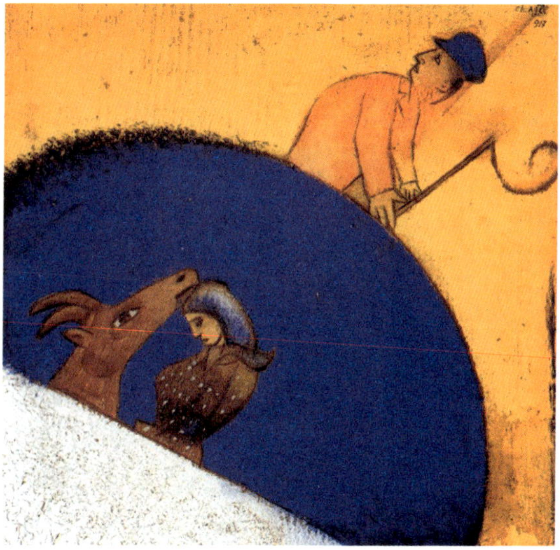

La vida campesina, 1919

equilibrio de formas geométricas monocromas afines a la pintura suprematista, aunque determina la estructura abstracta con sus temas e interpreta las superficies de color puro como áreas de realidad, en las cuales están confrontados arquetípicamente el hombre con un látigo y la mujer con un animal. El sereno orden geométrico, que era también para Malévich una metáfora del mundo interior, es concretizado por Chagall en un motivo básico, en un inventario mínimo de motivos para una escena de género.

> Para mí, una pintura es una superficie cubierta con representaciones de cosas (objetos, animales, formas humanas), dentro de un espacio en el que la lógica y la ilustración no tienen ninguna importancia. Puede existir una misteriosa cuarta o quinta dimensión –quizás no sólo del ojo– que intuitivamente aparece como una balanza de contrastes plásticos y psíquicos, penetrando en el ojo del espectador con nuevas e inusuales concepciones [...]. La pintura se ha de elaborar con el pensamiento de que algo del alma la penetra y le da sustancia. Un cuadro tendría que nacer y florecer como una cosa viva.[24]

Durante un viaje a Moscú, Chagall fue destituido y la academia libre fue declarada suprematista. Malévich pasó a dirigir la formación del arte revolucionario y creó el UNOVIS. Era el tercer aniversario de la Revolución. En una fotografía de 1921 vemos a Malévich y a El Lissitzky con un plato suprematista, junto con el *Cuadrado negro sobre fondo blanco,* como un estandarte, en Vitebsk. La nueva dirección del UNOVIS llenó de formas suprematistas de colores las casas, las calles, las plazas, las paredes y los transportes públicos. El Lissitzky escribe:

> Para nosotros, el suprematismo no significaba el reconocimiento de una forma absoluta que fuera parte de un sistema universal ya alcanzado. Por el contrario, allí estaban, mostrados por primera vez en toda su claridad, el signo claro y plano de un mundo enteramente nuevo jamás abordado antes.[25]

En diversos textos y manifiestos del UNOVIS, Malévich afirma su voluntad de trabajar de acuerdo con el Partido Comunista, con la misma perspectiva que él: «El nuevo arte –escribe– no se organiza ya bajo la bandera del gusto estetizante, sino que corresponde a la organización del Partido: el UNOVIS es ya un partido que ha puesto la economía a su servicio. De esta manera, el arte identifica plenamente con el comunismo el bien económico de la humanidad»[26]. Es sabido que, posteriormente, el mismo Malévich sufrirá el confinamiento y la reclusión por su concepción «individualista» del arte, pero en ese momento, en plena euforia de este mundo nuevo por y a través del arte, es cuando Chagall es excluido de este proyecto a causa de su arte «esteticista» y caduco y debe dejar Vitebsk y exiliarse en Moscú, donde es invitado a trabajar en un campo para huérfanos de guerra en Malajovka y también para el Teatro Estatal Hebreo de Moscú.

La familia del pintor vive en Moscú en una pobreza extrema. Chagall comenzó a trabajar en la decoración del teatro. Para el *foyer* y la sala creó monumentales pinturas murales, alegorías de los principales elementos dramáticos. *El violinista en verde* (1923) es una réplica del mural *Música*. Existen también los cuadros preparatorios de *Danza, Drama* y de *Literatura,* todos de 1920, época de profunda depresión anímica, en los que mezcla algunos elementos postcubistas y suprematistas, junto a la presencia humana tan cercana a sus obras y a la pureza de la naturaleza animal. En el Teatro Estatal Hebreo realizará también los decorados de la obra *Mazel tov,* basada en Sholom Aleichem, y los bocetos del vestuario con el que aparecen en escena algunos de los personajes arquetípicos representados en sus pinturas.[27]

El Estado soviético apoyaba a los artistas en proporción a la utilidad política de sus obras y Chagall ocupaba un puesto relativamente bajo. «Pienso que la Revolución podría ser una gran cosa, si mantuviera el respeto por lo que es diferente», escribe en las últimas páginas del manuscrito de *Mi vida*. Pobre y sin perspectivas, ya nada le retenía en su país, que ya no reconoce. En 1922, su amigo Lunacharski obtuvo los pasaportes de salida para la familia, que comenzará una nueva vida –un nuevo periplo de judíos errantes– en Europa. El Berlín de entreguerras y París serán los primeros destinos. Chagall nunca más volvería a Vitebsk.[28]

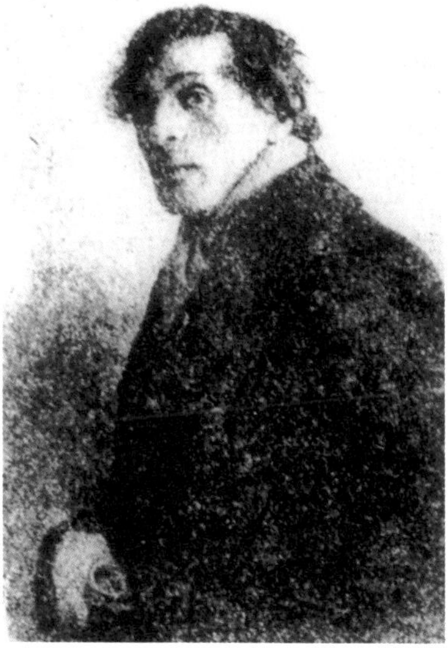
Marc Chagall en Moscú, 1921

En una obra muy posterior, pintada en París en plena guerra mundial, titulada *Obsesión* (1943), aparece el mismo tema que en *El carro volador* (1913): la casa en llamas, la menorá, un gran crucificado emergiendo de la casa. Al fondo, como si fuera un icono ruso, una iglesia ortodoxa y, al lado opuesto, la Virgen de la Dormición. El carro ya no vuela, porta tan sólo un niño que está dentro de la silueta de una mujer, una mujer que no puede escapar. El rojo aparece sucio y de color terroso. No es un incendio, es el dolor y el color de la sangre. La iconografía religiosa será uno de los temas centrales de Chagall a partir de los años treinta, como podemos ver en *José, reconocido por sus hermanos* (1931), obra que nos remite también a *El retorno del hijo pródigo* de Rembrandt que se encuentra en el Museo del Hermitage de San Petersburgo. Cuando fue expulsado de Rusia, Chagall escribió: «Seguramente Rembrandt me habría amado». Y añadirá:

> Mi ciudad ha muerto. ¡El camino de Vitebsk ya ha sido recorrido! [...] Mi memoria está en llamas. [...] Más de una vez has salvado mis telas del oscuro destino.
>
> No entiendo a los hombres, no más que mis cuadros. Todo lo que dices es justo. Maneja mi mano. Coge el pincel y, como un director de orquesta, llévame hasta lugares ignotos. [...] Que el negro sea más negro, y el blanco todavía más blanco.[29]

NOTAS

[1] Marc Chagall, *Mi vida,* Barcelona, Acantilado, 2004, pág. 24.

[2] Lev Tolstoi, *¿Qué es el arte? y otros ensayos sobre el arte,* Barcelona, Península, 1992, pág. 89.

[3] Marc Chagall, *Mi vida,* cit., pág. 42.

[4] Ibídem, pág. 54.

[5] Andrei Bieli, *Petersburgo,* Madrid, Alfaguara, 2002, pág. 49.

[6] Marc Chagall, *Mi vida,* cit., págs. 35, 22.

[7] Blaise Cendrars, *Dix-neuf poèmes élastiques,* París, Gallimard, 1979, págs. 49-50.

[8] Marc Chagall, *Mi vida,* cit., págs. 29 y 31.

[9] Guillaume Apollinaire, «Rostage», en Marc Chagall, *Chagall by Chagall,* ed. de Charles Sorlier, Nueva York, Harrison House, 1982, pág. 238.

[10] Ingo F. Walther y Rainer Metzger, *Chagall,* Colonia, Taschen, 1999, pág. 24.

[11] «Hoy ya me da igual. Sobre el Yenisei se arremolina / la niebla. Fulgura imponente la estrella polar. / Y el más cruel de los espantos nubla / el brillo azul de los ojos que amo». Anna Ajmátova, «Réquiem» [1932], en *Réquiem y otros escritos,* Barcelona, Círculo de Lectores/Galaxia Gutenberg, 2001.

[12] Marc Chagall, *Mi vida,* cit., págs. 30-31.

[13] Chagall, después de su exposición en Berlín, entra en contacto con las obras de los artistas del grupo de *Der Blaue Reiter* y la teoría de ir más allá de lo material y lo visual para alcanzar la visión interior que alentaban Franz Marc y Vasili Kandinski.

[14] Marc Chagall, *Mi vida,* cit., pág. 49. «¿Habéis visto al anciano orando? Helo aquí. Qué bonito era trabajar tranquilo. A veces tenía delante de mí a una figura, a un hombre, tan viejo y tan trágico, que casi se veía ya como a un ángel. Pero yo no podía soportar estar más de media hora con él. Hedía demasiado». Obras como *Judío orando* (1914) y *Día de fiesta (rabino con limón)* (1914) reflejan la dignidad atemporal que irradian los viejos.

[15] Marc Chagall, *Mi vida,* cit., págs. 10-11.

[16] Ibídem, págs. 45-46.

[17] En el *Autorretrato* (1914) de Chagall, pintado recién llegado a Vitebsk, otro mundo aparece. Es un autorretrato de gran sensibilidad, en el que huye del reclutamiento en el ejercito zarista. *Voyna,* guerra, es la única palabra descifrable en la primera página del *Diario de Smolensk* (1914). Chagall no puede compartir el entusiasmo con el que muchos de sus amigos de París, entre ellos Apollinaire, habían ido a la guerra.

[18] Marc Chagall, *Mi vida,* cit., pág. 144.

[19] Christina Lodder, *Russian Constructivism,* New Haven, Yale University Press, 1983; trad. castellana: *El constructivismo,* Madrid, Alianza, 1987, pág. 210.

[20] Citado en Gaston Bachelard, *El aire y los sueños,* México, Fondo de Cultura Económica, 1990, pág. 53.

[21] Vladimir Maiakovski, *Poemas,* Barcelona, Laia, 1998, pág. 46.

[22] Marc Chagall, *Mi vida,* cit., pág. 28.

[23] Ibídem, pág. 34.

[24] Marc Chagall, *Chagall by Chagall,* cit., págs. 53-54.

[25] John E. Bowlt (ed.), *Russian Art of the Avant-Garde. Theory and Criticism, 1902-1934,* Nueva York, Thames and Hudson, 1988, pág. 153. Citado en Serge Fauchereau, *Malévich,* Barcelona, Polígrafa, 1995, pág. 45.

[26] Kazimir Malévich, *Écrits,* I, París, Gallimard, 1997, pág. 153.

[27] Uno de los escritores y dramaturgos que más profundamente admiró Chagall y que tiene grandes resonancias con su obra plástica es Gógol. Existe un dibujo de 1923, titulado *Gógol y Chagall,* en el que aparecen hermanados entre ángeles, campesinos y Lauras. En 1917, Chagall pinta un *Retrato amarillo* dedicado al escritor ruso.

[28] En París, Chagall comienza una nueva vida. Su pintura se va recubriendo progresivamente de una pátina atmosférica que antes no poseía y se ve arrastrada por un modelo que él no puede emular: Picasso. Chagall pinta muchos de los trabajos perdidos durante la primera guerra mundial, como *El gallo* (1929), que reproduce los temas de los *luboks* o de las estampas populares rusas, como este hombre con gallo, figuras fantásticas de la tradición eslava de la literatura oral, o las representaciones de Alkonost o Sirin, las aves del paraíso, uno de los *luboks* preferidos de Kandinski. «Todo nuestro mundo interior es real –escribe Chagall–, quizá más real que el mundo visible. Cuando se llama fantasía o cuento a todo aquello que nos parece ilógico, sólo se demuestra que no se ha entendido a la naturaleza.» (Marc Chagall, *Mi vida,* cit., pág. 87). Los temas de Chagall de esta época son repetitivos: Antes de que Breton lo proclame como un «pionero del surrealismo», Chagall estará lejos de sentirse vinculado a este movimiento, porque la sobrerrealidad, la irrupción de las profundidades del inconsciente, él la proclama como inherente al alma eslava: el motor y el objeto de su pintura.

[29] Marc Chagall, *Mi vida,* cit., págs. 181-182.

El universalismo constructivo de Torres-García

AGUSTÍN SÁNCHEZ VIDAL

Al uruguayo Joaquín Torres-García se le puede considerar, sin duda, un pintor singular y heterodoxo, pero no un olvidado. Fue profeta en su tierra. Y la Escuela del Sur por él fundada ha dejado una impronta nada desdeñable en artistas como José Gurvich, Francisco Matto, Julio Alpuy o Gonzalo Fonseca.

Aun así, el papel desempeñado por aquél sigue siendo objeto de polémica en nuestros días. Al menos, por parte de quienes entienden que unas propuestas tan originales como las suyas deberían gozar de un mayor reconocimiento internacional. Así ha sucedido al filo de las últimas exposiciones que se le han dedicado, o los debates públicos entablados en fechas recientes al respecto, como el llevado a cabo en noviembre de 2003 en las páginas del diario *El País* de Montevideo, recogiendo los testimonios de algunos de sus mejores expertos. Y a partir de esas diatribas se ha originado un amplio abanico de opiniones, que proporcionan unas significativas coordenadas sobre el lugar que cabe asignarle.

Es el caso del trato otorgado por el Centre Pompidou de París, a partir de los fondos donados por la familia del artista y que, a juicio de ésta, no se muestran al público con la asiduidad deseable. A título de ejemplo, dentro de la colección permanente del Pompidou –que asciende a unas cincuenta mil obras, cuya exposición se cambia cada dieciocho meses– hay tres cuadros de Torres-García que se exhiben bastante a menudo. Esta institución cuenta, además, con tres maderas pintadas. Y en otras asociadas a ella, o complementarias, pueden reseñarse un óleo en el Musée d'art moderne de París, un segundo en el Musée de Grenoble, un tercero en el Musée d'art moderne de Villeneuve d'Asq, y otros cuatro en el

Fonds national d'art contemporain, colección estatal custodiada en La Défense y no abierta al público.

¿Es esto suficiente? ¿Hace justicia al pintor? Margit Rowell, especialista en la obra del uruguayo, lo considera manifiestamente insuficiente y estima que se margina a Torres-García porque no es considerado ni europeo ni americano. Lo primero, porque no se atiene a la secuencia canónica de las vanguardias; y lo segundo porque en América Latina supone una completa anomalía. En cuanto a otro de los países hegemónicos capaces de dictar cánones culturales, Estados Unidos, allí se lo suele alinear junto con los latinoamericanos.

> Pero –alega Rowell– para mí es un artista universal. Por algo Sydney Janis lo expuso en Nueva York, y los primeros artistas del expresionismo abstracto se inspiraron en Torres-García, como por ejemplo Adolph Gottlieb y otros menos conocidos. En las ventas de Sotheby's lo ponen con los latinoamericanos, pero debería aparecer con los europeos.

Aunque no faltan quienes le auguran un gran futuro en Estados Unidos, debido al peso creciente de la comunidad hispana, difícilmente podrá competir con otros casos más pintorescos y coloristas, como los procedentes del vecino México, que encajan mucho mejor con el estereotipo de lo «latinoamericano».

César Paternosto recuerda, a este respecto, que hubo un tiempo en que Torres fue un pintor apreciado, cuando en París dos coleccionistas de gran peso en Estados Unidos le compraron obra: Katherine Dreier, aconsejada por Duchamp, lo incorporó a su colección, hoy en la Yale University Art Gallery; y Alfred Gallatin para la suya, hoy en el Philadelphia Museum of Art. «Cuando yo llegué a Nueva York en 1967 –recuerda Paternosto–, su obra en la colección del Museum of Modern Art de Nueva York (MoMA) tenía un lugar en la exposición permanente». Pero hacia la década de los setenta la figura de Torres-García empezó a declinar. Su retrospectiva en el museo Guggenheim fue destrozada por la crítica. Y le fueron retirados los cuadros que colgaban en el MoMA, aunque en su reciente remodelación se han recuperado dos de sus obras.

Esto nos muestra con toda crudeza uno de los núcleos más conflictivos del «caso Torres-García»: su dificultad de ubicación. De ella se habría derivado, según opinión muy común, poco menos que su suicidio artístico, al marcharse de París cuando empezaba a ser conocido, abandonando la entonces capital cultural del mundo para recluirse en un pequeño país sudamericano, donde se dedicó a reivindicar lo autóctono y las raíces precolombinas. No lo hizo exactamente por propia voluntad, sino por razones de supervivencia económica.

Pero este punto de vista, por muy difundido que esté, no es compartido por todos. Didier Ottinger –el responsable del Centre Pompidou bajo cuya jurisdicción cae la obra de Torres– discrepa y precisa:

> Incluso cuando comenzó a exponer en París y a encontrar *marchands* de cuadros, seguía siendo una figura singular. Además fue víctima del *crack* del 29, que afectó al mercado de arte parisino. Fueron años terribles, incluso para Picasso. [Torres] No podía seguir viviendo en París. España le estaba vedada. Le preguntó a sus amigos españoles, quienes le contestaron que su pintura jamás se vendería en Madrid, que ningún coleccionista se interesaría.

Por el contrario, en Montevideo encontró un contexto que conocía y que le permitió ser él mismo, crear escuela, formar a varias generaciones de artistas. Y ello, gracias a su formidable cultura, su prestigio y su red de relaciones internacionales, un patrimonio del que nunca habría dispuesto de no haber llevado a cabo su periplo físico, intelectual y artístico por algunos de los grandes centros neurálgicos de la modernidad. Por tanto, en su país natal pudo ejercer un magisterio impensable en la capital francesa.

Para Ottinger, si se entiende eso se está accediendo al núcleo más valioso del legado de Torres-García, ya que el calibre de éste no debe medirse sólo por su éxito en los museos o en los mercados del arte, sino también por la transmisión de valores que supone:

> Torres-García era un atípico en París. Él mismo lo constata. Fue víctima durante años de una historiografía que no lo tomó en cuenta porque era singular, porque no encontraba un lugar en la historia de los grandes movimientos de vanguardia, que en esa época era sinónimo de vanguardias parisinas.

Nunca pudo ser reducido a una sola tendencia, ya fuera la constructivista, los postcubismos, el surrealismo, cualquier tipo de primitivismo, el expresionismo o el arte abstracto. Pero es justamente esa excentricidad y singularidad respecto al modelo de la vieja historiografía vanguardista –con su canon y secuencias más que previsibles– lo que hoy constituye un valor en alza, y puede terminar haciendo justicia a su obra, como augura el citado estudioso:

> Creo que la Historia del Arte hoy en día, tal como se la escribe y como se la muestra cuando se realizan exposiciones, rehabilita cada vez más a las figuras que escaparon a lo que se llama la *teleología moderna,* es decir, ese encadenamiento de las vanguardias. Si se quiere hacer una profecía, Joaquín Torres-García tiene hoy muchas más posibilidades de las que tuvo jamás.

Carmelo Arden Quin, integrante del movimiento madí, asegura que éste sería impensable sin Torres, y el galerista y *marchand* parisino Marwan Hoss es de parecida opinión:

> El recorrido de Torres-García no es muy convencional [...] Sus comienzos están influenciados por el arte antiguo y por Pierre Puvis de Chavannes. Luego tuvo un período negro, cuando estuvo inspirado por el arte africano, y en los años cuarenta hizo retratos inspirados en la

pintura antigua española, sin dejar de lado, claro, el período más importante que es el constructivista. El público no logra comprender esta evolución.

Por ello propone un agarradero o brújula: «Es, quizá, en este aspecto que su teoría sería útil [...] para comprender la diversidad de su producción y su búsqueda».

Pues bien, eso es lo que vamos a intentar en las páginas que siguen: acometer una lectura actualizada de las teorías vertidas por Joaquín Torres-García en su libro *Universalismo constructivo*. O, al menos, del núcleo doctrinal de tan ciclópeo volumen. Para ello, comenzaremos por recordar su trayectoria biográfica y artística, subrayando aquellos factores que le conducirán a la formulación de ese corpus doctrinal. Analizaremos luego éste, a la luz de sus antecedentes y contexto de época, desde el platonismo, la cultura precolombina, el lulismo, los teatros y lugares de la memoria, el cubismo y otras tendencias vanguardistas. Hasta desembocar, a modo de conclusión, en su propuesta y consecuentes, en ese arte de síntesis que podríamos caracterizar bajo el enunciado de *paradigma amerindio*, por emplear la expresión de César Paternosto.

Itinerario

Nacido en Montevideo el 28 de julio de 1874, Joaquín Torres-García era hijo del catalán Joaquín Torres Fradera y de María García Pérez, uruguaya descendiente de un carpintero canario casado con una mestiza, cruce de aborígenes y colonizadores españoles. Su padre, natural de Mataró, creció en el seno de una familia que vivía de trenzar cuerdas para la navegación, hasta que a los diecinueve años emigró al Uruguay, donde terminó abriendo en Montevideo un almacén de ramos generales que incluía una cantina frecuentada por los gauchos, y cuyo sistema clasificador de anaqueles y estanterías prolongó en cierto modo el pintor en

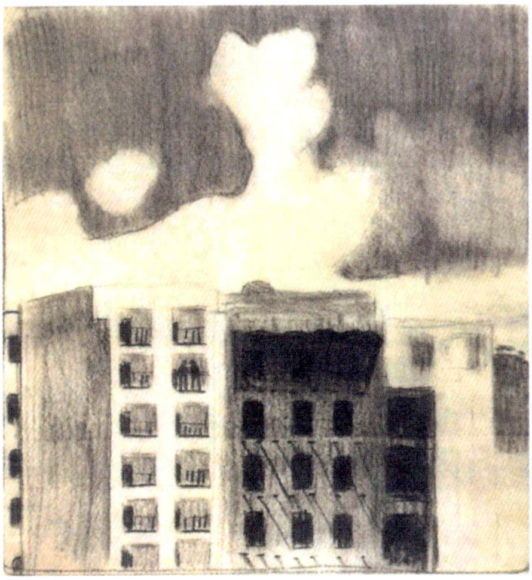

Edificios de Barcelona, h. 1898

su compartimentación ortogonal de la realidad. También contaba con un aserradero de madera y un taller de carpintería en el que su hijo Joaquín ensamblaba piezas, lo que dejará profunda huella en su arte posterior. El niño era, además, un lector voraz.

Tras varios altibajos económicos, el padre se arruinó. Y en 1891, cuando el futuro pintor contaba diecisiete años, decidió regresar con su familia a Barcelona, donde se establecieron. Esto permitió al joven Torres estudiar en la Escuela de Bellas Artes de la Lonja, la *Llotja* fundada por la Junta de Comercio, en cuyas aulas compartió enseñanza con Nonell, Mir, Canals y Sunyer. También frecuentó a los modernistas del café Els Quatre Gats (entre ellos Picasso) y el Cercle Artístic de Sant Lluc. Él mismo recordaría más tarde su trabajo con Antonio Gaudí, al que asistió durante algún tiempo en las obras de la Sagrada Familia, y con el que colaboraría en la reforma de la catedral de Palma de Mallorca.

De cara al futuro desarrollo de su constructivismo universal, merece la pena subrayar los testimonios recogidos por su nuera Cecilia de Torres, la mujer de su hijo menor Horacio. Ésta, al reseñar las actividades de Joaquín hacia 1898, hace notar que incluso en esta primera época –más cercana a Toulouse-Lautrec y Théophile Steinlen– alternó el estilo galante con una serie de carboncillos y óleos bien distintos. Se trata de parajes urbanos protagonizados por los edificios del Eixample, lo que entonces eran las afueras de Barcelona, y cuya nueva trama urbana hubo de recordarle la de su Montevideo natal. Estas construcciones, desprovistas de cualquier adorno, le habrían interesado porque en sus sobrias arquitecturas ya empezaba a barruntar las cuadrículas de la organización ortogonal del espacio.

A este respecto, tras citar el capítulo titulado «Estructura» de una de las *Notes sobre art,* libro que el pintor publicará en 1913, Cecilia de Torres afirma:

> Mirados dentro del contexto de su obra posterior constructiva, a la que el mismo artista ocasionalmente llamó *arquitecturas,* estos primeros estudios y sus textos teóricos deberían acabar con la idea sostenida aún por varios críticos de que Torres-García adopta la estructura en su pintura justo después de conocer a Mondrian y Van Doesburg en París.

Con ello, nos hemos topado ya con una de las más importantes actividades del pintor: su faceta de teórico. Y es que muy pronto, en mayo de 1904, publica en la revista *Universitat Catalana* un artículo donde mantiene un claro concepto idealista del arte, oponiéndose a la simple mímesis de la realidad externa. La puesta en práctica de estos postulados le acarreará no pocos problemas cuando en 1908 recibe uno de sus más importantes encargos, pintar un salón del Ayuntamiento de Barcelona. Las críticas que recibe por su excesiva modernidad supondrán una de las primeras constataciones de que su obra no acaba de encajar en las modas imperantes. Otra de las encomiendas que recibe es la decoración del pabellón uruguayo en la Exposición Universal de Bruselas, a donde viaja en 1910, tras contraer matrimonio con Manolita Piña. Tanto a la ida como a la vuelta, pasa por París.

Entre tanto, se puede apreciar en su obra la superación de los modernismos y postimpresionismos circundantes, que irá quedando todavía más de relieve a medida que se adentra en la pintura de Puvis de Chavannes y el estudio de la filosofía griega. Tales estímulos le conducirán por derroteros que desembocarán finalmente en un mayor clasicismo. Tras exponer en Barcelona con una acogida poco entusiasta, los problemas económicos empujan al matrimonio Torres-Piña a instalarse cerca de la capital catalana, en la pequeña población de Vilassar de Mar, más barata que la gran ciudad. Su apuesta clasicista se refleja tanto en la pintura como en el nombre que va poniendo a sus hijos: Olimpia, Ifigenia, Augusto y Horacio. Y este mismo ímpetu mediterráneo le llevará a Italia en 1912. Tras de lo cual, en 1914, se traslada a vivir con su familia a una casa de campo cerca de Terrassa, mezcla de masía, villa romana y templo griego, a la que bautiza con el nombre de Mon Repòs, mientras depura su arte hasta el ascetismo más extremo. Proseguirá, asimismo, su actividad como teórico y docente, a través de la fundación de la Escola que llevará el nombre de esta localidad y de la redacción de sus citadas *Notes sobre art*.

Este giro le vale el patrocinio de Eugenio d'Ors, quien no escatimó los elogios, presentándolo como un paradigma de aquellas arcádicas pastorales que aspiraban a representar las ansias de modernización de la burguesía catalana a través del *noucentisme*. Y de ahí derivó el encargo de decorar el salón de Sant Jordi en el Palau de la Mancomunitat con cuatro murales al fresco, que Torres acometió con gran empeño, y uno de cuyos polémicos paneles portaba la inscripción «La realidad no es más que símbolo». Toda una declaración de principios. Pero en 1917 muere Enric Prat de la Riba y el nuevo presidente de la institución le retiró el encargo, por no ser de su gusto los resultados obtenidos. Y en la prensa se anunció que los frescos de Torres-García se taparían con tapices. Es fácil suponer el golpe que esto supuso para el artista, que se vio abocado así a una gran crisis.

Tan delicado momento de inflexión coincidió con la estancia en Barcelona de su compatriota Rafael Barradas, también nacido en Montevideo, pero en 1890. De modo que era dieciséis años más joven que él. También había abandonado Uruguay, en 1913, y vivido durante algún tiempo en Francia e Italia, lugar este último donde Barradas tuvo ocasión de conocer de primera mano el movimiento futurista. Llegó a España en 1914 y, tras sus estancias en tierras aragonesas, residió en Barcelona entre 1916 y 1918, año en el que se trasladó a Madrid, cuando se acababa de producir la eclosión del ultraísmo, primera vanguardia autóctona en cuyo desarrollo desempeñaría un importante papel.

Pero antes de hacer este viaje a la capital de España, entró en contacto con Torres-García en Barcelona y juntos se entregaron a una exploración inédita de la ciudad. Mientras los demás pintores se quedaban en sus talleres, o salían al mar o al campo, ellos paseaban por las calles o se sentaban en las terrazas de los cafés para tratar de captar el movimiento, los sonidos, la interacción de personas y cosas con el tráfago de la urbe moderna. Una experiencia decisiva para ambos, como se reconocerá en las páginas de *Universalismo constructivo,* donde Barradas ocupa un muy destacado lugar.

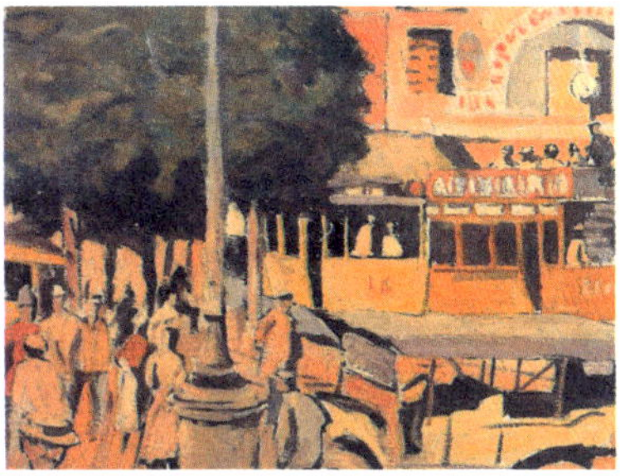

Calle de Barcelona, 1917

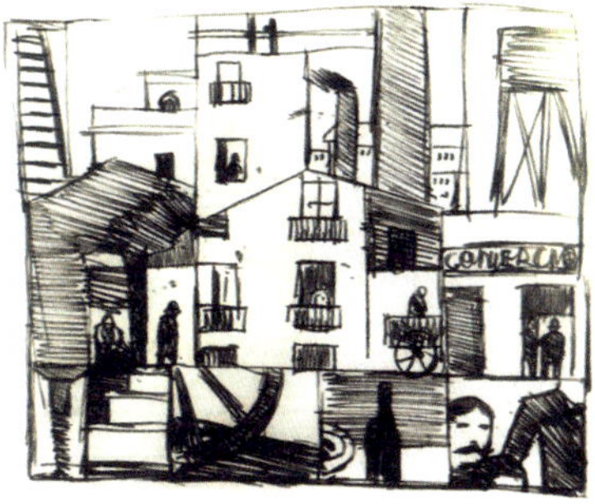

Sin título, 1917

En este libro, Torres vincula a su paisano al giro que su persona y obra experimentarían tras esa crisis. En noviembre de 1917 publicó en la primera página del número 8 de *Un Enemic del Poble* su manifiesto «Art-evolució (a manera de manifest)», donde aseguraba: «L'art ha de ser quelcom en concordància amb el curs de la vida. Perxò hem d'ésser evolucionistes. No podem admetre res que en sí no sigui evolució».

Semejante actitud provocó que se aplicara a su nueva etapa el membrete de *evolucionista,* que en 1918 fue

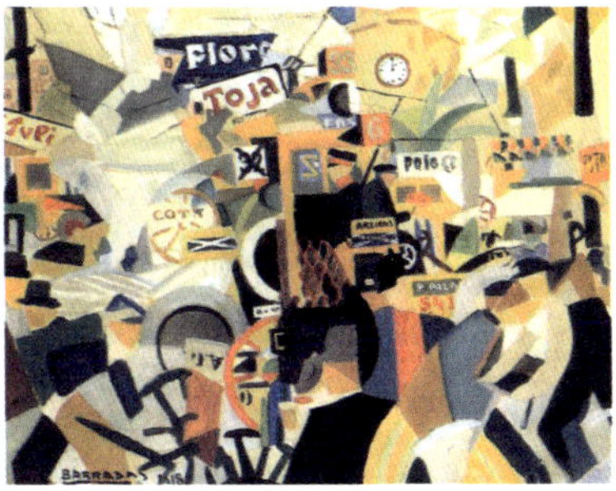

Rafael Barradas, *Calle de Barcelona,* 1918

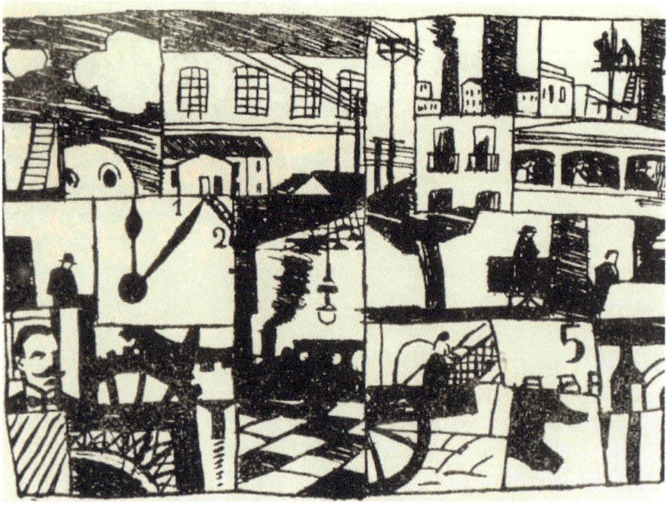

Dibujo, 1917

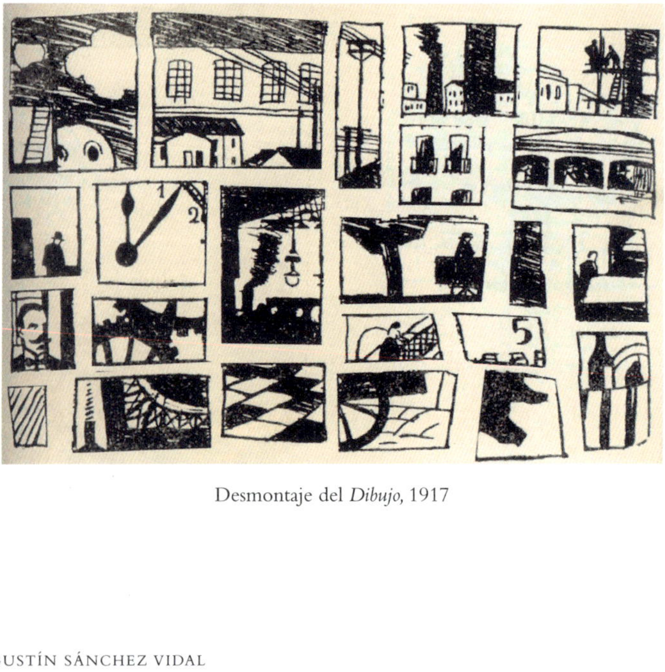

Desmontaje del *Dibujo,* 1917

retomado por un grupo de jóvenes artistas que pretendían llevar más allá las premisas del *noucentisme*. En consecuencia, Torres adopta un lenguaje menos arcádico y clasicista, más urbano y fragmentado, en apariencia más cercano al simultaneísmo de las sinfonías metropolitanas y al vibracionismo de Barradas, lo que podría hacer pensar en ingredientes futuristas. Sin embargo, a la larga –visto con la necesaria perspectiva–, no es sino una fase transitoria para ahondar en nuevas formas con una mayor y más amplia capacidad estructuradora y categorizadora de la realidad.

Por mucho que Barradas y Torres trabajasen codo con codo, el procedimiento de ambos difiere considerablemente, como puede observarse comparando las versiones que ofrecen de las mismas secuencias y parajes urbanos. Barradas tiende a fragmentar los planos para empotrarlos y superponerlos, mientras que Torres tiende a organizar el caos en compartimentos estancos. Y es que, como reconocería más tarde en su *Universalismo constructivo,* en él se manifestaba una inevitable tendencia «a lo estático, a la arquitectura, a la idea de la cosa, a la proporción como fundamento, a lo constante, a la ley».

Era la pugna entre un heraclíteo y un eleático. Algo no tan raro en una época en la que Paul Valéry sazonará su *Cementerio marino* con esta invocación: «¡Zenón! ¡Cruel Zenón! ¡Zenón de Elea! / ¡Me has traspasado con tu flecha alada / que vibra, vuela y no obstante no vuela!». El camino que Torres se proponía explorar podía tener no pocas afinidades con la vanguardia, pero incorporaba otros vectores que venían de mucho más atrás.

Por otro lado, en estos años se radicaliza su ideología, e intenta ganarse la vida dedicándose a la fabricación artesanal de juguetes de madera, que él mismo diseña y ensambla. Pero no tiene éxito. Su situación económica empeora, y en el ambiente artístico catalán se le apoda ya *Torres-Desgracias*. Habida cuenta de su aislamiento en Barcelona, no es extraño que intente imprimir un nuevo giro a su vida. Se lo explica muy bien a Barradas en una carta, cuando éste ya se ha trasladado a Madrid: «Retraimiento absoluto de todo el mundo pictórico y también del público. Soledad y tristeza... Prensa, 0. Ventas, 0. Total, 0,00 pesetas».

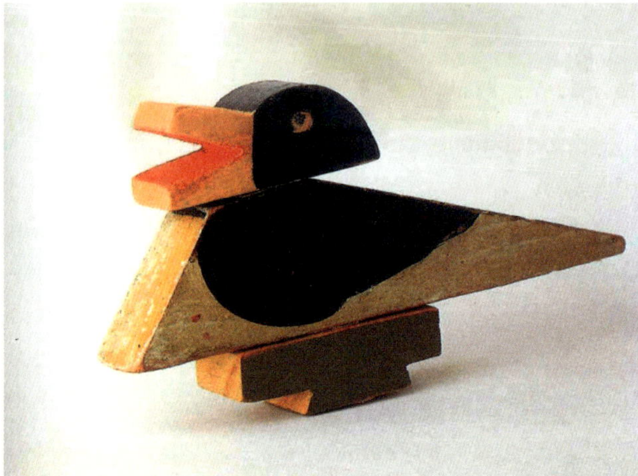

Pato

El 5 de julio de 1920 Torres-García embarca en El Havre junto con su mujer e hijos. Van rumbo a Nueva York, donde permanecerán unos dos años. De todas las ciudades ligadas a su trayectoria vital y artística, quizá sea ésta la que le va a procurar una experiencia más intensa. Como le había sucedido a tantos otros. Por ejemplo, al Juan Ramón Jiménez del *Diario de un poeta reciencasado*. O más tarde al Federico García Lorca de *Poeta en Nueva York*. Referencias que no son ociosas, porque una de las razones que pesaron en la decisión del pintor uruguayo fue la traducción al catalán que había hecho un vecino de Sarrià, Cebrià de Montoliu, de las *Hojas de hierba* de Walt Whitman. Y en especial su poema «Canto de la vía pública», que más tarde llegó a ilustrar Torres.

Allí se topó de lleno con la gran ciudad ortogonal y, al no disponer de taller, se lanzó a las calles para tomar notas, tanto escritas como dibujadas. Algunos apuntes literarios, inéditos hasta que han sido transcritos en 2005 por Cecilia de Torres, nos proporcionan una buena idea de la avidez con que acometió la experiencia neoyorquina, limitándose a separar mediante guiones las nerviosas notas que iba tomando. A menudo, éstas parecen descripciones paralelas respecto a algunas de sus pinturas coetáneas, como *Síntesis de Nueva York,* donde ya se avanzan muchas de las características de lo que será su universalismo constructivo:

> Mil formas nuevas en movimiento que llegan al paroxismo – superficies enormes con mil agujeros rectangulares – escaleras bajando en zigzag desde lo alto – planos en movimiento vertiginoso – ascensores – trenes elevados, subterráneos – números 56, 56, 56, 56, pasando rápidamente en los postes – 56: estación parada brusca, mil personas en dirección opuesta, jadeantes – luces multicolores – Anuncios – fijos, móviles, luminosos acústicos – bajando – subiendo – vibrando siempre, sin dejar reposo a la sensibilidad – El puerto – visión extraordinaria – realidad cubista, futurista, geometría – rojo, negro, ocre, humo...

No es extraño, por ello, que en su autobiografía de 1936, ya con más perspectiva, afirmase que estos apuntes del período neoyorquino constituían «una visión expresionista y geométrica a la vez, muy dinámica –a veces dando una impresión real y otras en un verdadero sintetismo–, pintura de ritmos libres, pero ya dominantes de vertical y horizontal que más tarde serán fundamento de otra pintura».

Su identificación con la ciudad fue tan profunda que llegó a disfrazarse «de Nueva York» para asistir al baile de artistas organizado en 1920 por el Whitney Studio Club. Lo consiguió gracias a un mono de trabajo de algodón blanco sobre el que iba trazando fragmentos de la ciudad. En el pecho pintó una estrella roja a modo de corazón. En la cintura escribió «Calle 42», «Broadway» y «Times Square», «la encrucijada del mundo». La Quinta Avenida bajaba por la pierna izquierda, y Broadway por la derecha. En la espalda, a la altura de los pulmones, dibujó los dos grandes parques, los *pulmones* de la ciudad. Sobre uno de los bolsillos escribió «Wall Street» y en el otro «$», el signo del dólar.

Sin embargo, pasado el primer momento de deslumbramiento, empezó a imponerse la dura realidad de subsistir en aquella barahúnda regida por el más descarnado materialismo, lo que aún resultaba más difícil por

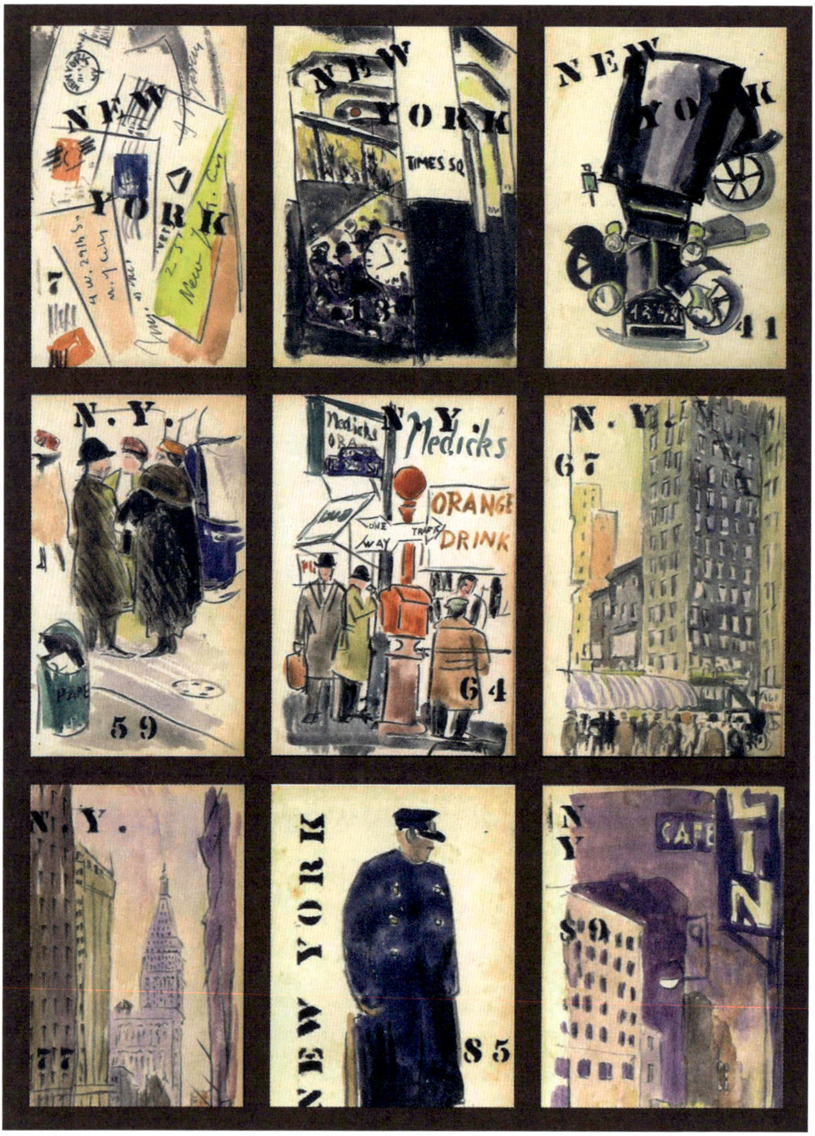

Álbum de Nueva York, 1920

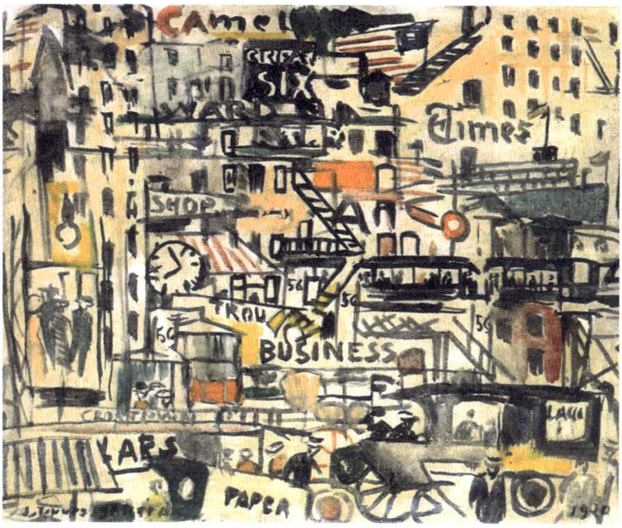

Síntesis de Nueva York, 1920

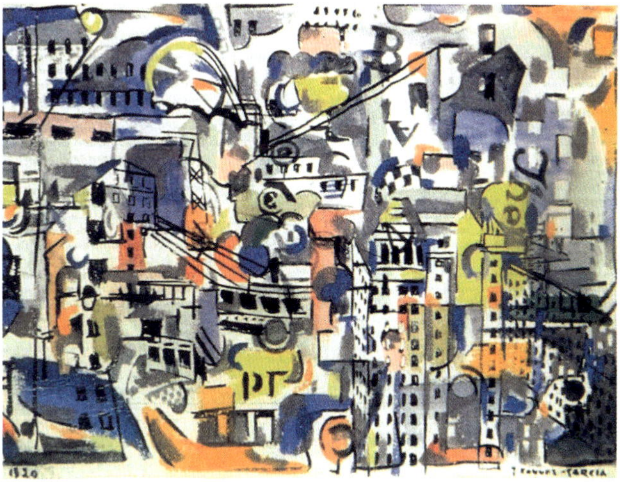

Nueva York a vista de pájaro, 1920

su escaso conocimiento del inglés. No escatimó esfuerzos por abrirse camino en el mercado publicitario, llegando a imitar el relamido estilo de Maxwell Parrish. Incluso pintó decorados para un musical de Broadway, *The Great Way,* trabajo que ni siquiera pudo cobrar, porque la productora quebró. Trató de ganarse la vida vendiendo juguetes de madera, sin ningún éxito. Hubo de cambiar de domicilio para ajustar sus economías, alejándose cada vez más del centro de la ciudad. Hasta que a mediados de 1922 decidió abandonar Nueva York y regresar a Europa. Tras desembarcar en Génova, los Torres se instalan en Fiesole, donde vuelven a intentar sobrevivir con la fabricación de juguetes. Pero un incendio acaba con el almacén donde guardaban las existencias preparadas para la venta de Navidad, echando por tierra sus planes. En 1924 deciden abandonar Italia debido al régimen fascista de Mussolini y trasladarse a Villefranche-sur-Mer, un pueblito francés de la Costa Azul, donde el pintor parece recuperar su ímpetu mediterráneo. En una entrevista concedida el 16 de enero de 1926 a *Le Phare de Villefranche,* afirma: «He vuelto a encontrar mi camino y la paz de mi conciencia de artista [...]. He

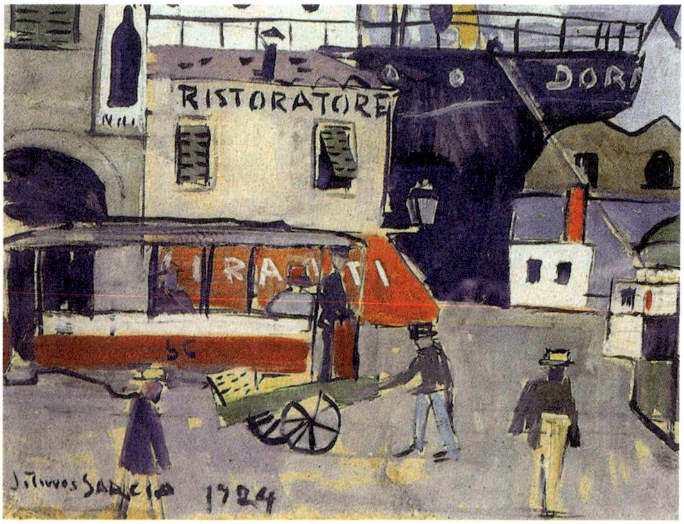

Fiesole, 1924

probado todos los géneros y creo que el único que me conviene de verdad es el arte arquitectónico».

En septiembre de 1926, alentado por la buena acogida de alguna de sus obras, decide irse a vivir a París con la familia. Será una de sus épocas más fructíferas y, a pesar de la dureza de los primeros tiempos, nunca se arrepintió de aquella experiencia: «Yo he aprendido mucho en París, puedo decir que allí me formé definitivamente», confesará. Tras una primera racha un tanto fauvista, el cubismo supondrá para él una experiencia decisiva. Entre 1928 y 1929 convivirá en la capital francesa con toda una serie de artistas por los que siente auténtica afinidad, como Juan Gris, una de sus mayores influencias.

Es entonces cuando se produce su militancia en el grupo Cercle et Carré fundado por él, junto al poeta belga Michel Seuphor y el pintor holandés Theo van Doesburg, y completa la teorización de su universalismo constructivo, amalgamando elementos que proceden por un lado de las tradiciones geométricas, renovadas por el cubismo, el purismo, el constructivismo ruso y el neoplasticismo, con su tendencia a la depuración y a la abstracción. Y, por otro, de aquéllas como el simbolismo, el mundo del subconsciente y los arquetipos explorados por el surrealismo en sus pasajes de mayor vocación etnográfica. Y de todo ello intentará deducir un lenguaje universal, capaz de servir como interlocutor y nexo de unión entre las más diversas culturas o épocas, y de representar todo ese vasto legado mediante figuras fuertemente esquematizadas.

Todos los géneros –ya sean paisajes, bodegones o retratos– se metamorfosean y reducen a signos, conceptos gráficos, encerrados en sus escuetas celdas ortogonales. Y en cuanto al cromatismo, se depurará al máximo, predominando los colores primarios y la restrictiva gama *baja* de negros, grises y ocres. Hasta lograr –según sus propias palabras– «o bien el nombre escrito de la cosa, o una imagen esquemática lo menos aparentemente real posible: tal como un signo». A partir de entonces, tan rechazable será el mero naturalismo (la copia servil de la realidad externa) como la abstracción total (desconectada y desentendida de la realidad).

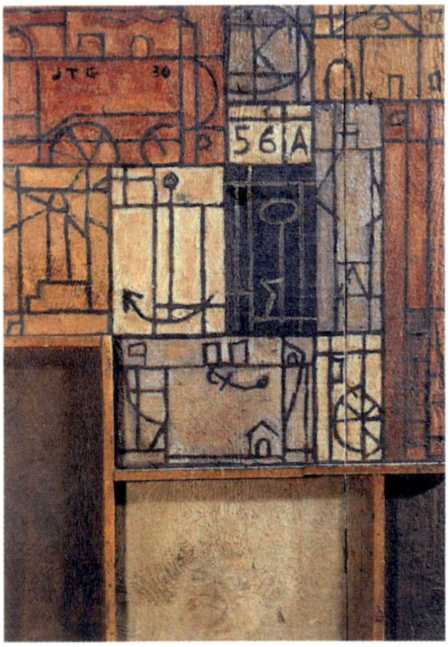

Constructivo con varillas superpuestas, 1930

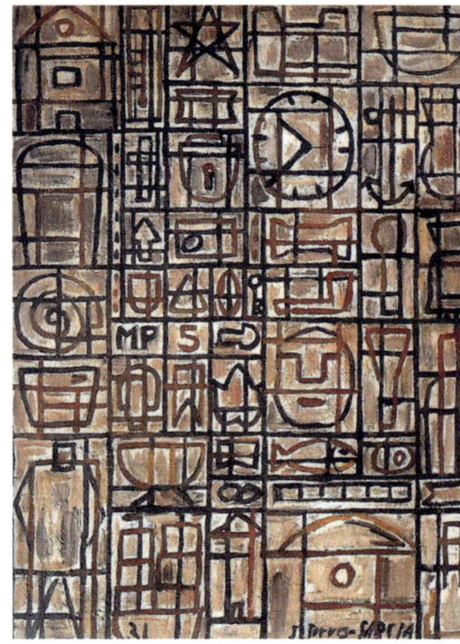

Graphisme en noir et rouge, 1931

Pues Torres-García aseguraba, no sin sarcasmo, que ambos extremos eran inventos nórdicos. Y lo decía en su libro *Estructura,* dedicado al gran apóstol de la abstracción, el holandés Piet Mondrian.

A partir de determinado momento, decide abandonar la capital francesa. Las razones son varias, como ya se ha apuntado más arriba. El propio Torres dejaría traslucir que sus años parisinos habrían sido de completa felicidad de no mediar, como de costumbre, los problemas económicos, agravados en este caso por el *crack* de 1929. Tales circunstancias, así como la caída de la dictadura de Primo de Rivera en España y la instauración en 1931 de la segunda República le impulsan a trasladarse a Madrid en diciembre de 1932. Allí permanecerá cerca de un año y medio, sin lograr solucionar sus problemas materiales, ya que sus ideas estéticas y pintura son recibidas con manifiesta indiferencia. Sin embargo, logró formar un Grupo de Arte Constructivo, tanteo embrionario de lo que más tarde será su Taller uruguayo.

Y es que ha decidido ya el regreso a América. Primero se plantea hacerlo a México, pero finalmente embarca para Montevideo en abril de 1934.

Cuando regresa a su ciudad natal, cuarenta y tres años después de haber partido, ha cumplido los sesenta y vivido en España, Francia, Italia y Estados Unidos. Acaba de escribir en tercera persona su autobiografía, aunque no la publique hasta 1939. En ella ha puesto orden en su pasado y se le ve imbuido de un gran ímpetu, como si todo le urgiera, entregándose a una desaforada actividad pictórica y de apostolado de sus ideas.

Trata con ello de desentumecer una ciudad que, a su entender, se había modernizado en lo material, pero no en lo artístico. Él tratará de colmar ese vacío, publicando multitud de artículos en la prensa, dictando más de mil conferencias en círculos culturales, aulas y emisiones radiofónicas, y publicando casi una decena de libros. En 1935 crea la Escuela del Sur, en persecución de una esforzada síntesis entre las raíces prehispánicas y una depurada herencia del arte universal. Actividades a las que añadió en mayo de 1936 la revista *Círculo y Cuadrado* que confeccionaba casi con sus propias manos, como una prolongación del *Cercle et Carré* de la etapa parisina.

En 1943 funda el Taller Torres-García, donde predica sus doctrinas con una energía indomable, que tanto podía traducirse en una paciencia franciscana como en una cólera propia de Moisés descendiendo del Sinaí. Ésta podía llevarle incluso a destruir los cuadros que no se atuviesen al método

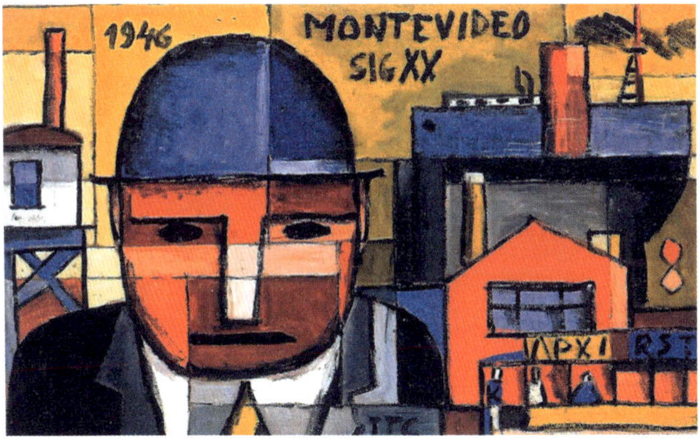

Montevideo siglo XX, 1946

y fe por él predicados, como el famoso episodio en el que le partió un lienzo en la cabeza a un discípulo descarriado. Pues apenas concebía la neutralidad en tan altas cuestiones, como lo ilustra sobradamente lo sucedido con José Bergamín. Al parecer, cuando éste visitó su estudio, el pintor le enseñó sus obras. Al cabo de la inspección, el escritor alabó su factura. Torres-García frunció el ceño y le espetó: «No me interesa tanto que a usted le agraden mis cuadros, como que esté de acuerdo con ellos».

Para entonces se ha convertido en portavoz de todo un modo de entender el arte, que seguirá propugnando incansable hasta su muerte el 8 de agosto de 1949. La más importante obra teórica que deja tras de sí es el libro *Universalismo constructivo,* publicado en 1944 y que él mismo compara con una catedral erigida piedra a piedra. Sus mil páginas suponen la enunciación de su biblia personal, donde Torres-García se muestra tan fiel a sus amigos como a sus enemigos. Y es que, como anotaría Juan Carlos Onetti al recordar su «primer encuentro o choque con Torres-García y su tribu», aunque éste no quería imposiciones de ninguna clase, «el constructivismo era el único dios verdadero y Torres-García su profeta». Porque creía en el constructivismo al modo de las utopías, y lo concebía como una fuerza artística que llegaría a practicarse anónimamente, igual que el arte inca o el maya, extendiéndose por el Nuevo Mundo hasta convertirse en el gran arte americano.

El universalismo constructivo

Universalismo constructivo es una obra compleja, donde se justifica la adopción de un vocabulario visual sistemáticamente ortogonal y bidimensional, estructurado en verticales y horizontales que llegan a componer sus característicos y esquemáticos cuadrados y rectángulos trazados a mano alzada, para evitar de modo intencionado la impersonal asepsia del neoplasticismo y la abstracción geométrica. Más bien se tantean a través de ellos sus profundas afinidades con el arte peruano, sobre todo el vocabulario geométrico de la cerámica nazca y los tejidos paracas. Y, una vez obtenidos estos casilleros o celdillas, Torres inscribe en ellos toda una serie de signos gráficos cuyo módulo central lo constituye el hombre universal, a modo de microcosmos. A menudo, éste se halla escoltado por otros de aspiraciones no menos planetarias o telúricas, como el Sol o la propia Tierra, que arrancan de las mitologías precolombinas para convertirse en símbolos cósmicos.

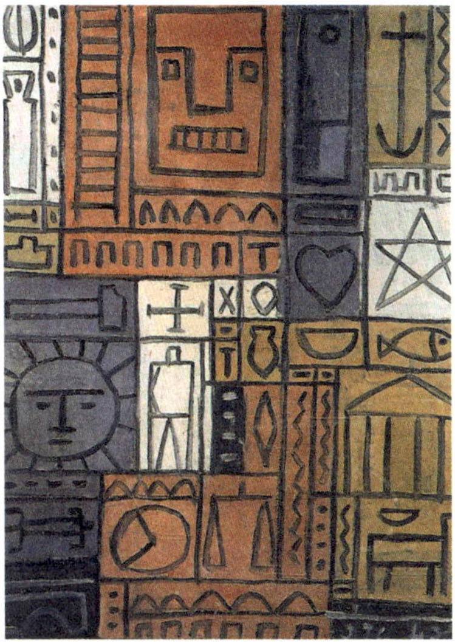

Constructivo, 1942

De ese modo pretendía aparejar un arte de validez universal que reflejara los anhelos más hondos de la humanidad a través de los grandes arquetipos. Pues, como él mismo afirma: «La Historia del Arte muestra que todos los pueblos pasan de lo puramente imitativo a lo abstracto. Esa evolución no es fortuita: obedece a la tendencia de la Humanidad a seguir el sentido del Universo, que en todo momento se encamina hacia la Unidad».

Torres-García abrigaba la convicción de que una cosa es la *realidad* (algo puramente externo, epidérmico) y otra la *verdad* (interna, abstracta, universal). Una categoría esta última, la de lo *universal,* que no excluye en absoluto lo *particular,* del mismo modo que la naturaleza, que se rige por idénticas leyes en todas partes, arroja resultados tan distintos según las diversas latitudes. Pues, de igual modo, el arte debe mantener reglas universales, pero sin anular los matices expresivos de cada tierra o individuo, dando lugar a las manifestaciones más variadas. El arte tiene que ser de un lugar determinado y de una época dada, porque si no carecerá de vida. Ahora bien, eso no significa que tenga que atenerse ni al simple color local y ni a lo que ya fue. Eso sería mera imitación. Por el contrario, debe asumir las coordenadas que le corresponden por las leyes de la evolución, respondiendo a las novedades y retos de cada época, e incluso adelantándose a los desafíos futuros.

En consecuencia, todo es diverso y todo es uno, y una manifestación artística será tanto más valiosa cuanto mejor refleje ese universal constructivo que subyace a todo lo existente. A la inversa, si lo ignora y trabaja de espaldas a él, el resultado será algo gratuito, pura deriva personalista. Quizá la técnica o los recursos empleados lleguen a deslumbrar, pero no dejará ningún rastro profundo en quien lo contemple. Por el contrario, una escueta pirámide en pleno desierto, o un simple monolito en una pequeña isla, pueden conmover, suscitar el respeto y las más hondas resonancias en todo tipo de gentes, incluso en las más ajenas a las culturas de las que han surgido.

Un ejemplo de esas estructuras subyacentes, de validez universal, son los esquemas ortogonales de la cruz y el cubo. Su universalismo se debe a que constituyen la base constructiva de la ciudad como hábitat humano, del mismo modo que el hexágono sirve de módulo para una colmena. Y tanto la cruz como el cubo, y muchos otros, han llegado hasta nosotros y ocupan ese decisivo lugar «porque su origen se pierde en la *estructura del universo*», anota Torres.

Es lo que sucede con determinadas proporciones, como la sección áurea que subyace al Partenón o tantas construcciones y expresiones humanas. Se trata de un módulo que existe en la naturaleza por la operatividad de su curva de crecimiento armónico. Así sucede, por ejemplo, con las espirales gracias a las cuales se desarrollan las galaxias, numerosas plantas como la flor del girasol o la concha de animales como el nautilus. Su armonía deriva del enfrentamiento dialéctico de contrarios: por un lado la ley, que es fija; y por otro la vida, que es movimiento; y del acomodo de ambas se genera un desequilibrio que quiere estabilizarse.

Así es como llega Torres en la lección séptima del libro *Universalismo constructivo* a su propuesta de un tipo de dibujo capaz de manifestar esas reglas universales, ateniéndose a ellas gracias a sus bases geométricas. Por de pronto, la universalidad de la geometría se debe a que procede de una

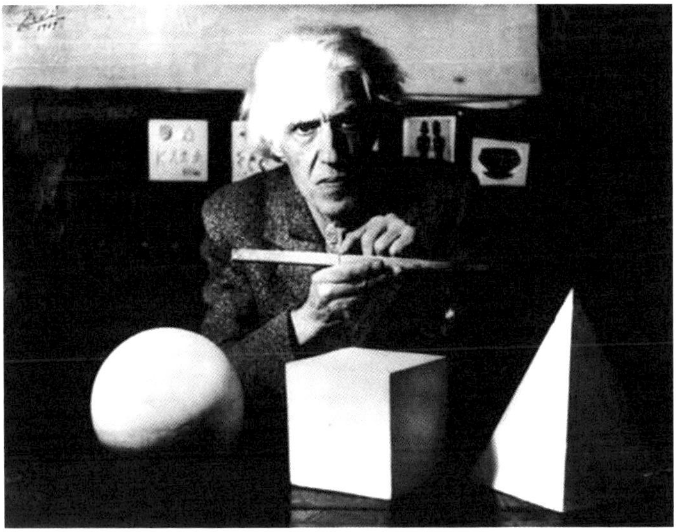

Joaquín Torres-García en Montevideo, 1939

estilización de la facultad humana de expresarse gráficamente, a través de gestos inscritos en el espacio, que primero se dirigieron a los semejantes para indicar saludo, amenaza, bendición u otros matices anímicos, y terminaron por crear signos que aún perduran y sirven para comunicarse por encima de las lenguas, ya que –a diferencia de éstas– son signos naturales, una suerte de dibujo innato, un lenguaje geométrico que nos expresa sin intermediarios.

Los problemas empiezan cuando en las escuelas se intenta enseñar a dibujar según modas o tendencias externas a esas leyes naturales, desvirtuando el recto sentido original. Por ello, Torres llama a las academias de bellas artes «escuelas de deformación» y propone desaprender lo aprendido entre sus muros, hasta recuperar la sabiduría del llamado dibujo «infantil» o innato, que tanto apreciaba en el modo instintivo de comportarse visualmente los niños. El cual trabaja en dos dimensiones, y es ortogonal, hasta que al niño se le enseña a imitar la perspectiva creada durante el Renacimiento, para tratar de representar sobre el papel plano una fingida profundidad. Ése constituye el gran error del *naturalismo:*

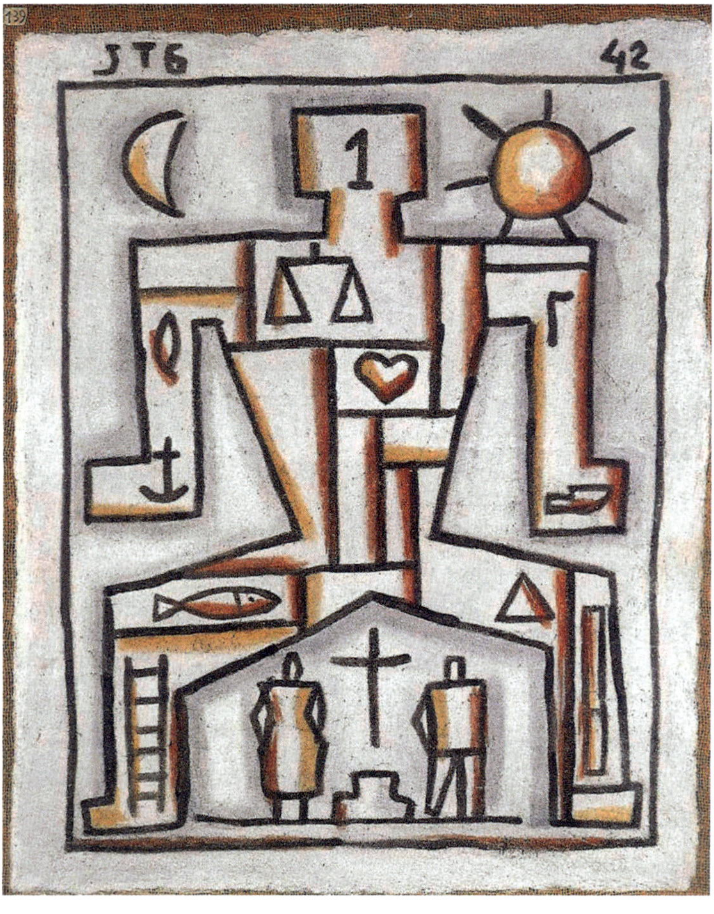

Hombre universal, 1942

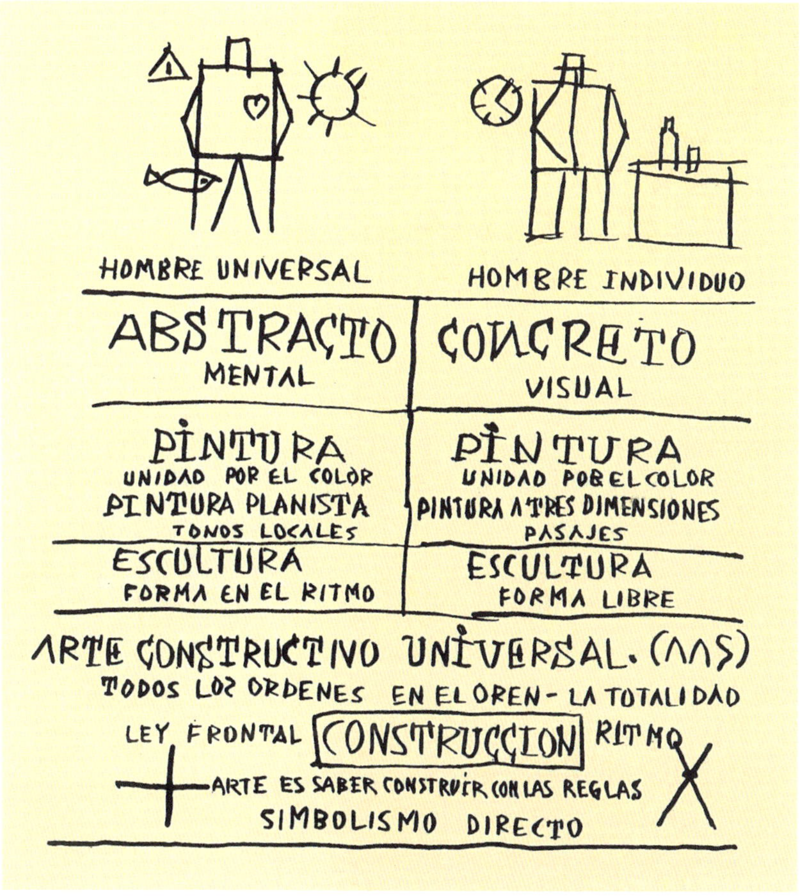

Dibujo de *Universalismo constructivo,* 1943-1944

Permitió al arte *dar una tercera dimensión* a la obra, *inexistente, ficticia:* dar idea de lejanía. Con esto, el arte dio un gran salto atrás (y se creyó lo contrario) pues pasó de la verdad, de lo concreto, a lo aparente. Salió del plano de *la verdad* para entrar en el *de la realidad;* de lo general para entrar en lo particular; de la *creación* para entrar en la *imitación;* y de ahí su empobrecimiento.

Sólo desandando ese camino equivocado se reintegrará el arte a la gran tradición de la que no debió salir jamás. Y eso es, justamente, lo que Torres propone a los artistas de América: unir el legado de sus ancestros con el futuro de un medio de expresión cuyo camino han dejado expedito las vanguardias al cuestionar la mimesis renacentista, y que en Europa han atisbado únicamente los artistas más avanzados, aunque sólo parcialmente.

Pero antes de seguir adelante se siente en el deber de hacer una importante advertencia: «Entrar de nuevo en la Tradición no supone ni quiere decir volver a lo antiguo», sino «a *las normas fundamentales de siempre,* y entonces con ellas (como ha sido también siempre) *decir lo que tengamos que decir hoy*». Al proceder así nos encontramos con un léxico más que reconocible, a la vista del itinerario recorrido por Torres, como el *vibracionismo* o el *evolucionismo:* «Debemos, pues, buscar tono en todo lo que nos rodea, sentir su vibración, sentir las calidades de los objetos de hoy, armonizar con todo aquello que pueda marcar *aspecto moderno*».

Para él, esa gran tradición no es la europea grecolatina, renacentista o neoclásica. No. El verdadero *clasicismo* es el dibujo plano y sintético de persas, chinos, hindúes, caldeos, asirios, egipcios, bizantinos, góticos, aztecas, incas, etcétera. Un dibujo de bases cósmicas que tanto vale para entender y explorar lo antiguo como lo contemporáneo. Y cuya técnica y base conceptual resulta tan adecuada para la pintura como para la escultura o la arquitectura. Por eso se trata de un universalismo constructivo, aplicado y aplicable a lo largo y lo ancho del planeta o de la historia.

Lo más valioso de Torres quizá sea el carácter sintético de su propuesta, la amalgama que trata de establecer entre espíritu y materia, lo concreto y lo abstracto, lo universal y lo particular. Por eso no le vale ni lo *imitativo fotográfico,* que ignora las leyes internas, la estructura y el alma, ni lo *abstracto absoluto,* destilado al que le falta espíritu, como tan a menudo sucede en la arquitectura funcionalista, la estandarización maquinista y fabril, e incluso el neoplasticismo de Van Doesburg o Mondrian, el constructivismo ruso y el suprematismo de Malévich.

No es que rechace sin más el maquinismo o el funcionalismo. En muchos aspectos, en ellos se encierran lecciones de buen hacer, ya que si una máquina está bien diseñada y construida funcionará (y ésa será su prueba del nueve), mientras que una obra de arte puede estar mal hecha y dar el pego, y por eso se debe estar muy alerta. Un buen ejemplo de cómo el funcionalismo garantiza la autonomía de una obra nos lo proporcionan los automóviles. En un principio, éstos intentaron *imitar* el coche de caballos, y lo que surgió fue un híbrido que no resultaba convincente ni como carruaje ni como prototipo de automóvil. Sin embargo, cuando desarrolló su propia lógica, entonces se convirtió en una máquina funcional, con su propia belleza, que surgía del interior del motor y el ajuste de otros mecanismos, hasta trasladarse al chasis y luego a la carrocería. Unos logros que nunca se habrían alcanzado por la vía de la tradición, imitando el coche de caballos. Pues, del mismo modo, el arte debe aspirar a ser algo así como una máquina estética, cuyo ajuste emane de su propia dinámica interna, asumiendo su estructura más íntima, no de imitar torpemente lo más externo de la naturaleza. Y del mismo modo que la gente no vive hoy acatando una higiene, una medicina, una ciencia, unos medios de transporte o unas casas que no estén a la altura del siglo presente, no hay razón para practicar un arte desfasado.

Para Torres, gracias a los futuristas y a los cubistas se pudo romper con el papanatismo de la imitación y el naturalismo, y acceder a la autonomía de la obra de arte, descomponiendo la realidad en planos para reordenarla en un conjunto plástico autónomo. Y de ahí la influencia de Barradas y, sobre todo, Juan Gris, el pintor al que dedica mayor atención y elogios en *Universalismo constructivo*. En las lecciones 65 y 66 alude a él en muchos momentos, como por ejemplo al hablar de los prolegómenos y la formación del cubismo. Pero es en la lección 74 donde deja clara su estima al afirmar:

> Juan Gris es el geómetra perfecto. Por esto, el más puro de los cubistas [...]. Más realista Picasso, más lírico Braque, quedan muy lejos de Juan Gris en cuanto a pura creación dentro de un perfecto ordenamiento. Y es que en Juan Gris hay más capacidad y también más cultura. Esto le permitió llegar a mayor generalización, a más amplio y puro concepto de arte; a una verdadera arquitectura de formas y colores. Permítaseme, aunque no se comparta el criterio, que lo ponga como el primer pintor de nuestra época.

Tan profunda fue su coincidencia que en la lección 31 se cree en la necesidad de marcar distancias. Su prurito le lleva a advertir que él ha llegado a las mismas conclusiones a través de su propio itinerario:

> Si años más tarde ha habido coincidencia entre Juan Gris y yo de ir de lo abstracto a lo concreto y no a la inversa, quiero hacer constar que yo no lo tomé de él; pues donde hallé esto de Gris por primera vez fue al leer su discurso sobre el cubismo, en el catálogo de su gran exposición en el Kunsthaus de Zúrich en 1933, y esto que yo decía se remonta al año 1918. Y es importante hacer la aclaración porque este concepto de arte no lo he visto expresado por otro más que por Gris.

En cualquier caso, el cubismo no tiene, para Torres, la última palabra, ya que al restablecer una nueva relación entre los planos cayó a menudo en la anécdota y el color local. Consciente de este problema, el neoplasticismo fue más lejos, observó un mayor criterio, más depurado por la vía de lo numérico, ateniéndose a una estructura más controlada. Y ésa fue –siempre en opinión del pintor uruguayo– casi su única aportación.

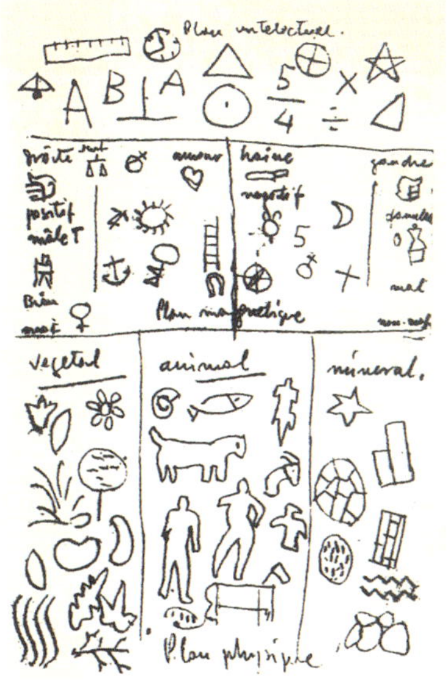

Hoja simbólica. Plano intelectual, 1930

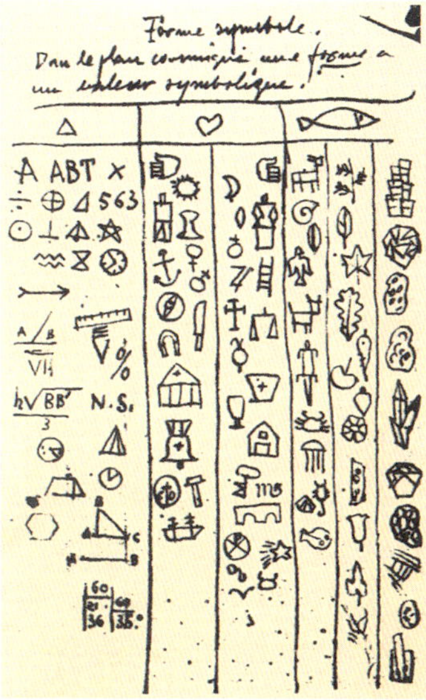

Hoja de signos. Forma simbólica, 1930

Sin embargo, no era suficiente, porque el reordenamiento de los planos en la obra de arte –pintura, escultura, arquitectura– debe seguir la estructura del universo, donde todo aspira a converger. Ése es el nexo y el nudo de la cuestión.

Sólo así se podrá acceder al absoluto artístico, ese plano autónomo que permite al pintor, escultor o arquitecto convertirse en un *creador,* porque en su obra se manifestará el *espíritu.* Como le sucede al Greco, que terminó siendo místico a fuerza de ser pintor, y no porque abrazara una fe a priori y se propusiera transcribirla dogmáticamente con sus pinceles. Lo logró elevándose poco a poco, peldaño a peldaño, cobrando autonomía, entrando cada vez más en su propio mundo, aposentándose entre absolutos: medida, orden, forma, tono, color, ritmo. Y esto le permitió dejar atrás lo accesorio, lo local y coyuntural, hasta culminar el proceso que entiende Torres como esencial del universalismo constructivo: «Primero la estructura, después la geometría, luego el signo, finalmente el espíritu».

Ni que decir tiene que se trata de una propuesta antirrealista y antinaturalista, cuyas bases platónicas, kantianas e idealistas afloran de modo inequívoco aquí y allá:

> En efecto, nada más ilusorio que la realidad: esto que se teje y desteje de continuo, esto que se transforma incesantemente: formas, aspectos, movimiento, con todo el dramatismo inherente que trae ese eterno vibrar, ese eterno desear, que es, ante todo, deseo de permanecer. Por eso hubo que buscar aquello que de todo esto pueda quedar como algo inmutable, lo que *es,* lo *permanente,* entre esas contingencias [...]. De ahí, pues, que el naturalismo en arte no tenga (en este aspecto que yo creo cierto) ninguna razón de ser [...]. Quiere el naturalismo que nada haya en nosotros que no entre por los sentidos, o sea, que no venga de la observación y la experiencia, y si algo hubiere, ya lo han dicho, *tiene que ser herencia.* Pura ilusión del tiempo y del espacio, esos dos grandes creadores del error.

De este modo, va sentando Torres una serie de antinomias que le sirven para definir su propuesta enfrentándose a ellas: naturalismo frente a arte constructivo; la pequeña tradición del Renacimiento frente a la gran tradición de los siglos o tradición del hombre; lo particular y temperamental frente a lo universal colectivo; la imitación frente a la creación; el realismo externo y descriptivo frente a la estructura subyacente, cuya captación llega a calificar de *subrealismo.*

Por eso mismo, merece la pena detenerse brevemente en cuestiones como el subconsciente y el superrealismo, palabra que utiliza para distanciarse del término *surrealismo* tal como será declinado por André Breton y su grupo, ya que Torres prefiere remontarse a la propuesta original de Apollinaire. Y es que, para el pintor uruguayo, el subconsciente remite más bien a la citada estructura subyacente del universo, que el hombre comparte, como integrante del mismo, aunque no lo sepa. Para ilustrarlo, se vale de una parábola muy gráfica: la relación entre las facultades conscientes y subconscientes del hombre son iguales a las de un ciego que caminara guiado por un vidente. Quien ve es éste, la conciencia; pero quien sabe el camino es el ciego, la subconsciencia. Y poco podrá avanzar el arte si la deja de lado.

Frente al arte occidental que va del Renacimiento al impresionismo –y centra sus esfuerzos en la imitación realista de la naturaleza externa–, Torres propone un modelo interno, depositado en el subconsciente. Pero no el caótico de los surrealistas, sino el dotado de orden estricto, casi científico, y mucho más cercano al de los absolutos platónicos, para el que no duda en utilizar la palabra *superconsciente.*

Aclarado este importante punto –el que le lleva a rechazar la mimesis de lo externo para explorar los modelos internos–, Torres se cree en el deber de matizar que eso no excluye la figuración en el arte que propugna, a diferencia de los movimientos que se asientan sólo en la abstracción, como el neoplasticismo. El universalismo constructivo entiende que el arte es un modo de indagación de la realidad que debe moverse en un terreno distinto al de la ciencia, ya que no sigue sólo las normas de la razón, sino también las de la plástica, que constituyen su verdadero ámbito.

Por eso es importante entender lo que significan los términos *abstracto* y *concreto. Abstracto* no se utiliza en el mismo sentido que el arte abstracto (donde equivale a *arte no figurativo*), sino a lo que se ha abstraído de la realidad hasta aislar la *cualidad* de un objeto; mientras que lo concreto será el *objeto mismo,* algo material. Por tanto, lo abstracto no excluye lo figurativo, sino que se mueve en el plano de las leyes universales, de lo ideal, de las cualidades, pues –como afirma en otro momento– él no concibe que el hombre sea algo existente entre dos nadas, un fulgor pasajero, sino un ente que viene del misterio, de lo impenetrable desconocido, y va a otro misterio, y sólo perfeccionando su naturaleza y encajando en ella habrá dado sentido a ese itinerario. Pues es falso que no haya en la mente nada que previamente no haya entrado por los sentidos. En absoluto. Por el contrario, piensa que allí, en la profundidad de la conciencia, tiene lugar el mayor de los dramas que pueda concebirse, el verdadero drama cósmico, en el que el yo lucha con miles de conciencias, esas *noticias de ninguna parte* que nos llegan constantemente desde nuestro interior.

El paradigma amerindio

En su trabajo «El lado oculto del universalismo constructivo», Miguel Ángel Battegazzore ha perfilado con perspicacia la filiación platónica de Torres y sus conexiones lulistas. En cuanto al primer aspecto, ya afirmó el pintor uruguayo en *La recuperación del objeto:* «Yo me aferré a Platón, y si después ya me sirvió para siempre de guía, fue porque yo era artista». Y esa profesión de fe rebrota en la lección 20 de *Universalismo constructivo* cuando, al exponer las «Bases y fundamento del arte constructivo», proclama con letras capitales: «Y entonces comprendemos, vemos, sentimos, palpamos que LA IDEA TIENE VIDA PROPIA E INDEPENDIENTE, QUE LA IDEA ES». Y aún vuelve a ella algunas páginas más tarde para puntualizar: «*Máxima filosofía,* dijo Platón que era la música, y puede decirse de todo arte cuando penetra en sentido íntimo: lo arcano de la naturaleza».

A través de esa recurrencia su obra se impregnaría de pitagorismo y misticismo numerológico, hasta conectar de un modo natural con Ramon Llull o Leibniz. Con los cuales comparte, a pesar de la lejanía temporal y cultural, sus aspiraciones a un lenguaje universal, al que es posible acceder mediante el establecimiento de un repertorio de signos pictóricos e ideográficos. A su vez, semejante filiación platónica explica y matiza su misticismo numerológico, reforzado por la fuerte presencia de la masonería en el Montevideo de finales del siglo XIX y principios del XX, y los esoterismos contemporáneos a la zaga de madame Blavatsky y la teosofía, corrientes que gravitan en productos tan dispares como *La lámpara maravillosa* de Valle-Inclán o la pintura de Mondrian.

Ese cúmulo de influencias no es ajeno a la iniciativa que impulsó a Torres-García en 1930 a encabezar el grupo Cercle et Carré, constituyendo un frente común contra el surrealismo invasor. Lo cual –conviene matizarlo– no contradice necesariamente el componente irracionalista y «la trastienda del subconsciente» que siempre admitió en su propuesta de universalismo constructivo, quizá más próximo a los arquetipos y el inconsciente colectivo propugnados por Carl Jung. De hecho, concederá a ese ingrediente parasurrealista el mismo rango que los preservados en la memoria consciente, hasta el punto de que esas dos dimensiones de la mente –consciente y subconsciente– serán como los dos hilos opuestos con los que tramará su obra, hasta constituir «un depósito de formas, colores y modos de cosas... Esquemas de cosas, reminiscencias, algo como de mundo olvidado, ecos y rumores de otra vida: todo en signos misteriosos pero precisos».

El propio Battegazzore cita al freudiano Gaston Bachelard y apela a las artes de la memoria al recordar cómo en su obra autobiográfica *Historia de mi vida* Torres-García rememora su casa, el almacén paterno y la gran plaza que se extendía ante ambos, como los tres grandes depósitos mnemotécnicos en los que irá atesorando imágenes y materiales para el porvenir. Primero, como objeto de sus dibujos infantiles; después, como retorno plenamente consciente en la vejez, cuando vuelva a pintarlos.

Particular relevancia adquiere ese almacén en el que pasó tantas horas de su niñez, y del que derivaría su más decisiva *forma mentis,* esa horma mental del universalismo constructivo que procede a inventariar los objetos del mundo insertándolos en sus correspondientes casillas ortogonales, del mismo modo que los clasifica un abarrotero. Pero también como lo hacían las artes de la memoria y muy en concreto la derivación combinatoria del *Ars magna* luliana, obra donde se persiguen una ciencia y una lógica totales. Y en la que se propone una máquina de calcular que –como anota Battegazzore– combine:

> [...] palabras y principios mediante un mecanismo de círculos concéntricos, divisiones radiales y símbolos geométricos capaz de descifrar y cifrar toda verdad, toda ciencia y toda fe, teniendo como meta la unión de todas las religiones y también el logro de la concordia universal mediante la reducción de todas las lenguas que existen a una sola.

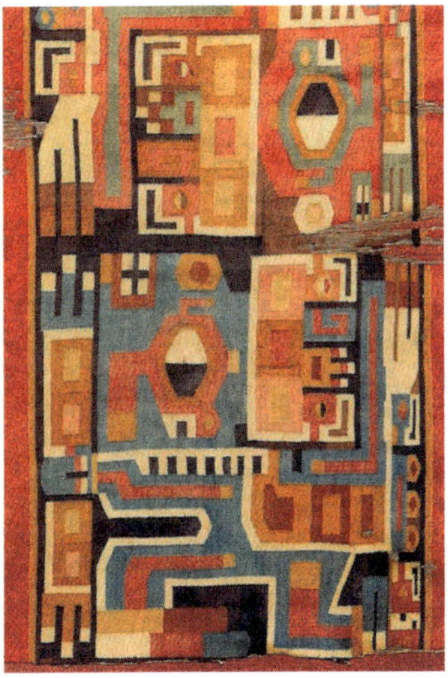

Textil wari,
Horizonte Medio, h. 500-800

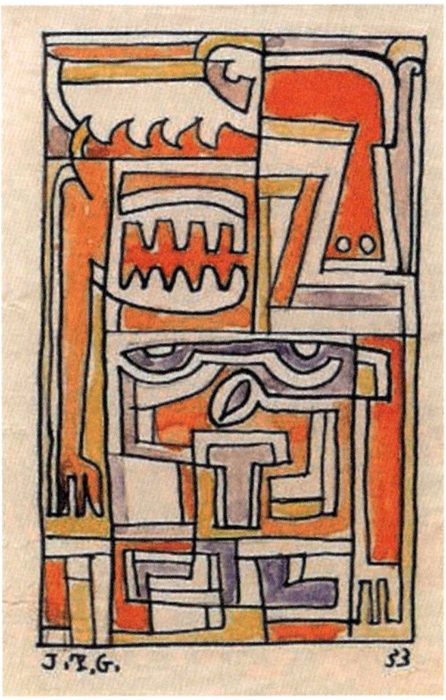

Forma animista,
1933

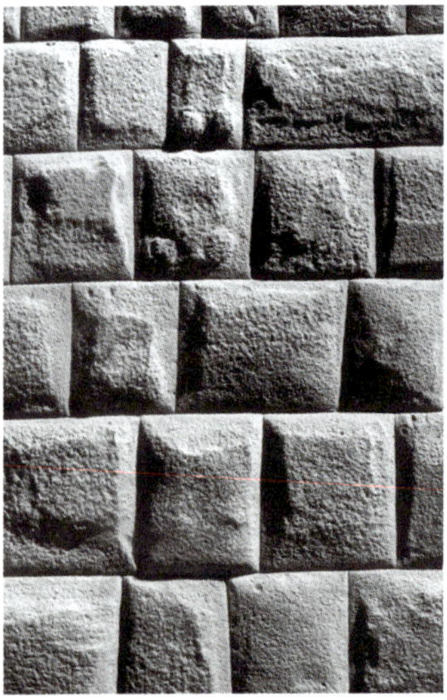

César Paternosto,
Muro inca (fotografía)

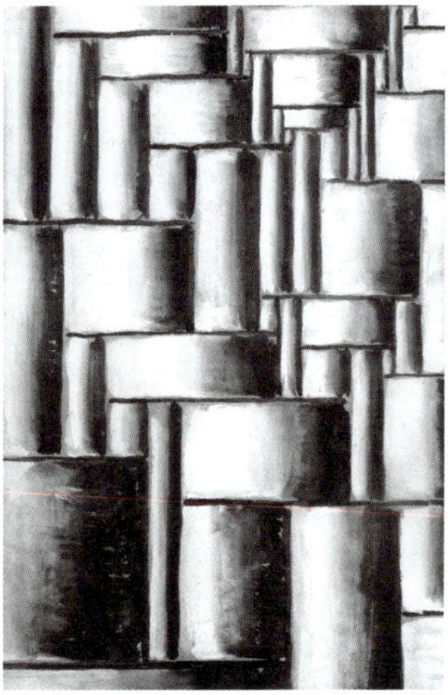

Composición abstracta,
1937

De esa superposición de los clasificadores del almacén infantil con los casilleros de las artes de la memoria procedería la rejilla ortogonal del universalismo constructivo, gracias a la cual Torres-García ordena y formaliza los objetos, recuerdos y sueños, hasta unificarlos como signos. Él mismo se refiere al arquitecto como *creador de sitios,* «lugares que tendrán que ser morada de un espíritu dado». Especialmente si se trata de lugares religiosos, con la catedral gótica como canon, debido a su apuesta por la estructura, la armonía de sus partes y sus correspondencias con el universo. Y cuyo heredero moderno sería Gaudí, con quien Torres colaboró en 1903 en la restauración de las vidrieras de la catedral de Palma de Mallorca, la patria de Ramon Llull.

Para atenerse a esa urdimbre de signos y potenciarla, Torres-García mezcla dibujos y palabras al modo de los códices precolombinos o de los jeroglíficos. Y lo hace en diversas lenguas vivas y muertas, con sus diferentes alfabetos: español, francés, griego, hebreo, latín, quechua-aimará... A los que añade otro alfabeto críptico de su invención. A mayor abundamiento, en su libro de 1938 *La tradición del hombre abstracto,* que confeccionó materialmente con sus propias manos, incluyó un dibujo a tinta de una figura wari-Tiwanaku, reducto de la cultura precolombina situado en la actual Bolivia, y que data de alrededor de los años 800-900 después de Cristo.

Esta vinculación del pintor uruguayo con las estéticas y desarrollos constructivos autóctonos no ha pasado desapercibida al escrutador criterio de César Paternosto, ni tampoco su capacidad de trascenderlas hasta desembocar en la más depurada y vanguardista formalización abstracta. Como este último ha contado, cuando en 1977 visitó por primera vez la región andina –norte de Argentina, Bolivia y Perú–, no podía calibrar hasta qué punto aquél iba a ser un viaje iniciático: «Nada me había preparado para el encuentro con las formas abstractas de la escultórica inca que, desde mi percepción contemporánea, aparecían como una suerte de *constructivismo*».

Pero no sólo se trataba de procesos insertos en el seno de la escultura o la arquitectura, sino también en la cestería o los textiles, y en especial los *toqapus,* módulos de diseños geométricos compartidos por los tejidos y cerámica incas y que bien podrían ser el estado intermedio de evolución desde la estilización de motivos decorativos hacia signos logográficos. Es decir, que si la invasión española no hubiera interrumpido la evolución de las culturas indígenas podría haber sucedido lo mismo que, de hecho, pasó con los glifos mayas, los jeroglíficos egipcios o los ideogramas chinos: habrían desembocado en la escritura alfabética, que nunca llegó a existir en las sociedades andinas prehispánicas.

Todo esto otorga un sentido añadido al itinerario estético de Torres-García, dotándolo de un alcance último. En puridad, no se trata sólo de una aventura estética, sino de la exploración e investigación del orden secreto del universo mediante los procedimientos y recursos del arte, en el sentido más profundo y trascendente que cabe asignarle. Pues su reto y empeño consiste en hacer aflorar la función simbólica o semántica del color y los diseños geométricos. Una función que sin duda tuvo el arte en tiempos más remotos, y que no ha desaparecido de su código genético, sino que está inscrito –escrito– en él, subyacente, sirviendo de andamiaje a épocas enteras, desde el Partenón al gótico y Machu Picchu, o desde las decoraciones de los vasos funerarios dóricos y las alfombras persas hasta los textiles incaicos y los lienzos de Paul Klee.

Paternosto ha insistido en que, «frente a Picasso, que canonizó el arte tribal africano, pero tuvo una marcada insensibilidad hacia el arte precolombino», otros pintores como Klee o Torres-García fueron capaces de apreciar los textiles, las cerámicas y arquitecturas de las antiguas civilizaciones de América, y nutrirse de ellas:

> En la pictografía moderna que se propuso Torres-García, es decir, una retícula poblada de símbolos –no exentos de resonancias metafísicas– se pueden ver, en germen, muchos de los eclecticismos *postmodernos*, y en este sentido, está a la par de un Klee. Sin embargo, para la historia canónica de la abstracción geométrica, hoy dominada por el discurso anglosajón, Torres-García permanece, en el mejor de los casos,

como un inclasificable. No ha sucedido así en España o Latinoamérica, donde su estatura es indiscutida. Precisamente, su presencia en América del Sur desde mediados de los treinta, fue catalítica para la aparición de la vanguardia rioplatense, que iba a producir saltos cualitativos inéditos dentro de la abstracción geométrica. Pienso en la pintura de *marco estructurado* o *recortado,* iniciada por el uruguayo Rhod Rothfuss –que anticipa largamente los *shaped canvas* de los sesenta– o en las esculturas de tubos de neón de Gyula Kosice, ambos integrados en el movimiento madí.

Por ello, Paternosto se siente heredero de Torres-García, que –junto a Mondrian y Barnett Newman– es quien más ha pesado en su obra a la hora de restablecer la unión entre naturaleza y geometría:

> Esas formas primarias, arquetípicas, han demostrado tener una perdurable atracción y creo que ello proviene de un reconocimiento –a nivel subliminal, quizás– de su arcaico sentido simbólico, o protoalfabético. Dicho de otra manera: así como en nuestra moderna sociedad desacralizada los antiguos mitos persisten bajo otras formas, una *arqueología de la forma,* una morfología, podría descubrir la sedimentación de niveles de significados asociados a través del tiempo con estas formas primarias [...]. ¿Es acaso el flujo de un *alfabeto* arcaico perdido, cuya impronta ha permanecido soterrada en la memoria subconsciente de la especie?

En el fondo, sería la traslación mental de una matriz procedente del tejido, bien de la cestería o bien del textil. Ese entrelazo en ángulo recto de dos conjuntos de hilos hubo de ser un descubrimiento capital en la evolución humana, ya que acarreó una retícula o modelo ortogonal que hubo de funcionar como un sistema organizador de la realidad, un casillero que permitía categorizarla, apropiándose de ella de cara a su traslación interna, simbólica, analítica, mental, semántica. De ahí que Torres-García terminara por proponerla como centro y eje de todo su sistema modular, capaz de hacerse cargo de todas las artes y manifestaciones desde su misma base y cimientos. En suma, un universalismo constructivo.

BIBLIOGRAFÍA

Arestizábal, Irma, «Cubismo y arte moderno en América Latina. Años 20», en *El cubismo y sus entornos en las colecciones de Telefónica,* Madrid, Fundación Telefónica, 2004, págs. 47-58.

Battegazzore, Miguel Ángel, «El lado oculto del universalismo constructivo: develamiento e inefabilidad de los signos», en *Joaquín Torres-García. Artista y teórico,* Logroño, Cultural Rioja, 1997, págs. 23-55.

García Puig, María Jesús, *Joaquín Torres-García y el universalismo constructivo: la enseñanza del arte en Uruguay,* Madrid, Ediciones de Cultura Hispánica, 1990.

García Sedas, Pilar, *Joaquín Torres-García y Rafael Barradas. Un diálogo escrito, 1918-1928,* Barcelona, Parsifal, 2001.

Jardí, Enric, *Torres-García,* Barcelona, Polígrafa, 1973.

Onetti, Juan Carlos, «La Asociación de Arte Constructivo», en *Periquito el Aguador y otros textos 1939-1984,* Montevideo, Intendencia Municipal de Montevideo/Cuadernos de Marcha, 1994, págs. 69-70.

Paternosto, César, *Piedra abstracta,* México, Fondo de Cultura Económica, 1989.

—, *Abstracción. El paradigma amerindio,* Valencia, Institut Valencià d'Art Modern, 2002.

—, «La retícula y las formas geométricas arquetípicas», en *César Paternosto. Segovia, 27 enero-18 abril 2004,* Segovia, Museo de Arte Contemporáneo Esteban Vicente, 2004.

Pereda, Raquel, *Joaquín Torres-García,* Montevideo, Fundación Banco de Boston, 1991.

Ramírez, Mari Carmen (ed.), *El Taller Torres-García: The School of the South and Its Legacy,* Austin, University of Texas Press, 1992.

Rowell, Margit, *Torres-García: Grid-Pattern-Sign,* Londres, Hayward Gallery, 1986 (ed. en catalán, *Estructura-dibuix-símbol,* Barcelona, Fundació Joan Miró, 1986).

Schaefer, Claude, *Joaquín Torres-García,* Buenos Aires, Poseidón, 1945.

Seuphor, Michel, *El estilo y el grito. Catorce ensayos sobre el arte de este siglo,* Caracas, Monte Ávila, 1965.

Sureda Pons, Joan, *Torres-García: pasión clásica,* Madrid, Akal, 1998.

Torres, Cecilia de, «Volverse ciudad. Torres-García en Nueva York, 1920-1922», *Lars. Cultura y Ciudad,* núm. 1, mayo de 2005, págs. 21-27.

Torres-García, Joaquín, *La ciudad sin nombre,* Montevideo, Ministerio de Educación y Cultura, 1974 (ed. facsimilar de un original de 1941).

—, *Universalismo constructivo,* Madrid, Alianza, 1984, 2 vols.

—, *Historia de mi vida,* Barcelona, Paidós, 1990.

—, *Escrits sobre Art,* ed. de Francesc Fontbona, Barcelona, Edicions 62, 1980.

—, *Documentos,* pról. de Miguel Logroño, Madrid, Museo Nacional Centro de Arte Reina Sofía, 1994.

VV. AA., *Mundo Hispánico,* núm. 326, Madrid, mayo de 1975 (especial sobre Torres-García).

—, *Joaquín Torres-García: su visión constructiva,* Caracas, Museo de Bellas Artes, 1980.

—, *Torres-García,* Madrid/Valencia, Museo Nacional Centro de Arte Reina Sofía/Institut Valencià d'Art Modern, 1991.

—, *Las vanguardias en Cataluña. 1906-1939,* Barcelona, Fundació Caixa de Catalunya, 1992.

—, *Joaquín Torres-García: un monde construit,* Estrasburgo, Musée d'art moderne et contemporain de Strasbourg, 2002.

—, *Torres-García,* Barcelona, Ausa/Museu Picasso, 2003.

—, «Especial Joaquín Torres-García», *El País Cultural,* Montevideo, noviembre de 2003. Compilación en la página web a cargo de László Erdélyi, diciembre de 2003.

Georgia O'Keeffe, una manera de mirar

MARÍA DOLORES JIMÉNEZ-BLANCO

En el mundo contemporáneo, algunos artistas han tenido que responsabilizarse no sólo de su obra, sino también de su personaje. Es el caso de Georgia O'Keeffe, una pintora que llegó a ser casi centenaria (1887-1986) y que acabó por convertirse en algo parecido a una leyenda, en icono de una modernidad quintaesencialmente americana. O'Keeffe se esconde detrás del personaje que en parte ella misma contribuyó a crear, y que se convierte en el mayor inconveniente con el que uno se tropieza a la hora de acercarse a su obra. Una obra que sintetiza pictóricamente una naturaleza apreciada de una forma distinta y profunda: una obra cuya fuerza radica en una especial *manera de mirar.*[1]

El *personaje* de Georgia O'Keeffe está indisolublemente ligado a una serie de fotografías realizadas por uno de los personajes más importantes para la introducción de la modernidad en América, Alfred Stieglitz (1864-1946). Stieglitz, que ha sido acertadamente descrito como un fotógrafo simbolista aficionado a la modernidad, tuvo una de las primeras y más atrevidas galerías de arte moderno de Nueva York. Este dato ya le hace muy interesante para la biografía de una artista como O'Keeffe. Pero Stieglitz fue también, sobre todo, el gran compañero de la aventura vital y artística de O'Keeffe, pues estuvo ligado a ella desde 1916 hasta su muerte, ocurrida en 1946. Como galerista, Alfred Stieglitz promocionó y lanzó al mercado la obra de O'Keeffe. Como fotógrafo, Stieglitz creó una imagen de O'Keeffe que no sólo modeló un *personaje,* sino que en buena medida influyó también sobre la interpretación crítica de su pintura. Entre 1917 y 1937 Stieglitz tomó más de trescientas fotografías de O'Keeffe. Durante los años veinte, las fotos de Stieglitz presentaban a una O'Keeffe, en ocasiones

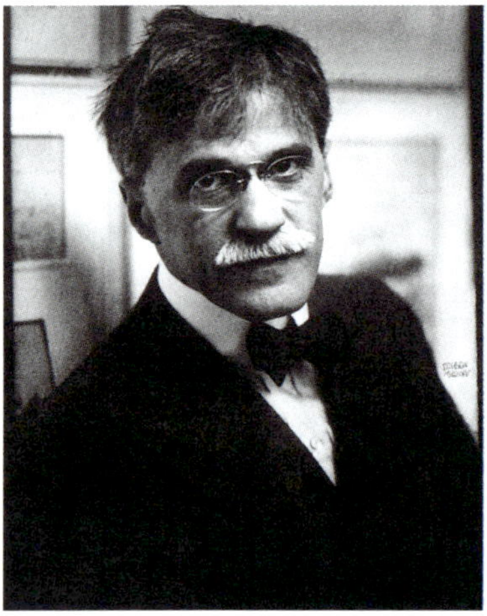

Edward Steichen,
Alfred Stieglitz

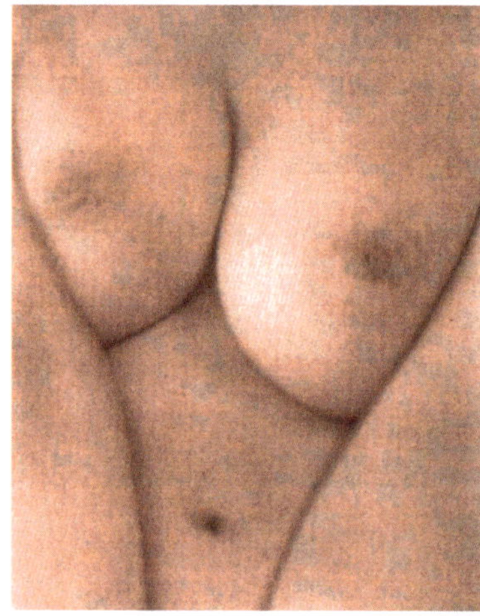

Alfred Stieglitz,
Georgia O'Keeffe. Senos, 1919

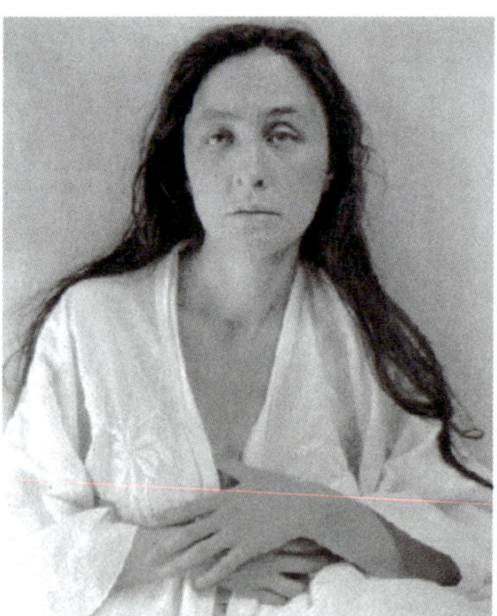

Alfred Stieglitz,
Georgia O'Keeffe. Un retrato, 1920

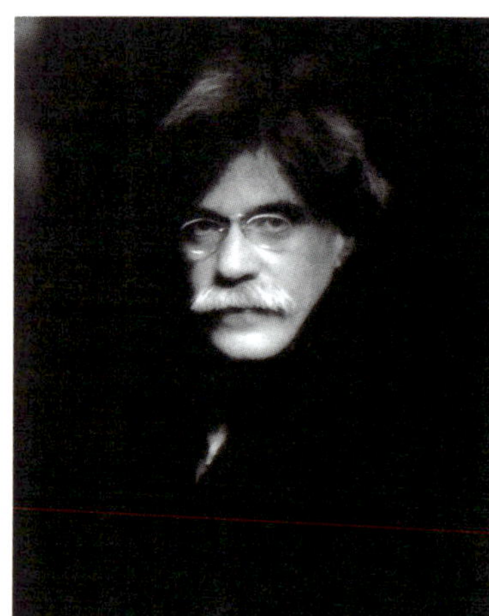

Alfred Stieglitz,
Autorretrato, 1911

desnuda, que oscilaba entre lo naíf y puro, de una parte, y lo desinhibidamente sensual, de otra, en una calculada versión moderna de la *femme fatale* del cambio de siglo.

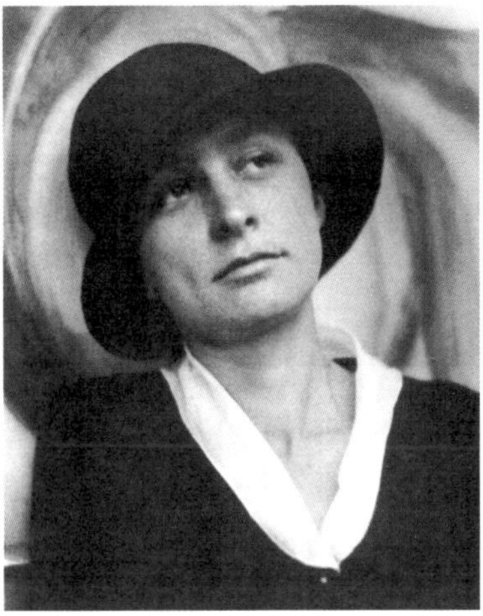

Alfred Stieglitz,
Georgia O'Keeffe, 1917

Por sus poses, o por los encuadres que Stieglitz escogía para sus fotos, O'Keeffe aparecía como el arquetipo de la mujer moderna americana: libre, seria, independiente, sexual. Esto provocó que los críticos de la época, en una extrapolación casi mecánica, encontraran asociaciones sexuales a sus pinturas del momento que, como su imagen fotográfica, resultaban delicadas y audaces a la vez y, en todo caso, muy avanzadas para lo que eran los estándares su tiempo. Algo que casaba bien con la mitología americana, que ensalza la figura del pionero por encima de ninguna otra.

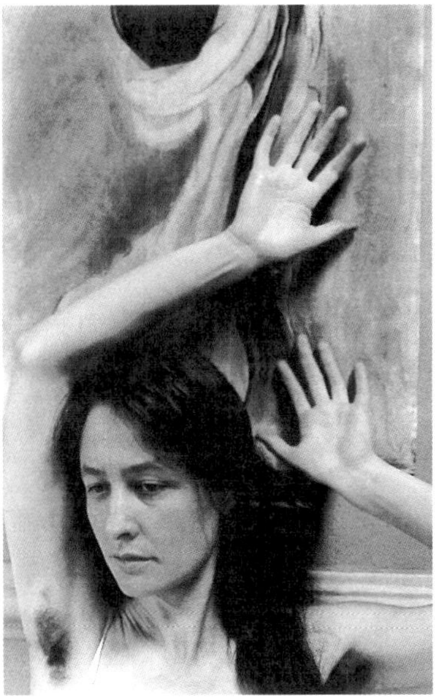

Alfred Stieglitz,
Georgia O'Keeffe, 1919

Ésta es la idea que se tenía acerca de Georgia O'Keeffe cuando comenzó a ser conocida por el gran público americano en los años veinte. Sin embargo, como sabemos por sus cartas,[2] aquellas primeras interpretaciones contrastaban poderosamente tanto con la verdadera personalidad de O'Keeffe como con el sentido de su obra, llegando a incomodarla poderosamente. Tanto que hacia 1930, después de una notable crisis emocional y física, y con un cierto sentido defensivo, decidió modificar su imagen pública mediante la creación de otra casi opuesta a la anterior, de nuevo con la mediación de las fotografías de Stieglitz: emerge entonces la figura de una mujer austera hasta lo indecible, una mujer fuerte y enigmática, inaccesible y con escaso sentido del humor. Ésta es la imagen que O'Keeffe cultivó a partir de entonces, incluso después de la muerte de Stieglitz, desde un retiro al desierto de Nuevo México que parecía querer confirmar con la lejanía física su ansiada inaccesibilidad. Durante el resto de su vida, como si quisiera negar toda conexión mundana, toda sofisticación intelectual, prefirió fingirse una reclusa que comprendía la naturaleza desde lo más remoto del desierto, que establecía con ella una comunicación entre intuitiva y mística.

Sin embargo, el análisis tanto de su obra como de su biografía nos habla de una realidad bien diferente: tanto por su rigurosa formación artística como por su pintura, podemos afirmar que en Georgia O'Keeffe se suman una sabia asimilación de la tradición artística europea y americana, con la comprensión de los más complejos lenguajes de la modernidad internacional, y todo ello produce una de las más singulares y refinadas propuestas artísticas del siglo XX.

Vida y obra difícilmente pueden separarse en el caso de O'Keffee, entre otras cosas porque sólo concibe la pintura como el resultado de experiencias directas. Al final de su trayectoria, ella misma lo expresó claramente al decir: «Creo que he pintado mi vida –las cosas que ocurrían en mi vida– sin saberlo»[3]. Por esta razón, antes de adentrarnos en el análisis de la obra de O'Keeffe, mencionaremos algunos datos de la biografía que la enmarca y la hace comprensible.

Después de pasar su infancia en Wisconsin, donde sus padres tenían una granja, la trayectoria artística de Georgia O'Keeffe se construye sobre una concienzuda formación en las dos escuelas de arte más prestigiosas del momento en Estados Unidos, basadas en gran medida en el modelo de las academias europeas: la escuela del Art Institute of Chicago en 1905-1906, y la Arts Students League de Nueva York en 1907-1908. En esta última tuvo como profesores a Kenyon Cox y William Merritt Chase. Ya en 1912, el contacto con los innovadores sistemas de enseñanza experimental de Alon Bement y de Arthur Wesley Dow despierta su curiosidad por las nuevas formas artísticas. Pero todavía durante unos años la formación de O'Keeffe sigue desarrollándose por cauces muy convencionales, orientada más bien al oficio de profesora de bellas artes o al diseño gráfico. Durante los años siguientes, y hasta 1918, O'Keeffe alternó la docencia artística ejercida en escuelas de Texas, Virginia y Carolina del Sur con la ampliación de sus estudios, asistiendo a cursos de arte en la Universidad de Columbia, en Nueva York.

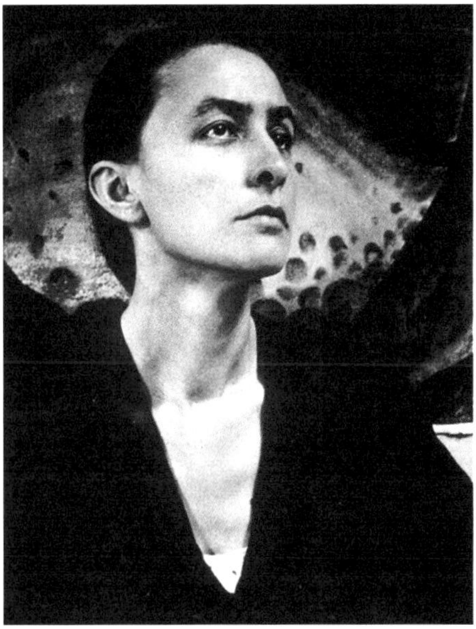

Alfred Stieglitz,
Georgia O'Keeffe, 1918

La década de 1910, crucial en el despertar del arte americano a la modernidad, enmarca cronológicamente la consolidación de Georgia O'Keeffe como pintora. Es entonces cuando no sólo decide dedicarse de lleno a la pintura, sino también cuando, después de varios tanteos experimentales, encuentra una voz propia. Hay que recordar que, a diferencia de otros artistas americanos de su generación con aspiraciones de modernidad, O'Keeffe no salió de Estados Unidos hasta que tuvo sesenta y cinco años de edad. Sin embargo, sus frecuentes estancias en Nueva York a partir de 1914 le permitieron tener contacto con las vanguardias europeas tan pronto como éstas comenzaron a exponerse y conocerse en Estados Unidos. Ambas cosas sucedieron a través de una galería pionera y cosmopolita en el ambiente entonces puritano y provinciano de Nueva York, una

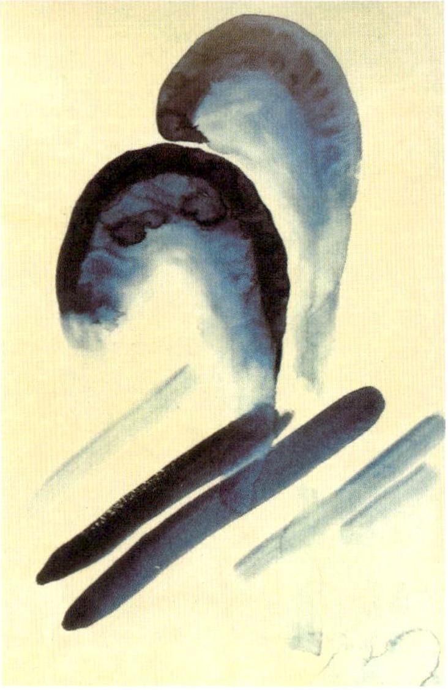

Blue number III, 1916

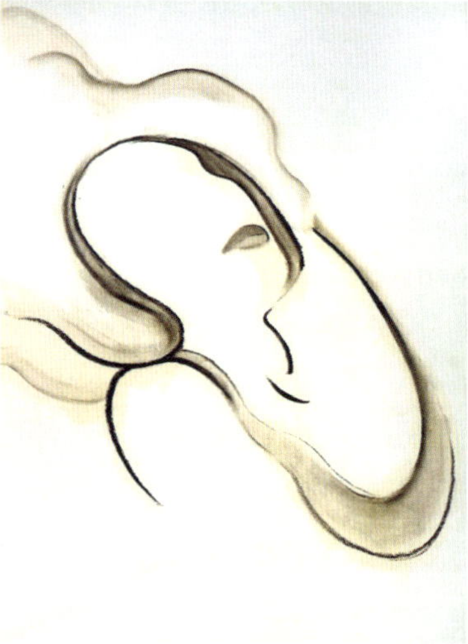

Abstraction IX, 1916

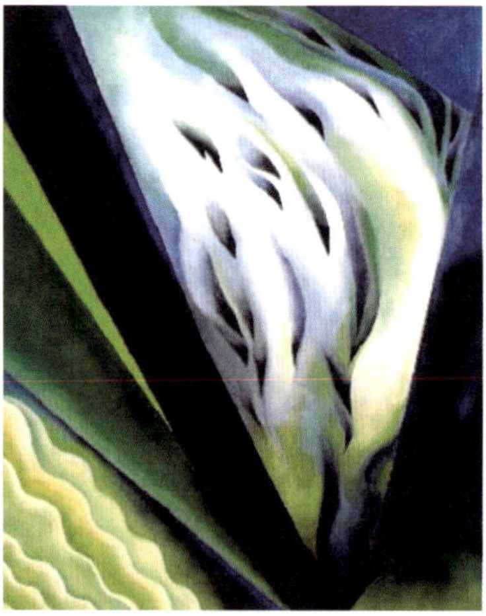

Blue and Green Music, 1919

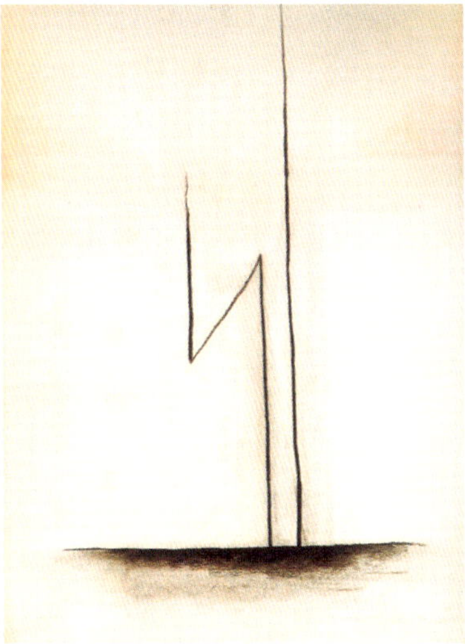

First Drawing Blue Lines, 1916

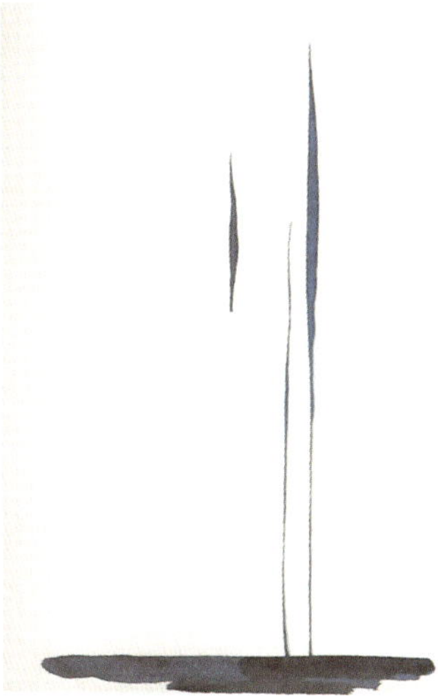

Blue Lines X, 1916

ciudad que sólo en aquellos días estaba empezando a convertirse en puerta de entrada de la modernidad y centro de la actividad artística más progresista. Me refiero a la galería llamada Little Galleries of the Photo-Secession (luego llamada 291 por su situación en el mismo numero de la Quinta Avenida), dirigida por el ya mencionado Alfred Stieglitz.

Como puede deducirse de lo que ya se ha dicho, Stieglitz es la persona más importante en la vida de Georgia O'Keeffe. Quizá el punto de inflexión más importante en la vida de esta pintora se produce al establecer contacto con él, un personaje ya mítico para la joven artista y su círculo de amistades, que idolatraban la modernidad en la Nueva York de los años diez. En enero de 1916, después de haber visto unos dibujos al carbón de O'Keeffe, Stieglitz afirmó que aquello era «lo más puro, bello y sincero que había entrado en 291 en mucho tiempo»[4] y solicitó autorización para exponerlos. Abraham Walkowitz, pintor y colaborador de la galería, relató después que Stieglitz, de origen alemán y formado en Berlín, apesadumbrado por la guerra y por la forma en que el conflicto estaba influyendo el arte, vio en aquellos dibujos «una revelación para él.

En la obra de O'Keeffe vio una nueva expresión de las cosas sentidas, una nueva belleza»[5]. Una apropiada definición de la obra de O'Keeffe.

Aquella favorable apreciación, por proceder del criterio más autorizado, supuso el estímulo que O'Keeffe necesitaba para el cambio de trayectoria que ya venía considerando, de su trabajo como profesora al ejercicio libre de la pintura. Reflexionando algo más tarde sobre su estado de ánimo en aquellos años, y revelando un carácter tan rebelde como práctico, escribía:

> Me había criado de forma bastante parecida al resto [...] y un día me sorprendí a mí misma diciendo: –No puedo vivir como quiero –No puedo ir donde quiero –No puedo hacer lo que quiero –Ni siquiera puedo decir lo que quiero. La escuela y lo que los artistas me han enseñado me impiden incluso pintar como quiero. Decidí que era una tonta estúpida por no pintar al menos como quería [...].[6]

Durante un par de años más, O'Keeffe sigue dando clases en Texas, aunque mantiene el contacto con Nueva York desde la lejanía. Pero en todo caso desde 1916 su nombre está ya ligado al de los pioneros del número 291 de la Quinta Avenida, porque en mayo de aquel año Stieglitz incluye algunos de sus carboncillos en una exposición colectiva. Pero la gran ocasión tendría lugar en abril de 1917, cuando Stieglitz presenta en su galería de Nueva York la primera muestra individual de la joven pintora. Incorporándose al grupo de Stieglitz, Georgia O'Keeffe entra a formar parte de un selecto grupo de pintores, fotógrafos, diseñadores y decoradores teatrales que habían iniciado su militancia a favor del arte moderno en 1906. Es decir, siete años antes de que el Armory Show, la célebre exposición colectiva de arte moderno europeo y americano, escandalizase al público neoyorquino en 1913.[7]

A partir de su entrada oficial en el grupo de Stieglitz con aquella exposición de 1917, su carrera artística avanza a pasos agigantados, aunque muy pronto se mezcla, como ya se ha dicho, con una proyección pública de su persona que en muchos casos desvía la atención desde su obra hacia su personaje. Instalada en Nueva York junto a Stieglitz desde 1918, durante la década de los veinte Georgia O'Keeffe se convierte en la artista moderna americana por excelencia: así lo confirma una larga serie de exposiciones, no sólo en la galería de Stieglitz (llamada sucesivamente 291, An Intimate Place y An American Place), sino también en importantes instituciones, como el Brooklyn Museum (Paintings by Georgia O'Keeffe, 1927) o el recién creado Museum of Modern Art de Nueva York (Paintings by 19 Living Americans, 1929). Sólo después llegarían también las exposiciones y el reconocimiento crítico en Europa.

Pero retrocedamos a 1917, porque en aquel año, además de su primera exposición en 291, se produce otro acontecimiento importante en la vida de O'Keeffe: en un viaje de Colorado a Texas, O'Keeffe se detiene en Santa Fe, Nuevo México. Sería su primer contacto con aquel paisaje, cuyo cielo inmenso y espectaculares formas le impresionan profundamente. En 1929, doce años después de aquella primera epifanía, decide reencontrarse con aquel lugar mágico. Es precisamente la relación que O'Keeffe establece con este lugar, o mejor, el alejamiento al que éste le invita, junto con la sensación de dureza que asociamos a él, lo que permite a O'Keeffe redirigir su imagen pública, transformando a la sensual e intrépida pintora de los años veinte en la grave y silenciosa pintora de los treinta en adelante.

Como si durante años jugase a saltar de la centralidad a la excentricidad, de lo mundano a lo monástico, de la multitud a la soledad, de la gran urbe al desierto, del bullicio al silencio, entre 1929 y 1946 alterna Nueva York con Nuevo México como lugares de residencia e inspiración. Más tarde, después de la muerte de Alfred Stieglitz a finales de la década de los cuarenta, sus casas de Abiquiu y Ghost Ranch en Nuevo México acabarían por convertirse en el escenario único de su vida, casi en su santuario, en donde permanecerá hasta el final de sus días. Pero hay un tercer paisaje de características bien diferentes: Lake George, situado en el estado de Nueva York, que aparece también con frecuencia en la obra de

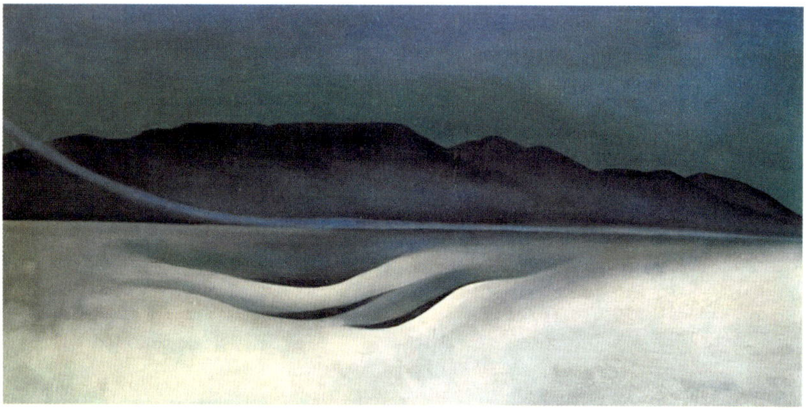

Lake George, 1926

la primera madurez de O'Keeffe. A él había llegado inicialmente en 1908, becada por la Art Students League. La obra de O'Keeffe es inseparable de estos tres lugares.

Establecidos ya los escenarios en los que se arraiga, analicemos ahora la pintura de Georgia O'Keeffe. Es frecuente encontrar en los manuales de historia del arte frases que califican a Georgia O'Keeffe como «una artista americana totalmente original, desconectada de cualquier movimiento europeo»[8]. Aunque como todos los tópicos éste contenga algo de verdad, lo cierto es que resulta también muy engañoso o, por lo menos, sorprendentemente empobrecedor en una historiografía que ha pretendido ensalzarla, pues no representa totalmente ni a la obra de O'Keeffe ni a su lugar en la historia del arte (si es que tal cosa existe todavía, o si es que todavía puede hablarse en estos términos). Es verdad que su formación tuvo lugar en América, y también es verdad que la pintura de O'Keeffe puede entenderse tanto por sus temas como por su hipersensibilidad hacia su entorno, como una singular modernización de la tradición del «pictorialismo americano». Es verdad que la obra de esta pintora es una respuesta a la grandiosidad de la naturaleza americana, desde los delicados paisajes de Lake George hasta las desoladas extensiones de Nuevo México pasando por las imponentes calles de Manhattan. Pero la peculiar óptica de O'Keeffe imbuye también de grandiosidad a lo más pequeño, a las frágiles y efímeras expresiones de la vida en su apogeo estético, como las flores, o a las expresiones de nostalgia por una vida ya pasada, como los cráneos de animales muertos. Como en una profunda reflexión sobre la caducidad de la gloria, flores y bucráneos acaban por complementarse en la obra de O'Keeffe. Las formas de ambas cosas le fascinan por igual, convirtiéndose en heroicas afirmaciones pictóricas. En ambos casos, compartiendo la misma escala agigantada de los abiertos paisajes americanos, el objeto no sólo protagoniza el cuadro sino que incluso llega a invadirlo completamente, casi a desbordarlo, como negando la presencia del límite mismo. Algo que sin duda hay que relacionar con la categoría estética de lo sublime.

En un texto muy celebrado, Robert Rosenblum ha relacionado sabiamente la tradición de lo sublime, propia del paisajismo romántico nórdico, con la tradición pictórica americana que parte del paisaje del XIX para desembocar en el expresionismo abstracto de mediados del XX.[9] Pues bien, esta idea puede aplicarse también a la obra de O'Keeffe, que en cierto modo quiere ser el último eslabón de la tradición paisajística americana. Así, mostrando una sensibilidad típicamente americana, es al mismo tiempo heredera de planteamientos propios del romanticismo europeo.

Es interesante insistir en esta dualidad (arraigo local frente a cosmopolitismo cultural) porque contribuye a desmentir el mencionado mito del carácter cien por cien americano que ha venido aplicándose a la pintura de O'Keeffe, tanto o más que a su personaje. Si bien se mira, es fácil llegar a la conclusión de que lo europeo y lo americano no son términos necesariamente excluyentes. Porque aunque la cultura americana haya sido determinada en buena medida por la peculiar historia del país y por su inmensidad geográfica, también ha sido determinada en forma no menos notable por las culturas europeas de una buena parte de sus pobladores.

El lenguaje pictórico de Georgia O'Keeffe es absolutamente inconfundible y extraordinariamente coherente a lo largo de su dilatada carrera artística. Es una pintura llena de sutileza pero también de rotundidad. Sutileza a la hora de tratar matices de luz y, sobre todo, de color, y rotundidad

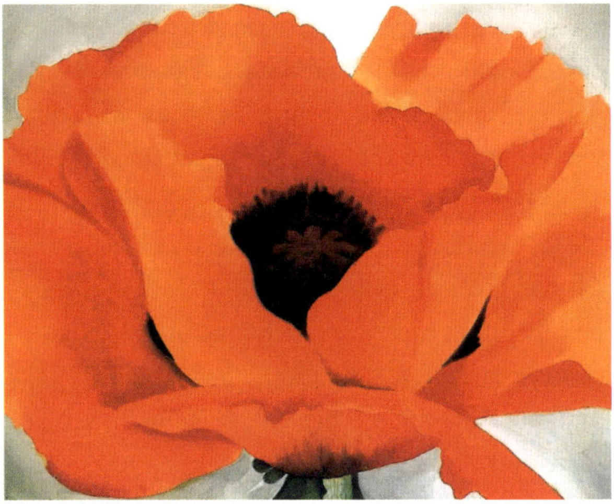

Red poppy, 1927

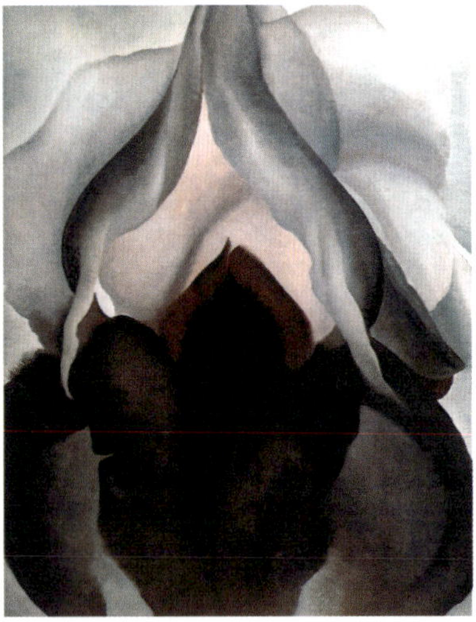

Black Iris III, 1926

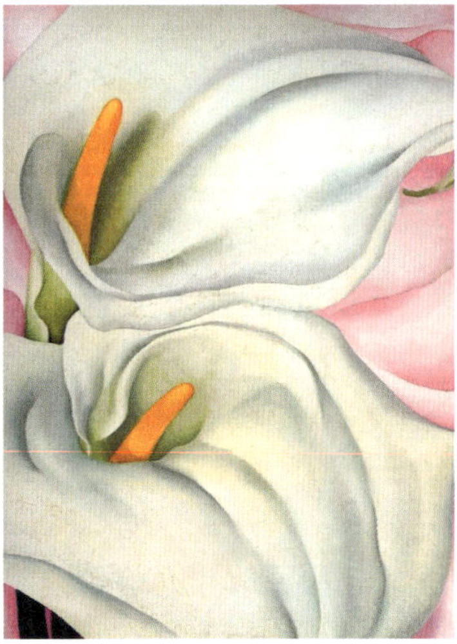

Two Cala Lilies with Pink, 1926

en su manera de tratar y esencializar las formas, que aunque se inspiren siempre en experiencias vividas, aunque tengan relación con lugares y objetos concretos, se depuran y simplifican hasta adquirir un carácter universal. Es precisamente este sentido universalizador de la forma, que acerca la obra de O'Keeffe a la abstracción, lo que ha dado lugar en muchas ocasiones a interpretaciones que la propia artista, como ya hemos dicho, no compartía. Lo que ocurre es que, a diferencia de otros artistas contemporáneos que dedicaron un gran esfuerzo a complementar y explicar su propuesta plástica con textos escritos, O'Keeffe siempre pensó que las palabras nunca podrían explicar más que la propia pintura. Así lo expresa en frases como: «Los colores, líneas y formas me parecen una declaración más definitiva que las palabras», o «creo que mejor dejo que la pintura trabaje por sí sola, antes que ayudarla con la palabra».[10] Tratando de evitar dejar demasiado espacio libre a un tipo de interpretación crítica con la que nunca estuvo de acuerdo, O'Keeffe declaraba que intentaba hacer sus obras cada vez más objetivas, concretas, reales. De ahí la prístina, afinadísima claridad formal de sus pinturas, que en ocasiones ha permitido a historiadores y críticos relacionarla con uno de los más representativos e interesantes movimientos artísticos de la América de entreguerras, el llamado *precisionismo,* una modalidad de realismo con el que también se relacionan los artistas Charles Sheeler (1883-1965) y Charles Demuth (1883-1935).

La ausencia de textos explicativos firmados por la propia pintora dio lugar también a otro gran mito acerca de O'Keeffe: el que la presenta como una artista más intuitiva y sensible que intelectual, y más atenta a la naturaleza que a la especulación estética. Una imagen ingenua, que en ciertos momentos pudo divertirle, pero contra la que, en definitiva, se rebela muy claramente no sólo a través de su obra, sino también declarando explícitamente: «[sé que puedo] parecer muy libre –un cruce entre un niño mimado y una vaca bien alimentada–, pero sé algunas cosas»[11].

Claro que Georgia O'Keeffe sabía, y sabía algo más que algunas cosas: no hace falta insistir en que su cercanía a Stieglitz la situaba en el ojo

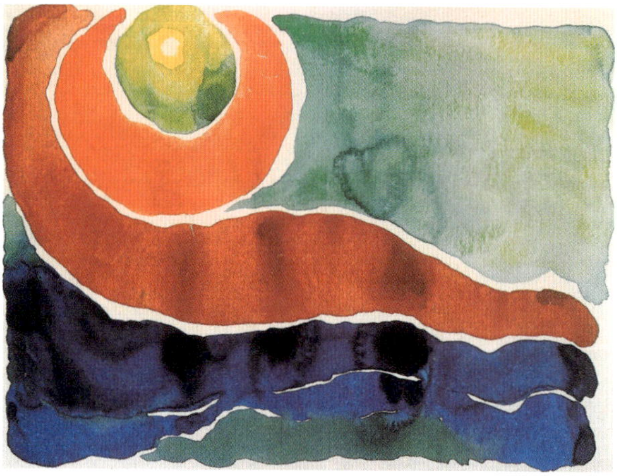

Evening Star IV, 1917

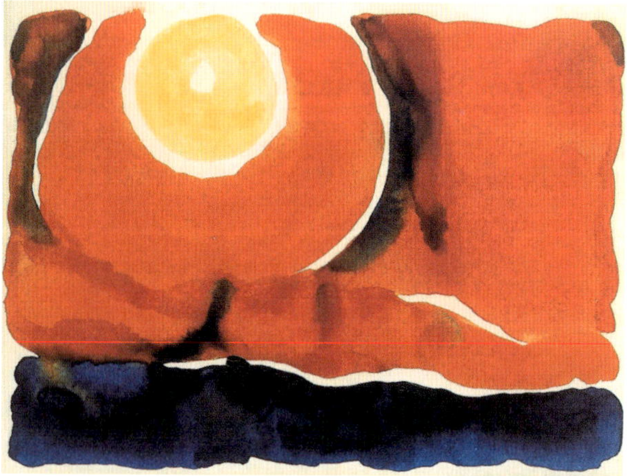

Evening Star VI, 1917

del huracán de las novedades artísticas de una Nueva York cada vez más sofisticada y cosmopolita. Su propia obra muestra muy pronto su conocimiento de la obra de algunos artistas europeos inmediatamente anteriores que resultarían más influyentes en su generación, como Rodin o Van Gogh. Además, ya en 1908, O'Keeffe pudo contemplar en la galería de Stieglitz la obra de Rodin y Matisse, y algo más tarde, entre 1914 y 1916, las pinturas cubistas de Picasso, Braque y las máquinas dadás de Picabia. Pero también las obras de los pintores vanguardistas americanos John Marin y Marsden Hartley y las fotografías de Edward Steichen o Paul Strand, sin olvidar las piezas del mal llamado arte primitivo que también exhibía Steinlen. Enriquecedoras experiencias para una artista ávida de novedades y en camino hacia la madurez artística.

Lo que descubría en aquellas exposiciones, o en las tertulias mantenidas con pintores, fotógrafos y críticos cercanos a Stieglitz, validó lo que ya estaba haciendo e influyó poderosamente en su obra posterior. A partir de 1917-1918, en lugar de seguir con los pequeños y líricos dibujos al carbón que habían entusiasmado a Stieglitz, y después de un interesante grupo de acuarelas que abarcan series de paisajes como *Evening Star* (1917), o de figuras como las de la serie *Seated Nude XI* (1917), que muestran la influencia de los realizados por Rodin una década antes, O'Keeffe empezó a trabajar casi exclusivamente al óleo y generalmente sobre lienzos algo más grandes.

A partir de entonces, en el proceso artístico de O'Keeffe resulta esencial su exploración de los mil pequeños matices que pueden encontrarse en un limitado número de temas, fundamentalmente paisajes, flores y huesos. Ella misma lo explica así: «Trabajo sobre una idea durante mucho tiempo. Es como intimar con una persona, y yo no intimo fácilmente»[12]. En busca de una perfección absoluta, O'Keeffe analizaba el potencial pictórico de un mismo tema en varios lienzos, a veces hasta una docena, estudiando diversas alternativas de composición o colorido. Era un proceso de depuración formal llevado a cabo a través de imágenes sucesivas, de modo que los objetos acaban por transformarse en imágenes idealizadas, suspendidas

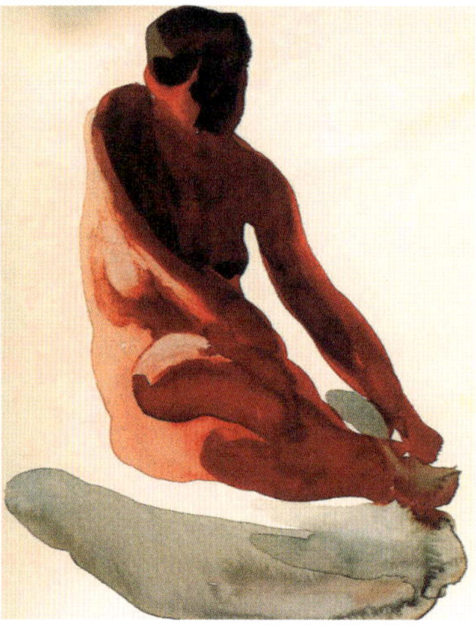

Nude series, 1917

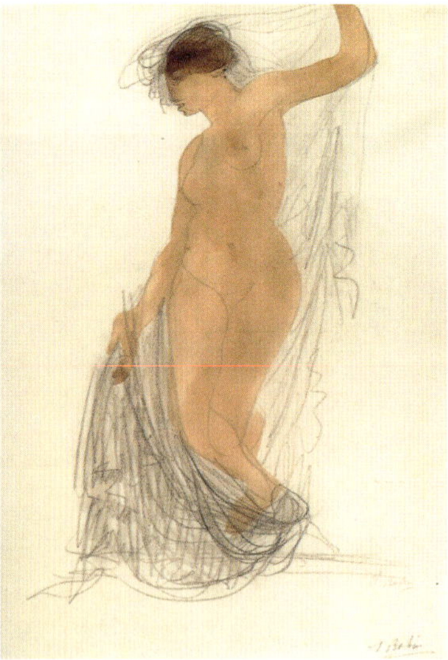

Auguste Rodin, *Desnudo,* h. 1900

en el tiempo, perdiendo toda sugestión de especificidad para convertirse en emblemas genéricos, a pesar de ser tratados con exquisito rigor botánico o anatómico.

Repitiendo una y otra vez el ejercicio de pintar un mismo motivo, O'Keeffe intentaba no sólo llegar a la perfección formal, sino también capturar la esencia de lo pintado. Una idea que puede verse en conexión con algunos textos que ejercieron gran influencia en la joven pintora, como el libro *De lo espiritual en el arte* (1912), en el que Kandinski mantenía que «la forma es la expresión externa de un significado interno», o el de Clive Bell, *Arte* (1913), que defendía ideas similares acerca de la posibilidad de expresar emociones mediante «formas significantes». Estas ideas explican que, además, el método de trabajo de O'Keeffe tuviese un carácter cíclico, de tal manera que un mismo tema puede volver a ocuparla al cabo de los años, desligado ya de la experiencia que inicialmente lo había despertado, pero conservando todo su potencial expresivo. Pero además, estas ideas nos recuerdan también que, aunque sería fácil recurrir a su cercanía con algunos de los fotógrafos más avanzados de la época para explicar la extraordinaria pulcritud gráfica de sus imágenes, las obras de O'Keeffe no son meras «fotografías pintadas».

Antes de que Nuevo México entrara a formar parte de su obra en 1929, ésta se inspira principalmente en sus vivencias de Lake George y de la ciudad de Manhattan. Entre las obras más interesantes de este período se cuentan las primeras imágenes de árboles, frutos y flores tratadas con el peculiar estilo de O'Keeffe. Stieglitz escribió en 1924 que O'Keeffe se había «autorretratado a través de flores y frutas», y lo cierto es que los bodegones de Lake George son imágenes exuberantes que transmiten un fuerte sentido de crecimiento y vida, como si estuviesen retratando no sólo sus propias vivencias, sino sobre todo a una personalidad concreta en cada árbol, en cada planta. El rasgo más destacable de estas imágenes, que pronto se convertiría en lo más característico de la obra de O'Keeffe, es que en lugar de transmitir la sensación de permanente cambio del paisaje, o de las flores y las frutas, se sitúan más allá de la efímera visión superficial, logrando sintetizar una vigorosa imagen de lo perdurable. La serie *Corn, Dark* (1924) es una de las más potentes producidas en estas estancias en

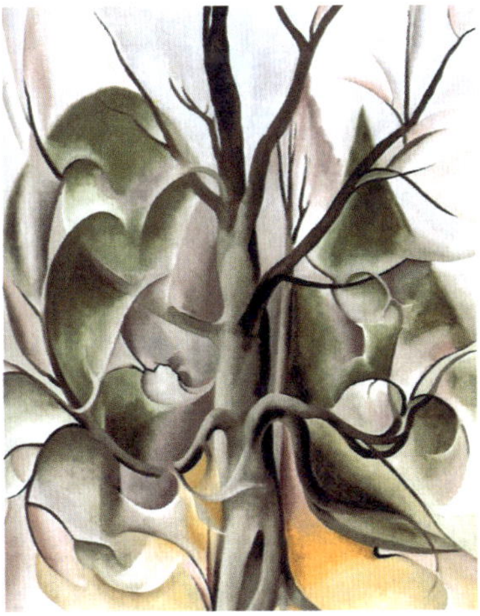

Great Tree, Lake George, 1925

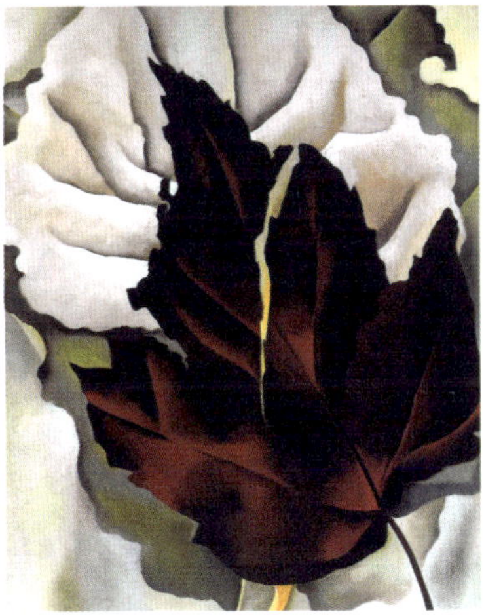

Patterns of Leaves, h. 1923

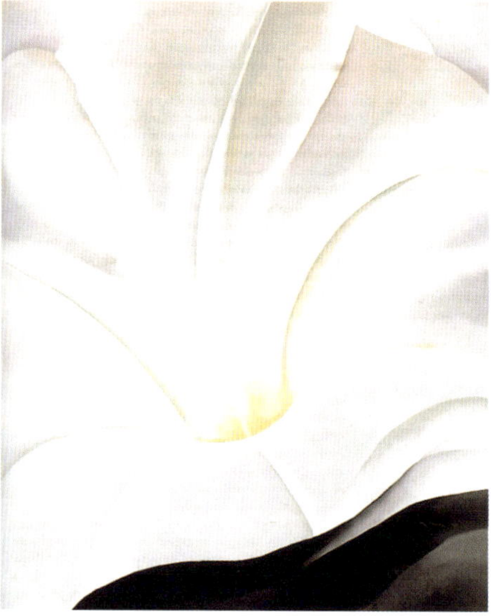

Black Petunia and White Morning Glory, 1926

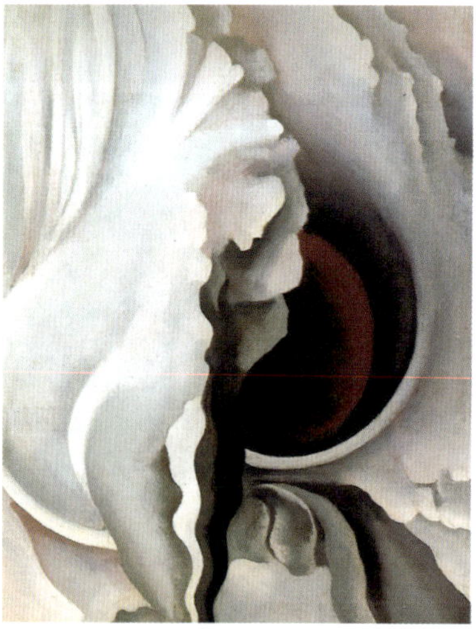

Dark Iris II, 1927

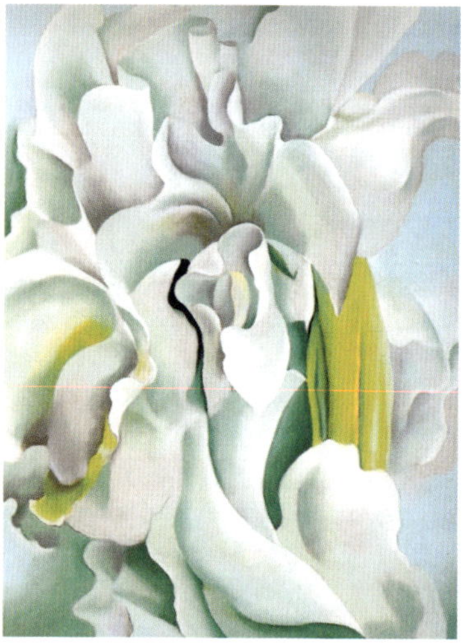

White Sweet Peas, 1927

Lake George, un entorno que pronto comenzaría a parecer claustrofóbico para O'Keeffe, pero que aún podía provocarle emociones estéticas, como la que describen las siguientes palabras: «El maíz en crecimiento me interesaba especialmente –los vasos de savia, claros, en las hojas de color verde oscuro que se despliegan en direcciones opuestas. Y cada mañana una pequeña gota de rocío que se desliza venas abajo hacia el centro de la planta como un pequeño lago –tan bello y fresco».

Fascinada por las decorativas formas y colores del maíz en crecimiento, descubre que sólo una inusual perspectiva de arriba abajo, junto con una no menos inusual aproximación física al objeto, permitirían apreciarlo en toda su grandeza. Se inicia así una fórmula de mucha trascendencia en la obra de O'Keeffe. Composiciones de gran fuerza visual, desprovistas de toda idea de movimiento pero capaces de transmitir un intenso sentimiento de vida, que explotan el poder emotivo de formas y colores.

Black Petunia and White Morning Glory (1926) no es ya un arreglo floral tradicional como los que ella misma venía produciendo hasta entonces en sus estancias en Lake George. Por el contrario, aplicando el sistema amplificado que acabamos de describir, y seleccionando una sola especie y un número de flores cada vez más reducido, comienza a desarrollar sus emblemáticas imágenes de gran formato, que inauguran una nueva manera de entender la naturaleza muerta. En su afán de acercamiento tanto material como espiritual al tema, focalizará su atención sólo en un fragmento de una flor, ampliándolo hasta abarcar el lienzo entero, dejando poco o ningún espacio de fondo. Esta nueva aproximación da lugar a imágenes como *Dark Iris II* (1927) o *White Sweet Peas* (1927). Palabras como monumentalidad, dignidad, o intensidad, pero también sentido decorativo o nueva belleza, suelen aparecer en los comentarios dedicados a este tipo de pinturas. El resultado tiene a veces la apariencia de una imagen abstracta, como ocurre en la serie titulada genéricamente *Music,* de 1919. Pero es importante insistir en que, en realidad, se trata de transcripciones, o mejor, interpretaciones, de la naturaleza observada. De nuevo, sus propias palabras desmienten cualquier otra interpretación: «Todo el mundo

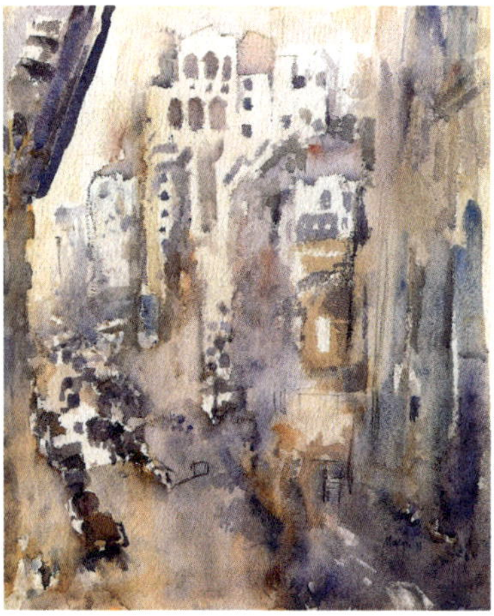

John Marin, *Desde la ventana de 291,* 1911

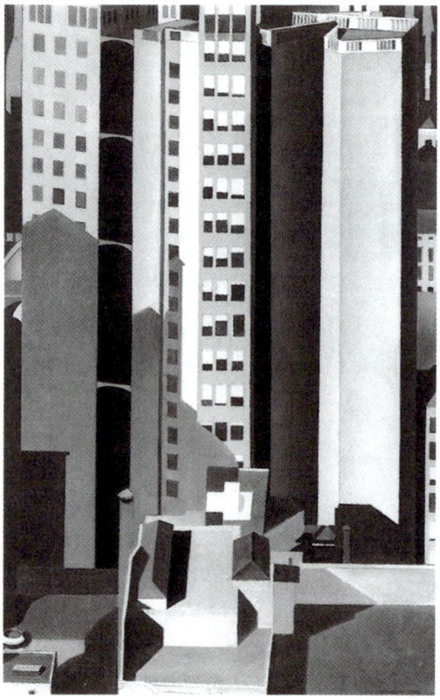

Charles Sheeler, *Rascacielos,* 1932

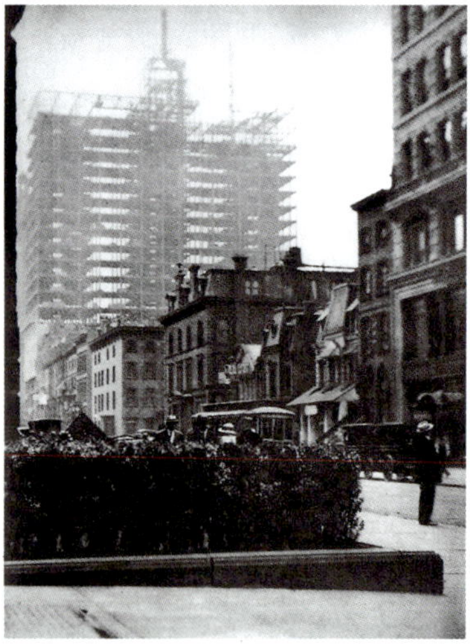

Alfred Stieglitz, *Vieja y nueva Nueva York,* 1910

asocia las flores a muchas cosas... Pero –de algún modo –nadie ve una flor –realmente –es tan pequeña –nadie tiene tiempo... así es que me dije –pintaré lo que veo –lo que la flor es para mí, pero la pintaré grande y se quedarán sorprendidos al tomarse su tiempo para mirarla».

Farm House Window and Door (1929) corresponde a un momento de crisis personal y familiar, un sentimiento que se expresa a través de una ominosa ventana que parece el equivalente visual del concepto de vacío, desprovista de toda capacidad de emoción o de vida. Ésta es una de las escasas imágenes ligadas a Lake George que tratan de elementos arquitectónicos. Éstos, sin embargo, protagonizan las obras realizadas en Nueva York entre 1925 y 1929. Como otros artistas y escritores de su tiempo, incluyendo a los del grupo de Stieglitz, O'Keeffe se sentía fascinada por el espectáculo del crecimiento urbano de Nueva York. Desde 1907 esta ciudad era territorio conocido para O'Keeffe, y para cuando decidió pintarlo en la década de los veinte, había sufrido ya una de las más rápidas transformaciones urbanas de la historia. Sus elevadísimos rascacielos creaban una imagen insólita, que reflejaba la nueva mentalidad americana, práctica y dinámica. Los cuadros que resultan del impacto de la ciudad en la hiperdesarrollada sensibilidad visual de O'Keeffe podrían considerarse una anomalía dentro del conjunto de una obra centrada sobre todo en el estudio de las formas de la naturaleza. Sin embargo, constituyen uno de los momentos más brillantes de la carrera esta pintora, que llega a dedicar a este tema más de una veintena de pinturas y algunos dibujos, generalmente con las mismas perspectivas dramáticamente verticales que hemos visto aplicar a sus imágenes botánicas, aunque ahora en sentido contrario, de abajo a arriba. Así ocurre, por ejemplo, en *New York Street with Moon* (1925). En este caso, sin embargo, lejos de ser algo elegido caprichosamente, la perspectiva parece impuesta por la propia realidad de unos edificios cuya altura aún hoy resulta sobrecogedora.

O'Keeffe acentúa, además, el imponente efecto de la arquitectura de Manhattan con una paleta muy contrastada en la que abundan los contraluces. De nuevo su propia experiencia vital determinaba la obra, y

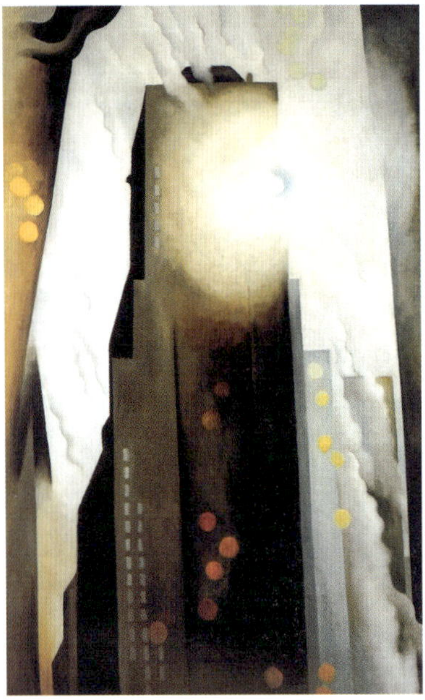

The Shelton with Sunspots, N.Y., 1926

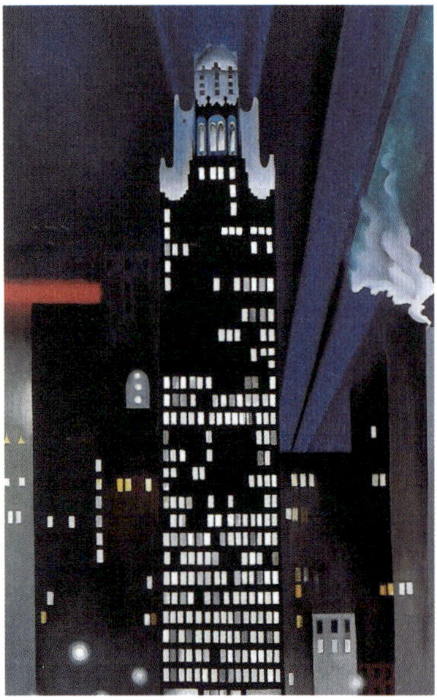

Radiator Building, Night-New York, 1927

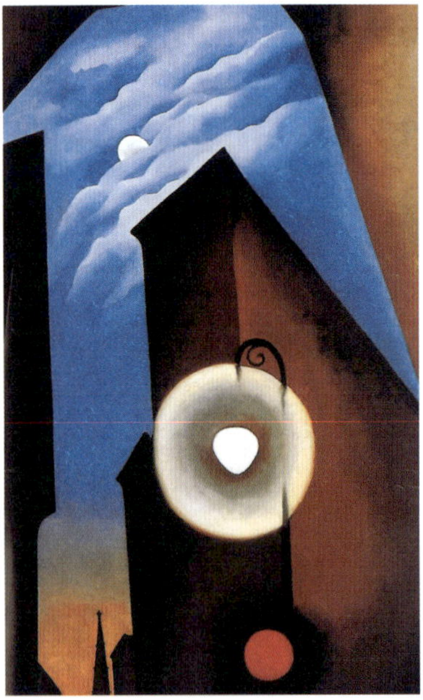

New York Street with Moon, 1925

aunque había vivido intermitentemente en Nueva York desde mucho antes, fue su traslado al nuevo edificio del Shelton Hotel en 1925 lo que originó esta serie de paisajes urbanos. En *The Shelton with Sunspots, N. Y.* (1926) puede verse este edificio de 34 pisos, situado en la esquina de la avenida Lexington entre las calles 48 y 49. Era entonces uno de los más altos de la ciudad, por lo que ofrecía unas inigualables vistas que pronto dejaron ver su impacto tanto en la fotografía de Stieglitz como en la pintura de O'Keeffe. Ésta creía que pintar la «rugiente ciudad» de Nueva York era uno de los retos del pintor genuinamente moderno, y aunque muchos le advirtiesen de la dificultad del intento, ella decidió crear unas imágenes que mostraran la nueva urbe como algo «más grande, más grandioso, más complejo de lo que jamás antes lo había sido en la historia». De nuevo, como en sus flores o en sus paisajes, de una inspiración específica surge una imagen genérica, que en este caso pretende captar la enorme escala y energía de la ciudad moderna.

La propia ciudad de Nueva York es, tanto en su plano como en las fachadas de sus edificios, rotunda, geométrica, y en ocasiones estilizada bajo la influencia del *art déco*. Y así son los cuadros de O'Keeffe que la retratan. Pero aunque algunos de los cuadros neoyorquinos de O'Keeffe presenten ciertos paralelismos con los de los mencionados pintores precisionistas, en general componen imágenes mucho más poderosas, quizá menos románticas pero mucho más intensas.

Algo que también puede decirse de las imágenes que surgen de la visión de un paisaje radicalmente distinto, el de Nuevo México, a partir de 1929. Después de aquel año y durante veinte más, como ya hemos dicho, O'Keeffe alterna este lugar con Nueva York, para convertirlo en su residencia definitiva después de la muerte de Stieglitz. El tiempo pasado pintando en la soledad del desértico Nuevo México en las décadas de los treinta y cuarenta tuvo importantes consecuencias en la obra de O'Keeffe, que resultaron de su personal entendimiento de la grandiosidad de una naturaleza completamente diferente. La abundancia de nuevos estímulos visuales proporcionados por Nuevo México había abrumado a otros artistas

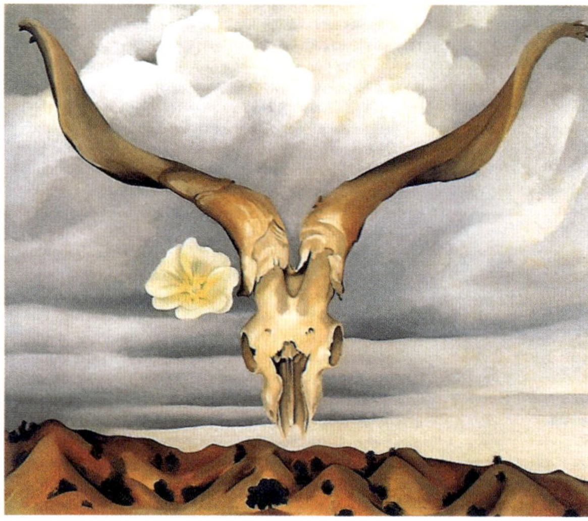

Ram's Head White Hollyhock Hills, 1935

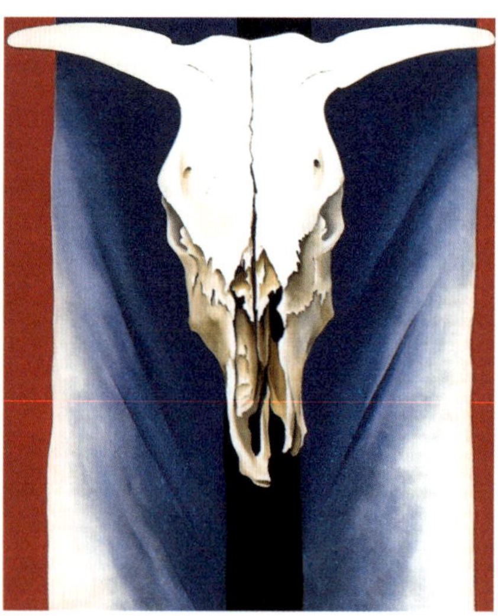

Cow Skull. Blue, Red and White, 1931

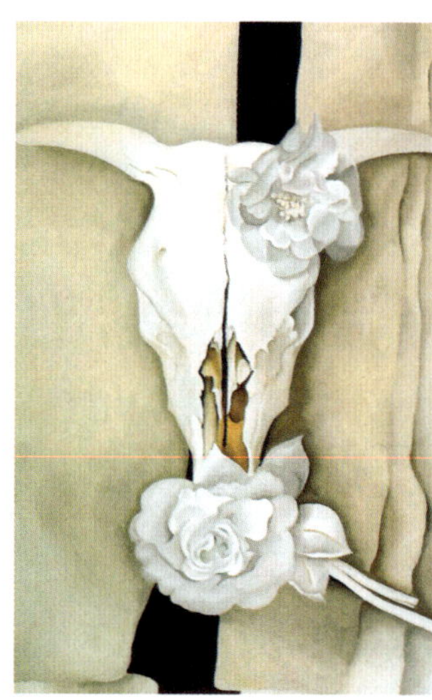

Cow Skull with Callico Roses, 1931

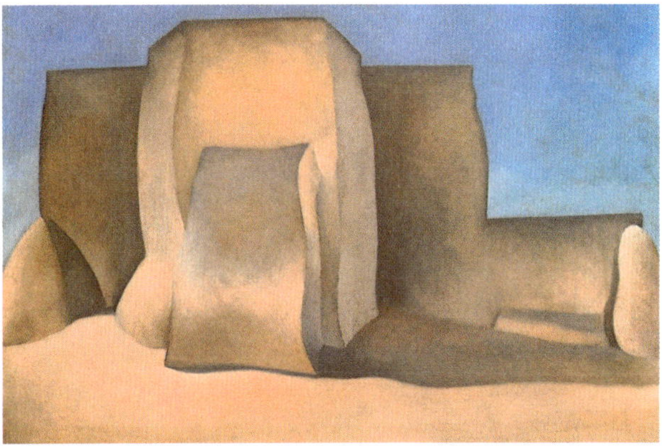

Ranchos Church, 1929-1930

del círculo de Stieglitz, como los pintores Marsden Hartley y John Marin o el fotógrafo Paul Strand. O'Keeffe, sin embargo, supo escoger de manera muy selectiva unos pocos aspectos de aquel paisaje desolado.

En la serie de seis imágenes de la iglesia de la misión de San Francisco de Asís en Taos, *Ranchos Church,* de 1929-1930, O'Keeffe reprodujo fielmente las formas de este edificio de adobe del siglo XVIII situado en la plaza del pueblo de Taos. Estas vistas enfatizan el carácter de masa escultórica del edificio, realzándola con profundas sombras. La situación del edificio, enfrentado al cielo, parecía proponer una comparación entre una maravilla natural y otra creada por el hombre, pues casi se presenta a la iglesia como una contrapartida visual de las secas montañas que cierran aquel escenario natural, y que aparecen en obras como *Black Mesa Landscape, New Mexico* (1930) o *The Mountain, New Mexico,* (1930-1931). Las montañas constituían un tema nuevo y potente para O'Keeffe, y el número de obras dedicadas a él creció notablemente después de 1930. La extraordinaria luz de Nuevo México le permitía crear imágenes muy nítidas, cuya claridad y magnificencia quieren ser un eco de la sensación de solitaria grandeza emanada de aquel terreno de distancias infinitas.

La obra realizada en Nuevo México continúa con algunos de los temas anteriormente desarrollados, como las flores magnificadas que ahora

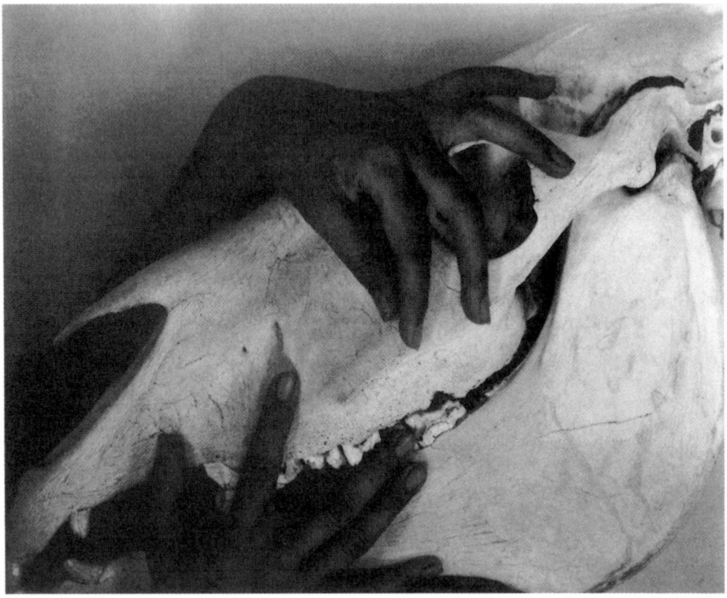

Alfred Stieglitz, *Georgia O'Keeffe. Manos con cráneo de caballo,* 1931

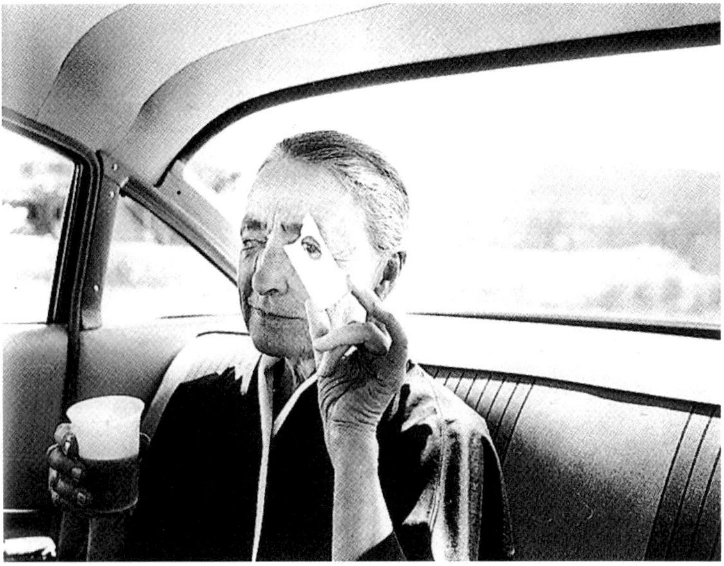

Tony Vaccaro, *Georgia O'Keeffe,* 1959

retratan especies propias del lugar. Pero también aparecen de forma recurrente otros nuevos, como los huesos y calaveras de animales, que a partir de 1930 se convierten en un importante símbolo de la eterna belleza del desierto, y que en palabras de Georgia O'Keeffe sugieren algo «extrañamente más vivo que los animales que andan por aquí»[13]. A lo largo de los años, O'Keeffe coleccionó calaveras de caballos, vacas, ciervos y otros animales, cuyas formas agujereadas le permitían estudiar el contraste entre sólido y hueco, entre lleno y vacío, entre luz y sombra, entre vida y muerte. Algunas de sus primeras imágenes dedicadas a este tema muestran una calavera flotando como sobrenaturalmente sobre el paisaje. En ocasiones la calavera parece casi festiva, adornada con flores locales, como contagiada por la escandalosa y verbenera imagen asociada a la muerte en la cultura mexicana. Casi siempre adquiere un carácter extraño, entre fantasmal y místico. Pero las imágenes de esta serie también pueden verse como elaboradas composiciones, tan sofisticadas estéticamente como cualquier otra composición de esta artista, cuya sensibilidad para el estudio de las formas parece quedar registrada en una solemne foto realizada en 1931 por Stieglitz y titulada *Georgia O'Keeffe. Manos con cráneo de caballo.*

En las últimas décadas de la vida de Georgia O'Keeffe aparecen en su obra algunos temas nuevos que conviven con los ya mencionados. Quizá el más interesante sea el de su propia casa en el poblado de Abiquiu, lo que sitúa de nuevo la experiencia vital como punto de partida de la pintura. Aquella era una estructura de adobe construida en la cima de una colina desde la cual, como desde su atalaya del Shelton Hotel de Nueva York, podía contemplar una gran distancia. Esta casa, que después de la muerte de O'Keeffe se convertiría en sede de una fundación dedicada a su memoria, destila en las últimas pinturas un carácter monástico, en ocasiones sombrío e inquietante a pesar de la luminosidad del ambiente. Con su típico espíritu selectivo, O'Keeffe sintetizó la imagen de aquella casa en uno de sus elementos: las puertas, que llegan a protagonizar 23 obras entre 1946 y 1960, de colorido arbitrario y formas cada vez más abstractas. Si aceptamos sus afirmaciones sobre los bucráneos como emblema

My Last Door, 1952-1954

de vida, quizá podamos considerar estas puertas, en cambio, como una alegoría sobre la muerte, o al menos como una alusión a otro lugar, a otra vida. Algo que parece confirmar el título de otra de sus obras relacionadas con el tema del patio de Abiquiu, titulada *My Last Door* (1952-1954).

El 6 de marzo de 1986 O'Keeffe murió en el hospital de Santa Fe, Nuevo México, después de una vida larga e intensa. No sabemos si conocía el célebre libro de John Berger sobre las maneras de mirar y sus significados, en el que el autor dice que «es el hecho de ver el que establece nuestro lugar en el mundo que nos rodea»[14]. Pero bastante tiempo antes de su muerte, temiendo aquel momento, O'Keeffe había dicho: «Cuando pienso en la muerte, sólo siento que ya no podré ver este hermoso paisaje nunca más...»[15]. Una frase que confirmaba hasta qué punto, en el caso de Georgia O'Keeffe, vivir y mirar eran experiencias equivalentes.

NOTAS

1 Jan Garden Castro, *The Art and Life of Georgia O'Keeffe,* Nueva York, Virago, 1985, pág. 1.

2 Sarah Greenough, «From the Faraway», en Jack Cowart y Juan Hamilton, *Georgia O'Keeffe. Art and Letters,* Washington, National Gallery of Art, 1987, pág. 138.

[3] Cit. en Lisa Mintz Messinger, *Georgia O'Keeffe,* Londres, Thames and Hudson, 2001, pág. 7.

[4] Carta de Anita Pollitzer a Georgia O'Keeffe, 1 de enero de 1916. Reprod. en Jan Garden Castro, *op. cit.*, pág. 31.

[5] Cit. en Jan Garden Castro, *op. cit.*, pág. 31.

[6] Cit. en Lisa Mintz Messinger, *op. cit.*, pág. 11.

[7] Deborah Jenner, «Georgia O'Keeffe y Alfred Stieglitz. La alquimia de una pareja», en *Nueva York y el arte moderno. Alfred Stieglitz y su círculo (1905-1930)* (cat. exp.), Madrid, Museo Nacional Centro de Arte Reina Sofía, 2005, pág. 227 y ss.

[8] Frederick Hartt, *Art. A History of Painting, Sculpture, and Architecture,* Nueva York, Harry N. Abrams, 1989, pág. 921.

[9] Robert Rosenblum, *Modern Painting and the Northern Romantic Tradition: Friedrich to Rothko,* Londres, Thames and Hudson, 1975.

[10] Cit. en Lisa Mintz Messinger, *op. cit.*, pág. 7.

[11] Cit. en Sarah Greenough, art. cit., pág. 138.

[12] Cit. en Lisa Mintz Messinger, *op. cit.*, pág. 15.

[13] Ibídem, pág. 122.

[14] John Berger, *Ways of Seeing,* Londres, Penguin Books, 1971, pág. 7.

[15] Cit. en Lisa Mintz Messinger, *op. cit.*, pág. 182.

Giorgio de Chirico[1]

GUILLERMO SOLANA

Últimamente he estado dedicado en buena parte a De Chirico, leyendo el conjunto de sus escritos completos, las *Memorie della mia vita,* releyendo cosas que no había leído. Y se me ha reforzado la idea que siempre he tenido sobre él, como un hombre fascinante, enormemente complejo, de una vastísima cultura literaria y pictórica que está en el origen de muchísimas cosas que han sucedido en el arte del siglo XX y que sin embargo se las arregló casi deliberadamente, durante muchas décadas, fuera de la corriente principal del arte contemporáneo del siglo XX.

Entre toda la galería iconográfica de De Chirico, entre toda la serie de retratos pintados por él, de retratos que otros le pintaron, de fotografías que se hizo –que es asombrosamente extensa porque De Chirico era ante todo un gran narcisista y un gran coqueto– la que prefiero es esa fotografía no muy conocida que le hizo Irving Penn en Nueva York en 1936. La circunstancia de este viaje a Nueva York la cuenta en las *Memorias* de su vida, que se han publicado en castellano en el año 2004 en la editorial Síntesis. Este viaje lo relata como una especie de exilio. Explica De Chirico que en el año 1935, encontrándose totalmente saturado, harto, exhausto de combatir en solitario contra la imbecilidad de la modernidad parisiense donde estaba instalado, emprendió el camino del exilio. Se exilió de la vieja Europa a la que tan profundamente pertenecía y «emigró» a Norteamérica durante una larga temporada donde sería simultáneamente repelido por la brutalidad de la civilización norteamericana y atraído por las inmensas riquezas de los museos, que elogia muchas veces.

Llegó a Estados Unidos después de una travesía que él describe como una especie de camino del infierno porque fue una travesía en pleno

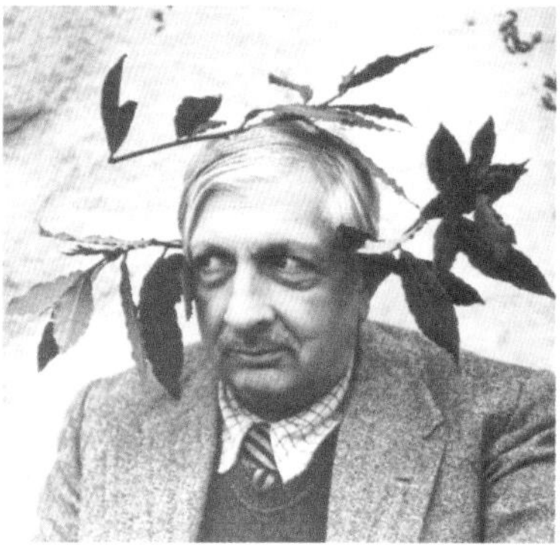

Irving Penn, *Giorgio de Chirico,* 1936

verano con un calor tremendo, muy pegajoso. El barco era como una caldera y las últimas noches antes de llegar a Nueva York no pudo dormir nada; la llegada fue una inmensa liberación, pero en Nueva York seguía haciendo el mismo calor sofocante. Con esa caracterización un poco cómica de sus propios padecimientos nos introduce De Chirico en su exilio al Nuevo Mundo.

A mí gusta la fotografía de Irving Penn porque caracteriza a De Chirico como lo que él había querido ser muchos años atrás, probablemente desde los comienzos de su carrera, es decir como un pintor clásico. Pero Irving Penn lo caracteriza no sin ironía, y hay que entender que el propio pintor se deja fotografiar así, como un clásico –porque está tocado por una corona triunfal de hojas de laurel–, pero como un clásico desangelado, arruinado, como un clásico que ha pasado por un proceso de erosión, de deterioro y que al final no se sabe muy bien si es un clásico de verdad o una parodia de clásico, alguien que se traviste de clásico, alguien que hace la pantomima del clasicismo.

Esta especie de ambivalencia –que a veces le hace dudar a uno si conviene tomarse las pretensiones de De Chirico en serio o no– entre lo clásico de verdad y lo clásico fingido, entre el pintor que de verdad está en la línea de la tradición y el pintor que lo simula, que hace el teatro de que es como los grandes del pasado, como Rafael, como Tiziano, como Velázquez, y todos los demás, es lo que me interesa de esta fotografía y creo que está en la entraña de De Chirico desde mucho tiempo antes de esa foto.

De Chirico nació en 1888 en Volos, capital de Tesalia, en Grecia. Ésa es la primera sorpresa referente a su biografía. Cuando él le contaba eso a la gente, la gente le decía: «Ah, entonces usted es griego». Y él respondía: «De ninguna manera. No soy griego. Soy italiano». Su padre, Evaristo de Chirico, era ingeniero y su madre, Gemma Cervetto, era una genovesa de familia noble. Dos años después de su nacimiento, nació en Atenas su hermano Andrea, que adoptaría el seudónimo de Alberto Savinio y que fue un notable escritor pero también músico y pintor. El padre de De Chirico trabajaba en la construcción de los ferrocarriles en Tesalia, lo cual me parece de relevancia porque una y otra vez en la pintura metafísica de De Chirico vamos a ver reaparecer al fondo, detrás de un muro, semioculta detrás de un parapeto, la chimenea de una locomotora de vapor y la estela de humo que deja tras de sí. En los paisajes aparentemente tan poco industriales de De Chirico, este elemento tan característico del progreso industrial que Monet o que los pintores impresionistas tantas veces habían representado atravesando los paisajes de Francia, estas locomotoras, aparecen como un vago testimonio de homenaje a su padre. Es su padre precisamente el que alienta los primeros pasos de De Chirico como pintor. Contra el tópico habitual según el cual los padres burgueses desaprueban y rechazan aceptar la vocación artística de sus hijos, el padre de De Chirico, que por lo que el propio pintor recuerda debió de ser un hombre dulce y bondadoso, le anima una y otra vez y le envía a aprender dibujo con un pintor griego llamado Magroudis. De Chirico ingresa en el Politécnico de Atenas en 1900 para estudiar dibujo de forma seria y en Atenas pinta su primer cuadro, que es una naturaleza muerta con limones. Las naturalezas muertas jugarán un papel importante en la pintura de De Chirico.

El padre de De Chirico murió tempranamente y De Chirico habla en sus memorias de la extraordinaria impresión de angustia que le produjo primero la enfermedad, después la agonía y finalmente el cadáver de su padre muerto. La muerte de su padre ocasionó también un trastorno general en la familia, una pequeña revolución, y siguieron los consejos de familiares y amigos que les aconsejaron que fueran a Múnich, a Alemania, para que el porvenir artístico prometedor de Andrea como músico y de Giorgio como pintor se cumplieran. Y efectivamente, la familia se instaló en Múnich. De Chirico cuenta que en aquella época Múnich era en Centroeuropa y en toda el área del este de Europa un poco como París: una gran capital artística con un enorme prestigio. Basta recordar, por ejemplo, cómo en los últimos años noventa del siglo XIX, Kandinski se había dirigido precisamente a Múnich para estudiar pintura. Múnich era la gran capital artística del centro y del este de Europa.

La familia se dirigió, pues, a Múnich en 1906 y allí dividió De Chirico su pasión por el arte entre las visitas a la Glyptothek, donde todavía hoy se albergan las grandes colecciones de arte antiguo, y la Alte Pinakothek, que es uno de los grandes museos de Europa, uno de los prototipos de grandes museos que después florecerían por toda Europa, y también frecuentaría la Academia de Bellas Artes donde precisamente estudiaba dibujo. Pero aparte de esta dedicación, muy dentro del marco habitual de los estudios académicos de un artista de la época, De Chirico se interesó por el arte vivo, el arte contemporáneo, el arte que se apreciaba en las galerías comerciales o que la gente seguía en Alemania. Y entre los pintores más populares de Alemania estaba el pintor Arnold Böcklin, el pintor suizo germano que fue durante los veinte últimos años del siglo XIX y todavía en la primera década del XX el pintor más inmensamente popular de todo el centro de Europa. Böcklin era un pintor pretendidamente clásico, como después le sucedería a De Chirico, pero en realidad profundamente romántico y simbolista que infiltraba sus evocaciones del mundo griego y de la mitología antigua de una sugerencia, de una evocación, de una ambigüedad muy próximas a la poética que, por ejemplo en Francia, podía cultivar un Gustave Moreau o los grandes precursores del simbolismo en el fin de siglo francés. La predilección por Böcklin es la primera pasión artística de De Chirico y aquí está el huevo de la serpiente, el germen de los problemas que con la modernidad experimentará De Chirico durante toda su vida. Porque Böcklin será un pintor al que la modernidad no traga, no digiere.

En los mismos años en los que De Chirico aterriza en Múnich, el gran crítico alemán defensor del arte moderno –y el arte moderno en aquel momento era el arte moderno francés, la pintura de Manet y los impresionistas– que es Julius Meier-Graefe toma partido contra Böcklin en una larga diatriba que es un libelo monumental titulado *El caso Böcklin,* siguiendo la huella del libro de Nietzsche *El caso Wagner,* con el que el filósofo había intentado demoler el mito del gran músico alemán. Julius Meier-Graefe argumenta en ese libro que, pese a su inmensa popularidad, Böcklin es el fondo un pintor muy mediocre y que ha corrompido a la pintura contaminándola de teatralidad. Teatralidad ilusionista, para empezar, porque Böcklin no entiende la pintura sino como un despliegue de efectos de *trompe-l'œil,* de trampantojo, y en segundo lugar porque todos los trucos, todos los artificios, todas las astucias que pueden seducir al espectador con un efecto emocional, todo eso lo maneja maravillosamente bien Böcklin en su pequeño teatro de títeres. *La isla de los muertos,* de la que Böcklin hizo muchas versiones, es sin duda el ejemplo más característico de esa teatralidad sonora y pomposa que encandiló y fascinó a toda una generación en Alemania. Es un cuadro que en principio no tiene un tema muy determinado, no se inspira en un texto determinado aunque evoca vagamente el tránsito de la barca de Caronte por la Estigia y dirigiéndose a esa isla italiana. Böcklin habló, en efecto, de que se había inspirado en ciertas islas del Mediterráneo sembradas de cipreses y de tumbadas excavadas en la roca. Se trata de un compendio de golpes de efecto destinados a impresionar, a conmover, a seducir a la audiencia más que una pintura seria como diría Meier-Graefe. El caso es que el joven De Chirico, imperturbable, nada repelido por esa teatralidad, se enamoró perdidamente de la pintura de Böcklin. Y para él, la pintura de Böcklin se justificaba y estaba impregnada de una atmósfera intelectual que reinaba en el Múnich de fin de siglo y de la que De Chirico se embebió profundamente.

De Chirico leyó a Schopenhauer, a Nietzsche, a Otto Weininger, que eran los filósofos mentores de la joven generación simbolista en los países germanos. Y un poco del apareamiento de Böcklin con esa atmósfera intelectual, con esos filósofos y en particular con Nietzsche, con una lectura muy particular que hizo De Chirico de los libros de Nietzsche, de ahí saldría toda la primera pintura del joven De Chirico, lo que pintaría

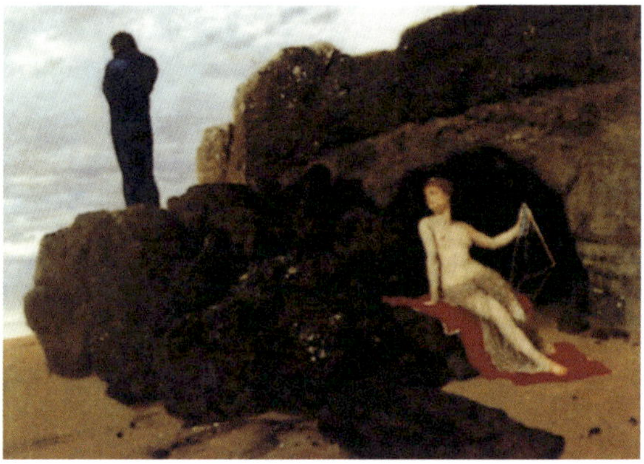

Arnold Böcklin, *Ulises y Calipso,* 1882

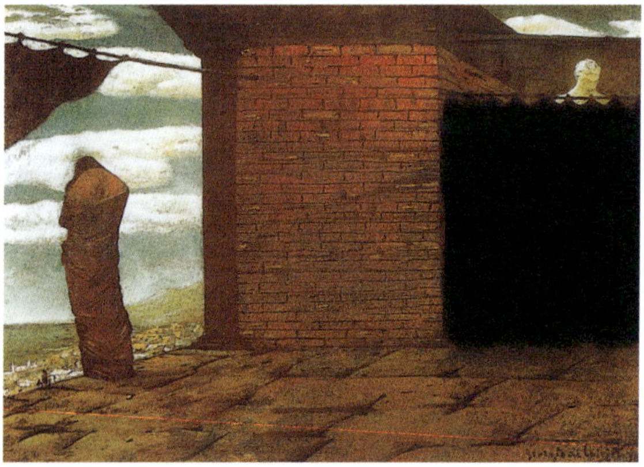

El enigma del oráculo, 1910

a partir de 1906, lo que desembocaría finalmente en su llamado periodo metafísico a partir de 1910.

Se reproduce aquí una pintura célebre de Böcklin, *Ulises y Calipso,* que describe esa especie de secuestro de Ulises en una isla, en su periplo por el Mediterráneo hasta Ítaca, una isla en la cual permanece atrapado por la ninfa Calipso que le retiene mes tras mes, año tras año, sin dejarle partir. La representación de Böcklin nos ofrece a Ulises vuelto de espaldas y mirando al mar como una expresión suprema de la melancolía, de la nostalgia de la propia patria. Es un Ulises envuelto en una túnica que añora infinitamente hacerse a la mar, cosa que le impide la ninfa que tiene ahí al lado. Pues bien, ésta es una de las imágenes que ejercerían un papel más considerable sobre el joven De Chirico y que más condicionarían el periodo de latencia de la pintura metafísica. Esa figura de Ulises envuelto se convierte como en una figura fajada, como en un sudario, que se puede emparentar con la propia figura del Caronte de *La isla de los muertos,* que también va envuelto con una tela que nos vela su identidad y que le confiere algo de fantasmagórico, de espectral. Esa figura del Ulises abrigado en su túnica se reproduce casi exactamente en *El enigma del oráculo,* una pintura de De Chirico de 1910 que hoy se encuentra en una colección privada.

Ya en este momento tenemos algunos de los recursos que van a ser característicos de la pintura de De Chirico en el periodo metafísico e incluso posteriormente, a lo largo de toda su obra. Ante todo, el ocultamiento. El ocultamiento de los rostros, el ocultamiento de la identidad de los personajes, los dispositivos que enmascaran las cosas como, por ejemplo, las cortinas. Esa cortina que está corrida en el caso del personaje que mira al mar y que nos oculta parte del otro personaje. Y después, aparte del ocultamiento, la petrificación, la transformación de los seres humanos en objetos inertes, en estatuas, en concreto. Porque se puede ver que el Ulises de Böcklin todavía tenía visos de personaje animado, pero aquí se ha convertido en una estatua de piedra, como lo es la estatua que asoma por detrás de la otra cortina. Es en 1910 precisamente cuando se suele datar el comienzo del periodo que va a ser decisivo en la obra de

De Chirico y al que el pintor debe el hecho de encontrarse en los mejores museos del mundo y entronizado en los manuales de historia del arte como uno de los grandes protagonistas del arte del siglo XX.

En 1909 había dejado Múnich por Milán. La familia De Chirico regresó a Italia y en 1910 se establece con su madre en Florencia. Allí, ese año, experimenta una visión o una revelación o iluminación que será decisiva, como él mismo relata en sus *Memorias*. Después de haber padecido una larga enfermedad intestinal, cuenta él mismo, tras estar semanas en cama y encontrándose todavía muy débil, se fue una tarde de otoño a pasear a la Piazza de la Santa Croce de Florencia, llamada así por la iglesia famosa de la Santa Croce delante de la cual se encuentra una estatua de Dante. En esa plaza dice él que experimentó de pronto como una sensación de extrañamiento, de distanciamiento, como si no hubiera estado nunca en aquel lugar, como si de pronto todas las cosas cobraran otro aspecto, otro aire. Esta experiencia del *jamais vu,* del nunca visto, de que de pronto las cosas que deberían resultarnos familiares nos resultan extrañas –una experiencia que Freud y los psicoanalistas han interpretado en muchas ocasiones como complementaria del sentimiento del *déjà vu,* del ya visto–, la relaciona De Chirico con sus lecturas de Nietzsche, con su impregnación intelectual de la obra del filósofo en Múnich. Escribe en sus memorias:

> La novedad de Nietzsche es una extraña y profunda poesía infinitamente misteriosa y solitaria que se basa en la *Stimmung* (utilizo esta palabra alemana muy eficaz que se podría traducir por atmósfera en el sentido moral). Nietzsche se basa en la *Stimmung* de la tarde de otoño cuando el cielo está claro y las sombras son más largas que en verano porque el sol empieza a estar más bajo. Esta sensación extraordinaria se puede sentir aunque para ello es necesario tener la fortuna de poseer las excepcionales facultades que yo poseo.

Esto afirma De Chirico sin ruborizarse, y añade: «Se puede sentir en las ciudades italianas y en alguna ciudad italiana como Génova o Niza pero la ciudad italiana por excelencia donde aparece este extraordinario fenómeno es Turín».

Pero a pesar de esa referencia no fue ni en Turín, ni en Génova ni en Niza donde por primera vez se le manifestó la experiencia de la *piazza* metafísica, de ese espacio en donde de repente todo se nos vuelve extraño, distanciado y misterioso, sino como digo en la Santa Croce de Florencia, ante esa estatua de Dante, delante de la fachada –que no es gótica, como se podría creer, sino decimonónica, porque es una creación historicista del siglo XIX– de la iglesia famosa de la Santa Croce. Precisamente inspirándose en la plaza florentina pinta De Chirico el cuadro que constituye el punto de partida de su periodo metafísico y que es un poco una recreación imaginaria y clasifizante de la Santa Croce. La fachada en principio se parece más a la de un templo griego que a la propia Santa Croce. Tiene un frontón exagerado pero luego tiene un arco de medio punto lateral que no encaja con el templo griego. Están las cortinas como mecanismo de ocultamiento que ya había utilizado en *El enigma del oráculo,* está la estatua central de Dante que se ha convertido en una estatua clásica de espaldas, próxima también a la figura del Odiseo de Böcklin, y hay algo que aparece detrás de los muros al fondo y que va a ser una constante en su pintura metafísica: la evocación de la lejanía.

En toda la pintura metafísica de De Chirico aparecen detrás de los muros de ladrillo o bien la locomotora, o bien las velas de un barco. Es como –dice De Chirico– si la pintura nos quisiera llamar a la lejanía. Él mismo dirá, comentando la pintura de Giotto:

> [...] un cuadrado de cielo limitado por las líneas de una ventana es un segundo drama que se inserta en el drama que representan las figuras. Ese cuadrado suscita en nosotros preguntas. ¿Qué habrá más allá? ¿Acaso domina ese cielo un mar desierto o una ciudad populosa o se extiende sobre la gran naturaleza libre e inquieta, los montes selváticos, los oscuros valles, las llanuras surcadas por ríos?

Es decir, los barcos, las locomotoras que asoman apenas por encima de un muro evocan una lejanía ensoñada, sugerida solamente, insinuada, una lejanía que tiene mucho que ver con la poesía simbolista.

No sólo Florencia, no sólo Turín o Génova o Niza son la inspiración de estas *piazze* que van a constituir el centro de los espacios de la pintura metafísica de De Chirico. Varias ciudades son los agentes, las inspiradoras de la poética metafísica de De Chirico. En realidad, la metafísica de De Chirico es algo que se experimenta en las ciudades cuando nos sentimos perdidos o desplazados, cuando estamos llegando a ellas, cuando las conocemos por primera vez y todo nos resulta nuevo. A veces sentimos algo muy próximo a lo que describe De Chirico, esa sensación de extrañamiento, de *Stimmung*. O cuando nos tenemos que ir de una ciudad y paseamos por última vez por sus calles y plazas una última tarde antes de tomar al día siguiente un tren, un barco o un avión. Otra de las grandes ciudades, junto con Florencia, en la que en los años diez experimentó la *Stimmung* metafísica, la vivencia del extrañamiento, del distanciamiento que hace misteriosas las cosas, fue Ferrara.

Ferrara es una de las ciudades metafísicas por excelencia porque allí fue donde conocería además De Chirico a Carlo Carrà, el otro gran metafísico italiano sin olvidar a Giorgio Morandi. Carrà disputaría a De Chirico la creación, la fundación, la prioridad en muchos de los temas de la metafísica. De Chirico en sus memorias, en sus escritos posteriores, despachaba a Carrà, con quien se peleó relativamente pronto, como una especie de seguidor suyo que no le había entendido del todo bien, no particularmente avezado ni perspicaz. Pero el caso es que en Ferrara tuvo lugar el encuentro, y la pintura metafísica de De Chirico se llenaría en esos años diez de esos temas ferrarescos. Como por ejemplo, unos famosos bizcochos que son propios de Ferrara y que aparecen una y otra vez en los interiores metafísicos.

Si hay un lugar de Ferrara que recuerda un poco a la plaza de la Santa Croce por la situación de la estatua en el medio y las arcadas que evocan la pintura metafísica de De Chirico, ése es la Piazza Savonarola.

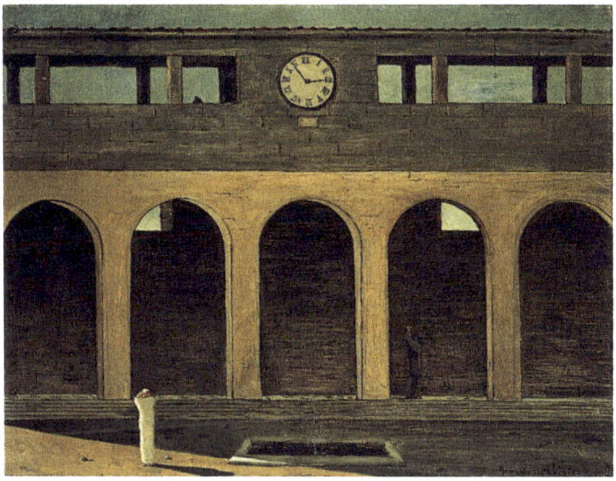

El enigma de la hora, 1911

Pero fue París –aunque a veces De Chirico hace excesiva propaganda de sus ciudades italianas– la ciudad donde germinaron la mayor parte de las visiones metafísicas del pintor. Fue en París, entre los años 1910 o 1911 y 1915, cuando de verdad De Chirico pintó lo mejor de su obra, o lo que tendría más influencia en sucesivas generaciones de artistas a lo largo del siglo XX. Hay un París muy bien representado por el fotógrafo Atget, que se propuso hacer un inventario de la ciudad que desaparecía, de las viejas calles y de las viejas plazas de París y que después sería recuperado por los surrealistas, que lo rehabilitarían. Pues el París de Atget es un poco como el mundo de las *piazze* de De Chirico, un mundo congelado, detenido, desierto de figuras, vacío de figuras, como si todo estuviera muerto, como si se tratara de una Pompeya rescatada de sus ruinas recreada por los arqueólogos. Hay ciertas vistas de París que tienen ese silencio y esa inmovilidad características de las *piazze* de De Chirico, con la diferencia de que éste jamás pintaba árboles porque tenía un aborrecimiento tremendo a la vegetación. Pero incluso los árboles de Atget son unos árboles sin hojas, invernales, nada orgánicos, como si fueran postes.

La visión de las ciudades se infiltra en el pintor mezclada con ese sentimiento residual de Böcklin, con el pensamiento de Nietzsche tal y como

De Chirico lo ha reinterpretado, dando lugar a la pintura metafísica. En *El enigma de la hora,* por ejemplo, en 1911, aparece la figura de siempre de ese personaje de espaldas, de ese personaje espectral, fantasma, detenido ahí en medio, contemplando esa arcada que evoca esas logias de las ciudades renacentistas italianas. Por cierto que Nietzsche había hablado de las hileras de arcos como un tipo de escenario urbano al que él concedía una importancia filosófica particular. Explicaba Nietzsche en *La gaya ciencia* lo siguiente:

> Un día, y probablemente pronto, será preciso entender lo que ante todo falta en nuestras grandes ciudades, lugares tranquilos, amplios y extensos donde meditar, lugares con largas y espaciosas arcadas para el mal tiempo o para el tiempo demasiado soleado, donde no llegue el estrépito de los vehículos o los pregoneros, donde una etiqueta más sutil hasta prohibiría al sacerdote orar en voz alta. Edificios y construcciones que en su conjunto expresen la sublimidad de la reflexión y el retiro. Han pasado los tiempos en los que la Iglesia monopolizaba la meditación y la vida contemplativa, debía ser ante todo vida religiosa y lo que ha construido la Iglesia expresa este pensamiento. Yo no veo que puedan bastarnos sus construcciones aunque se las sustraiga a su finalidad eclesiástica. Estas construcciones hablan un lenguaje demasiado patético e intimidante en cuanto moradas de Dios y lugares pomposos de un comercio supramundano como para que los ateos podamos pensar allí nuestros pensamientos. Queremos tenernos traducidos en piedra y planta, pasearnos por nosotros mismos cuando deambulamos por esas arcadas y jardines.

Las arcadas son para Nietzsche como el escenario para un nuevo pensamiento peripatético, un nuevo pensamiento que pasea, medita paseando por las ciudades, alejado del tráfago callejero, pero alejado también de las iglesias porque lo que pretende Nietzsche en *La gaya ciencia* es un retorno del pensamiento antiguo, del pensamiento pagano.

Ahora bien, hay algo extraño en el hecho de que yo empiece a explicar la pintura metafísica como una destilación de esta búsqueda de una serenidad, de un pensamiento, de una meditación tranquila, apartada del lío de la ciudad. Hay algo extraño y algo que no lo es. Me explico: De Chirico está viviendo en Italia en una época marcada por el futurismo. Futurismo es la gran explosión vanguardista a partir del año 1909, particularmente en Italia una eclosión que arrastra consigo a escritores, a pintores, a escultores, a dramaturgos, a músicos y a todo el mundo. Y el futurismo tiene ciertamente una imagen de la ciudad: la ciudad está en el centro de la poética futurista. Pero, ¿qué es la ciudad futurista? La ciudad futurista es un pandemonio gigantesco, es una Babilonia de ruidos, de accidentes, de manifestaciones, de riñas, de disturbios, de tráfico de vehículos...

En contraposición a esa ciudad futurista, las arcadas de De Chirico van en busca de una arquitectura, de un panorama urbano que sea totalmente opuesto: inmovilidad, quietud, serenidad. En ese sentido sí entendemos que De Chirico haya leído a Nietzsche, que haya interpretado las arcadas como escenario para un pensamiento peripatético, para un pensamiento meditativo. Pero al mismo tiempo hay otro aspecto de la pintura metafísica, junto a esta aparente quietud o serenidad, que el lector habrá percibido en muchas ocasiones: estas pinturas metafísicas son, desde que las vemos por primera vez, tremendamente inquietantes. Nos producen una particular sensación de incertidumbre, de inseguridad, y al mismo tiempo de expectación. Como si esta aparente calma fuera simplemente el presagio de algo tremendo que se avecina, de algo que a veces se insinúa en las sombras, en los personajes semiocultos, en el propio vacío, en el propio desierto de las plazas. De Chirico se debatió en realidad toda su vida entre la serenidad que supuestamente debían inspirar sus *piazze* y la sensación de amenaza, la sensación de tragedia inminente que en la práctica sus pinturas sugerían.

Los surrealistas leyeron las pinturas metafísicas como pinturas de la inquietud, de la amenaza, de la catástrofe, de la tragedia. Las vieron como una representación de todo lo que en la ciudad moderna hay de acechanza, de peligro, de inseguridad para el paseante, para el que deambula por la calle. De Chirico, cuando se peleó con los surrealistas, reaccionó contra esa imagen, contra lo que ellos habían hecho de sus pinturas metafísicas, de sus *piazze,* de sus arcadas, precisamente rechazando todo eso. «Nadie ha entendido nunca hasta hoy nada de lo que hay en mis pinturas metafísicas», escribía en sus *Memorias.* Y añade:

> En general, la gente ve aquellas pinturas como escenas imaginarias al atardecer, con luces de eclipses que presagian catástrofes o grandes silencios que preceden a los cataclismos, una especie de atmósfera de novela negra o de película policíaca. Estas interpretaciones les convienen mucho a los surrealistas, campeones entre los campeones de la imbecilidad moderna. Les convienen para hacer literatura barata. Pero se trata de algo completamente distinto.

De Chirico tuvo, por lo tanto, una polémica incesante con los surrealistas, con quienes se llevó bien durante un tiempo y para los que fue como una especie de precursor y de santo patrón durante unos años, entre 1924 y 1928; mantuvo con ellos una polémica muy cruda, muy áspera, muy beligerante, sobre todo a partir del año 1931. Los surrealistas le crucificarían y él mismo escribiría muy mal de ellos, denigrándolos como a gente que había entendido todo al revés en su pintura.

Desde 1912, un personaje clave de la pintura metafísica de De Chirico, que aparece entre esas arcadas suyas, es el personaje de Ariadna. La *Ariadna dormida* es una escultura romana, copia de una estatua helenística perdida, que representa a la princesa de Creta que ayuda a Teseo a matar al Minotauro con la promesa de que Teseo se casará con ella y que luego es abandonada sin misericordia por éste en una isla, en la isla de Naxos, donde a su vez la encontrará el dios Dionisio, que se enamorará de ella y la desposará. En la estatua, Ariadna aparece dormida, como dicen que se quedó cuando Teseo se hizo a la mar en Naxos y como la descubriría Dionisio, quedando fascinado por esa belleza un poco melancólica de mujer abandonada, un poco ensimismada, ensoñadora, porque Ariadna está durmiendo y está tal vez soñando. Todas esas connotaciones cobra Ariadna en una serie de cinco cuadros que pinta y que son el despegue de la pintura metafísica de De Chirico en 1912 y 1913. La estatua de Ariadna aparece con esta melancolía, recostada, como desperezándose o despertándose, dependiendo del punto de vista y de la manera en la que la represente bajo una de esas torres amenazadoras que son características de las pinturas metafísicas. Estas torres y estos escenarios tienen un carácter particularmente ambiguo porque podrían ser a la vez torres industriales de fábricas contemporáneas, pero también campanarios antiguos, torres de fortalezas medievales. Tienen esa ambigüedad sobre la que volveremos. Pero el caso es que Ariadna aparece una y otra vez dormida, soñando en los escenarios imaginados por De Chirico. Al fondo, siempre hay una locomotora que atraviesa el paisaje con un exquisito anacronismo. Porque en primer término tenemos un escenario que es como una evocación de ruinas clásicas, romanas, como de un foro. Sin embargo, al fondo detrás de ese muro que oculta la mitad de las cosas, podemos ver la imagen de la locomotora. En *La estatua silenciosa,* Ariadna aparece en primer término. Los elementos de los paisajes de las pinturas metafísicas de De Chirico son extraordinariamente limitados.

De Chirico es alguien que ha construido entre 1910 y 1917, fundamentalmente, el corpus de la pintura metafísica con un léxico limitadísimo, con no más de una docena de elementos arquitectónicos y escultóricos clave. *La torre roja* es un escenario particularmente sugerente en la medida en que la estatua no está colocada como es el caso de otras muchas *piazze* en el centro de la escena. Aquí es como si la estatua ecuestre caminara y asomara poco a poco introduciendo ese elemento de presagio, de premonición contra el que el propio De Chirico polemizaba en las líneas que he citado antes.

Las arcadas se multiplican. La pintura metafísica está sostenida en dos elementos arquitectónicos fundamentales, y eso tiene que ver mucho con la pintura del Trecento y del primer Quattrocento que a De Chirico

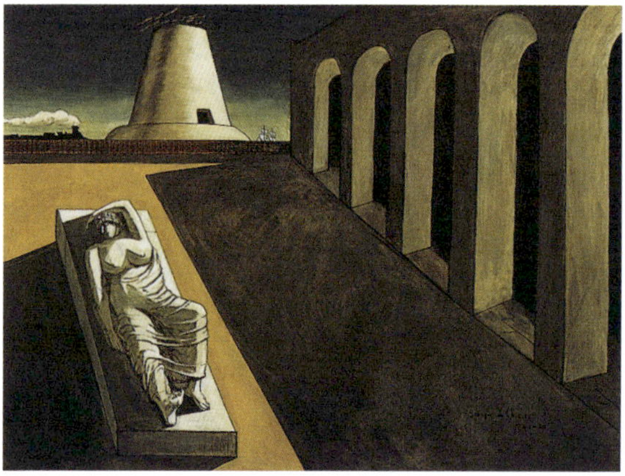

Plaza con estatua de Ariadna, 1913

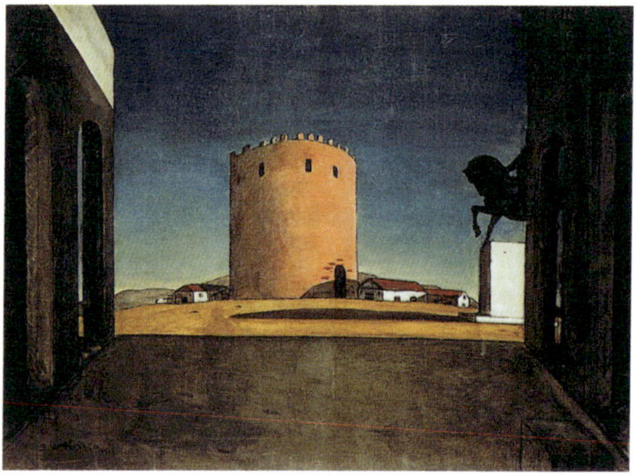

La torre roja, 1913

le fascina en esos primeros años. Después de volver de Múnich, De Chirico descubre la pintura de Giotto, de Masaccio, de Ucello, de Mantegna, y en esa pintura la primera perspectiva tiene necesidad de una plantilla arquitectónica. Saben ustedes cómo se construyen las perspectivas de los cuadros del Quattrocento, por ejemplo a base de suelos en forma de damero, de ajedrezado que sirven de plantilla en donde colocar las figuras y para determinar los tamaños que éstas han de tener.

De Chirico no es un estudioso de la perspectiva interesado por la corrección de la misma como podría haber estado interesado un Ucello o un Piero della Francesca. De Chirico es en esto, como en otras muchas cosas, un gran simulador y se hace pasar por una especie de primitivo italiano devoto de la perspectiva cuando en realidad es un perfecto hereje, un perfecto heterodoxo. En todas estas perspectivas no hay nada que encaje. No hay un punto de fuga único, no convergen las líneas como deberían converger en un punto determinado. Se superponen los horizontes, los planos se levantan del suelo indebidamente. ¿Y para qué saca precisamente De Chirico partido de esas perspectivas? Para descabalar el sentido del espacio y del tiempo, para darnos a entender que estamos ante un espacio otro, ante un espacio raro, un espacio que no es el espacio de todos los días. En suma, para producir esa *Stimmung* característica de las tardes de otoño de las que nos hablaba, en las que de repente todas las cosas nos parecen *jamais vues,* nunca vistas, nos parecen extrañísimas y no sabríamos ni darles nombre. Para eso utiliza estas perspectivas que no encajan, estos puntos de fuga que no están dónde deberían estar, estos suelos que se levantan.

En *La angustia de la partida,* en *El enigma de un día,* en *Misterio y melancolía de una calle* o en *Turín primaveral* aparecen repetidamente los mismos elementos: por ejemplo esa especie de vagón que se muestra junto a la arcada y junto a las chimeneas una y otra vez. Simplemente como si se tratara de un juego de construcciones de una ciudad de juguete cuyos elementos cambian de sitio pero siempre están los mismos en escena. También se ve la estatua que asoma por detrás de la arcada. Hay un aspecto que

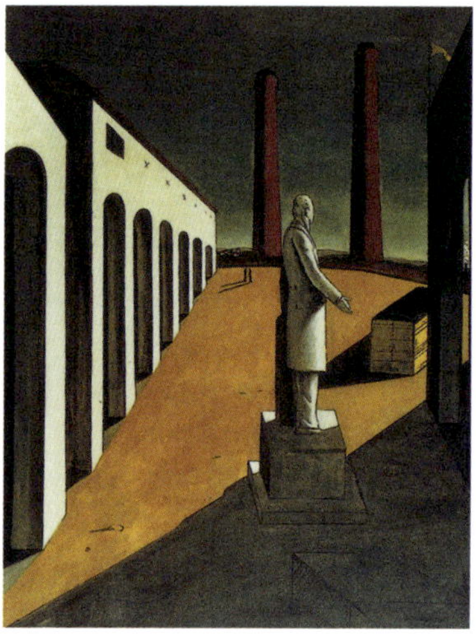

El enigma de un día, 1914

me interesa destacar en esta sucesión de imágenes metafísicas, que es el modo en el que el suelo se levanta, se encabrita produciendo una sensación de perspectiva muy extraña, una sensación aberrante, dando lugar, además, a que no sepamos si se trata ya del plano de un suelo lejano o del plano de una mesa próxima. En *Imagen de un rey,* que es un cuadro ya definitivamente descabalado, donde se ha roto toda verosimilitud espacial, el plano del suelo que ya estaba levantado en *Misterio y melancolía de una calle* aquí se convierte como en un estanque, como en una mesa que se proyecta hacia delante y donde se depositan unos objetos de una naturaleza muerta. ¿Qué sucede entonces? Que lo que era en principio un paisaje urbano se viene hacia nosotros, se acerca hacia nosotros y se convierte en una naturaleza muerta, en algo que podemos casi tocar. Este elemento táctil era extremadamente importante para De Chirico. Para él era la piedra de toque de lo que denominaba la pintura «constructiva» del Trecento y del Quattrocento italianos. Todo esto hay que entenderlo en un contexto determinado.

Todavía en la época de De Chirico, la época de los años diez, el impresionismo, las brumas del impresionismo, la disolución de las imágenes impresionistas, gozaba de mucho predicamento: muchos pintores pintaban todavía a la manera de Monet, de Pissarro, de Renoir, etcétera. Pues bien, la búsqueda de los objetos tangibles y, más aún, delimitados con este trazo lineal tan preciso era para De Chirico una manera de hacer una pintura completamente a contrapelo del impresionismo. Si el impresionismo disolvía, difuminaba las cosas, las deshacía en las brumas de colores, aquí se trata de recobrar la solidez, el perfil de las cosas, la nitidez de la visión de las cosas. Eso es lo que está más presente de los primeros planos. En el cuadro de *La estación de Montparnasse* hay setecientos planos de fuga: existe una convergencia de las líneas en un punto junto a la locomotora, mientras que, al mismo tiempo, la avenida que corre al lado de la estación lo hace con líneas paralelas, no convergentes.

Estamos hablando de cómo el paisaje urbano al final nos conducía a unos objetos muy próximos a nosotros, muy tangibles, a unas naturalezas muertas, como situadas en un proscenio, en un primer término. Entre los años 1913, 1914 y 1915, De Chirico pintó muchas de éstas y en ellas invariablemente se reúnen un elemento clásico que pertenece al vocabulario tradicional de los artistas, que pertenece incluso a los accesorios del taller, de lo que el artista tiene a mano en su lugar de trabajo, y elementos totalmente incongruentes con ellos, que no se sabe bien qué pintan ahí y que –diríamos vulgarmente– «se dan de patadas» con los elementos convencionales del lenguaje artístico. El torso de Afrodita junto al racimo de plátanos en *La incertidumbre del poeta* es uno de los mejores ejemplos. No es extraño, por lo tanto, que a De Chirico se le considerara un precursor de la poética surrealista. Paul Éluard, por ejemplo, estaba fascinado por estas yuxtaposiciones. Max Ernest, que fue el primero de los grandes pintores del surrealismo, se inspiraría en De Chirico para construir sus primeras pinturas surrealistas. Y después Magritte, Masson, Dalí desde luego, seguirían a De Chirico y lo plagiarían infinidad de veces, hasta el punto de que a veces podríamos decir que las representaciones dalinianas de estas naturalezas muertas en primer término, o de los paisajes que se convierten en naturalezas muertas, no son otra cosa sino unos

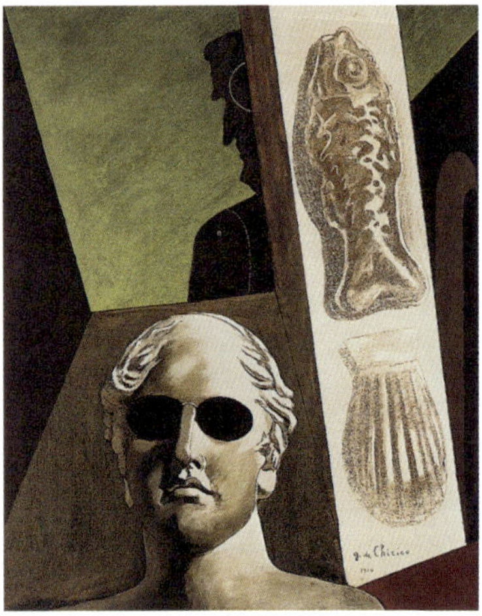
Retrato de Guillaume Apollinaire, 1914

chiricos que se han reblandecido. Porque Dalí parece reblandecer esas formas sólidas y duras, aristadas, de la pintura de De Chirico, pero conservando el extrañamiento básico de la pintura metafísica del italiano.

Hay una cosa que me interesa particularmente y que se produce con ese accesorio tan permanente en la pintura metafísica de De Chirico y que son las estatuas. Hemos visto la estatua de Ulises envuelto en su sudario tomada de Böcklin, la estatua de Dante en las *piazze* de Florencia y de Ferrara, la estatua de Ariadna, las estatuas ecuestres... Las estatuas siempre desempeñan un papel clave en los espacios de De Chirico. Pero en cierto momento, entre 1914 y 1915, las estatuas empiezan a adquirir unas resonancias más próximas al mundo moderno y más inquietantes: dan entonces paso a los maniquíes.

El maniquí es en cierto modo el contrapunto, la contrapartida de la estatua, y en ninguna parte se expresa mejor la nostalgia, la melancolía del poeta como en el *Retrato de Guillaume Apollinaire* (1914), donde de una manera irreverente se le colocan unos anteojos oscuros al busto, que se supone es un personaje antiguo de piedra o de mármol, y ahí en segundo término aparece ya un maniquí de costura, de los que van a tomar el relevo de las estatuas de la pintura de De Chirico a partir de este momento. El maniquí es el trasunto moderno de la estatua. La imagen del busto del poeta cubierto con esos anteojos oscuros, como de ciego, es una referencia a algo que preocupaba enormemente a De Chirico, particularmente en esta época, que es la figura del poeta en tanto que profeta o vidente. El poeta aparece como ciego, como sucede por ejemplo en los bustos de Homero, precisamente porque ha desarrollado una visión interior que es incompatible con la visión exterior; la ceguera como alusión a la visión interior del poeta. Y en segundo término vemos como aparece detrás de esa placa, de ese relieve enigmático, el perfil de Apollinaire que da título al cuadro.

Apollinaire había sido el primer crítico parisiense que había sintonizado realmente con De Chirico, el único que le había comprendido en 1912, en sus primeras incursiones en el Salon des Indépendants de París. Y es el perfil caricaturesco, la silueta, la sombra de Apollinaire lo que aparece con un círculo blanco, como si fuera, según el propio De Chirico, «una silueta de un tiro al blanco». Y como explica De Chirico en sus *Memorias,* es un rasgo premonitorio ya que el propio Apollinaire fue herido en la cabeza durante la guerra. Aunque De Chirico dedicó un artículo a desmentir que la pintura metafísica tuviera nada que ver con el espiritismo –porque existía quien había aventurado esta teoría–, él mismo se atreve a veces, como harían los surrealistas, que también eran muy aficionados a este tipo de premociones, a señalar cómo él había sido profeta y había anticipado con una pintura suya algo que sucedería más tarde.

Las estatuas y los maniquíes ponen de manifiesto una dialéctica que, para mí, ha estado latente a lo largo de toda la pintura metafísica, desde el propio año 1910 o 1911, desde el principio, y que es en mi opinión la clave de la equivocidad, la ambigüedad del mundo de De Chirico. Por una parte, De Chirico es un pintor aparentemente clasicista, aparentemente nostálgico de las ruinas antiguas, enamorado de las estatuas y de este tipo de elementos. Pero por otra parte, si tratamos de descifrar desde otro punto de vista la iconografía de la pintura metafísica, descubrimos en ella muchísimas referencias a la ciudad industrial contemporánea, a la ciudad futurista, pero con el signo invertido. Si la ciudad futurista era un lugar, como he dicho antes, expansivo, de explosión de energía, una celebración del ruido y del pandemonio, la ciudad industrial tiene otro aspecto. Tiene el aspecto de los grandes suburbios, de los grandes descampados, de la alienación, de la desolación, de la soledad del habitante de las ciudades en esos nuevos espacios diseñados para las masas, hechos fuera de toda escala humana, solitarios a muchas horas del día. Esos espacios que por ejemplo Sironi, un pintor que debe mucho a De Chirico, describirá magníficamente ya en la época de la guerra con sus pinturas de los suburbios.

A mí me parece que en el fondo la metafísica de De Chirico está en esta doble referencia porque simultáneamente se puede leer como una pintura de lo antiguo y como una pintura de la ciudad moderna.

Se puede entender como una pintura de ruinas clásicas o de suburbios contemporáneos, de templos o de fábricas y de estaciones. Por ejemplo, muchas veces los pilares de los edificios podrían ser pilares de mármol de los templos griegos o podrían ser pilastras de hormigón de las estaciones o de las fábricas contemporáneas. Las chimeneas se travisten de columnas y las columnas se travisten de chimeneas. Y las estatuas, de maniquíes de los escaparates contemporáneos. En muchos casos se hace sentir esa contigüidad entre la estatua y el maniquí. *El cerebro del niño* es un cuadro donde se siente un poco esto, porque la figura blanquecina que está detrás de un objeto que no sabemos si es el fuste acanalado de una columna o la cortina de un escaparate, esa figura, tiene a la vez algo de estatua y de maniquí. *El cerebro del niño* es una pintura muy interesante de De Chirico porque es la que ha provocado una progenie más numerosa de imitaciones, de parodias o de plagios. Por ejemplo, en el *Hombre con pipa* de Picasso, de estilo cubista sintético del año 1915, presentimos esa figura del bigote y de los ojos cerrados. Y volvemos a reconocerlo en la *Figura con bombín* de Max Ernst pintada en 1923, que es una pintura clave en el desencadenamiento de la plástica surrealista. Y está *Revolución de noche,* que glosó muy bien hace unos años Juanjo Lahuerta. Es una pintura extraña porque no está dominada por la figura de la madre sino por la figura del padre como referencia al conflicto edípico entre el hijo y el padre. Y es que en el fondo, *El cerebro del niño* es una evocación de la figura paterna de De Chirico, cuya desaparición le había marcado tan tempranamente. Los surrealistas experimentarán una especie de fijación con esta pintura: nada menos que André Breton se bajó precipitadamente de un autobús un día en París para ir a verla en el escaparte de una galería de arte donde estaba colocada, y habló de cómo ese cuadro le había cambiado la vida. Para Yves Tanguy, esta pintura también sería como una revelación. Todo esto viene a cuento del inmenso eco, de la inmensa onda que provocaron muchas de las pinturas de De Chirico entre los surrealistas y no sólo ellos.

Pero estaba hablando de cómo la estatua se desdobla en maniquí. En *El doble sueño de la primavera* está clara esa transición, como si la figura de la izquierda fuera estatua todavía y a la derecha se convirtiera en maniquí. Además, en este cuadro aparece un recurso que va a ser característico de la metafísica tardía de los años 1915, 1917 y 1918 y que es el recurso del cuadro dentro del cuadro. En muchos de los interiores de los cuadros de esta metafísica tardía aparece un cuadro colocado en el caballete que suele ser un enigma que nos plantea el pintor. Puede ser una obra que se está haciendo, como en este caso, una obra del propio artista, o bien un mapa, un diagrama o un cuadro ya terminado. A veces es como una pizarra. Los maniquíes dominan la pintura metafísica tardía,

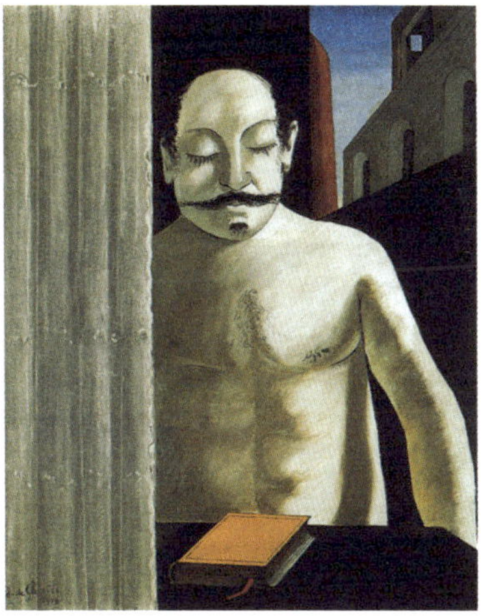

El cerebro del niño, 1914

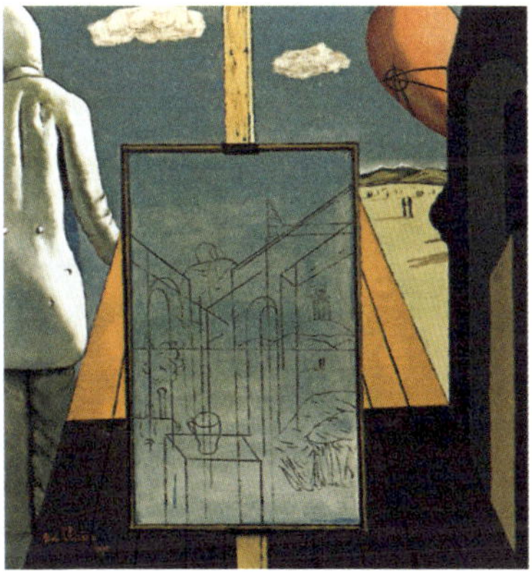

El doble sueño de la primavera, 1915

se convierten en protagonistas de primer plano, en los verdaderos actores de este drama enigmático, más inquietante ahora si cabe, menos clásico, más dominado por el extrañamiento. Por su tema evocan a veces las estatuas antiguas, como es el caso de Andrómaca, que es el tema del ciclo troyano de la mitología clásica. Pero evocan directamente también la obsesión por el maniquí como objeto moderno que ha empezado a entrar hacia 1900 en el imaginario contemporáneo y que vuelve a aparecer en la fotografía de Atget, que es un devoto de los maniquíes en los escaparates.

Los interiores metafísicos de esa época están sembrados de alusiones enigmáticas mediante el cuadro dentro del cuadro. Y se vuelven cada vez más abstractos. De Chirico es en realidad un pintor que da la impresión de estar en camino hacia la abstracción como podían estarlo ciertos cubistas, los propios Mondrian y De Staël en esta época. Porque los elementos que intervienen en sus cuadros se vuelven cada vez menos reconocibles: escuadras, cartabones, elementos de precisión, de medida, elementos del dibujante, del artista. Éstos son los elementos que atestan los interiores metafísicos de esos años, por ejemplo en *El ángel judío,* que es una construcción que podrían estar creando los constructivistas rusos en esa misma época, los Rodchenko, los Tatlin, a la zaga del cubismo. Se trata de una deriva que virtualmente conduce a De Chirico hasta el borde de la abstracción. Y en ese momento, De Chirico se detiene, como muchos otros; como por ejemplo se había detenido Picasso en el umbral de la abstracción.

Y en 1919 experimenta la segunda gran epifanía, la segunda gran revelación de su vida. Cuando, al volver a Roma en 1919, comienza a visitar el Museo Borghese:

> Mientras duraba mi exposición en la Via de Bragaria, empecé a visitar museos. Tenía una especial simpatía por el museo de Vila Borghese donde me impresionaban tanto los cuadros custodiados como la clásica belleza de los árboles y las plantas entre los que se encuentra el museo.

> Fue una mañana en el museo de Vila Borghese ante un cuadro de Tiziano donde tuve la revelación de la gran pintura. Vi aparecer en la sala lenguas de fuego mientras afuera en el cielo claro de la ciudad resonó un clamor solemne como de armas chocando en señal de saludo, y junto a un formidable hurra de los espíritus justos, resonaron las trompas anunciando una resurrección.

Así describe literalmente De Chirico en sus *Memorias de mi vida* lo que le sucedió ante un cuadro de Tiziano, *Amor sagrado y amor profano,* expuesto en la galería Borghese. De Chirico ha sido siempre un pintor de revelaciones súbitas.

En sus primeros manuscritos parisienses habla de que la pintura no es otra cosa sino una revelación súbita de una realidad distinta. La pintura es iluminación, un camino de Damasco, una caída del caballo como la de Saulo que, de pronto, se siente cegado, deslumbrado, y que de repente oye una voz que le dice: «Ésta es tu verdadera ruta». Por segunda vez en su vida, después de aquella primera revelación de 1910 que había tenido lugar ante la estatua de Dante en la Piazza de la Santa Croce, De Chirico cree escuchar una voz que viene de lo alto y que le dice lo que tiene que hacer. Dice en sus *Memorias:*

> Comprendí que me estaba sucediendo algo enorme. Hasta entonces en los museos, en Francia, en Italia, en Alemania, había mirado los cuadros de los maestros y los había visto como los ve todo el mundo, como imágenes pintadas. Naturalmente, lo que me fue revelado en Vila Borghese no era más que el principio. A continuación, con el estudio, con el trabajo, con la observación y con la meditación, he hecho progresos gigantescos y ahora entiendo la pintura de tal modo que experimento un fenómeno cuando veo a los demás, a los que todavía no saben, a los que todavía se mueven en la oscuridad y se afanan en salvar la cara para engañar al prójimo y a sí mismos y sólo consiguen ser infelices, y al ser infelices son malos.

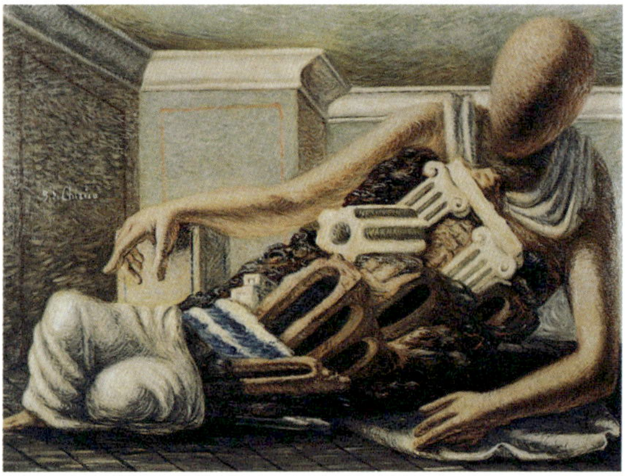

Los arqueólogos, 1927

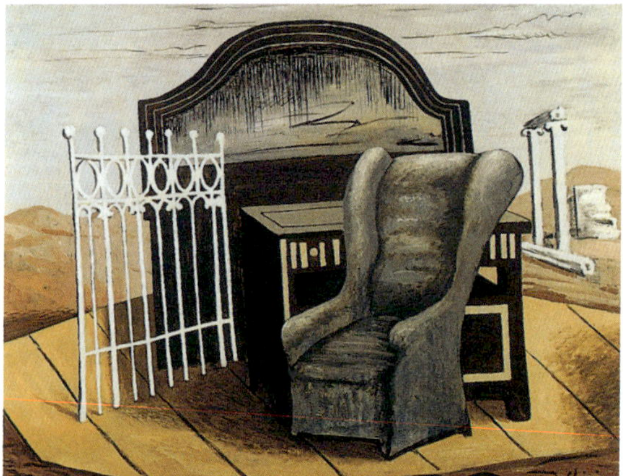

Muebles en el valle, 1927

A partir de aquí, De Chirico se cree en posesión de la definitiva, de la última verdad sobre la pintura y desde este punto emprenderá el camino que le apartará progresivamente de la modernidad. Vendrá entre 1924 y 1928 ese episodio de su coqueteo, de su largo *flirt* con los surrealistas, que finalmente se demostrará como un gigantesco malentendido.

Durante este periodo de los años veinte, De Chirico retorna al oficio de pintar. La sequedad de sus cuadros anteriores, esa sequedad que hacía que los cuadros metafísicos no parecieran pintados sino dibujos coloreados, irá desapareciendo en aras de una pintura más pastosa, más jugosa, más como la de siempre, más pegada a los maestros de siempre. A partir de 1922 pinta esa serie de autorretratos en los que De Chirico aparece definitivamente desdoblado entre él y su propia estatua, como si se hubiera divorciado, escindido de sí mismo. En realidad, él siempre lo estuvo un poco, pero la escisión se acentuaría progresivamente, entre la modernidad y lo que no era modernidad, la militancia antimoderna. Curiosamente, podríamos decir que De Chirico no deja de ser lo que era en el período metafísico. En los primeros años veinte tiene un periodo romántico en el que vuelve a Böcklin y hace aún más literalmente lo que él hacía: pinta villas italianas con cipreses, con palmeras, caballeros antiguos y figuras con túnicas como las de Böcklin y todos esos accesorios supuestamente clasicistas de la obra del pintor suizo. En esos años inventará otros elementos de su propia iconografía, muy populares, que pintará mucho y que vienen de los de la pintura metafísica. *La familia del pintor* o *Los arqueólogos* son ejemplos de unos personajes nuevos que aparecen en su pintura: los maniquíes poltrona, llamados así porque son maniquíes como sofás, como muebles. Y llevan en su seno una fabulosa acumulación de ruinas clásicas. Como si este De Chirico que va a retratar Irving Penn con la corona de laurel desmadejada y deshecha se considerara un pintor clásico pero a la vez se burlara de su vocación de pintor clásico, porque ni él mismo se la toma muy en serio. Los muebles en la calle serán otros de los accesorios típicos de este nuevo retorno a la pintura de siempre de los años veinte. Yo creo que *Muebles en el valle* tiene mucho que ver con una anécdota que cuenta el propio De Chirico sobre cómo en su infancia él y su familia sufrían frecuentemente terremotos en Grecia: «Cada vez que amenazaba un terremoto, sacábamos los colchones y los muebles a la calle, para pasar la noche en la calle». Quizás de esa evocación extraña de ver los muebles fuera de la casa vendrían estas imágenes provocativas y un poco surreales de esta época. Finalmente, los gladiadores de esta época evocan un poco los maniquíes. Son seres estatuarios, enmascarados y algo espectrales.

Lo que no desaparece jamás de la obra de De Chirico es su profunda, su inmensa, su persistente teatralidad. Desde el mismo momento en que se había presentado en París con sus primeras pinturas metafísicas, De Chirico había sufrido, dice él, «un profundo malentendido de su pintura». En marzo de 1914, en lo que es probablemente la primera declaración pública de De Chirico, el pintor protesta contra el profundo malentendido que se había extendido entre los críticos que reseñaban el Salon des Indépendants de aquel año. Dice De Chirico: «Excepto monsieur Apollinaire, prácticamente todos los críticos se refieren al hablar de mi pintura a escenografía teatral. Pero me gustaría que estos señores entendieran que mis pinturas nada tienen que ver con la escenografía, lo que por lo demás está suficientemente probado por los títulos». Lo que quiero decir es que las perspectivas aberrantes, los suelos que se levantan, los espacios desiertos, las arcadas, las estatuas que asoman, las figuras envueltas en sudarios no son sino los accesorios de la inmensa, de la persistente teatralidad a la que está abocada la pintura de De Chirico.

La manifestación última y más clara de todo esto es el hecho de que, a partir de 1915, sus suelos son como los suelos de tablas de los teatros. Están, como ellos, alineados, hechos de franjas. Así que De Chirico, en el fondo, siguió siendo el mismo, pero desarrolló su vocación tardía con una pasmosa, con una formidable inquina contra la propia modernidad que le había coronado. De manera que a partir de los años cuarenta, del año 1945 en concreto, comenzó –cuando ya estaba entronizado en museos como el MoMA, que marcaban lo que era el canon de la modernidad–, en una especie de estrategia suicida, a desacreditar su propio periodo metafísico y lo que es más, a sostener que las exposiciones que se hacían con obras de ese periodo eran exposiciones de cuadros falsos. A partir de 1945, De Chirico entró en esta estrategia de autoaniquilación, de autodemolición por la cual intentaba desacreditar su periodo metafísico porque suponía que éste le robaba la vida presente. Pensaba que los críticos y el resto de los artistas se interesaban sólo por el De Chirico pasado y no por el De Chirico que estaba todavía vivo y que además viviría mucho, hasta 1978.

De manera que De Chirico se empeñó en demoler su periodo metafísico. En primer lugar denunciando como falsas muchas de las obras que se exponían y de las que él tenía noticia. Y en segundo lugar, reproduciendo cuadros suyos metafísicos a veces con fechas nuevas, cuadros que son estrictos simulacros o autofalsificaciones que a veces llevan nuevas fechas pero que otras llevan las fechas antiguas. Es decir, que De Chirico perpetraría esta suma perversión que consiste para un pintor en falsificarse a sí mismo, obteniendo el doble beneficio para alguien que estaba en combate perpetuo contra su propio ego, su propio yo: primero, al sacarle partido a esta situación y poder vender las pinturas metafísicas –que naturalmente se cotizaban más– como si fueran de su fabuloso periodo metafísico, y en segundo lugar al contribuir a devaluar el periodo metafísico que él pensaba que le había hecho tanto daño.

NOTAS

[1] El presente texto resulta de editar la conferencia pronunciada por Guillermo Solana el 21 de noviembre de 2005. Al ser transcripción de una comunicación oral, no se indica en nota la procedencia exacta de los textos citados, que en casi todos los casos corresponden a las *Memorias de mi vida,* de Giorgio de Chirico (Madrid, Síntesis, 2004) [nota del editor].

Man Ray: «Todo el mundo dirá que no soy pintor»

VICENTE MOLINA FOIX

En 1963, rebasada la edad de setenta años, Man Ray publicó su autobiografía, *Self-Portrait* (*Autorretrato* en la edición española).[1] Concebido como un viaje a través de las ciudades formativas del artista y redactado sin mucho brillo literario, el libro tiene en casi todas sus páginas el encanto de la modestia; lo anecdótico prima sobre lo teórico y no hay nunca retratismo de cuerpo entero, sino esbozo leve de los grandes artistas y las sugestivas mujeres inspiradoras con quienes se cruza en una larga vida, llegando Ray a reconocer que la abundancia de anécdotas supone para él una ventaja: «Además de dotarlas de una forma permanente, tuve la sensación de que no necesitaría volver a contarlas, de que al escribirlas quedaría libre del pasado y dejaría de aburrir a mis interlocutores si alguna vez olvidaba que ya les había contado la misma historia»[2].

Ligereza de tono y desarmante candidez. Man Ray figura en todas las exégesis de la vanguardia histórica, no sólo en los episodios de dadá, y sin embargo la percepción que ofrece de sí mismo y el relato de sus trascendentales hallazgos formales –sobre todo fotográficos y fílmicos– aparecen desprovistos de importancia, de heroísmo creador. No son pocas las ocasiones en que Ray atribuye al azar o al estímulo ajeno sus mayores logros, insinuando en los párrafos finales de *Self-Portrait* una cierta tendencia diletante:

> Puede que el propio acto de pintar sea en sí mismo primitivo y en el futuro desaparezca para ser reemplazado por una actividad creativa que en modo alguno pueda relacionarse con nuestra actual concepción del arte, igual que el arte actual resultaría incomprensible para las

generaciones anteriores. A fin de cuentas, los pintores abstractos, los que hacen *collages,* los que salpican la pintura o la lanzan a chorros, son los artistas primitivos de hoy. Nunca me he embarcado en nada que exigiese un esfuerzo tan prolongado como el que ha exigido escribir este libro: pese a la satisfacción que me producía plasmar mis ideas y reacciones con palabras además de con pintura, mi instinto gráfico se impacientaba ante el elemento temporal.

Llama la atención en un contexto de tanta *nonchalance* el pequeño orgullo del «instinto gráfico». Cuando, en el primer capítulo del libro, el joven Emmanuel Radnitzky, auténtico nombre de Ray, traza sin adornos sus comienzos como estudiante de pintura en diversas academias de Nueva York (ciudad a la que la familia se trasladó desde su natal Filadelfia en 1907, teniendo él dieciséis años), sabremos que no sólo es el rechazo de sus padres a tan improductivos estudios lo que el muchacho ha de superar; también sus profesores de dibujo descreen de su capacidad artística, de sus dones para aprender la norma académica de la anatomía y el retrato del natural. Sin cejar en su afán de aprendizaje, el joven Emmanuel trabaja como rotulista y maquetador de una importante compañía de publicidad técnica especializada en ingeniería y maquinaria, y en ese cometido empieza a brillar el «instinto gráfico», si bien los fines de semana los pasa pintando por su cuenta y hojeando libros de arte. Durante las jornadas laborables, se dedica a visitar galerías, y su entrada en la que llevaba el nombre de 291, por estar sus locales en tal número de la Quinta Avenida, sellaría el destino artístico de Man Ray, llevado de la mano del fundador y director de la misma, Alfred Stieglitz.

Stieglitz no sólo animaba tan importante galería neoyorquina, en la que el joven Emmanuel vería sus primeros cézannes, bocetos escultóricos de Rodin, dibujos de Picasso, los bronces dorados de Brâncuşi y muy buenas exposiciones de arte africano primitivo. La 291 era entonces un importante centro de fotografía de vanguardia, y a Stieglitz le debe el futuro Ray la introducción en ese territorio y también el ejemplo de un tipo de trabajo fotográfico artesanal pero lleno de osadía que sería básico en la propia labor de Ray, comenzada en 1915. Con todo, los primeros pasos en la fotografía son, en la línea de su carácter, muy discretos; en esos años inmediatamente posteriores al matrimonio (en 1913) con Adon Lacroix, una cultivada francesa que le inició en los poetas franceses y en especial en Lautréamont (cuyos *Cantos de Maldoror* serían uno de los textos seminales del surrealismo), Ray seguía pintando, y con la cámara sólo se propuso en principio mejorar las reproducciones de los cuadros propios que debían ilustrar sus catálogos o enviaba a las revistas especializadas. «Pensé que no había nadie mejor cualificado para hacerlo que el propio pintor», y así fue ejercitándose, desafiando los resquemores de muchos de los colegas de la bohemia neoyorquina en que se movía: «Nunca había compartido el desprecio de otros artistas por la fotografía, pues no pensaba que hubiese competición entre ésta y la pintura, sino que ambos medios de expresión discurrían por caminos diferentes».

Sin dejar la pintura, Ray cultivaba de modo creciente la fotografía, instalando en su propio apartamento de Nueva York un cuarto oscuro para revelar las placas tomadas. Y así, lo que empezó como labor meramente ancilar fue ocupando más tiempo y más pensamiento, aunque aún el propio Ray lo considerase como algo que le distraía de su primordial dedicación pictórica. En esos años en que la convulsión de la primera guerra mundial había llevado a Nueva York a muchos artistas europeos, Ray conoce a Marcel Duchamp, quien –fluido en el inglés de un modo que Ray nunca conseguiría serlo, instalado en París, con el francés– se convirtió en un peculiar pero influyente amigo. Duchamp había alquilado un local en una planta baja que –le llamó la atención a Ray– no recordaba en nada al estudio de un pintor. Y es que ya Duchamp había tomado la decisión de no volver a pintar, aunque eso no quería decir que estuviera ocioso. Dedicaba una buena parte de su tiempo al ajedrez y, cuenta Ray en sus memorias:

> [...] se había enzarzado en la construcción de una máquina extraña que constaba de estrechos paneles de cristal sobre los que había trazado

las partes de una espiral, montados sobre un eje con cojinetes de bola conectado a su vez a un motor. La idea era que al poner en movimiento los paneles, éstos completaban en su giro la espiral vistos de frente.

Convocado Ray por su nuevo amigo para captar fotográficamente el funcionamiento de la obra descrita, *Rotative plaques verre (optique de précision),* la sesión fue muy accidentada: «Coloqué la cámara en la posición que debería ocupar el observador, y Duchamp accionó el motor». La máquina soltera *duchampiana* empezó en efecto a dar vueltas, hasta ganar velocidad y parecerse a «la hélice de su aeroplano». Pero algo funcionó mal; la correa que sujetaba los paneles se soltó del eje, y un estrépito asustó a los dos amigos, que tuvieron que protegerse de la explosión de los cristales insertos en la obra. A Duchamp, asustado, le preocupó de inmediato el estado físico de su amigo, pero a éste, que no había sufrido ningún corte, le inquietaba al contrario el propio artilugio, pues no ignoraba que Duchamp había trabajado en él durante tres meses. Una vez comprobado que ninguno de los dos había sufrido herida alguna, Duchamp recomenzaría la reconstrucción de su *Rotative plaques verre,* que, una vez acabada de nuevo, fue comprada por el coleccionista Walter Arensberg, el gran mecenas de Duchamp (y hoy está en la colección de la Yale University Art Gallery, con una mención de coautoría a Man Ray).

A Ray le desconcertaba la personalidad enigmática y, sobre todo, lo que llamaría la «abstinencia pictórica» de su amigo Duchamp, reconociendo en todo momento su sencillez, su agudo sentido del humor y su encanto personal, muy generalizadamente apreciado por las mujeres. En esa etapa del dadá neoyorquino, Ray siguió viéndole con asiduidad, a menudo en compañía del pintor Joseph Stella y el compositor Varèse, y valorando con una mezcla de estupor y reverencia las inclasificables piezas no pictóricas a las que Duchamp estaba entregado; «una obra invisible, completamente cerebral, aunque material [que] equivalía a mil obras de otros, pero no podía explotarse, ni confería prestigio a su creador, como les ocurría a los demás».

En 1921, ese joven dadaísta norteamericano que en Nueva York había, aparte de su amistad con Duchamp, desarrollado relaciones con Tzara y Picabia, cruzó a la inversa el Atlántico para instalarse en París, y allí empieza su propia actividad «cerebral aunque material» que le convertiría en un creador sin límites, en un *bricoleur* de genio, en un juguetón pero consumado no-artista. Tampoco en París dejó de pintar, pero su voz artística se deja oír dando nombre propio a lo que aún no lo tenía: los objetos imposibles, el cine irracional, la fotografía con o sin cámara. La inconfundible esfera *manray*. Antes de viajar a París, Man Ray ya había realizado en Nueva York algunas fotografías de figurada objetualidad irracional (*Mujer* y *Hombre,* ambas tomadas en 1918, la primera representando la idea de la feminidad con una fila de pinzas de la ropa, y la segunda con una batidora de huevos como retorcido emblema masculino) y, en 1920, la que es una de sus imágenes más perdurables: *El enigma de Isidore Ducasse,* la manta negra atada con cuerdas que oculta la silueta de una máquina de coser seguramente instalada sobre una mesa de disección, en homenaje a la audaz metáfora de *Los cantos de Maldoror* de Ducasse/Lautréamont (la fotografía ilustraría cuatro años después de haber sido tomada la primera página

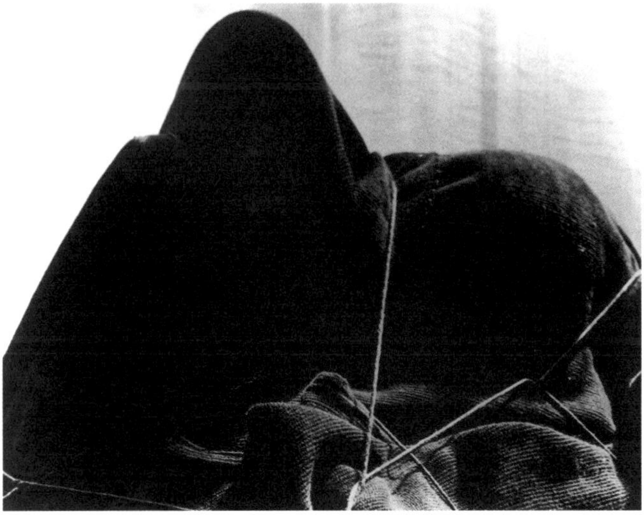

El enigma de Isidore Ducasse, 1920

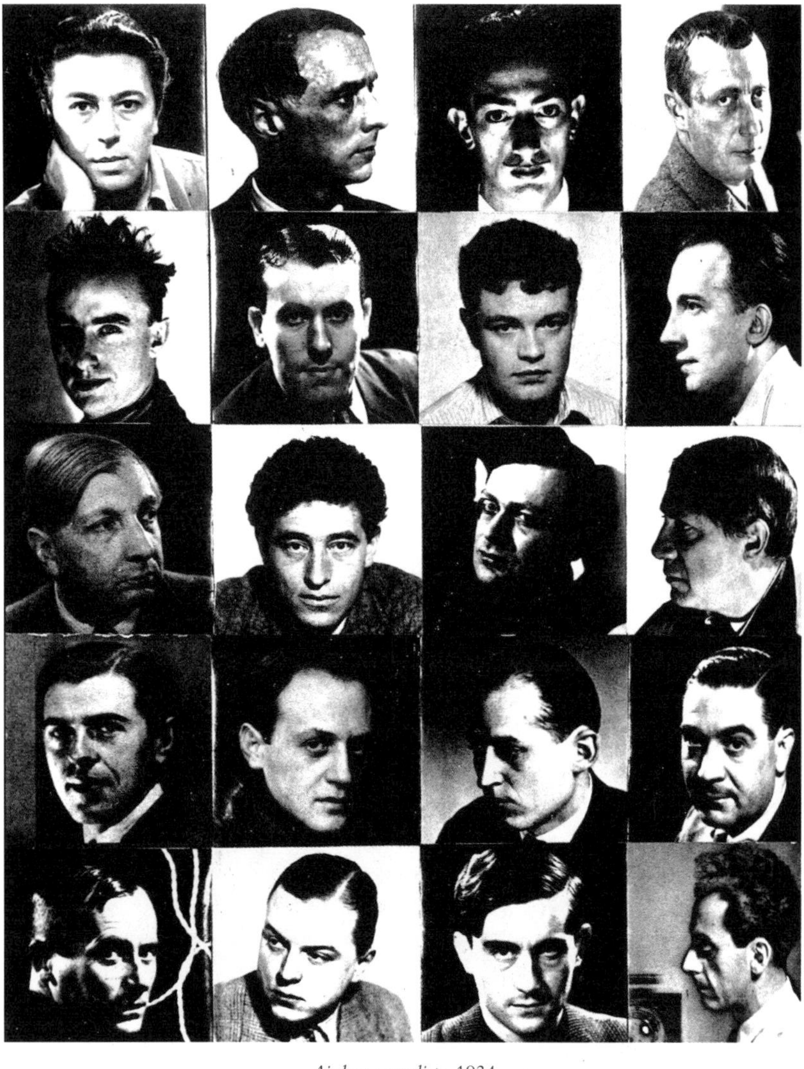

Ajedrez surrealista, 1934

del primer número de *La Révolution surréaliste,* la revista fundada por Breton y su grupo).

En París, Man Ray entró pronto en los ámbitos surrealistas, separándose, después de unos primeros contactos, de su viejo amigo y mentor Duchamp, quien, tal vez en una provocación dadá o como simple tomadura de pelo a su muy mujeriego amigo, le había buscado a aquél, recién llegado a la capital, un alojamiento en un hotel nada incómodo y de buen precio pero con fuerte olor a desinfectante en los pasillos y un constante ajetreo de señores y chicas vistosas; sólo algo más tarde, cuando adquirió sus primeros rudimentos de francés, entendió Man Ray la rareza de que no sólo su hotel, sino todos los que abundaban en ese barrio de Passy donde estaba enclavado se llamaran igual: Hôtel Meublé.

De Ray son algunas de las fotografías más difundidas del grupo de André Breton, así como el curioso y revelador *Ajedrez surrealista,* fotomontaje de veinte instantáneas de los entonces (1934) personajes sobresalientes del surrealismo, desde Breton, el primero de la fila superior, hasta el propio Man Ray, último de la inferior, y entre ellos, Ernst, Arp, Dalí (aún no caído en descrédito), Crevel, Péret, Éluard, Magritte, Tanguy, René Char, Brauner y otros que fueron breves adláteres o simpatizantes del movimiento, como De Chirico, Picasso, Miró, Giacometti y hasta el antiguo rival Tzara.

Con todo, las grandes fotos surrealistas de Ray son las que en los primeros años veinte documentan los objetos *extrañados* («dépaysés») que el norteamericano confeccionaba inspirándose claramente en los *ready-mades* de Duchamp: las memorables *Emak bakia* (el arco de violín con barbas), *Objeto para destruir* (el metrónomo con su único ojo móvil) y una, quizá la más famosa de ese periodo, *El regalo,* que tiene su historia. Con motivo de la primera exposición de sus cuadros, Ray reunió a su alrededor en una galería parisina a la plana mayor surrealista, pero quien más le llamó la atención entre los asistentes al *vernissage* fue un hombrecillo de poca estatura, cercano ya a los sesenta y que, con su barbita blanca, sus anticuados quevedos, el bombín y el abrigo tan negros como su paraguas, parecía

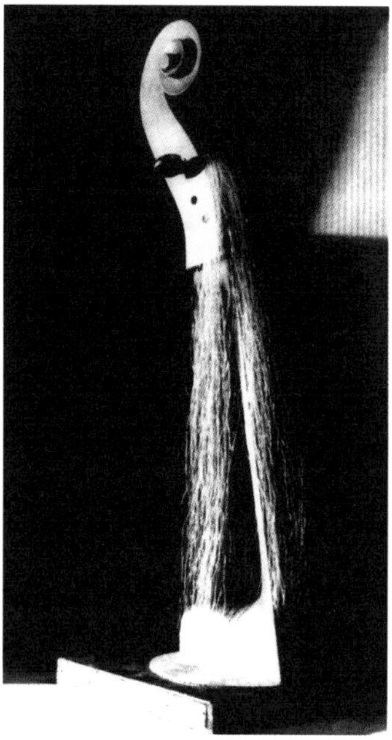

Emak bakia, 1927

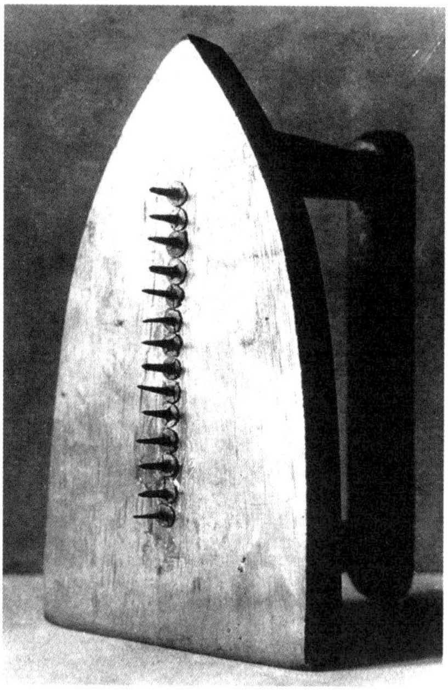

El regalo, 1923

«un empleado de pompas fúnebres o el empleado de algún banco particularmente chapado a la antigua». El hombrecillo se acercó, locuaz y simpático, al artista, y cuando éste, en inglés, se quejó del frío que hacía en la galería, insistió en llevárselo hasta un café próximo, donde le invitó a un grog caliente. A esa copa siguieron otras, y una vez que Ray estuvo reanimado, salió con su desconocido amigo del café, pero al pasar ante el escaparate de una tienda unos utensilios domésticos le llamaron la atención, en especial una antigua y rudimentaria plancha metálica. Siempre acompañado del supuesto empleado funerario, Ray compró la plancha, una caja de clavos y un tubo de pegamento, y de nuevo en la galería pegó los clavos en la superficie lisa de la plancha, creando *El regalo,* su primer objeto dadá hecho en Francia gracias al grog sugerido por el amable viejecillo, que a todo esto se había presentado: Erik Satie.

Como sus cuadros y sus fotografías más artísticas apenas le reportaban ganancias, Ray siguió haciendo trabajos secundarios con su cámara. Picabia, otro conocido de los años neoyorquinos, le encargó fotografiar sus propias pinturas, «que por aquella época no se tomaban demasiado en serio dentro del mundo artístico, aunque a mí me parecían importantes», dice Ray, presentándole asimismo a otros posibles clientes, entre los que destaca Jean Cocteau, «un ídolo social [...] despreciado por los dadaístas». Cocteau le recibió en su casa empolvado y envuelto en una bata de seda, declarando a Ray que le gustaba todo lo estadounidense, y en especial el jazz. Los retratos que le hizo Ray fueron muy celebrados, y Cocteau empezó a visitarle, llevándole a su estudio a jóvenes actores, músicos y *protégés* como Raymond Radiguet, a punto entonces de publicar, con veinte años, su novela *El diablo en el cuerpo,* que sería un gran éxito. Ninguno de los fotografiados le pagaba a Ray las copias impresas, pero a la vez que su archivo fotográfico iba creciendo, el renombre del norteamericano se extendía por todo París. Y así tuvo acceso, gracias a la mediación de Gabrielle, la esposa de Picabia, al célebre modisto Paul Poiret.

Este episodio fue importante en la carrera de Ray, pues aunque tampoco desde el punto de vista económico le reportó grandes beneficios, sirvió para ampliar considerablemente el espectro de sus trabajos fotográficos, combinando los requerimientos de la alta costura con la estilización formal característica de sus retratos e imágenes de fantasía. En la primera entrevista con el fotógrafo, Poiret afirmó querer fotos originales de sus colecciones, algo distinto a lo que publicaban los fotógrafos de moda al uso, y a tal fin le dio a Ray total libertad de movimientos, algo que éste aprovechó para pasar muchas horas de observación y búsqueda en los talleres del modisto, gratamente acompañado siempre de hermosas muchachas.

En el plano amoroso, sin embargo, hubo una modelo que desde los primeros tiempos de su vida en París fue musa, compañera y gran pasión erótica: Kiki, llamada Kiki de Montparnasse en los ambientes de la bohemia pictórica de esos años veinte. Kiki y Man Ray se conocieron en un *bistrot;* la chica, furiosa con los camareros que se habían negado a servirle a ella y a unas amigas por no llevar sombrero, se subió a una silla y fue

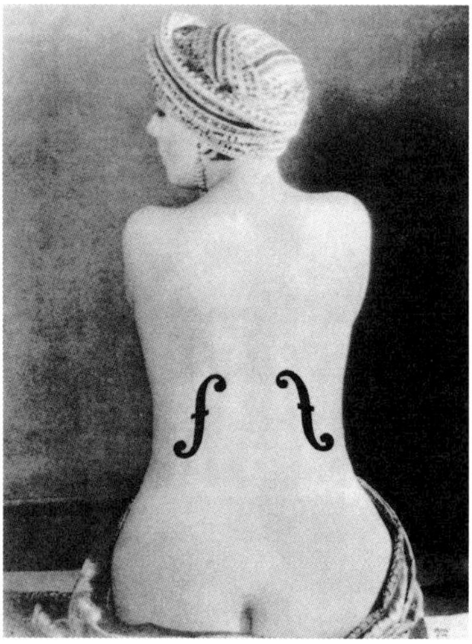

El violín de Ingres, 1924

saltando ágilmente de un velador a otro, sin dejar de amenazar a los camareros y al propio dueño del local. Apaciguada Kiki e invitada por una amiga común, la pintora Marie Vassiliev, a la mesa que ésta compartía con Ray, pudieron ambos escuchar otra historia que mostraba un perfil menos levantisco, más tierno, de la hermosa muchacha: sus problemas con los últimos artistas a quienes servía de modelo, Maurice Utrillo, que, siempre borracho, la hacía posar interminablemente, mostrando al final que lo que había pintado no era un desnudo de Kiki sino un paisaje, y Chaïm Soutine, desnutrido y eternamente hambriento pero con su estudio lleno de alimentos podridos, motivos de inspiración de las naturalezas muertas en las que llevaba días trabajando. Después de un forcejeo respecto a la conveniencia o no de desnudarse ante la cámara del norteamericano, Kiki posó para él y al cabo de pocos días se mudó con todas sus (escasas) pertenencias a las habitaciones de Ray, comenzando una relación que duró seis años y en el terreno artístico fructificó en cientos de fotografías (algunas tan famosas como *El violín de Ingres,* que representa a Kiki en un desnudo dorsal con la superposición de dos corcheas en la piel de sus caderas), y en el protagonismo de la joven borgoñona en tres de las películas de Ray, de las que después hablaremos.

Ray, con la falta de soberbia y el candor que le caracterizan, siempre achacó al azar sus más llamativos hallazgos fotográficos. Una noche, trabajando en el revelado de las placas que había tomado durante el día en el taller de Poiret, se produjo un hecho fortuito. El artista tenía un equipo de laboratorio muy reducido, así como un modo de trabajo artesanal, por no decir precario, que él mismo ha descrito: «Me limitaba a colocar el negativo de cristal sobre una lámina de papel fotosensible, a la luz del farolillo rojo, encendía la bombilla que colgaba del techo durante unos segundos y así revelaba las placas». Pero esa noche cayó en la bandeja del revelado una hoja de papel fotográfico sin exponer, mezclada por error con las ya expuestas. Mientras el artista esperaba a que se formaran las imágenes, puso descuidadamente dentro de la bandeja donde estaban los papeles húmedos un pequeño embudo de cristal, una probeta y un termómetro, y al encender la luz del cuarto, relata Ray:

> [...] ante mis ojos comenzó a formarse una imagen que no era una simple silueta de los objetos, como sucedería en una fotografía normal, sino una imagen distorsionada y refractada por el cristal más o menos en contacto con el papel; la imagen sobresalía sobre un fondo negro, correspondiente a la parte directamente expuesta a la luz.

Las extraordinarias fotos sin cámara que Man Ray decidió llamar *rayografías* o *rayogramas* («rayogrammes») nacieron así, de ese modo casual y simple, durante aquella sesión de trabajo en la que, excitado por su hallazgo, el fotógrafo dejó de lado el encargo de Poiret que estaba realizando y entró en una especie de frenesí rayográfico: «Tomé cuantos objetos tenía a mano, la llave de la habitación, un pañuelo, unos lápices, una vela, un rollo de alambre; no era necesario introducirlos en el líquido, sino que bastaba colocarlos sobre el papel seco para exponerlo luego a la luz, igual que los negativos». Cuando al día siguiente llegó de visita a su estudio Tristan Tzara, los papeles fotográficos con extrañas formas colgados en la pared pasmaron al poeta, quien, en lugar de salir a almorzar, prefirió permanecer en el estudio haciendo con su amigo nuevos *rayogrammes* que eran, afirmaba, «puro dadá» y muy superiores a intentos fotográficos semejantes que un precursor del dadaísmo, el pintor Christian Schad, había realizado años antes. A tal extremo llegó el entusiasmo de Tzara que Ray, en un raro brote de celos, interrumpió la sesión conjunta, temeroso de que aquél, con su fuerte personalidad y su instinto artísticamente depredador, se apropiara de la *trouvaille*. Ray siguió en solitario sus rayogramas, que publicaría poco después en una edición limitada bajo el título de *Les champs délicieux* (Los campos deliciosos); Tzara, sin guardarle resentimiento, contribuyó con un preámbulo a la edición, y otro amigo del grupo surrealista, el poeta Robert Desnos estableció una hermosa comparación entre las semiabstractas imágenes rayográficas de Ray y ciertos juegos infantiles: «De niños, teníamos la costumbre de siluetear nuestras manos sobre un papel de citrato expuesto al sol. Con este sencillo procedimiento se partía para crear paisajes ajenos a nuestro planeta, revelando un caos más asombroso que el pretendido por la Biblia».

Las rayografías de Ray, sus solarizaciones, sus placas sin cámara, abrieron cauces aún no cerrados en el campo de la imagen fotográfica, siendo curioso cómo, al hablar de ello, el artista norteamericano cede la parte esencial de sus logros a los accidentes involuntarios. De éstos, tal vez el más pintoresco fue el ocurrido en casa de la marquesa Casati, otro personaje del alto mundo parisino que llegó al estudio de Ray atraída por su fama pero rogándole que la fotografiara en su palacete parisino, rodeada de sus muebles y *bibelots* preferidos. Excéntrica, inteligente, refinada y célebre por sus amoríos (sobre todo el que tuvo con D'Annunzio), la marquesa Casati apareció el día fijado en su salón de la Place Vendôme despeinada, teñido de rojo violento el cabello y con sus grandes ojos esmeradamente pintados. Cuando Ray encendió sus focos ante la dama, que estaba posando junto a una mesa dominada por un alto jarrón de jade y piedras preciosas, los plomos se fundieron, pues, según la versión del propio Ray, en los interiores de las casas francesas, incluso las más palaciegas, la potencia estaba por entonces limitada al mínimo. Antes de que los sirvientes cambiaran los fusibles, el fotógrafo sugirió tirar sus placas con la iluminación natural de la sala, siempre que la marquesa se resignara a mantenerse quieta frente al objetivo durante el tiempo más largo de exposición que la falta de luz requería. Así se hizo. Sin embargo, esa noche, al revelar los negativos en su estudio, Ray encontró todas las imágenes borrosas, por lo que dio por fracasada la sesión, informando de ello a la marquesa.

Ésta insistió en ver alguna de las copias impresas, por defectuosas que fueran, quedando especialmente satisfecha de una en la que su rostro había salido movido y con tres pares de ojos, una «versión surrealista de la Medusa» en palabras del propio fotógrafo. La marquesa siempre sostuvo que esa foto movida de su cara captaba perfectamente su alma, y no dejaría de encargarle más copias de la misma y de seguir posando para él. El poeta y hombre de teatro Georges Ribemont-Dessaignes, uno de los primeros animadores del dadá francés junto a Picabia y Duchamp, resumió más tarde con sutileza esas experiencias fotográficas en las que el artista prescinde de la cámara o crea su propia tecnología casera y natural: «[Man Ray] inventa un nuevo mundo y lo fotografía para probar que existe. Pero como el aparato tiene un ojo, mas no corazón, lo suprime».

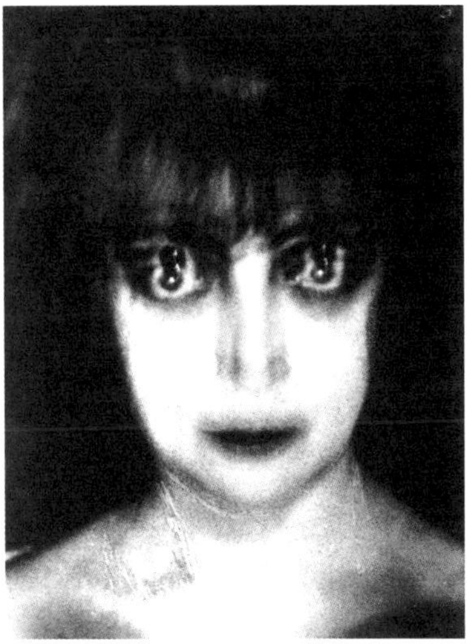

La marquesa Casati, 1930

Las fotos difuminadas de la marquesa Casati dieron que hablar en París, y también los condes de Beaumont invitaron a Man Ray a almorzar en su castillo a sesenta kilómetros de París. En este caso, más que posar para él, la condesa, fotógrafa amateur, quería que Ray le diera clases, y así quedó convenido. El día del almuerzo, los condes enseñaron en la mesa las fotos de Ray que ya circulaban prestigiosamente, causando desconcierto entre los demás invitados; acabada la comida, la condesa sacó su vieja cámara de placas con trípode e insistió en hacerle fotos al artista, quien podría mientras posaba darle instrucciones. También esta vez se produjo un accidente, la caída de Ray a una bañera al haberse apoyado en una sábana que cedió, pero las placas tomadas por la condesa y reveladas después por Ray, dentro del mismo *château,* a la luz de una vela envuelta en una pantalla de papel rojo, no tenían el aura esotérica de las de la marquesa Casati.

Aun así, el artista volvió a ser invitado al castillo de los Beaumont, y esa segunda vez con una oculta intención: la condesa volvió a alabar la cualidad misteriosa, incluso mística, de muchas de las fotografías de Ray, y le preguntó en un aparte si él podría producir «efectos semejantes» en una película. La Beaumont tenía un proyecto ambicioso: contaba con un guión escrito por H. G. Wells, tan entusiasta del espiritismo como ella misma, y con ese guión de Wells y la fotografía de Ray se podría según ella hacer una gran película espiritista, rodada en Egipto con la esfinge y las pirámides de telón de fondo. Ray rechazó el ofrecimiento, explicándole a la condesa que «jamás había pensado que mi obra estuviera cerca del misticismo, de lo sobrenatural; había considerado la idea de hacer películas por verla en movimiento, pero habría de ser de acuerdo con mis propias ideas, con un guión propio».

Y efectivamente, en 1923, Man Ray realiza *El regreso a la razón,* una brevísima película de animación fotográfica convertida, de nuevo sin la voluntad o la previsión de su autor, en precursora del cine dadá. Ray ha contado cómo un día compró una pequeña cámara cinematográfica y película para hacer tomas discontinuas de un campo de margaritas, un torso femenino desnudo y unos móviles escultóricos (creados por él mucho antes de que Calder hiciese los suyos, tan similares), pensando, cuando hubiese rodado algo más, en proyectarlo privadamente para sus amigos. Pero una vez más intervino azarosa y arrolladoramente Tristan Tzara, quien se presentó en su estudio y le comunicó que en Le Cœur à Barbe (El corazón barbudo), una velada dadaísta anunciada para el día siguiente en el teatro Michel de París, su nombre figuraba como coproductor de una inexistente película que formaría parte del programa. Ray le habló del material que ya había filmado, comprometiéndose, ante la insistencia de Tzara, en tener listo al cabo de 24 horas un film corto. El procedimiento seguido para completar *El regreso a la razón* recuerda el de sus mejores *found objects* fotográficos:

Compré un rollo de trescientos metros de película, me metí en el cuarto oscuro y recorté el material en tiras cortas, que clavé a la mesa de trabajo. Rocié con sal y pimienta algunas de las tiras, como el cocinero que prepara un asado, y arrojé alfileres y chinchetas aleatoriamente unas sobre otras. Luego encendí la luz un par de segundos, como había hecho para mis rayografías estáticas. A continuación, levanté con sumo cuidado la película de la mesa, la sacudí para eliminar los residuos y la introduje en los tanques de revelado. A la mañana siguiente, cuando la película ya estaba seca, examiné mi trabajo: la sal, los alfileres y las chinchetas se habían reproducido a la perfección, blanco sobre negro, como en una imagen obtenida por rayos X.

Básicamente abstracto en su cambiante juego de luces y vertiginosa danza de clavos, partículas y objetos cinéticos, *El regreso a la razón* contiene también unas hermosas imágenes figurativas del torso desnudo de Kiki sometido al tratamiento de solarización ya ensayado por Ray sobre papel, y consistente en la exposición del positivo fotográfico a la luz durante el proceso de impresión. Su presentación el 6 de julio de 1923, en la que sería con el tiempo histórica *soirée* del dadá parisino, fue deliberadamente provocativa. Ante un público formado, entre otros, por Breton, Éluard, Aragon, Peret y Soupault, es decir, la plana mayor del entonces naciente surrealismo, Tzara irrumpió en el escenario para anunciar el pase de la primicia cinematográfica que el famoso artista Man Ray había realizado «en uno de sus momentos de lucidez». Pero como en la sala del teatro Michel había también asistentes no incondicionales, la proyección, interrumpida

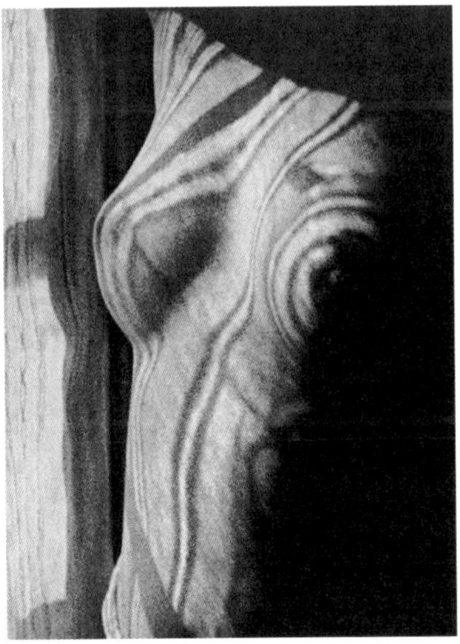

El regreso a la razón, 1923

además por cortes y averías, acabó en una batalla campal que hizo intervenir a la patrulla policial ya estacionada a las puertas del teatro durante el acto, según algunos por aviso del propio Tzara, muy satisfecho al fin de su escandaloso Cœur à Barbe.

El copión de esa primera película de Ray desapareció algún tiempo después de su *première* (para reaparecer en 1949), siendo aprovechados algunos de sus fotogramas en la segunda experiencia cinematográfica, *Emak bakia* (1926-1927), realizada por el artista pese a su propósito de no insistir en un campo donde él se consideraba «Director de Malas Películas»: así firmó en el libro de invitados de Picabia la primera vez que le visitó, queriendo con ello resaltar irónicamente el hecho de que su visión del cine chocaba de frente con las pretensiones de la industria y los grandes públicos. Tras un arranque con las formas abstractas retomadas de *El regreso a la razón, Emak bakia* («dejadme en paz» en vasco, explicó Ray, aunque también se dan otros significados) introduce personajes, encarnados los dos centrales por Kiki de Montparnasse y el interesante escritor surrealista Jacques Rigaut, quien hace de un hierático viajero que se baja de un taxi con una maleta en la mano, entra en un piso y abre el equipaje, revelándose su contenido de cuellos blancos duros que el hombre se dedica a desgarrar. Tras observarse a sí mismo en un espejo, el hombre desgarra su propio cuello duro y lo tira al suelo, uniéndose a los que allí yacen en una danza que Ray pretendía sonorizar con la música del vals de *La viuda alegre;* la película, como las tres restantes, es finalmente muda.

A continuación se ven motivos marinos y aun submarinos en una amalgama de libre asociación irracional («la razón de esta extravagancia» es una frase recurrente en los rótulos), y el film termina con la potente imagen del rostro de la protagonista, quien (¿al fin de un sueño?) abre los falsos ojos pintados sobre sus párpados para mostrar los suyos, bien despiertos, imagen que años después copiaría Jean Cocteau en *La sangre de un poeta. Emak bakia* fue el primero de los que el mismo Ray llamó *cinepoemas* oníricos de inspiración surrealista, dando su autor la clave de la mezcla de formas luminosas y movimientos puros con escenas figurativas en el supuesto de que «las partes más objetivas interrumpen la monotonía de las invenciones abstractas o les sirven de puntuación».

Dos años después, en 1928, a partir de un guión literario solicitado una noche a su amigo el poeta Robert Desnos, quien lo escribió en unas horas, entregándolo la mañana siguiente antes de partir a un largo viaje, Ray realizó *La estrella de mar,* sin duda la más lograda y elocuente de sus películas. Con una duración de quince minutos y teniendo de nuevo como intérprete a su amorosa musa Kiki (acompañada en este caso por el no muy expresivo poeta-guionista), *La estrella de mar* es –así reza su primer subtítulo– «un poema de Robert Desnos tal como lo ha visto Man Ray», no muy distinto de otros ejemplos de escritura poética automática aplicada al cine que diversos poetas, dramaturgos, pintores y músicos de las vanguardias históricas practicaron, destacando entre ellos Marinetti, Picabia (que hizo en 1924 con René Clair la fundamental *Entreacto*), Maiakovski, Léger (autor de *El ballet mecánico,* 1924), Dalí (*Un perro andaluz* y *La edad de oro* de Buñuel), Lorca (en su largo tiempo perdido guión de *Viaje a la luna,* escrito en 1929), Artaud (guionista de la fascinante *La Coquille et le clergyman* dirigida por Dulac, 1928), Duchamp (con su *Anémic cinéma* de 1927) y sin duda el propio Desnos, el más cinéfilo del movimiento surrealista, no sólo en tanto guionista sino también como crítico.

El cinepoema de Desnos, «lleno de imágenes muy fotogénicas», le fue inspirado al poeta, según Ray, «por una estrella de mar conservada en un frasco cerca de su cama», y su escritura fue consumada, la noche del encargo, en un estado entre el sueño y la realidad. La puesta en escena del artista americano, al que Desnos había dado libertad total de ejecución, tiene un poder de sugestión a veces turbador y siempre misterioso; los fotogramas, como señaló Ado Kyrou en su estudio sobre *El surrealismo en el cine,* no son nunca un mero subrayado o prolongación de los versos, sino que «ofrecen al mundo de Desnos el mundo de Man Ray». Éste supo además imprimir en el ritmo de su película la fijeza de una naturaleza muerta, separando las imágenes por vacíos o fundidos en negro, con el propósito (conseguido) de que el flujo cinematográfico se pareciese a la respiración que se tiene durante el sueño.

Con ciertas soluciones de ilusionismo y truca que recuerdan el cine de Meliès, Ray confiere a su triángulo amoroso nunca explícito una envolvente aura de erotismo, punteado por las formas dentales, la apertura de puertas y grietas en la pared, la textura genital de la propia estrella de mar siempre presente. Y si la pirotecnia verbal de Desnos no pasa de un irracionalismo programático («El sol, con un pie en el estribo, anida a un ruiseñor en un velo de gasa», es uno de sus versos intercalados), la formidable inventiva técnica de Ray da con soluciones que ensanchan y trascienden el material literario, siendo la principal el ingenioso uso de *flous* cinematográficos y una especie de esmerilado de la imagen, al que Ray llegó por medio de un premeditado desajuste del objetivo de su cámara. Así, la metáfora central del cinepoema de Desnos, «bella como una flor de vidrio», adquiere en la película una patente consistencia feérica.

En 1929, Man Ray llevó a cabo la que sería su última experiencia fílmica, *El misterio del castillo de los dados,* atendiendo en este caso la solicitud del vizconde de Noailles, gran mecenas de artistas de la vanguardia y responsable de la financiación, poco tiempo después, de dos obras maestras indiscutibles, *La edad de oro* de Buñuel y *La sangre de un poeta* de Cocteau, broche de cierre de ese fértil periodo del *cine de arte* desarrollado en la década 1920-1930. *El misterio del castillo de los dados* fue concebida como una película propagandística y hasta doméstica, pues lo que tanto el vizconde como la célebre vizcondesa (que intervinieron ambos como intérpretes) pretendían al encargársela a Ray era lucir en proyecciones privadas antes sus invitados su nueva residencia (o castillo) racionalista edificada en Hyères por el arquitecto Robert Mallet-Stevens, figura muy atractiva de aquel periodo no sólo por sus diseños arquitectónicos (le construyó también en Yvelines una casa al ya aquí citado modista y patrono fotográfico de Man Ray, Paul Poiret) sino como autor de los extraordinarios decorados de algunas de las películas mudas de Marcel L'Herbier, en especial de *La inhumana* (1923).

Ray ya conocía de antemano a los vizcondes; figurantes distinguidos en *El regreso a la razón* y *Emak bakia,* había hecho retratos de la familia y de la remodelación de su casa de París, les había vendido algunas de sus espirales de metal y asistía regularmente a los suntuosos bailes que daban los Noailles. El incentivo del proyecto era pasar dos semanas de vacaciones cómodas y muy bien pagadas en el sur de Francia, durante las cuales se realizaría esa filmación en principio documental que, confesó el artista, no le exigía ninguna inventiva ni afectaba a la decisión tomada tras *La estrella de mar* de no hacer más películas. «La idea de que no llegaría al público también pesó a la hora de aceptar la invitación», aclara Ray en su autobiografía.

Todo cambió al llegar a Hyères acompañado de su habitual operador (y excelente fotógrafo) Boiffard. Ray había visto antes del viaje unas fotos del *château,* que él mismo describe como «un conjunto de cubos de hormigón gris, construido sobre las ruinas de un viejo monasterio, en lo alto de una colina que dominaba el pueblo». Pero el escueto y lineal edificio (que aún sigue en pie) parecía querer ocultar, según Ray, «la opulencia que albergaba en su interior», y ese choque entre la sobriedad y el lujo provocó la imaginación del artista, que vio además en sus formas cúbicas una reminiscencia o alusión al conocido verso de Mallarmé «una tirada de dados no abolirá el azar», convertido de inmediato en *motto,* inspiración y *Leitmotiv* de *El misterio del castillo de los dados.*

El carácter de propaganda inmobiliaria y artística de la mansión de Hyères no llegó a desaparecer del todo de la película, que abunda en filmaciones de las esculturas, lámparas, muebles de estilo y vidrieras del *château;* Ray, sin embargo, transmuta ese inventario visual en una sugestiva aunque hermética trama punteada por el motivo del dado mallarmeano, recurrente a lo largo del viaje que dos hombres emprenden, tras echarlo en suerte, al inicio del film. Otra eficaz idea de Ray para conferir misterio al relato fue cubrir el rostro de sus personajes con medias negras de seda, ganándose de ese modo, además, la confianza de los aristocráticos invitados del *château,* en un principio reacios a mostrarse a cara descubierta como cómplices de una *boutade* surrealista potencialmente escandalosa. Así, tanto los dos viajeros que llegan al fin del viaje en coche hasta el pueblecito dominado por el castillo cubista como los habitantes del mismo aparecen, sin necesidad de maquillajes o *flous,* desfigurados bajo el tejido de la media.

El misterio del castillo de los dados cuenta con algunas escenas memorables. En una, Ray, tras haber descubierto un día, vagando por la casa, las paredes del sótano revestidas por una hilera de paneles de malla de alambre (donde el vizconde almacenaba los cuadros no colgados de su gran colección de pintura), presenta «los secretos de la pintura» a base de descorrer lentamente ante el objetivo de la cámara una docena de esos paneles, procedentes por cierto de una lavandería donde originalmente eran utilizados para secar la colada; acabado el movimiento misterioso de los paneles, la cámara se enfrenta a un espejo, que acabará por atravesar. La hermosa piscina del palacete también figura como importante localización del film; destacando entre el grupo de elegantes y velados bañistas, una «Eva submarina» –la propia Marie-Laure de Noailles, experta nadadora– se zambulle y ejecuta bajo el agua juegos malabares, mientras los rótulos formulan la pregunta «¿dónde estamos?». Su marido, el vizconde, salta en otro plano desde el trampolín, si bien en la realidad estuvo a punto de ahogarse, empapada su media facial de agua. Para que el anfitrión olvidara en las proyecciones caseras el momento de grave peligro vivido, Ray hizo un truco de prestidigitación en el montaje final, mostrando la secuencia a la inversa, con lo que el Vizconde sale aspirado del agua y aterriza sobre la tabla del trampolín (esas inversiones de la imagen serían asimismo utilizadas después en sus películas por Jean Cocteau).

Los Noailles quedaron tan satisfechos de *El misterio del castillo de los dados* que le ofrecieron a Ray la financiación de un largometraje; el artista lo rechazó, pretextando la dureza de un rodaje con muchos técnicos y una producción profesional en la que, además, habría que incorporar el sistema sonoro, en ese momento ya consolidado. Muchos años después, Man Ray dio con descarada sinceridad algunas pistas para entender cabalmente la razón de aquel rechazo: «Todas las películas que he realizado fueron improvisaciones. No escribía el guión. Era cine automático. Trabajaba solo. Mi intención era poner en movimiento las composiciones fotográficas que hacía», añadiendo, en ese testimonio publicado en el año 1965 en un número doble de la revista *Études cinématographiques* dedicado al surrealismo y el cine, que «no se puede realizar una película únicamente para los estetas. Uno está bloqueado por preocupaciones industriales y financieras. Una película ha de "retribuir" de inmediato, mientras que un cuadro puede esperar». Pero hay también en su fuga del cine un gesto iconoclasta, provocador, asociado al afán antiartístico del dadaísmo: «No me gusta ver en las películas las cosas que ocurren en la vida. Las películas empeñadas en reproducir la vida yo las llamo películas "ojos de cerradura". Voy al cine sin elegir el programa, sin ni siquiera mirar los carteles. Entro en las salas que tengan sillones confortables...».

Apartado voluntariamente de la cámara cinematográfica y del mecenazgo de los poderosos, Ray ha de ocuparse de sus propias finanzas; las incursiones en el cine, escribe en sus memorias, le perjudicaron económicamente, pues «corría el rumor de que había dejado la fotografía, y mis encargos de retratos disminuyeron. Las revistas me rehuían. Decidí empezar de nuevo, invitar a la gente a que posase para mí, y organicé una exposición de mis rayografías para avivar el interés». Junto al retomado trabajo fotográfico, Ray vuelve decididamente a la pintura; como le confesaría a Arturo Schwarz, que lo cita en su importante libro *Man Ray. The Rigour of Imagination* (1977), «si lo que me interesa es un retrato, un rostro o un desnudo, utilizo mi cámara fotográfica [...] Pero si es algo que no puedo fotografiar, como un sueño o un impulso inconsciente, entonces recurro al dibujo o la pintura»[3].

Los años treinta serán un periodo de gran actividad en el terreno de las artes plásticas. Ray pinta su cuadro quizá más conocido y de mayor impacto icónico, *A la hora del observatorio. Los enamorados,* en el que trabajó dos años, de 1932 a 1934, obsesionado por los gigantescos labios que sobrevuelan –como una nave surcada por una hendidura horizontal– un paisaje crepuscular donde despuntan al fondo dos cúpulas semejantes a pechos femeninos. Los labios, dice el artista, parecían dos cuerpos unidos, y él mismo, «en previsión de futuras interpretaciones», escribió al pie del lienzo el citado título. «Muy freudiano», añade sarcásticamente. También entonces realiza alguno de sus mejores «ensamblajes», así como una serie de treinta dibujos a tinta china en la órbita expresiva del surrealismo. Es un tiempo en el que trata con asiduidad a André Breton, por quien estuvo a punto de volver a la dirección cinematográfica, exigiendo el pope surrealista que Ray le filmara a él y a Paul Éluard durante una excursión campestre; los percances de la jornada y la impaciencia ante la cámara de los dos escritores impidió la continuación del film, que, dice Ray cándidamente, le habría rehabilitado plenamente en las filas surrealistas tras muchos años en los que «no les había consultado» sus iniciativas artísticas, actuando más bien como francotirador en los márgenes del grupo. Aun así, Breton le encargó para la gran exposición surrealista de 1938 el trabajo de iluminación de las obras expuestas; Ray, demostrando su gran instinto *gráfico* en los espacios y su original entendimiento de la luz, tuvo la ocurrencia de dejar la galería en penumbra, disponiendo que se entregara en la puerta a cada visitante una linterna para enfocar separadamente los cuadros.

En ese mismo año de 1938, Man Ray pinta otro de sus cuadros célebres y significativos, el *Retrato imaginario del marqués de Sade,* culminación de una serie de trabajos (litografías, fotos, pequeñas esculturas de yeso) sobre la figura de Sade que le ocupó desde comienzos de la década. La admiración o fijación *sadiana* de Ray se desarrolló sin duda bajo el influjo del credo surrealista, que –desde el *Primer manifiesto* de 1924– tuvo siempre la obra literaria del Divino Marqués como paradigma del «desenfreno de los sentidos» preconizado por Breton. Pero Ray busca plásticamente la verdad escondida de Sade; en su bellísimo *Monumento a D. A. F. de Sade* de 1933, unas nalgas femeninas fotografiadas como incisión, cruce torcido o herida, son después enmarcadas pictóricamente por una cruz invertida que las desnuda aún más, mientras que en el citado retrato al óleo, el autor de *Los 120 días de Sodoma* es pintado como una mole petrificada que observa desde la distancia la ciudadela encendida del deseo.

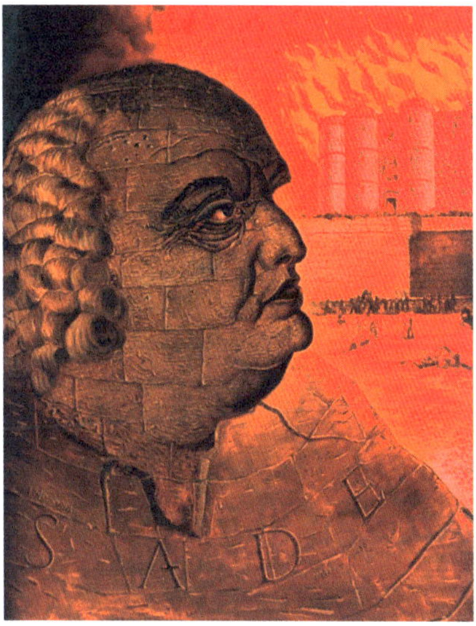

Retrato imaginario del marqués de Sade, 1938

En los últimos años de su extensa vida (murió en 1976), Man Ray daba con frecuencia conferencias y escribía textos sobre sus lances y actividades de *joven turco* de las vanguardias. Para el catálogo de una exposición antológica sobre dadá y surrealismo, el artista hizo un brillante *détournement,* presentando su propia obra expuesta con las palabras de un viejo texto de Erik Satie publicado en 1912 en réplica a unas críticas adversas. Ray cambió algunas palabras para adaptar el texto original a su itinerario artístico. Donde el compositor hablaba de «música» o de «sonido», el norteamericano lo sustituía por «pintura» y «color», y bajo el título puesto a su declaración o manifiesto, *Qué soy,* Ray se respondía a sí mismo: «Todo el mundo dirá que no soy pintor. Es verdad. En los inicios de mi carrera, yo mismo me encasillé de inmediato como fotometrógrafo. Mis obras son puramente fotométricas [...]. Lo que domina en ellas es el pensamiento científico».

Sin tanto humor y con muchas más ínfulas, André Breton quiso tempranamente ensalzar a Ray como artista y también como pintor. En la primera edición de *Le surréalisme et la peinture* (1928), Breton habla de la necesidad que en ese momento tenía la pintura de plantearse y resolver su razón de ser, expresando el desiderátum (o mandato) de que:

> [...] un técnico perfecto de la fotografía, que perteneciese también a la clase de los mejores pintores, se preocupase, por una parte, de asignar a la fotografía los límites exactos a los que ella puede aspirar, y por otra [...] y sobre todo de perseguir por su cuenta y en la medida de sus propios medios la exploración de esa zona que la pintura creía poder reservarse.

Pues bien, Breton añade a continuación que Man Ray tuvo la feliz suerte de ser ese hombre, por lo que, proclama el padre fundador del surrealismo:

> [...] me parecería vano distinguir en su producción lo que son retratos fotográficos, fotografías fastidiosamente llamadas abstractas y obras pictóricas propiamente dichas. En los confines de esas tres clases de productos que están firmados con su nombre y responden a una misma diligencia de su espíritu, sé muy bien que siempre es una misma apariencia, o inaparencia, lo que está delimitado.

Se puede dudar de que Ray se tomara del todo en serio esas palabras de Breton. Más incontestable –y revelador– es el hecho de que el ideador genial pero pintor tan sólo habilidoso, el hombre que atravesó creativamente los dos grandes ismos del siglo XX sin dejar nunca de divertirse y hacer alta vida social, tuviese siempre como emblema del verdadero creador a un hirsuto misántropo, Constantin Brâncuşi. Y si Man Ray estuvo, como artista polimorfo y *dépaysé,* más cerca de Duchamp que de Brâncuşi, fue sin embargo la pureza y la determinación inquebrantable de este último lo que le inspiró mayor admiración. «La primera vez que fui a ver a Brâncuşi en su estudio me sentí más impresionado que en ninguna catedral». La blancura, la desnudez, la humildad, dominaban en ese espacio donde no había nada, dice Ray, «que hubiera podido salir de una tienda: ni sillas ni muebles». Cuando los dos artistas intimaron más, Ray advertiría que el entorno espartano de Brâncuşi se correspondía al carácter escueto y concentrado del escultor. No sólo vivía como un ermitaño reacio a toda vida pública o bohemia, sino que la mera presencia en su estudio de la cámara de su buen amigo (que tenía que fotografiar las obras brancusianas para un catálogo) le turbaba. Para evitar nuevas intrusiones, Brâncuşi le pidió a Man Ray que le enseñara a hacerse él sus propias fotos utilitarias, y cuando, semanas más tarde, le enseñó en su estudio los resultados, Ray se quedaría atónito al ver que todas estaban desenfocadas, sobreexpuestas, rayadas y llenas de imperfecciones. Pero, al observar allí mismo, al lado de esas fotografías chapuceras, las hermosas esculturas originales, el norteamericano debió de comparar la tenacidad del rumano con su propia dispersión, sacando una conclusión conmovedora: «Pensé [...] que Brancusi no quería alcanzar una mayor perfección en otros medios para que su escultura continuase siempre dominando, y que su sencillez no carecía de astucia. Yo, sin embargo, había perfeccionado mi técnica fotográfica en detrimento de mi carrera pictórica».

NOTAS

[1] Man Ray, *Autorretrato,* trad. de Catalina Martínez Muñoz, Barcelona, Alba, 2004.

[2] Cito, en ésta y las restantes ocasiones, por la traducción de Alba.

[3] Arturo Schwarz, *Man Ray: The Rigour of Imagination,* Nueva York, Rizzoli, 1977.

Tamara de Lempicka, o de las *dandies* que aspiraron a gobernar la mirada

ESTRELLA DE DIEGO

La imagen

A principios de los años noventa del pasado siglo la controvertida cantante Madonna presentaba uno de sus más populares trabajos: *Open Your Heart.* La historia que el videoclip contaba parecía otra historia más entre los numerosos relatos que al final del siglo xx hiciera famosos Madonna, la estrella del rock, descarada y a veces hasta procaz, quien en sus inicios jugaba a subvertir el tradicional papel asignado a las mujeres en nuestra cultura a través de una entonces típica estrategia: la mascarada, término que había puesto de moda la recuperación del artículo de la psicoanalista de los años veinte y treinta Joan Riviere, «Womanliness as a Masquerade»[1], en el cual se reflexionaba sobre cómo las mujeres muy femeninas también van disfrazadas.

Travestida *sexy,* Madonna planteaba un reto a la mirada masculina, que confiada frente a esa imagen familiar, caía en la trampa demoledora. De hecho, en el mencionado videoclip la cantante subvierte el papel tradicional a través de una sofisticada puesta en escena. Su adopción de una imagen andrógina va mucho más lejos que la ropa masculina con la cual se viste al salir del que imaginamos su trabajo –*stripper* en un *peep-show*–. Se viste de hombre y se marcha acompañada por un menor, el jovencito que en aquel momento acaparó la atención de las páginas de *Interview,* la revista de Andy Warhol, y al cual ha sido vetada la entrada al espectáculo en la lógica narrativa de la producción. Con él desaparece Madonna acabado su trabajo, dando casi a entender, también a partir del aspecto andrógino del joven, que ambos se dirigirán hacia un mundo donde las restricciones y los sistemas binarios –mayores y menores de edad, masculino y femenino, etcétera– no tienen valor alguno. Una propuesta muy *90s;* sería de hecho impensable hoy en día una escena semejante con un menor implicado.

Pese a todo, la principal subversión del papel femenino tradicional no es la huida de Madonna, vestida de hombre, junto al *lolito*. El juego inesperado que la *stripper* propone sobre el escenario plantea la máxima ofensiva contra el sistema, una puesta en escena insólita respecto a los cánones al uso y las clásicas fórmulas de representación en la pornografía. Dichas fórmulas se obcecan en mostrar el punto de vista de los espectadores y raramente se detienen en el de las mujeres sobre el escenario.

Así es la lógica de la mirada del poder y de ahí partió la mayor crítica a la película *Not a Love Story* de los años ochenta del siglo XX. Pese a ser dirigida, producida, escrita y rodada por mujeres, al mostrar en escena a la protagonista, una *stripper* «redimida», *Not a Love Story* no supo romper el punto de vista al uso: se exhibía el cuerpo desnudándose sobre el escenario observado desde fuera, nunca el punto de vista de la mujer, lo que se ve –se *mira*– desde el escenario.[2]

Por el contrario, en *Open Your Heart* Madonna, la *stripper,* mira. Y no mira únicamente al espectador del videoclip –nosotros–, sino a todos los personajes que a su vez la observan el tiempo que duran las monedas. Entre estos espectadores hay tipos variopintos: hombres terribles con aspecto de apostadores, una mujer de apariencia masculina, gays, chicos gamberros que han ido a pasar un rato, hermanos especulares... Desde luego todos han ido a mirar, si bien no todos han ido a mirar del mismo modo. Seguro que ninguno esperaba ser mirado.

Así, frente a este vídeo nos hallamos, de alguna manera, en un lugar que recuerda al cabaré alemán de los años treinta. Lola Lola, la cantante más *sexy* de la historia del cine –la construcción magistral que Josef von Sternberg hace de la joven Dietrich en *El ángel azul*–, canta cada noche andrógina, ingenua y desganada, y vuelve loco a un profesor de literatura, rígido y despótico, que pierde la cabeza por la mujer sobre el escenario.

Ésa será la venganza de Lola Lola como años más tarde, en la novela de Nabokov, será la venganza de Lolita contra H. H., el viejo enamorado de la niña que desea someterla a su autoridad.

Ésta es la venganza de Madonna contra los que quisieron poseer a todas las Lolas y las Lolitas,[3] aunque Madonna está, además, poniendo en evidencia a través de su estrategia algo en el fondo obvio. Si la *stripper* es producto de la mirada masculina, la mirada que se apropia de ella, al tiempo esa mirada está a su merced: es la *stripper* quien controla el modo en que va cayendo la ropa, el ritmo de la representación.

La *stripper* simboliza, sobre todo, a esa madre fálica que va mostrando y encubriendo, ordenando y seduciendo. Frente a lo que pudiera parecer en una primera impresión, las *strippers* podrían estar controlando el ámbito de la construcción del deseo y la mirada del otro e, incluso, su propia escenificación.

Von Sternberg –por volver a *El ángel azul*– comenta a propósito de ese intercambio de miradas, respecto a la protagonista de la película: «Yo soy la señorita Dietrich y la señorita Dietrich soy yo»[4]. Madonna decide ir un paso más allá al asumir ambos papeles –directora y actriz– en la organización de su vídeo, de su vida. Mirada y mirante; mirante y mirada.

Por eso intriga tanto no sólo el uso que Madonna hace de la imagen de Tamara de Lempicka al principio del vídeo –esto se podría justificar a partir de la frecuente lectura de la obra de la artista como *soft porn*–, sino la fascinación que la cantante ha mostrado durante años hacia la obra de De Lempicka, contándose entre sus coleccionistas más fieles. Tanto la obra que muestra en *Open Your Heart* como la que aparecía en otro vídeo muy popular, *Vogue,* formaban parte de su colección, particular que no la libró de la demanda por daños morales interpuesta por Kizette, la hija de Tamara de Lempicka, al haber alterado la imagen de la pintura original de la madre.

Sea como fuere y pese a que la demanda no prosperó –por cuestiones legales que son irrelevantes en este contexto–,[5] la apropiación de las imágenes de Tamara de Lempicka y hasta su alteración respecto al original en este trabajo concreto que revisaba el papel de la *stripper* como mirante y no mirada, como artífice de la mirada de los otros, animaba a repensar el papel de una pintora que, tras el éxito arrollador en los años veinte y treinta, había caído –o casi– en el olvido hasta un primer redescubrimiento en los sesenta –ella odiaba esa expresión–[6] coincidiendo –o en cierta medida– con el del *déco,* y su segunda recuperación en los años noventa, sobre todo tras la gran exposición de Montreal en 1994.[7]

El uso de esa imagen en el videoclip animaba, en primer lugar, a repensar el papel de la artista en el contexto de unos estudios visuales que a final del siglo XX habían modificado por completo tantos viejos parámetros, como los referidos a la alta y baja cultura, por ejemplo, en parte debido a los estudios de género y lo que significaron a la hora no sólo de recuperar nombres y obras de pintoras perdidas en la historia, sino artistas menores, artes menores, momentos de decadencia, países periféricos...

Odiada por unos, despreciada por otros; modernísima para algunos, anticuada y hasta *kitsch* para los más, Tamara de Lempicka suele presentarse como un personaje de otra época, anclada casi en ese tiempo, atrapada en él, gran dama de las vanguardias cuya inspiración, al margen de las principales líneas de la modernidad del siglo XX, se extinguía –o casi– con los valores que aquel tiempo representaba. Quizás por estos motivos, en 1994 la crítica de una de las muestras con más éxito de público en el museo de Montreal, la de Tamara de Lempicka, se hacía una pregunta repetida hasta la saciedad respecto a la obra de esta artista: «¿Quién tiene razón sobre de Lempicka, los críticos o las estrellas de cine?»[8].

Aunque, claro, podría no ser ésta la pregunta pertinente, al menos para la cuestión que quisieran plantear estas páginas. Quizás lo intrigante del asunto –al menos una vez clausurado el XX– se relaciona más que con el coleccionismo de Madonna –Tamara gusta a Madonna porque es *kitsch* o hasta porque colecciona mujeres–, con la inclusión de esas imágenes en determinados contextos narrativos, en unos territorios en los cuales el sujeto y el objeto del deseo se funden y se sumergen en un extraordinario juego de ambigüedades y androginias: intercambio infinito de miradas.

Y hasta se podría decir que se trata de una característica que comparten ambas épocas –la de Madonna y la etapa más glamourosa de Tamara– y que centra la búsqueda en la revisión de los papeles femeninos impuestos por el discurso dominante.

Pero más allá de esta primera aproximación –y por ahí va la propuesta de lectura que se querría proponer– se podría aventurar cómo Madonna usa a Tamara de Lempicka en esos trabajos porque intuye en ella parte del juego que Madonna quiere revisar y que reenvía a ciertos presupuestos del *dandy,*[9] que no es sino crear una imagen de ficción sobre uno mismo o, como dice Koestenbaum al hablar de Jackie Onassis como *dandy:* el *dandy* «no produce otra cosa que a sí mismo»,[10] o, como escribía a propósito de la mencionada *Jackie O,* produce «atmósferas efímeras», dado que ella no había hecho nada en particular para alcanzar la fama.

La obsesión de Jackie O por el control de la propia imagen, típica del *dandy,* era tan implacable –no dejarse fotografiar en ciertas poses, por ejemplo fumando o embarazada; control, pues, de la imagen digna del *dandy* en la época del estrellato y los sistemas de reproducción mecánica– que también ella, igual que la hija de Tamara de Lempicka, puso una demanda a Dior por haber usado en una campaña publicitaria, *The Diors,* no ya su imagen, sino la imagen de una actriz, Barbara Reynolds, con un enorme parecido físico a ella e interpretando su papel. Tampoco en este caso prosperó la demanda.

Sin embargo, se podría argumentar cómo se trata de casos muy diferentes: Jackie Onassis no fue autora de ninguna obra concreta, salvo su propia imagen –la demanda interpuesta se basaba precisamente en la apropiación de esa imagen, de esa construcción incluso a través de una estrategia imitativa–, mientras que Tamara de Lempicka era una artista con obra física, por lo cual la alteración de una de sus pinturas era un asalto concreto a la propiedad intelectual.

Pero, ¿qué podría suceder si aceptáramos que también Madonna, en su gesto irreverente, se está apropiando de la imagen de Tamara de Lempicka más allá del cuadro físico? ¿Qué si aceptáramos que se está apoderándose

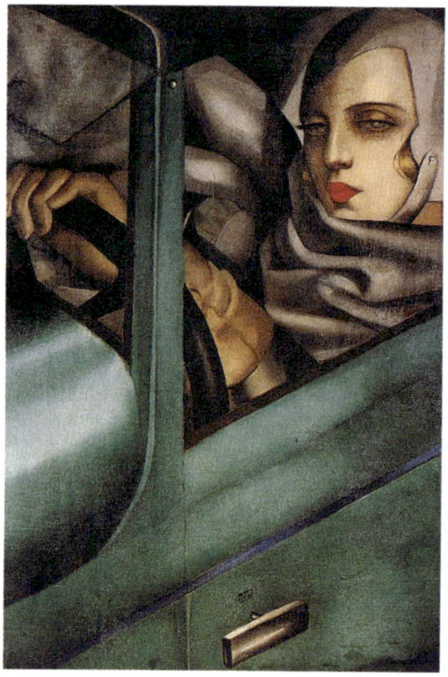

Autorretrato, 1925

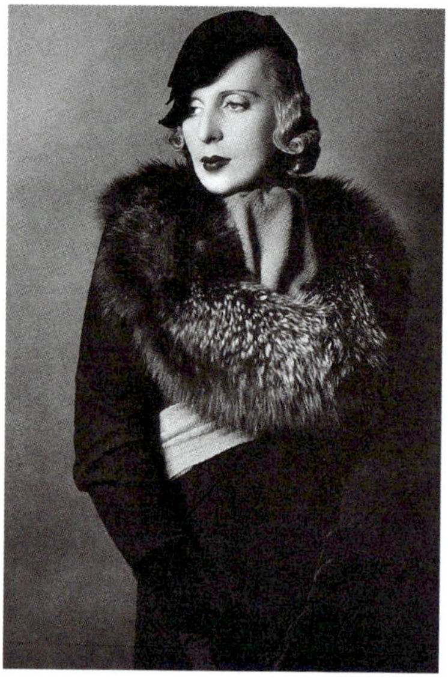

Madame d'Ora, *Retrato de Tamara,* h. 1929

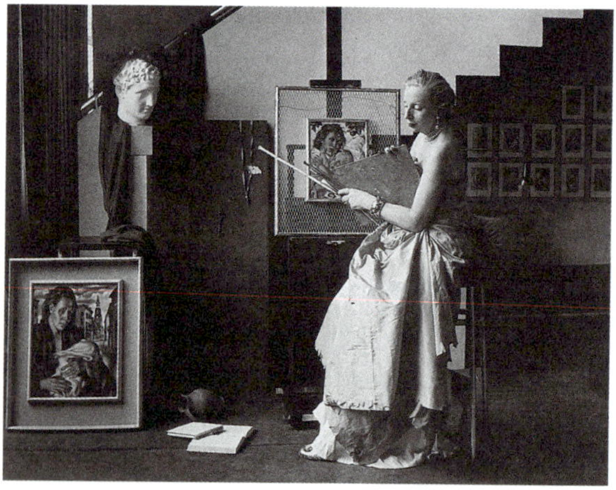

Willy Maywald, *La artista en su estudio parisino de la Rue Méchain,* h. 1949

del «sello Tamara de Lempicka», y esa es la causa última que lleva a la hija de la pintora a interponer la demanda?

¿Qué podría suceder si Madonna, en el acto de apropiación de ese icono, hubiera jugado a hurtar el *glamour* de la pintora, un *glamour* desde muchos puntos de vista tan semejante al de Jackie O, en tanto Tamara creadora de «atmósferas efímeras», mujer de mundo con bastante de *dandy,* en tanto alguien que no produce «nada sino a sí misma»?

Porque, bien visto, todas las mujeres que pinta Tamara durante sus años dorados son muy parecidas entre sí; son parecidas al que se considera su autorretrato y parecidas también a esa imagen suya artificiosa, sofisticada y única, a su modo «atmósfera efímera», que plasman los fotógrafos en los veinte-treinta –Bonney, Camuzzi o Madame d'Ora, una fotógrafa vienesa que fotografió a grandes *performers* como Josephine Baker–. O hasta parecidas a la imagen que más tarde, clausurada la época de brillantez mundana que observa su esplendor, reproduce, ya no tan joven, de las instantáneas escenificadas de Willy Maywald, rebosantes de esa «atmósfera efímera» que ha desaparecido entonces de sus cuadros.

Está claro, además, que Tamara aprende mucho de las tácticas del estudio fotográfico. Las poses de los retratos, por ejemplo, con frecuencia siguiendo un patrón, tienen su genealogía en las «recreaciones» *chez le photographe*. Se diría incluso que hasta los fondos de las obras de Lempicka, con frecuencia perfiles de la gran ciudad, establecen un paralelismo con el estudio del fotógrafo: un telón siempre idéntico nos da pistas sobre la autoría también.

De hecho, sus obras terminan por ser inmediatamente reconocibles y en este punto concreto la estrategia de Tamara de Lempicka se parece a la del periodo *déco,* epítome de la modernidad y, por lo tanto, un fenómeno muy de época, algo que se podría llamar la «serialidad única», lo seriado exclusivo, que no es sino la propia puesta en escena de la publicidad que presenta como escaso lo abundante.

Igual que sucediera con Jackie O, igual que ocurre con el *dandy,* la base de esa búsqueda de la originalidad termina por ser el estereotipo: la revelación de un estereotipo que, paradójicamente, es la fórmula para asegurar la propia originalidad. Después, desde allí, lo exclusivo único pasa a ser lo exclusivo... en serie.

Es más. Se diría incluso que en las fotografías, para las cuales Tamara posa a veces frente a un lienzo –pese a ello con un aspecto más próximo a la estrella de Hollywood que a la pintora– aparece de forma clara –y hacia los años veinte-treinta en un flagrante paralelismo con sus óleos– cierta puesta en escena de *dandy,* o lo que es igual, de ese personaje que se produce sólo a sí mismo.

Porque sin duda Tamara de Lempicka –igual que sucediera con la condesa de Castiglione, quien como una *performer* de los años cincuenta del siglo XIX lleva a cabo el curioso trabajo de construirse a través de personajes, poses, las partes de su cuerpo fetichizadas, como aparece en las fotografías de Pierre-Louis Pierson que pasa a ser un simple instrumento para el *dandy,* la condesa misma–[11] es la mirada última detrás de los ojos de los fotógrafos y fotógrafas, del mismo modo que Madonna es el cerebro y la mirada que se esconde tras esa imagen de mujer *sexy,* mujer para ser deseada. Igual que la *stripper* de su vídeo era, pese a todo, la que, tras su máscara de objeto para ser mirado, construía las miradas de los rostros al otro lado de la cortina mecánica en el *peep-show.*

Claro que algo ha cambiado en Madonna y Lempicka respecto de Castiglione y hasta de Jackie Onassis. Frente a esa cierta indolencia del *dandy* que no le permite ser productivo, Madonna y Lempicka parecen decididas a redondear el proyecto: a su imagen, a sí mismas como obra de arte –la obra de las *dandies*– sumarán esa otra obra física –cuadros, canciones, vídeos– que terminan por ellas mismas también.

No en vano Tamara de Lempicka confiesa durante una etapa depresiva en una carta del 5 de junio de 1936 escrita a Gino Puglisi, con el cual mantuvo siempre una profunda amistad, que todos sus cuadros son su autorretratos: «¿Que si puedo trabajar? Pero para trabajar, para decir algo, debo tener ánimo para decir que estoy vacía. [...] ¿Mi *Autorretrato*? No, no puedo hablar de ese tema. Todos mis cuadros son autorretratos»[12].

Y es en este punto donde debería empezar el relato. Rescatando la absoluta contemporaneidad de Tamara de Lempicka a través de ese dandismo y de ese uso abierto de la autobiografía, proyecto de apropiaciones e invenciones tan contemporáneas que sólo ahora se puede tal vez leer su producción en la dimensión real que le corresponde

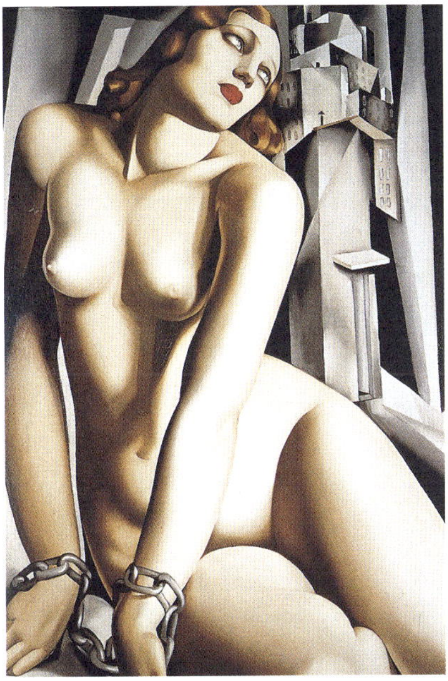

Andrómeda, 1927-1928

De hecho, la expulsión de Tamara de Lempicka del relato de la modernidad, en buena medida diseñado por los designios de Clement Greenberg, quien en los años cuarenta-cincuenta trazó una línea divisoria que separaba lo que quedaba fuera de lo que quedaba dentro, se debe a la pasión del crítico americano por esa fórmula de modernidad que aspiraba a un arte «purificado» del cual la figura debía desaparecer.

¿Quién podía, pues, rescatar a esta pintora figurativa, «decorativa», anclada en ciertas fórmulas cliché, casi un poco pornografía suave, casi un poco artista del pasado, tan prendida de la pintura del Renacimiento, ventana contra la cual la purificación greenbergiana del arte actuaba?

Y, pese a todo, tiene razón Claridge, la biógrafa de la pintora, cuando comenta que los historiadores del arte nunca llegaron a entender «ese artificio que consiste en un narcisismo tan extremo que se convierte en su propio tema»[13].

Hasta se podría ir más lejos. Tal vez sólo a través de Madonna y sus claras estrategias de construcción de significados sea posible recuperar la importancia del proyecto de Tamara de Lempicka, la artista como estrella

–en lugar de la estrella como artista, en el caso de Madonna– que ha representado un modelo clave entre algunos pintores del siglo XX –de Dalí a Warhol, pasando por el mismo Pollock, cuya obra termina por intercambiarse con él mismo a través de las instantáneas o la película de Namuth, lo quiera o no la crítica greenbergiana.

Y se podría ir un paso más allá: en una época como la que vivimos, en la cual el proyecto autobiográfico se ha redefinido y ha pasado a ser un poco la propuesta del *dandy,* historia de vida reescrita cada vez, inventada, Tamara de Lempicka termina por representar esa línea de la modernidad que conduce a las propuestas del *autor como actor,* esenciales para entender muchos de los planteamientos del arte actual.

Así que quizás no sea pertinente la pregunta que se hacían en *Newsweek,* si tenían razón los críticos o las estrellas de cine respecto al valor real de Tamara de Lempicka. Quizás sería más preciso preguntarse qué gusta de Lempicka a Madonna y, más aún, por qué gustarle a Madonna –pese a su muy sofisticado proyecto dentro de las propuestas de los años noventa del siglo XX– es otro estigma más en la muy estigmatizada carrera de la pintora. Quizás sería preciso reformular las preguntas para tratar de encontrar las respuestas adecuadas.

Quién es Tamara de Lempicka podría responder a la primera pregunta: por qué le gusta a Madonna, una *performer* que, pese a plantear sus propuestas desde la cultura pop, buscaba, como tantas artistas de los años ochenta-noventa del XX, una redefinición del sujeto como lo plantea la cultura dominante y, más concretamente, la revisión de «lo femenino» al uso a través de la ya citada mascarada.

Qué representa Tamara de Lempicka para los historiadores del arte o la crítica contestaría a la segunda pregunta, a su vez relacionada con la prevención que el proyecto de Madonna despierta entre los más tradicionales, pese a ser en esencia muy semejante al de otras artistas de la alta cultura y que desarrollaron sus propuestas por la misma época –Sherman podría ser el caso obvio–. Pasemos a, pues a tratar de responder a la primera de esas preguntas.

La vida

Si, como se ha visto, el *dandy* no produce otra cosa que a sí mismo, no es de extrañar que la historia de vida del *dandy* sea cada vez un relato que poco o nada tiene que con lo que ocurrió en realidad.

De este modo e igual que hiciera Jackie Onassis al borrar por completo su lado irlandés a favor de una estirpe francesa supuestamente aristócrata, Tamara de Lempicka fundamentó su proyecto autobiográfico, ése al cual apelan las imágenes que pinta, en unos orígenes católicos polacos, los de la familia materna que se había trasladado de Varsovia a Moscú, donde nacería Tamara –y no en Varsovia donde se empeñan en situar el evento los textos que reivindican el relato urdido por la propia artista, como la biografía de su hija–[14] hacia 1900 –la fecha también oscila según los documentos, si bien la más verosímil es la de 1898.

La figura del padre, Boris Gurwik-Górski, un moscovita quizás de origen judío, aparece borrosa, el secreto mejor guardado de esa historia de vida en la cual –como siempre hacen los *dandies*– la figura paterna, rusa y judía, parecía estropear el atractivo de un relato que en su caso contaba con todos los ingredientes para ser mítico, como bien explica Laura Claridge: «[...] el cambio de siglo, la *belle époque,* la revolución bolchevique, las *années folles* y las dos guerras entre su juventud y su madurez»[15].

Sobre el padre ruso de orígenes judíos, Tamara comenta, apresurada y confusa, cómo muy pronto se divorcia de la madre. Desaparece, así, de su vida; de su relato. De la vida que quiere contar sobre todo: una vida polaca.

Y es curioso notar cómo el hombre con el cual se empeña a su vez en casarse, un aristócrata polaco con algo de *dandy* y en un principio no aceptado por la familia debido a su fama de *playboy,* Tadeusz Łempicki, repite una historia poco afortunada de discordias familiares. Igual que el padre, el conde Łempicki desaparece para siempre de la vida de Tamara en 1928. Le pinta en un retrato premonitorio: el caballero elegante y atractivo, vestido con ropa exclusiva, listo para una noche de fiesta entre sofisticación y compañías exclusivas, con el sombrero en la mano, está a punto de marcharse.

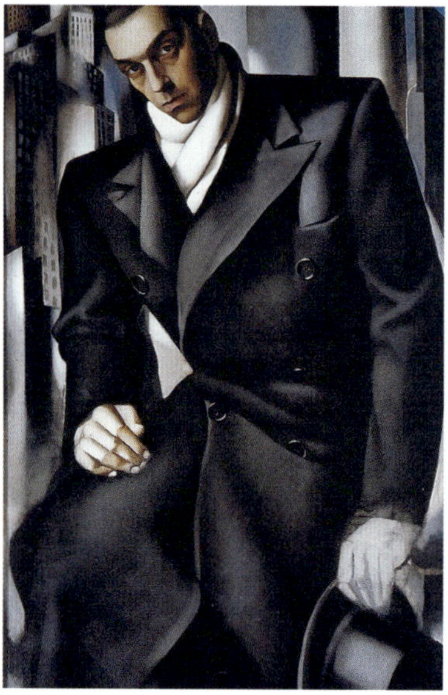

Retrato de Tadeusz Łempicki, 1928

Se divorciaban poco después, sin dar tiempo a terminar el retrato.

O desaparece hasta cierto punto, ya que pese a su posterior matrimonio conserva ese apellido polaco, de una de las mejores familias de Varsovia además, que en *su* relato de vida hubiera debido darle el padre. Dárselo en una ciudad diferente de Moscú en el momento de nacer.

En cualquier caso, esa imprecisión en la historia de la *dandy* no parece decisiva para el relato en general si se tiene en cuenta que, como sigue comentando Claridge,Varsovia y Moscú tenían, al menos entre las clases altas, muchas cosas en común.[16] Es más. Varsovia y Moscú eran lugares intercambiables en su mítica escenificación biográfica, en esa fascinación de gran dama que derrocha a su paso –incluida la aventura con el escritor Gabriele d'Annunzio durante su estancia en Italia, otro *dandy* irredento y autor de una biblia del *dandy,* continuación de *A contrapelo* de Huysmans, *El placer*–, para ese halo «filibustero», como escribe el poeta en una foto dedicada a la artista. En el París de los años veinte contaba ser «eslava», que para el estereotipo cultural que más circulaba era tanto como llamarse «rusa».

No quiere esto ni mucho menos decir que ese aire de misterio extraordinario que Tamara de Lempicka escenificaba en el relato elegido se debiera exclusivamente a su condición eslava, ni mucho menos. Aunque no cabe duda de que en el París al cual llegó exiliada en 1918, decidida a pintar –o mejor dicho, decidida a ganarse la vida con la pintura, pues empezó a hacer cuadros y continuó sus estudios de pintura con Maurice Denis y André Lhote, un conocido neocubista que tuvo una enorme influencia en la artista–, ser rusa era un valor añadido o, al menos, un enigma añadido.

No en vano desde el siglo XIX las rusas ejercieron entre los franceses una enorme atracción que daba lugar a absurdas visiones reduccionistas, como es lógico. «Exóticas» y deseables, proyecciones del deseo y el sueño –«ya saben ustedes lo guapas que son las rusas, o al menos lo guapas que nos parecen»[17], escribía ya Maupassant–, las «rusas» se configuran para la imaginación de los hombres de la vanguardia misteriosas, extraordinarias... orientales. Se sueñan del modo en el que desde Occidente se imagina Oriente: distinto, o, en palabras de Lou Andreas-Salomé, un lugar de «culturas acabadas, como obras maravillosas, esquivas a la inaccesibilidad y fantástica sabiduría de antiquísimas tradiciones, en las cuales todos, quien quiera que sea, han nacido»[18].

«Rusas» fueron las que incendiaron las imaginaciones de poetas y artistas. Rilke, Picasso, Matisse, Éluard y Dalí, por no hablar del escritor surrealista Louis Aragon, atrapado en los encantos de Elsa, quien entra en su vida en 1928 y consigue, ella que no es guapa a la manera convencional, colarse en la existencia del más hosco de los surrealistas para apartarle de sus amigas y hasta para racionarle la compañía de sus amigos.[19] Elsa Kagan, más tarde Triolet, ejemplifica además en la Europa de los años veinte una estirpe de mujeres seductoras y audaces que, según algunos testimonios, flirtean –o hasta cierto punto– con el escurridizo territorio del espionaje.

Muchas de ellas, como la propia Tamara, han salido de Rusia después de 1917 y demasiadas mantienen contactos más o menos regulares con su país de origen en los años treinta, casadas o íntimamente relacionadas con personalidades del mundo de las letras, las artes o la música. Son las «damas del Kremlin» en palabras de otra rusa exilada, Berberova, quien en su libro sobre la baronesa Budberg[20] –enigmática mujer y supuesta «espía»– cita entre estas damas, y junto a Elsa Triolet, a las esposas de Paul Éluard y Ferdinand Léger –aunque en el caso de la primera al menos, Gala, cuesta creer filiación alguna con las redes de espionaje.[21]

Pese a no compartir Tamara la fama de espía, entre otras cosas por su puesta en escena y su matrimonio polaco, compartía sin duda el *glamour* que las clases altas eslavas, huidas del Este revolucionario, tenían en el mundo

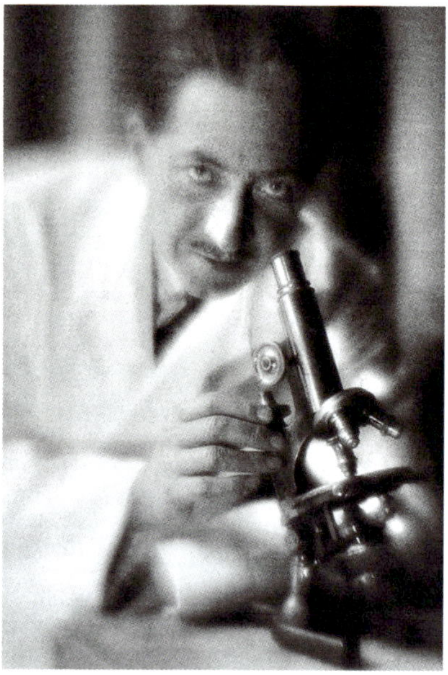

Jacques-Henri Lartigue,
Retrato del doctor Boucard, 1928

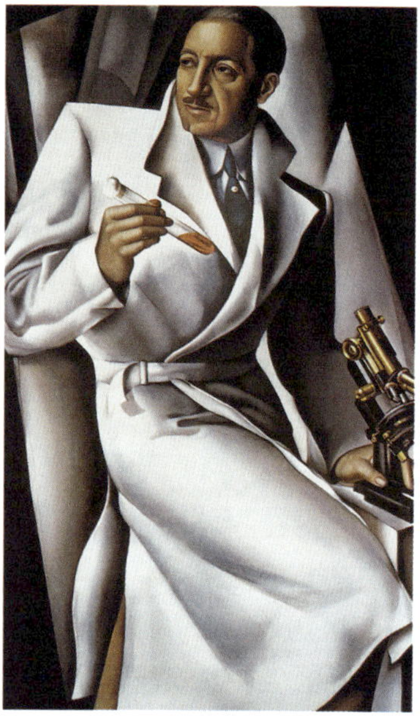

Retrato del doctor Boucard,
1929

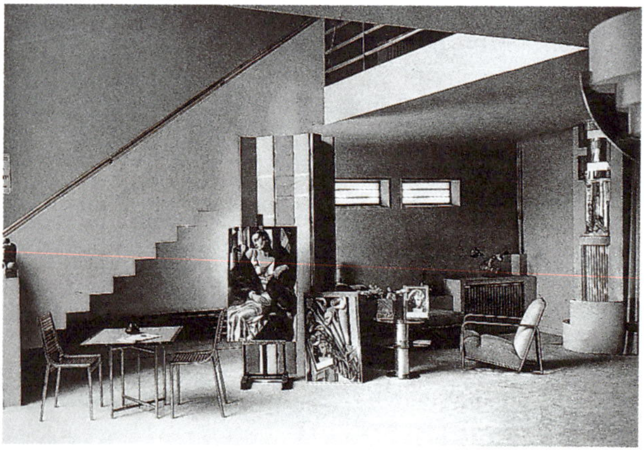

Salón del estudio parisino de la Rue Méchain, h. 1930

elegante de París en los primeros años veinte. En esa misma ciudad, en 1922, momento en el cual ensayaba aún su estilo, presentó sus trabajos a algunos de los salones firmando con un nombre polaco, el de su esposo, Lempitzky, y conservando aún en el mismo el género masculino.

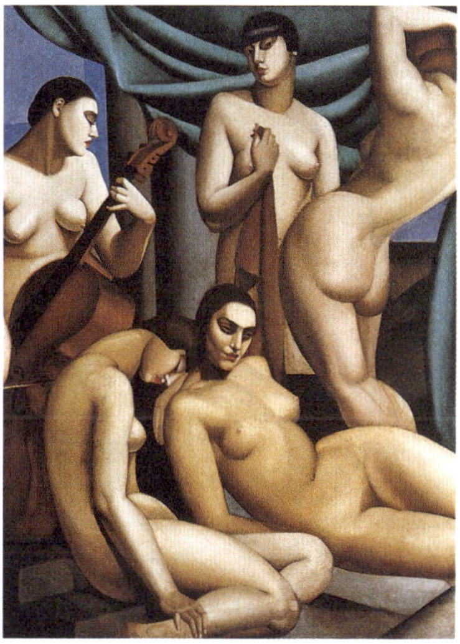

El ritmo, 1925

Fue en 1925, en su presentación oficial en Milán, en la Bottega di Poesia, galería dirigida por el conde Emanuele di Castelbarco, la primera gran exposición de la pintora, cuando recuperó su verdadera identidad a través de la feminización del nombre de su esposo siguiendo la costumbre polaca: Lempitzka. Allí se vieron algunas de las obras que serían características de su producción, obras en las cuales los cuerpos femeninos, fuertes y decididos –como en *El ritmo,* de 1925–, mostraban las huellas de la lección cubista asimilada al lado de cierta moda de un «estilo moderno» que lo impregnaba todo entonces.

A su vuelta a Francia, un año después, Lempitzka era ya Tamara de Lempicka o, lo que es igual, la pintora que atrapó la imaginación del doctor Boucard, uno de sus mejores clientes y médico que se había hecho famoso y rico gracias a sus éxitos en la industria farmacéutica. Amigo de Lartigue y fotografiado por él, era dado a frecuentar ese gran mundo que Tamara adoraba. Quizás por esa razón la artista le representa en su cuadro de 1928 vestido con la bata blanca típica de los doctores, que en su pincel se ha convertido en una especie de gabardina para un espía misterioso del gran mundo.

O quizás todo era un poco así en aquellos momentos. Tal vez todo, cualquier cosa, debía transformarse en «moderno», diferente, ultracontemporáneo como el estudio de Tamara en los treinta de la Rue Méchain. Allí mismo, en una puesta en escena muy actual, hace algunas de sus exposiciones

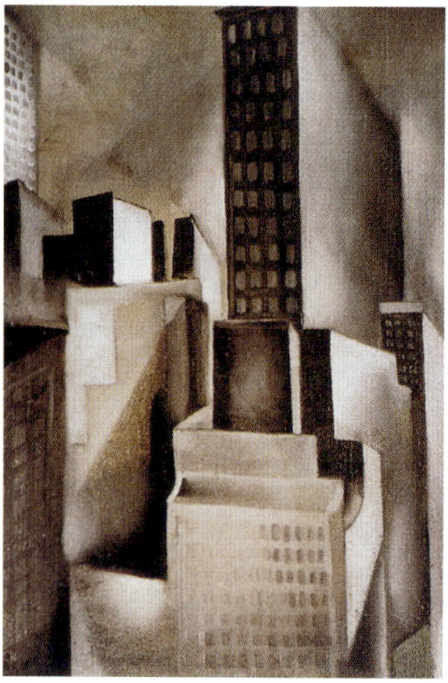

Nueva York, 1929

enfrentando las líneas rectas y simples de los muebles con el abigarramiento de sus cuadros. Es el resumen de la época: una mezcla prodigiosa de estilos, géneros; de alta y baja cultura; de barreras que iban cayendo, que tiraba Tamara.

Parecía un juego semejante a los rascacielos de Nueva York, epítome de esa modernidad del estilo *déco,* que fascinaron a Tamara en 1929. Quién sabe si, caso de haber podido permanecer más tiempo en esa ciudad, algo imposible al no llegar a concretarse los proyectos debido a la crisis económica, su suerte hubiera sido otra.

Rascacielos modernos el fondo, hasta antes de ser visto; modernos como las mujeres que pinta De Lempicka y que no son sino ella misma, su autobiografía, producto de esos tiempos que algunos llamaron *déco,* un momento en el cual la alta cultura y la baja cultura convivían incrédulas con la misma naturalidad que las pinturas abigarradas y los muebles desposeídos en el estudio de la artista.

Las mujeres

La duquesa de La Salle aparece vestida con su traje de montar en 1925. Domina el mundo, mientras apoya el brazo, desenfadada, y mantiene una pierna doblada encima de la alfombrilla roja. El pelo, corto. Al fondo, la ciudad. A los pies, el mundo. Podría estar fumando, como hacen con frecuencia algunas de sus contemporáneas. Acaba de apagar el cigarrillo, seguro. Se trata de una «nueva mujer», esas mujeres modernas que adoraba retratar el mismo Lartigue y a las cuales llamaba su «harén».[22] Mujeres liberadas, que aman mostrarse, que han perdido el miedo a seducir de forma descarada y que seducen, igual que Madonna, a través de cierta mascarada, con un aspecto a veces algo ambiguo.

Y es que los veinte son años de indudable relajación en las costumbres sexuales en comparación con las décadas anteriores, también porque la literatura de los hombres pone de moda a esa mujer liberada que luego será combatida en los treinta. De hecho, los años posteriores a la primera guerra mundial se caracterizan sobre todo por el culto a la juventud, y la moda se transforma para enfatizar esa apariencia optimista que la nueva sociedad requiere y que la publicidad catapulta: «[...] las curvas desaparecen y en su lugar se admira una silueta "de chiquillo", plana por delante y por detrás, con piernas largas y delgadas», que obliga al uso de terribles corsés.[23]

Hillier, uno de los clásicos estudiosos del periodo *déco,* plantea como hipótesis para este cambio[24] los años de la guerra que establecen un tipo de camaradería en las trincheras. Al volver al mundo civil los hombres desean encontrar mujeres parecidas a sus compañeros, de ahí el desdibujar lo sexual secundario en la mujer o cortar el pelo. Ese nuevo ideal de pelo corto, tan abundante en la producción de Tamara de Lempicka, no sólo da lugar a una abundantísima iconografía, sino a numerosos comentarios en las revistas del momento y es incluso tema de una conocida historia escrita en 1920 por Scott Fitzgerald, quien en *Bernice Bobs Her Hair* narra las aventuras de una jovencita que al cortarse el pelo, convencida por una prima malvada, pierde su mayor atractivo.

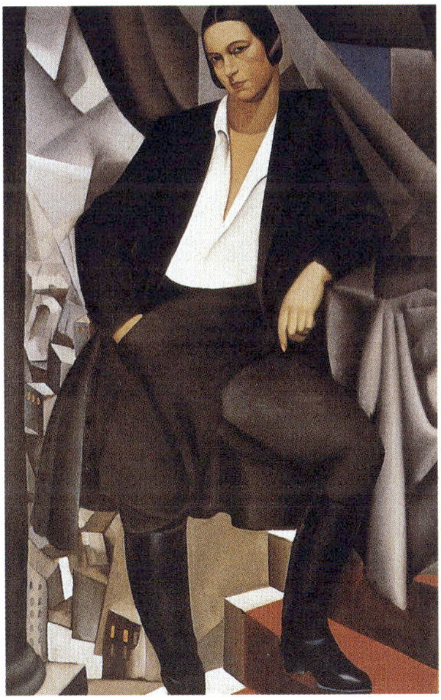

La duquesa de La Salle, 1925

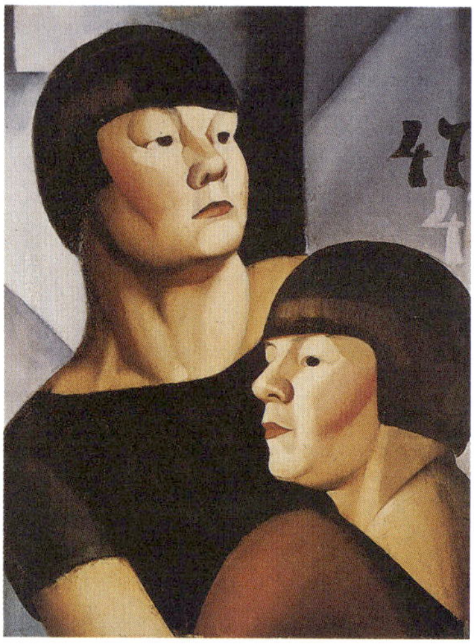

Las amigas, 1924

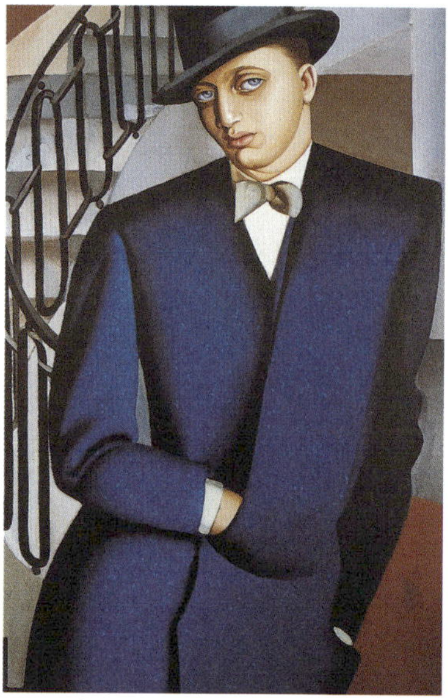

Retrato del marqués d'Affitto, 1926

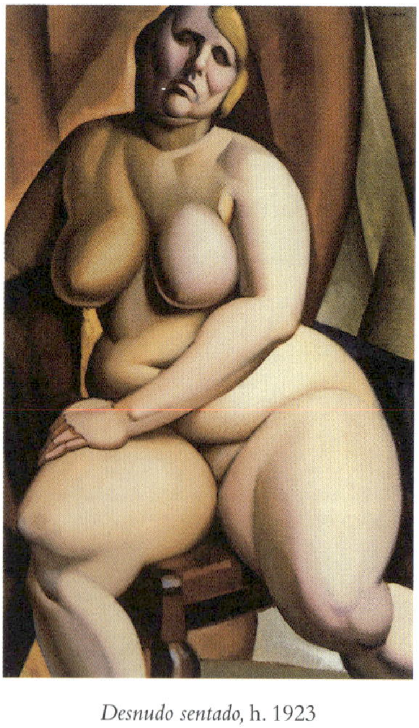

Desnudo sentado, h. 1923

Sin embargo, y pese a que durante esos años van apareciendo numerosas imágenes de esos nuevos ideales femeninos que se corresponden con las fórmulas de la vida moderna –y las protagonistas de los cuadros de Tamara son una buena prueba de ello–, no quiere decir que nos hallemos ante una iconografía abiertamente lesbiana, como la de Mammen, cuyas protagonistas hacen un guiño a la mirada dominante, fumando en bares, afrontando al espectador directamente; o la que aparece en *Extraordinary Women* (1928) de Mackenzie y la popular novela *The Well of Loneliness,* que narra la historia de una niña que es educada como un chico al esperar su padre el nacimiento de un heredero.

Se trata más bien de mujeres ligadas a un ideal de *demi-mondaine* que se manifiesta en figuras como la propia Lempicka –quien se autorretrata vestida a la masculina– o Djuna Barnes, cuyas aventuras homosexuales parecen probadas,[25] aunque *Nightwood* no habla específicamente de cuestiones femeninas, sino de los problemas de un grupo de desclasados, gente travestida no sólo en el género sino en la clase, sin raíces de ningún tipo.

El *déco*, por fin

Y es ahora cuando se puede ir contestando a la segunda pregunta que se formulaba: qué representa Tamara de Lempicka para los historiadores del arte «serios».

La respuesta, relacionada con el mundo que habitan esas mujeres de las cuales hemos ido hablando, es sencilla: representa lo peor, lo más temido, cierta propuesta artística que se aleja, inexorable, de las propuestas consideradas válidas por la mirada más tradicional de la historia del arte.

De hecho, Tamara de Lempicka no tiene un estilo definido ni una línea de evolución «correcta». Cuando entra en una crisis personal hacia 1933, momento en el cual empieza a pintar cuadros religiosos y que representa un cambio en su carrera que es casi el final de una época, pese a su posterior viaje a Hollywood, estancia en Nueva York y muchas exposiciones,[26]

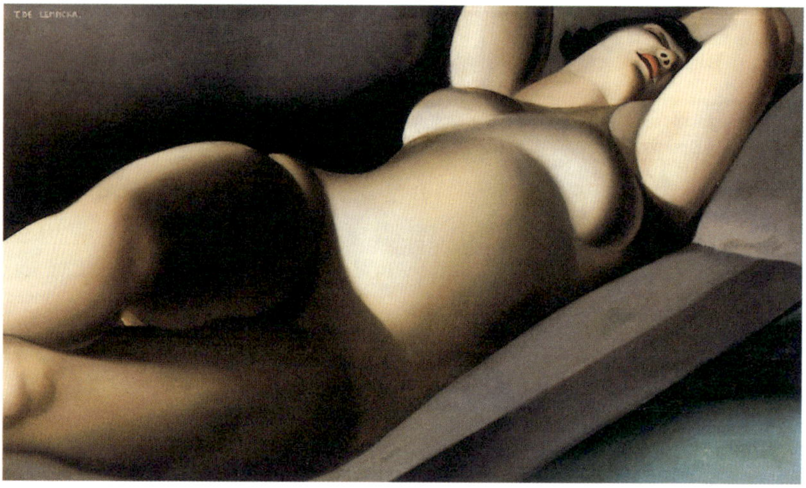

La bella Rafaela en verde, h. 1927

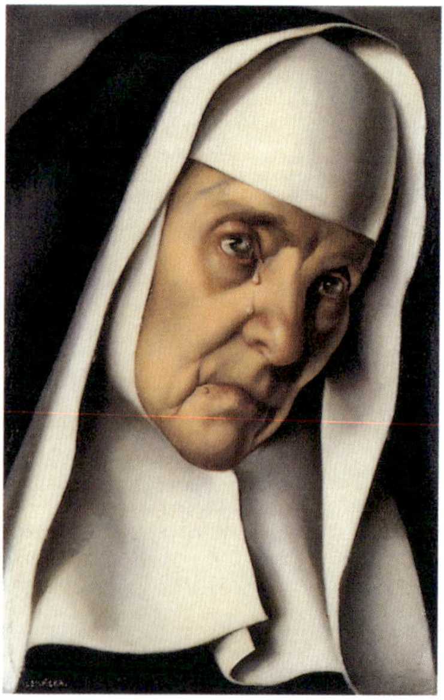

La madre superiora, 1935

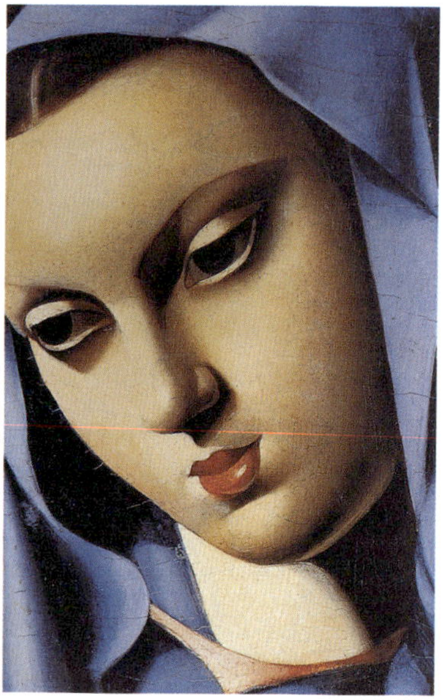

La Virgen azul, 1934

no evoluciona hacia lo que los años cuarenta-cincuenta exigen, la abstracción –o entra más bien de un modo poco verosímil.

No es cubista –aunque tiene muchos elementos de ese estilo–. No es nueva objetividad o realismo mágico –si bien algunos de sus cuadros se hallan unidos a esas propuestas–. Y peor aún: algunos de sus cuadros parecen más bien ilustraciones *déco*.

Y es aquí, en esta palabra, donde empiezan los auténticos problemas de Tamara de Lempicka, porque el *déco,* igual que Madonna, está para la historia del arte más tradicional peligrosamente ligado al decorativismo, que es lo mismo que decir a la baja cultura, y ya se sabe el conflicto que la baja cultura genera para la historia del arte tradicional.

Porque el *art déco,* hasta cierto punto un fenómeno descubierto en los setenta del siglo XX, ese estilo que se establece en los años veinte y treinta y llega hasta los cuarenta, refleja el malestar de una época, «el nerviosismo, la frivolidad y el refinamiento» de un periodo del que «somos depositarios», escribía Maenz en su libro clásico.[27] Es, en pocas palabras, un estilo de síntesis que lo condensa todo: cubismo, maquinismo, exotismo de Sherezade, Saint-Exupéry, ballets rusos, *jazz,* futurismo, formas clásicas de corte geométrico..., resume Applegate.

Y el *déco* es en primer lugar –y de ahí los miedos– un estilo sobre y para el consumo, en el cual la coctelera o la estatuilla seriada se colocan al mismo nivel que un cuadro. El *déco* convierte lo seriado en exclusivo, en una maniobra muy de época, igual que la serialidad de los cuadros de Tamara de Lempicka los convierte en únicos.

Esas filiaciones son las que la historia del arte que quiere mantenerse en una línea de «pureza» no perdona a Tamara de Lempicka, como no perdona al *déco,* ni perdona a Madonna. Eso, y el hecho mismo de ser mujer: somos con frecuencia demasiado exigentes con las mujeres, a los hombres solemos perdonarles más cosas en la historia del arte –bien visto, Léger es muy *déco*.

Pero esta mujer que representa todos los clichés imaginables –rusa, rica, *dandy, déco,* en crisis cuando en sus últimas pinturas regresa a temas del pasado tratando de dar una respuesta actual a esas imágenes– es, sobre todo, la extrema modernidad de los que se disfrazan cada vez e inventan las raíces y las historias. Y andan camuflados y escondidos, protegidos por una mascarada, igual que Tamara de Lempicka trataba de esconder sus dotes para el diseño de moda –por si acaso.

Por eso Madonna la rescata en una época en la cual la historia del arte ha dado paso a los estudios visuales, algo que no es nuevo, sino ya apuntado por Gombrich y la escuela de Warburg. Un sistema de representación que habla de nosotros como un todo completo: alta y baja cultura. Arriba y abajo. Por eso rescata Madonna a Tamara de Lempicka. Bueno, y porque entiende que el proyecto de la pintora es un proyecto autobiográfico –de ahí su dandismo– igual que cada proyecto de la modernidad. Dicho de otro modo, el autor como actor. La autora como actriz.

NOTAS

[1] Joan Riviere, «Womanliness as a Masquerade», en Victor Burgin, James Donald y Cora Kaplan (eds.), *Formations of Fantasy,* Londres/Nueva York, Methuen, 1986, pág. 35 y ss.

[2] Véase B. Ruby Rich, «Antiporn: Soft Issue, Hard World», en Charlotte Brunsdon (ed.), *Films for Women,* Londres, British Film Institute, 1986, pág. 31 y ss.

[3] Véase Shelagh Young, «Feminism and the Politics of Power. Whose Gaze is it Anyway?», en Lorraine Gamman y Margaret Marshment (eds.), *The Female Gaze. Women as Viewers of Popular Culture,* Londres, The Women's Press, 1988, pág. 173 y ss.

[4] Gaylyn Studlar, *In the Realm of Pleasure: Von Steinberg, Dietrich, and the Masochistic Aesthetic,* Urbana/Chicago, University of Illinois Press, 1988, pág. 58.

[5] Véase Laura Claridge, *Tamara de Lempicka. A Life of Deco and Decadence,* Londres, Bloomsbury, 2000, pág. 369.

[6] Véase Kizette de Lempicka-Foxhall, *Passion by Design. The Art and Times of Tamara de Lempicka (as Told to Charles Phillips),* Nueva York, Abbeville Press, 1987, pág. 13.

[7] Véase Laura Claridge, *op. cit.,* pág. 369.

[8] Ibídem, pág. 372.

[9] Quiero agradecer a Sergio Rubira el haber llamado mi atención sobre el libro de Garelick (Rhonda K. Garelick, *Rising Star. Dandyism, Gender, and Performance in the Fin de Siècle,* Princeton,

Princeton University Press, 1998) y la recopilación de artículos de Fillin-Yeh a propósito de la figura del *dandy*.

[10] Wayne Koestenbaum, *Jackie Under My Skin: Interpreting an Icon,* Nueva York, Farrar, Straus and Giroux, 1995, págs. 180-181.

[11] Véase Pierre Apraxine y Xavier Demange (dirs.), *La Comtesse de Castiglione par elle-même* (cat. exp.), París, Réunion des musées nationaux, 1999.

[12] Laura Claridge, *op. cit.*, pág. 205, y Alain Blondel, *Lempicka. Catalogue raisonné 1921-1979,* Lausana, Acatos, 1999, pág. 77.

[13] Laura Claridge, *op. cit.*, pág. 3.

[14] Kizette de Lempicka-Foxhall, *op. cit.*, pág. 19.

[15] Laura Claridge, *op. cit.*, pág. 10.

[16] Ibídem, pág. 24.

[17] Guy de Maupassant, «De viaje», en *La casa Tellier y otros cuentos eróticos,* Madrid, Alianza, 1982, pág. 113.

[18] Lou Andreas-Salomé, *Mirada retrospectiva,* Madrid, Alianza, 1980, pág. 63.

[19] André Thirion, *Revolucionarios sin revolución,* Madrid, Cuadernos para el Diálogo, 1975, pág. 217 y ss.

[20] Nina Berberova, *Histoire de la Baronne Boudberg,* Arles, Actes Sud, 1998.

[21] Véase Stephen Koch, *El fin de la inocencia. Willi Münzenberg y la seducción de los intelectuales,* Barcelona, Tusquets, 1997.

[22] Joseph Edward Lucchesi, «"The Dandy in Me": Romaine Brooks's 1923 Portraits», en Susan Fillin-Yeh (ed.), *Dandies: Fashion and Finesse in Art and Culture,* Nueva York, New York University Press, 2001, pág. 172.

[23] Alison Lurie, *The Language of Clothes,* Nueva York, Vintage Books, 1983, pág. 73.

[24] Bevis Hillier, *The World of Art Deco,* Nueva York, Dutton, 1971, pág. 38 y ss.

[25] Véase Andrew Field, *Djuna, the Formidable Miss Barnes,* Austin, University of Texas Press, 1985, pág. 37.

[26] Alain Blondel, *op. cit.*, pág. 56 y ss.

[27] Paul Maenz, *Art Déco: 1920-1940,* Barcelona, Gustavo Gili, 1976.

Equivalencias plásticas con la estética de la máquina. Fernand Léger y el espíritu moderno

SIMÓN MARCHÁN FIZ

En 1911 Fernand Léger participa en la renombrada Salle 41 del Salon des Indépendants, así como, al año siguiente, en las muestras de la Section d'Or y del Salon d'Automne, en el que mostró una de las pinturas más conocidas del período: *La mujer de azul*. Estas presencias nos alertan de que, con anterioridad a la primera guerra mundial, pertenece como miembro destacado a la llamada escuela cubista. Enormemente celoso de su independencia, su diálogo con Cézanne y con Picasso deriva a una manera propia en virtud de la cual transforma la corporeidad volumétrica en algo cilíndrico. Sin embargo, en la serie que recupera motivos urbanos a través de los contrastes de las formas y los colores, sintoniza más

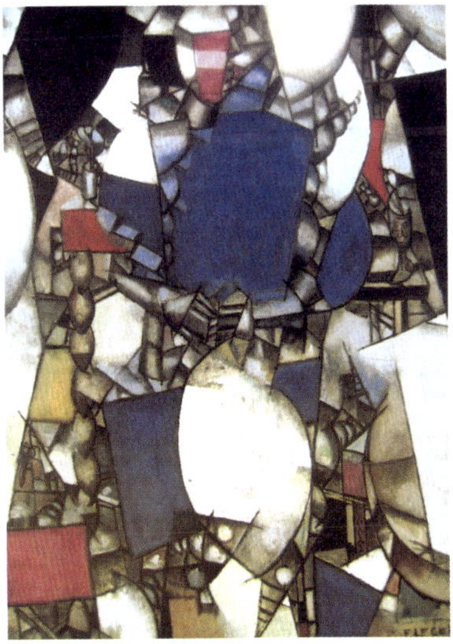

La mujer de azul, 1912

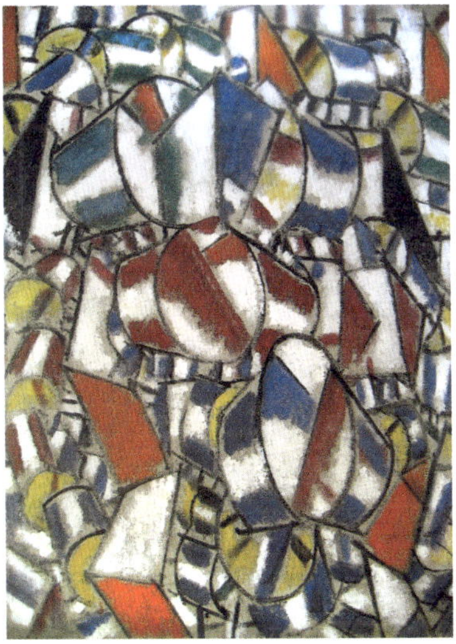

Contraste de formas, 1913

con Robert Delaunay y con el poeta Blaise Cendrars que con Braque y Picasso, interpretando el cubismo analítico bajo la variante de lo que sería denominado a veces el *cubismo-tubismo.* A pesar de su temprano protagonismo en los círculos de la vanguardia parisina, no me detendré en las obras cubistas ejecutadas antes de la guerra en competencia con otros miembros de la escuela cubista, sino en las que realiza entre los años 1916 a 1926, en plena desbandada de aquélla y los cantos de sirena de un retorno al orden clasicista o moderno.

En esta dirección creo que vale la pena recordar su autoría de dos ensayos tempranos, «Los orígenes de la pintura y su valor representativo» (1913) y «Las actuales realizaciones pictóricas» (1914), pues en ellos se apuntan algunas ideas que serán el embrión de un auténtico programa, de una poética personal un tanto heterodoxa respecto a las hegemónicas en los ambientes cubistas. Atendiendo a su predilección por las escaleras como uno de sus motivos, las resumiré en estos tres sucesivos escalones:

En el primero se detiene a revisar la categoría clasicista de la imitación y su plasmación formal a través de las convenciones de la representación realista. El punto de partida, la verdad a aceptar casi como un dogma, reza como sigue: «El valor realista de una obra es independiente de toda cualidad imitativa» o «la calidad de una obra pictórica está en razón directa con su calidad de realismo».[1] Con el matiz sorprendente de que en este aserto no piensa en el *realismo visual,* sino en lo que desde ahora denomina el *realismo de concepción.* Reacio a la abstracción pasajera y a lo efímero, añora la duración de las obras con independencia de la época en la que surgen y se entrega a la caza infatigable de las medidas y las proporciones, lo que le sitúa en la órbita de un *nuevo clasicismo* todavía por descubrir. Pero tal vez lo más paradójico estribe en que, a pesar de que en este segundo escalón persiga la permanencia, una cierta atemporalidad, aspire igualmente a dar respuesta satisfactoria a las necesidades de la *vida actual* y la *mentalidad moderna;* a captar las características de la vida moderna que, por su propia naturaleza, anida en lo fugitivo, lo transitorio, marcada como está por la velocidad, ya sea la de las máquinas de la revolución industrial, las experiencias dinámicas en la gran ciudad, la movilidad de los medios de locomoción, automóviles, aviones y trenes, o los elementos mecánicos de cualquier procedencia, etcétera.

Como veremos mas abajo, la paradoja radica en que sus pinturas deberán traslucir este nuevo «estado visual» mediante medios plásticos estáticos, incluso desde una añoranza clasicista. En la edad de la máquina y la producción industrial el programa pictórico sintoniza, no sé si ignorándolo o no, con la teoría de la modernidad que había insinuado Baudelaire en *El pintor de la vida moderna,* donde abogaba por extraer lo eterno de lo transitorio. Tal vez por ello, una de las señas de identidad que separa a Léger de los compañeros cubistas de los primeros momentos sea no sólo el mantener, sino el intensificar la tensión entre ambos polos a través de unas técnicas pictóricas modernas y una actitud sintética que, si a alguien se asemeja respecto a la congelación de la inestabilidad y la velocidad, es precisamente a Cézanne cuando pretendía captar ciertas constantes en lo fugitivo, trasformar el fluir impresionista en algo estable y permanente como el arte de los museos.

En la escena artística parisina, cuyos miembros se reagrupan tras la primera guerra mundial, se extiende la idea de que se ha iniciado el desmoronamiento del cubismo. Precisamente, el poeta Blaise Cendrars, amigo de Delaunay y Léger, se preguntaba a finales de la década: «¿Por qué el cubo se desmorona?». Para abonar tal sospecha esgrime tanto razones de tipo pictórico como argumentos sobre el empobrecimiento que suponía la «experiencia cubista respecto al mundo contemporáneo» encarnado en el dinamismo de la vida urbana, las invenciones técnicas, los rascacielos neoyorquinos y otras figuras recurrentes de lo moderno. El cubismo ha dejado de ser el alimento para la nueva generación, la conocida como la del «retorno del frente», la que «tiene sentido de la realidad». Una generación que, tras la destrucción, quiere construir de nuevo. En este clima, a los únicos pintores cubistas que salva Cendrars es a los «tres antiteóricos del grupo, a tres pintores de temperamento, que representan los tres aspectos sucesivos del cubismo: Picasso, Braque y Fernand Léger»[2].

El mismo año que escribe estas palabras y encumbra a Léger al nivel de los fundadores del cubismo, los restos del naufragio se aglutinan en torno a la galería parisina de L'Effort moderne de Léonce Rosenberg.

Las equivalencias plásticas de la estética de la máquina

Léger, al igual que Apollinaire, Braque, Gleizes, Metzinger y tantos otros, fue movilizado a los treinta y tres años en agosto de 1914 y su permanencia en el frente de Verdún le produjo un gran impacto vital y artístico. Los contrastes plásticos, el motivo explorado hasta entonces con fruición, ya no serán únicamente los que envuelven a las formas y los colores, sino también, como se aprecia en los numerosos dibujos y croquis realizados durante su estancia en el frente, unas realidades más crudas y violentas. Precisamente, el contacto con éstas y con sus protagonistas, con los carpinteros, metalúrgicos, mineros y practicantes de otras profesiones laborales, le impresiona sobremanera por la dureza de la vida y, sobre todo, por «el sentido exacto de lo real» que poseen y desprenden.

Por eso mismo, si bien queda fascinado por la magia de la luz sobre el metal blanco que destila la maquinaria bélica, los hombres del pueblo, a los que siente más cerca que nunca, le sugieren la conformación futura de unos personajes interpretados como si fuesen unos autómatas deshumanizados. Como fruto de estas amargas pero a la vez seductoras vivencias bélicas, tal vez sin llegar a confesar *J'ai tué* (1919), como rezaba un poema posterior de Cendrars ilustrado por Léger, el pintor podría suscribir con toda razón «como el que quiere vivir: Tengo sentido de realidad, mi poeta».

Si queremos abordar los cambios pictóricos en curso, nada mejor que comparar las obras ejecutadas antes de la contienda y las que realiza durante la misma y después. Bastaría enfrentar, por ejemplo, cualquier versión de *La escalera* (1913), la cual, a través de una rotación de los volúmenes, ejemplifica la fase denominada *cubismo-tubismo,* con *El soldado con la pipa* (1916).

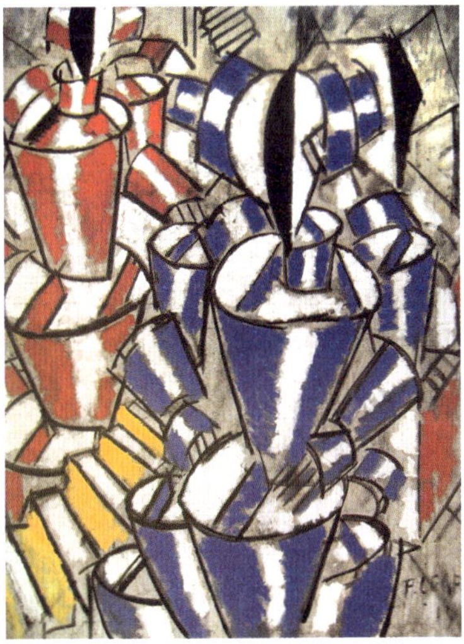

La escalera, 1913

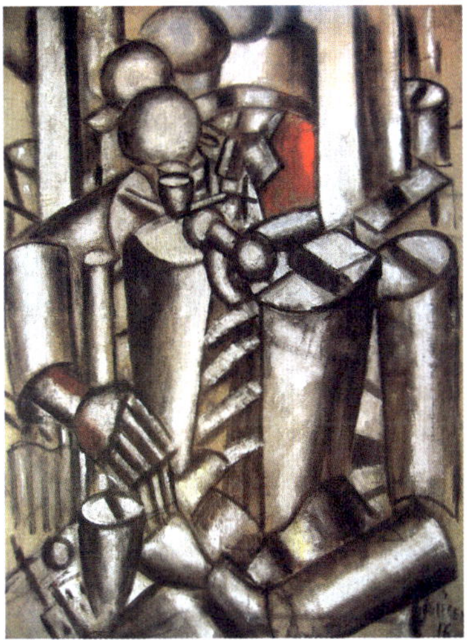

El soldado con la pipa, 1916

En ella todavía se trasluce la presencia de los seres humanos a través de los contrastes de las formas redondeadas y tubulares, pero al mismo tiempo se ven sometidos a la lógica implacable de la maquinaria bélica y del producto industrial. El hombre como máquina es un motivo antiguo, pero venía siendo actualizado con insistencia desde el *Himno de las fuerzas* (1912) del poeta Henri-Martin Barzun. Ahora Léger plasma el esquema del hombre máquina con gran claridad gracias a una delimitación contundente de los volúmenes y las modulaciones de los tonos, los cuales confieren una gran solidez y estabilidad metálicas a un personaje privado de su singularidad en aras del anonimato. Impregnado por las tonalidades grises de la guerra y por la amarga impronta que le habían dejado las vivencias de cuatro años sin color, la reducción cromática de los miembros cilíndricos, que guardan ciertos parentescos con las figuras interpretadas unos años antes por Malévich en su fase primitivista, evoca una vez más la filiación cezanniana de la naturaleza reducida a cilindros, cubos, esferas etcétera, en una versión inédita y muy personal del cubismo analítico.

Sin duda, una de las atracciones que ofrecía la citada exposición en L'Effort moderne era la obra titulada *Soldados jugando a las cartas* (1917),

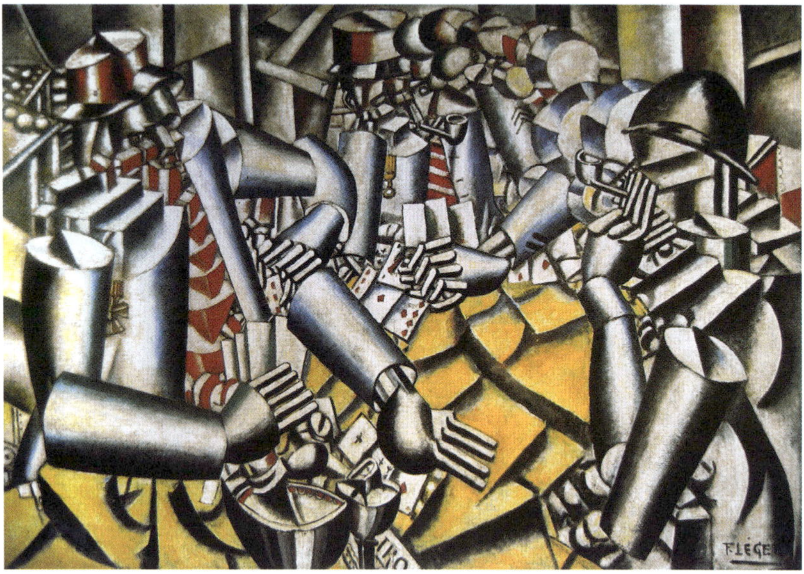

Soldados jugando a las cartas, 1917

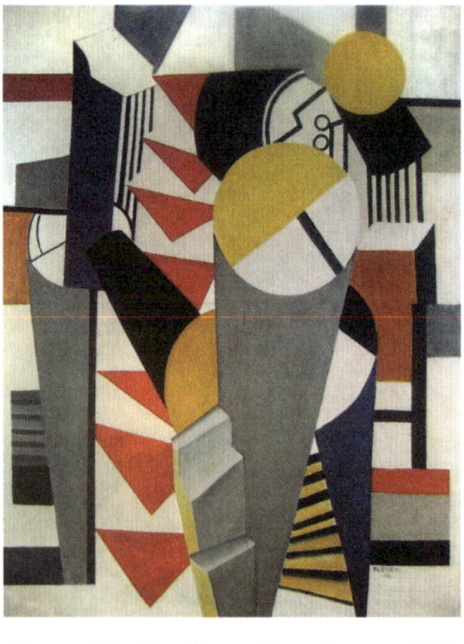

Composición. Estudio para juego de cartas, 1918

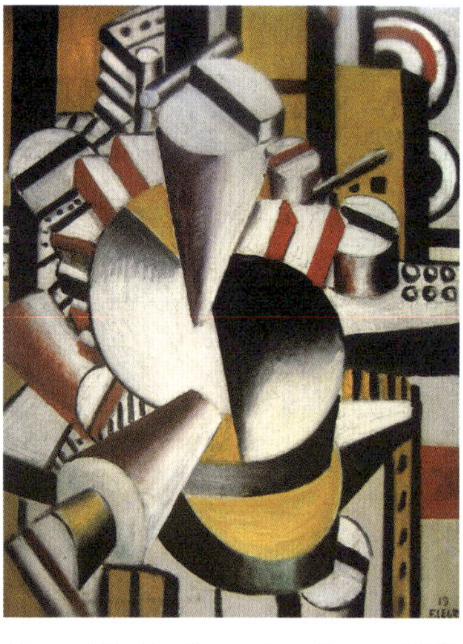

Composición. Estudio para juego de cartas, 1919

una pintura de Léger cuya gestación se remonta a dos años antes y es fruto de las experiencias acumuladas en los ratos de ocio durante la contienda: los soldados jugando a las cartas, mientras el pintor los observa realizando numerosos dibujos y croquis, varios esbozos y óleos. En la trayectoria del artista puede ser considerada como la primera gran obra en la que toma de un modo deliberado los motivos de la época, una suerte de manifiesto donde los personajes son transfigurados de un modo sintético en autómatas robotizados a través de la exacerbación de unas formas tubulares nítidas, planos angulares y contrastes cromáticos no menos acentuados en grises, rojos y amarillos. Compuesta al modo de una máquina, la perfección y la precisión son las notas gracias a las cuales se fomenta respectivamente una simbiosis entre el arte y la manufactura, mientras la contundencia de los cuerpos anticipa de algún modo los maniquíes de George Grosz y la «nueva objetividad».

Del personaje que en la pintura anterior se halla en el lado izquierdo se genera el motivo para *Composición. Estudio para juego de cartas* (1918 y 1919); en ella las figuras cilíndricas se simplifican pero al mismo tiempo se exacerban en unas simulaciones abstracto-tecnoides que oscilan entre una representación difícilmente reconocible y una abstracción rotunda. Sin embargo, cuando se encuentra a punto de traspasar los umbrales de la abstracción pura, parece sucederle algo similar al vértigo que invadiera a Picasso y Braque en una situación parecida, en la transición de la fase hermética a la sintética del cubismo. Léger se detiene igualmente cuando está al borde de la abstracción, como si le vinieran a la mente los estrechos vínculos que desde sus orígenes ha mantenido la pintura con el sentido de realidad, con los valores representativos.

Tras las la guerra mundial Léger sintió una verdadera obsesión por las máquinas y el maquinismo, por esas bellezas cotidianas con las que el hombre moderno se tropieza en cualquier salón de la máquina, del automóvil o de la aviación, etcétera, y las encumbra a la categoría de la Gioconda del siglo XX. Desde esta presunción se entrega a explorar las posibilidades plásticas de *Los elementos mecánicos,* tal como rezan los títulos de

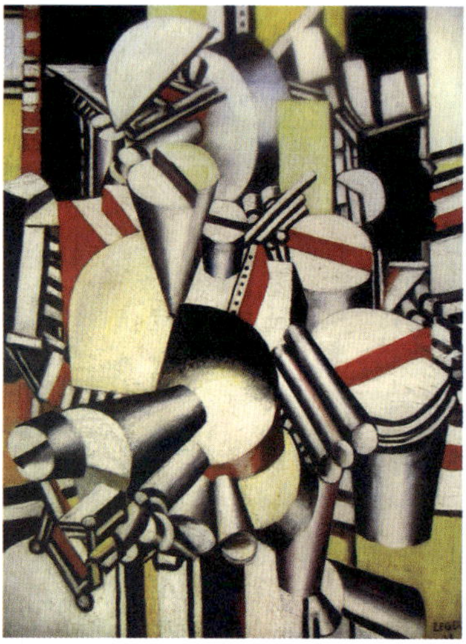

La pipa, 1918

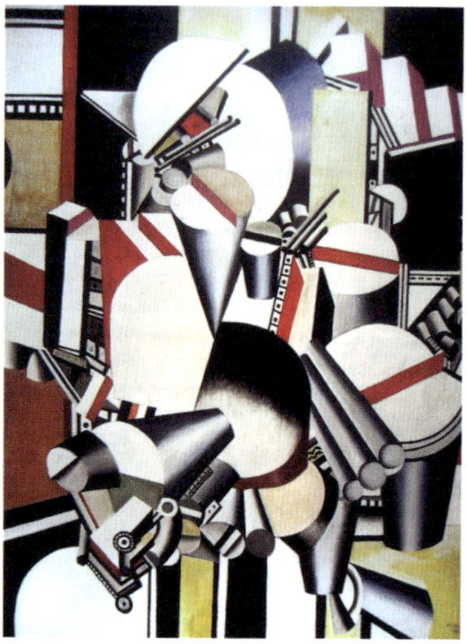

Los elementos mecánicos, 1918-1923

un número apreciable de pinturas que realiza entre 1918 y 1923. Como escribiera a Kahnweiler a finales de 1919, «en mis cuadros me he servido mucho de elementos mecánicos en estos dos últimos años. Mi forma actual está adaptada y encuentro mi elemento de trabajo y de intensidad. La *vida moderna* está llena de elementos para nosotros. Es preciso saber utilizarlos».

Seducido por la perfección de la técnica y sus productos, se dedica a interpretar de un modo pictórico las iconografías de «lo objetivo visual nuevo», que no es otra cosa que el mundo de la máquina, la civilización técnica y la gran ciudad, asumido como una segunda naturaleza. Si observamos con detenimiento las pinturas de la serie indicada, enseguida nos percatamos de que el tema y la interpretación pictórica son indisociables, pero al mismo tiempo de que el primero, a partir de una identificación con las cualidades mecánicas, es rebasado en virtud de unos efectos pictóricos poderosos que le confieren una gran densidad plástica. El realismo visual es abandonado y desbordado en beneficio de un realismo de concepción a medida que las *semejanzas* imitativas son sustituidas por las *equivalencias plásticas,* ya sean los contrastes multiplicativos de las formas

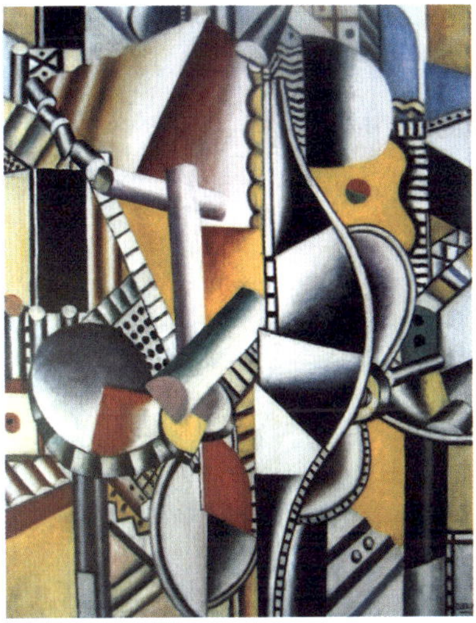

Las hélices, 1918

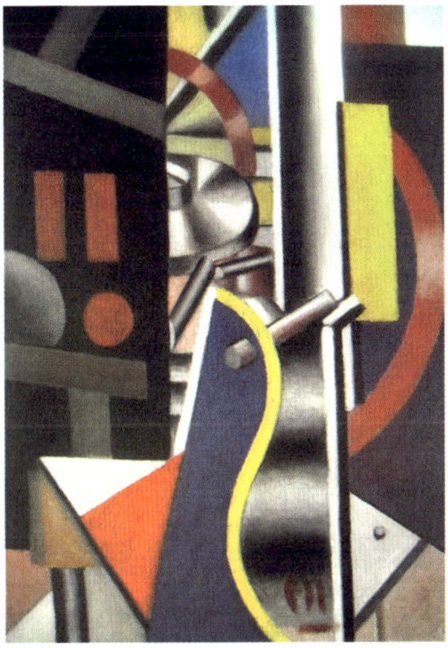

En la fábrica, 1918

y los colores, la geometrización volumétrica o planimétrica, la simultaneidad de los estratos y los ritmos trepidantes, que expresan el nuevo estado de cosas. En sus «Notas sobre la vida plástica actual» reconocerá los valores de los objetos modernos y, en particular, que «el elemento mecánico está especialmente indicado para aquel que busque la obra de arte de la amplitud y la intensidad», o lo que denomina la «búsqueda del estado organizado de intensidad plástica»,[3] presidida por un espíritu lógico y una capacidad para ordenar los múltiples estímulos que afectan a nuestra sensibilidad.

Probablemente, uno de los rasgos a resaltar en esta serie de los objetos-máquina intensamente policromados es la fragmentación de sus partes, la coexistencia de dos procesos sucesivos: en primer lugar, la intervención del artista destruye, descompone la organicidad de los objetos, los desintegra en suma, para a continuación reconfigurarlos y reconstruirlos a partir de esos mismos fragmentos dispersos. En esta dirección, como observa en «Nota sobre el elemento mecánico», dominar el motivo equivale a «deformar el tema si es preciso en aras del resultado plástico»[4]. Un resultado que sigue estando impulsado por el contraste plástico de las formas nítidas y la intensidad de los colores puros, derivando en una concepción cilíndrica y abstracto-tecnoide. Este doble proceder lo había iniciado en *Las hélices* (1918), una suerte de memorias visuales del frente bélico, inspiradas por los accidentes de los aviones y la desintegración de los mismos en elementos dispersos, desparramados, por el campo de batalla. Algo similar acontece en la serie *En la fábrica* (1918), que supone una verdadera inflexión, ya que en ella abandona con más decisión el cubismo cilíndrico a favor de su peculiar versión del *cubismo sintético* con filtraciones de elementos abstractos. Años después escribirá:

> De este principio se sigue que, personalmente, puedo hacer un cuadro concreto representativo o deformado e incluso abstracto, con el mismo resultado de intensidad y fuerza. De este hecho obtengo un estado intensivo organizado y estoy convencido que muy superior a la mayoría de los productos comerciales (productos de la industria). Sería extremadamente extraño que los elementos útiles entraran en concurrencia de estado de belleza con mi voluntad de organización por contraste. Estas realizaciones se apoyan en la observación de la vida moderna.[5]

Ciertamente, una observación de la vida moderna, pero, al mismo tiempo, una voluntad de provocar un distanciamiento mediante los dispositivos pictóricos, básicamente la fragmentación y los contrastes intensificados de sus formas y colores, que los diferencia respecto a los que encontramos en la cotidianidad. Desde ahora el interés por distanciarse respecto a la realidad visual deviene en casi una obsesión.

Desde estas primeras pinturas y la serie de la posguerra se advierte que la trayectoria artística de Fernand Léger no sigue un curso lineal, sino que, más bien, entrelaza simultáneamente inquietudes diversas en una misma obra o en distintas, pudiendo suceder que, desde una óptica evolutiva, sea plausible acusar avances y retrocesos, fluctuaciones a primera vista desconcertantes en las que cohabitan diversas maneras modernas o incluso

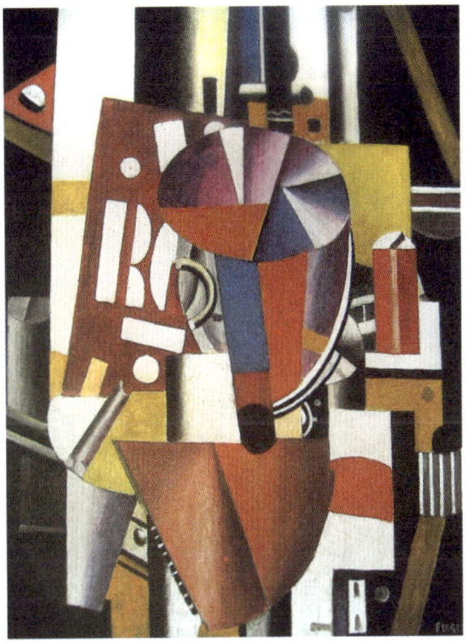

Composición (El tipógrafo), 1919

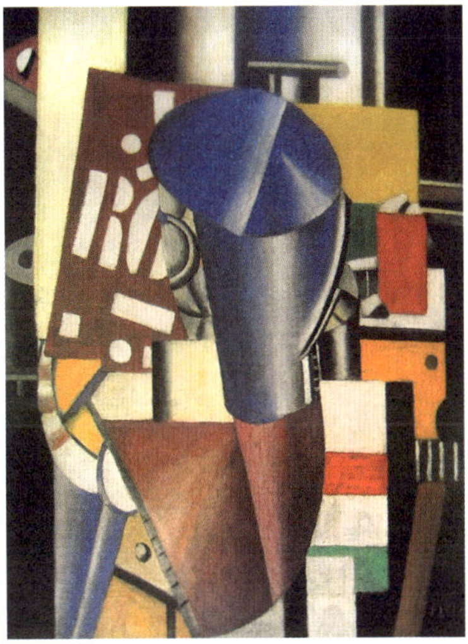

El tipógrafo, 2.° estado, 1919

nostalgias clasicistas. Así, por ejemplo, si bien las series indicadas se inscriben en su peculiar cubismo analítico, a no tardar abandona la composición de los volúmenes cilíndricos, tubulares, en beneficio de las superficies sintéticas y planas. Así, en las obras de la serie sobre *El tipógrafo* (1918) la transcripción pictórica del *papier collé* introduce un dinamismo radical en las colisiones de unos colores contrastados y recortados en sus superficies planas, hasta casi desembocar en una abstracción a la manera de De Stijl. Y algo similar acontece en otros ejemplos, como *Composición (El tipógrafo)* y *El tipógrafo, 2.° estado* (ambas de 1919), donde la idealización del obrero manual se tamiza a través de unas superficies pictóricas planas en las que se imitan igualmente las técnicas del *papier collé*. Los fragmentos se reagrupan en composiciones dispersas y los efectos metálicos del modelado se transforman en planos coloreados.

Lo cierto es que, tomando como punto de partida las experiencias visuales cosechadas en la cotidianidad, Léger evoluciona hacia una pureza que desintegra el motivo y oscurece su identidad a través de las intensidades plásticas, es decir, interpone mecanismos para mitigar el naturalismo de la percepción cotidiana en aras de una prolongación de la

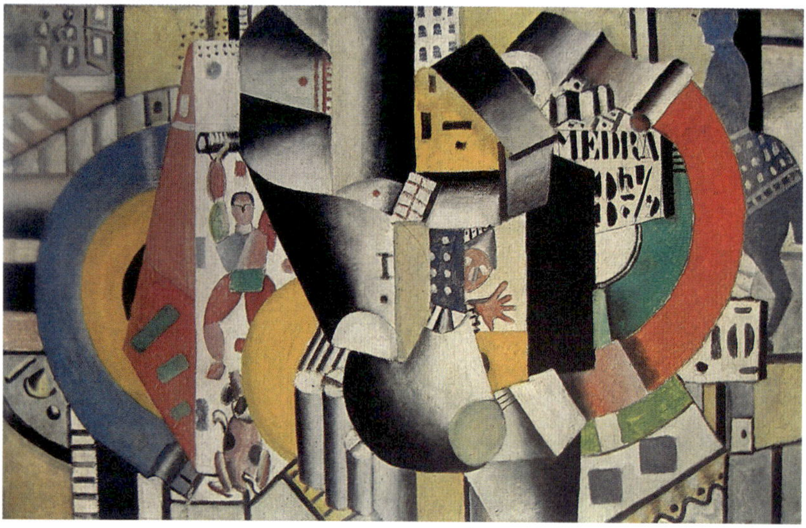

El circo Medrano, 1918

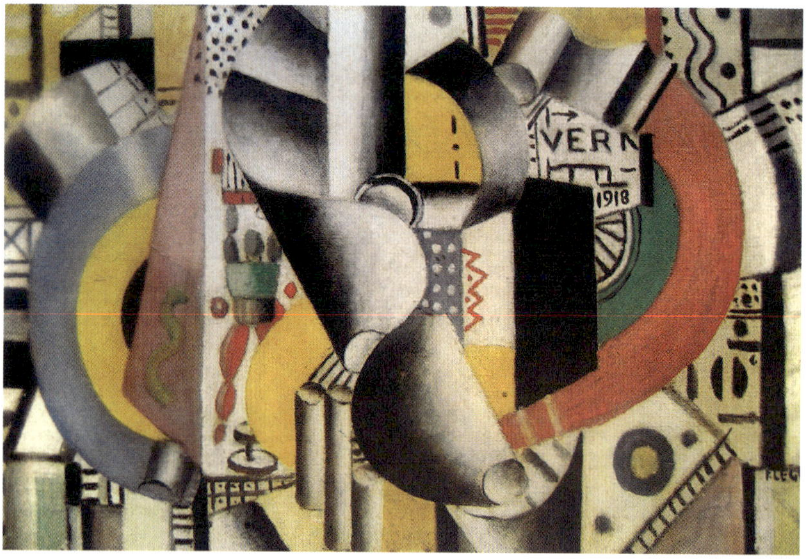

El circo Medrano, 1918

percepción artística. Unos dispositivos para distanciarse de la realidad o para que las pinturas no sean confundidas como reproducciones visuales de los productos de la máquina. Por lo demás, esta serie delata una proclividad a la composición abstracta que, sin embargo, nunca escora definitivamente hacia un arte no figurativo. El abandono por consiguiente del realismo visual no equivale a renunciar a un realismo de concepción en el que se plasman las experiencias intensificadas de las realidades cotidianas en la vida moderna, sobre todo en la órbita del mundo de las máquinas.

El simultaneísmo y la ciudad

Es bien sabido el papel que jugó Blaise Cendrars en la recuperación del simultaneísmo de preguerra gracias a poemas como *La Guerre au Luxembourg* (1916) y *Profond aujourd'hui* (1917), en prosa. En este mismo año aparece el *Poème-image* de Pierre Albert-Birot y, al siguiente, los *Caligramas* de Apollinaire. La fusión de los lugares, los eventos y las evocaciones más disparatadas, que habían iniciado pictóricamente los Delaunay con el orfismo en obras tan conocidas como las de la serie del *Homenaje a Blériot,* se verán reforzados por estos experimentos literarios y las teorías poéticas de Pierre Reverdy sobre las analogías y las semejanzas. En este marco se inscriben igualmente a partir de 1918 varias series que Léger ejecuta en paralelo o cultivando las discontinuidades formales.

En primer lugar, mencionaré la dedicada al *Circo Medrano,* realizada tras la visita a una villa normanda acompañado por Apollinaire, Max Jacob y Blaise Cendrars. A diferencia de las citadas hasta el momento, se trata de representaciones alegres condensadas en un estilo sintético, pero más fáciles de entender por el gran público que las anteriores debido a que sus lenguajes son más accesibles. En ella, siguiendo la tradición moderna a partir de Seurat, interpreta el motivo del hombre moderno en acción, celebrando un entretenimiento tan popular como es el circo y los placeres derivados. La circunstancia de que el tema altere las unidades del

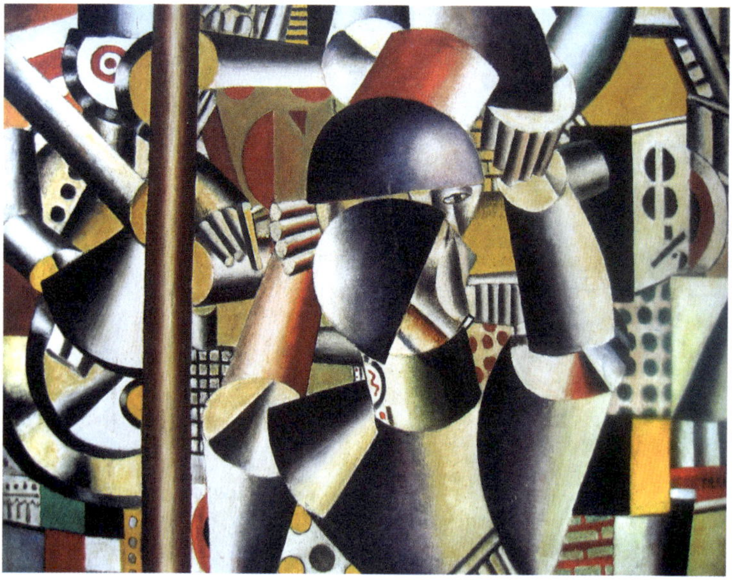

Los acróbatas en el circo, 1918

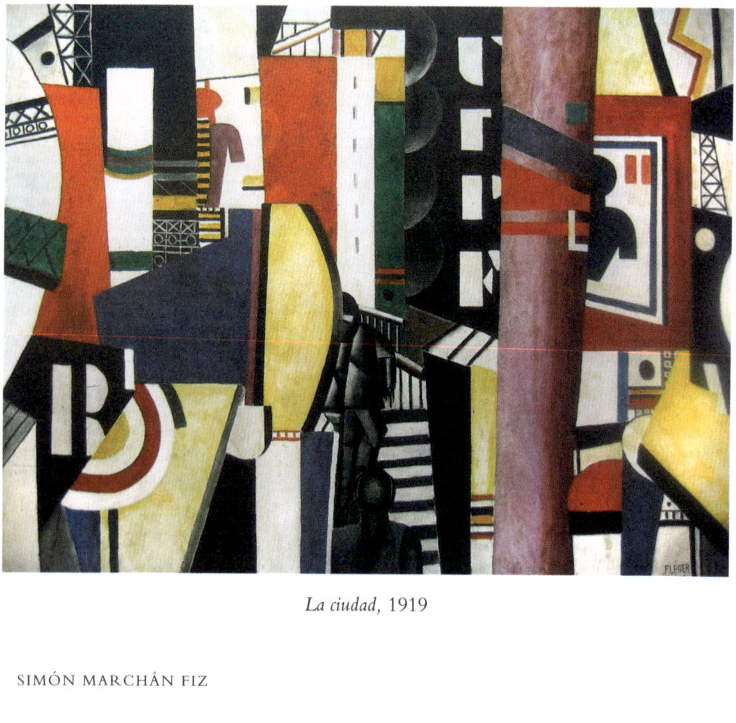

La ciudad, 1919

espacio y del tiempo y cultive la coexistencia de las figuras –el escenario, la calle, las palabras, los números, las imágenes de toda suerte, los planos de colores y los discos, etcétera– propicia que el conjunto se combine de un modo simultáneo. En esta serie, *Los acróbatas en el circo* (1918) ocupa sin duda un lugar distinguido, ya que es una de las obras más logradas de la fase sintética, en la que el retorno simultaneísta a un motivo rico en efectos conflictivos no está reñido con la gran precisión y el oficio en la interpretación del mismo. En su lado izquierdo, la complejidad de las rotaciones corporales de los acróbatas continúa en el centro de la composición, pero en medio aparece la vertical como un rasgo disruptivo que define la transición entre su carácter cinemático y los efectos estabilizadores. En virtud de ello deviene el exponente de las tensiones entre las pinturas dinámicas de los cilindros y las pinturas desintegradas de carácter más estático gracias a unas superficies cromáticas más recortadas. Como era frecuente por estos mismos años, la práctica de una dualidad formal anticipa la génesis de distintas familias pictóricas.

No obstante, la serie que probablemente mejor trasluce la transición del cubismo sintético al simultaneísta es la que dedica en 1919 a *La ciudad,* un mundo de colores sin claroscuros. En particular en dos pinturas de la misma: *La ciudad (fragmento). Estudio* (1919) y la composición de dimensiones considerables *La ciudad* (1919). En ambas los elementos de la vida metropolitana, a igual que las arquitecturas, los anuncios, las señales de tráfico, los escaparates, los vestigios fabriles, etcétera, son reducidos a un vocabulario común de formas estandarizadas y colores brillantes, a una acumulación de imágenes fragmentadas que traslucen los ritmos y la simultaneidad de estratos de la realidad. Aunque inspiradas en la conocida plaza de Clichy de París, se asemejan a los objetos manufacturados, presididas como están por un espíritu lógico que concilia las maneras cilíndricas con el *papier collé,* logrando una especie de híbrido sintético-simultaneísta.

La ciudad es una síntesis de visiones. Sus fuertes contrastes proceden de unos estímulos urbanos tamizados por la intensificación pictórica de unos colores que se desentienden de los objetos como si fuesen libres e

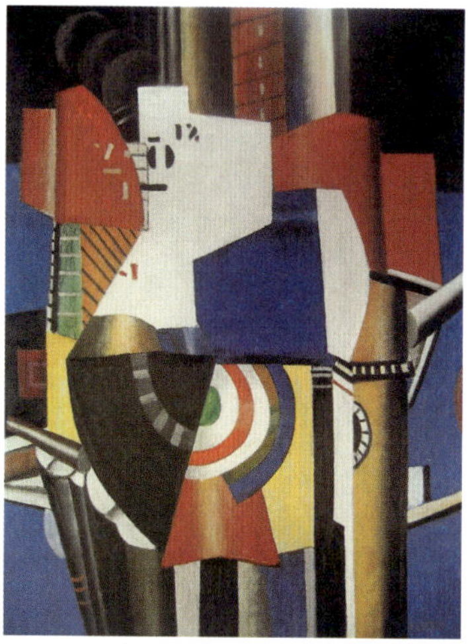

La ciudad (fragmento). Estudio, 1919

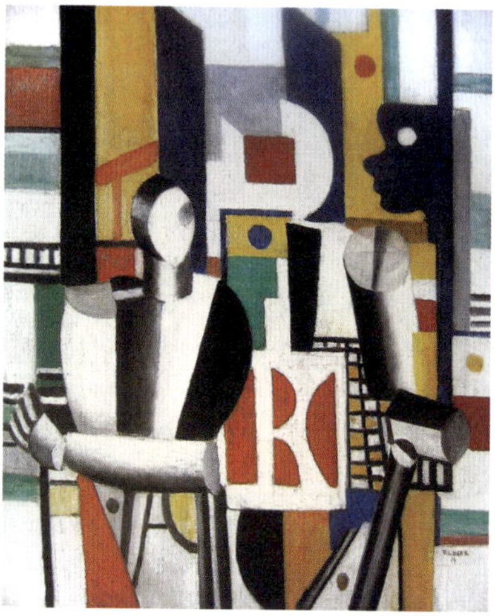

Los hombres en la ciudad, 1919

independientes. A pesar del contacto que siempre mantiene con la realidad de la vida urbana, Léger parece construir cada elemento apropiado de un modo independiente, cada forma por su color. Se trata de una visión de la ciudad compuesta únicamente con colores y tonos puros: azules, rojos, amarillos, etcétera, que implican una absoluta franqueza y sinceridad y, carentes de todo engaño, se inscriben en los carteles y las vitrinas. Gracias a ellos se logra una profundidad espacial y un dinamismo que no requiere el claroscuro ni las modulaciones. Por lo demás, en contra de lo que pudiera parecer, en la superposición de los fragmentos no impera el caos, sino que todo está impregnado por un orden geométrico latente en donde el heroísmo atlético y la vitalidad que caracterizaban al simultaneísmo de Robert Delaunay han sido suplantados por las figuras robóticas del automatismo de la máquina. En otras pinturas de la serie, como por ejemplo, *Los hombres en la ciudad* (1919), los escasos habitantes que la pueblan han perdido su singularidad y son tan anónimos como lo que los rodea.

La ciudad fue una de las atracciones del Salon des Indépendants en París (1920), fue mostrada en Londres ese mismo año y en Berlín dos años después, así como en 1925 en el Armory Show de la Société Anonyme

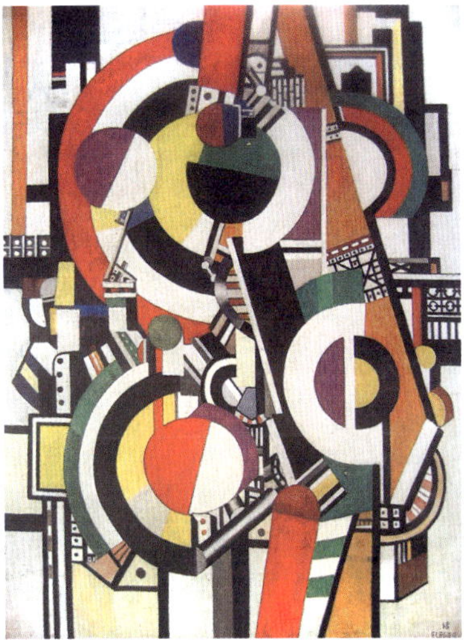

Los discos, 1918

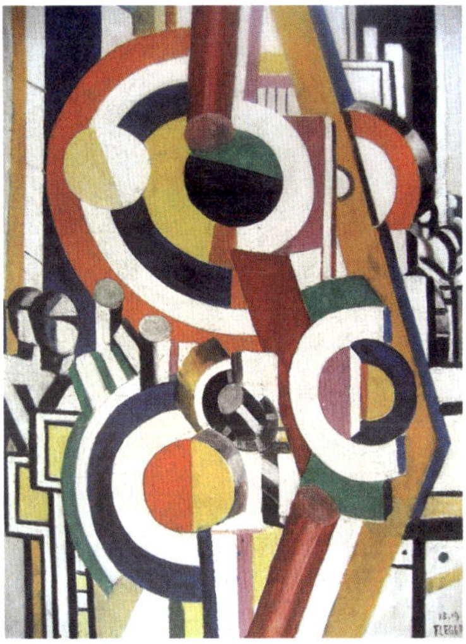

Los discos, 1918-1919

de Nueva York. El propio Léger consideraba que esta pintura era técnicamente una verdadera revolución plástica.

Tanto en las señaladas pinturas del *Circo Medrano* como en algunas versiones de *La ciudad* se repite un motivo: el disco, que en paralelo a ellas se convierte en el embrión de una nueva serie que cristaliza en obras de grandes formatos. Baste recordar *El disco* (1918), *Los discos* (1918 y 1918-1919) o *Los discos en la ciudad* (1920-1921), etcétera. Inspirados una vez más en los discos y prismas eléctricos de los Delaunay, alcanzan un grado elevado de abstracción, pero, sin embargo, no se conciben si no es en un profundo contacto con las realidades urbanas. Los contrastes entre la manera del cubismo sintético y la impronta simultaneísta se logran a través de un cruce entre los efectos pictóricos y las potentes asociaciones mecánicas.

Cuando en los umbrales de los años veinte se generalizaba la deserción de los cubistas y se vaticinaba el insinuado desmoronamiento o incluso la muerte del ismo, el *simultaneísmo cromático* de Fernand Léger fue juzgado como un *cubismo emotivo* ligado a las sensaciones de la vida urbana y claramente diferenciado respecto a las aportaciones de sus compañeros de L'Effort moderne. Por otro lado, en el clima de tensiones chauvinistas

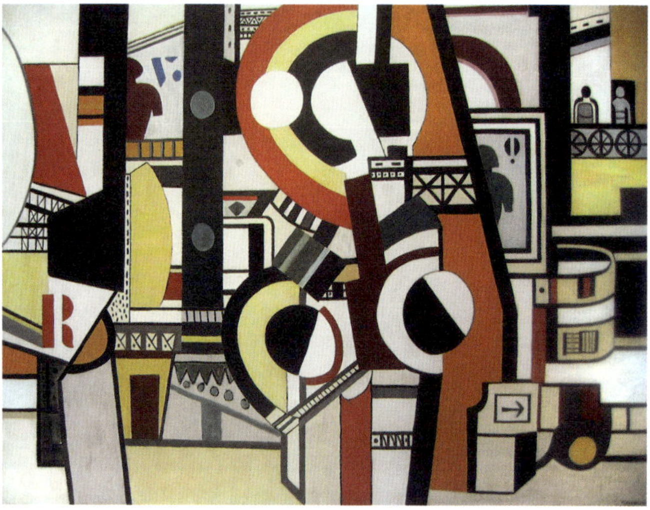

Los discos en la ciudad, 1920-1921

que se vive en Francia, la situación del cubismo se vuelve delicada, pues tanto los críticos conservadores como los pintores ligados hasta entonces al mismo cuestionan que tenga algo que ver con la tradición francesa. De hecho, se impone una apreciación defendida por uno de los cubistas de primera hora, André Lohte, en el sentido de considerar al cubismo analítico, en sintonía con el estudio de la naturaleza, como un movimiento de raíces francesas, mientras el cubismo sintético, proclive a escorar hacia la abstracción, sería extraño al arte francés.

Asimismo, otro joven pintor, Roger Bissière, apelando al nombre de la raza, ponía sus esperanzas en Ingres, mientras interpretaba la dualidad del Picasso cubista y neoclasicista como una contradicción entre la tradición española y la francesa. Incluso Léonce Rosenberg, Maurice Raynal o André Salmon, conscientes de la hostilidad que despertaba el cubismo en los medios parisinos, se esfuerzan por vincularlo con el clasicismo de filiación francesa, asociando a Picasso con Ingres y a Juan Gris con Corot y Cézanne. Una sintonía con la tradición que afectará también a los cubistas que empiezan a moverse en la órbita del *rappel à l'ordre* y, particularmente, al propio Léger.

La impronta clasicista se filtra en el *esprit moderne*

En Léger la crisis de las vanguardias y la llamada al orden se manifiestan en la coexistencia de distintas maneras: cubista, neoclasicista, purista, abstracta, que marcan su evolución durante la década de los años veinte, pero que en realidad cristalizan en dos direcciones: la que relaciona el cubismo con la tradición sin renegar de la actualidad y la que pretende erigirse en un ambiente parisino cada vez más conservador como la encarnación del *esprit moderne* sin romper ciertas ataduras con el pasado.

Los debates sobre el *cubismo* y la *tradición* venían siendo aducidos desde que Jean Metzinger, pintor y teórico de la escuela cubista, relacionara a Braque con los Chardin y los Lancret, es decir, con «el genio de la raza» y las leyes fundamentales del arte.[6] Ahora el propio Léonce Rosenberg, no sabemos si por convicción o situándose a la defensiva, incluso curándose en salud, reivindica sus relaciones en el ensayo «Tradición y cubismo» en los siguientes términos:

> No teniendo en cuenta el azar, descartando la anécdota, despreciando lo particular, los artistas cubistas tienden a lo constante y lo absoluto. En lugar de reconstituir un aspecto de la naturaleza, buscan construir los equivalentes plásticos de los objetos naturales y el hecho pictórico así constituido deviene un aspecto creado por el espíritu [...]. Nada de arbitrario en su arquitectura; al contrario, todo está determinado por un sentimiento y sometido a las leyes eternas del equilibrio.[7]

Salta a la vista que, como sugerí más arriba, Fernand Léger no sólo no era ajeno a esta sensibilidad clasicista, sino que en «Las actuales realizaciones pictóricas» (1914), ya citado, había puntualizado, como si parafraseara la definición de la modernidad a lo Baudelaire, lo siguiente: «Toda obra pictórica habrá de llevar consigo este valor momentáneo y eterno que garantiza su duración más allá de la época en que fue realizada»[8].

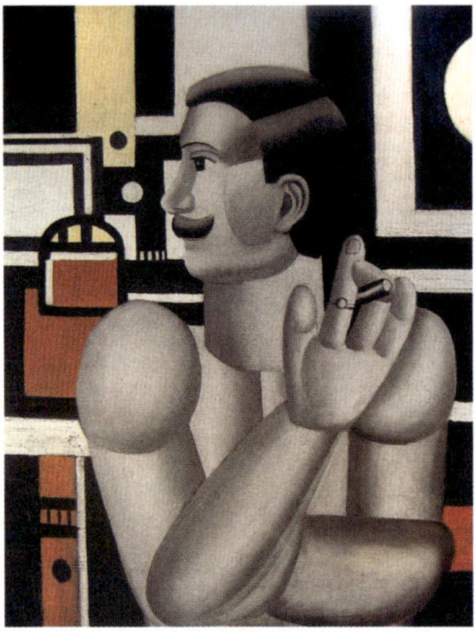

El mecánico, 1920

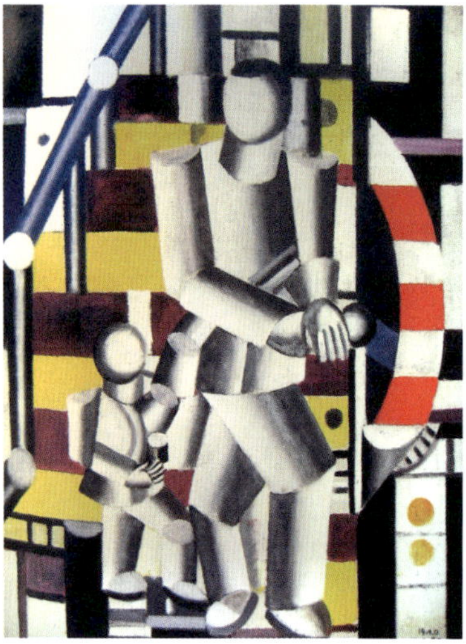

La escalera, 1919-1920

En esta dirección pinturas como *El mecánico* (1920) o *La escalera* (1919-1920) podrían ser interpretadas como las primeras tentativas para clarificar las composiciones a través de unas representaciones legibles y descriptivas en unos escenarios no menos reconocibles. Pero, sin duda, las obras más logradas de este peculiar cruce entre la manera tubular de ascendencia cubista y las composiciones clásicas pertenecen a la serie que tiene como motivo la figura humana. En este empeño Léger no era un caso aislado, ya que nada menos que el propio Picasso había iniciado no sólo el recurso simultáneo a distintas maneras pictóricas, sino ciertos entrelazamientos con ellas. Desde luego, la reincorporación de la figura humana como motivo clasicista tenía en las *Bañistas* (1920) y sobre todo en *Tres mujeres en la fuente* (1921) del español ejemplos ilustrativos que, en los albores de los años veinte, ejercerán una considerable influencia a favor de la llamada al orden.

Sin duda, las pinturas que inician el peculiar cruce entre la manera tubular y el clasicismo son *Mujer en naturaleza muerta* (1921) y *Mujeres en interior* (1921), en las que emula la tradición que va de Poussin a Ingres, David y artistas modernos como Renoir y la *Olimpia* de Manet, con la que la última obra citada guarda ciertos paralelismos, como las figuras desnudas recostadas, las sirvientas, los gatos, etcétera. No obstante, la obra cumbre del momento, en clara competencia con las de Picasso, es el óleo *Tres mujeres (Le grand déjeuner)* (1921).

En *Tres mujeres* Léger cutiva todavía el cubismo tubular y metálico, interpretando los desnudos femeninos mediante volúmenes geométricos sin apenas modulaciones, pero, en consonancia con la llamada al orden, rompe con el dinamismo e incorpora un estatismo hierático. El resultado es una composición de efectos monumentales, clasicista, que trasluce la universalidad del tema y una ausencia de emociones, ofreciendo al mismo tiempo un repertorio de cuestiones a las que tratará de responder en el futuro. Posiblemente, lo más seductor se desprenda de la simbiosis que promueve entre el espíritu clasicista y la modernidad. La obra, que cristaliza en un idealismo concreto y objetivo de reminiscencias atávicas, es al mismo tiempo un culto a la belleza en la edad de la máquina. Tal vez por ello, la idealización de los desnudos, que en el clasicismo suele estar presidida por una sublimación del cuerpo, aparece ahora impulsada por una precisión maquinista. Sin recurrir a la perspectiva lineal, los desnudos femeninos parecen respirar en un espacio interior próximo a lo tridimensional y lo narrativo, al escenario de un interior moderno, en donde se agrupan las figuras y los objetos inanimados que, aunque reducidos al anonimato, se interrelacionan a través de las actitudes, las poses y los volúmenes. En su conjunto la impresión que destila es una vuelta al orden en la que concilia la idealización neoclasicista y la pesantez primitivista, así como la precisión y las volumetrías modernas. *Tres mujeres* es una representación simbólica de la paz y la quietud, de la belleza y la armonía universales alcanzadas a través de la utopía clasicista y maquinista de la forma. Se inscribe asimismo en la serie de los «paisajes animados», los paisajes agrícolas mecanizados, no menos idealizados.

Tampoco es sorprendente que *Tres mujeres* se convierta en un repertorio de cuestiones abiertas, en el embrión de varias alternativas y obras, cuando en el futuro seleccione y desarrolle alguno de sus motivos o partes, ya

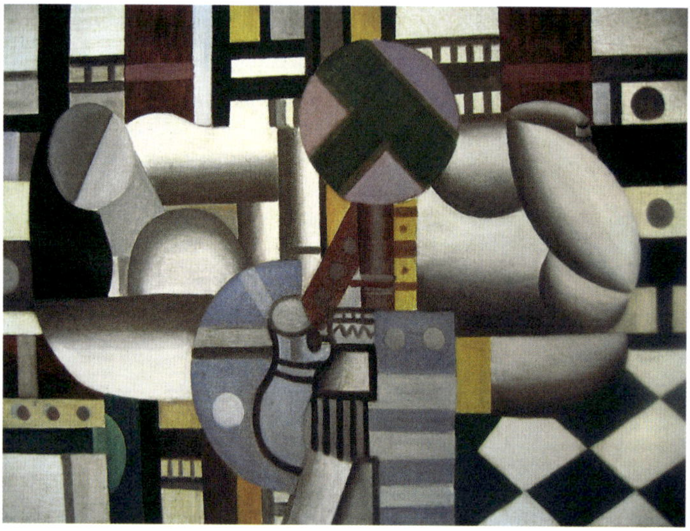

Mujer en naturaleza muerta, 1921

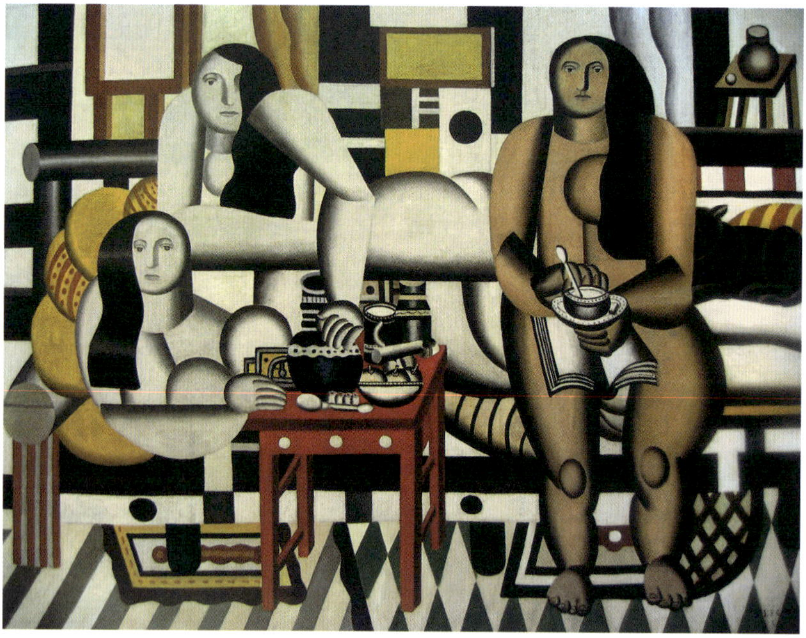

Tres mujeres (Le grand déjeuner), 1921

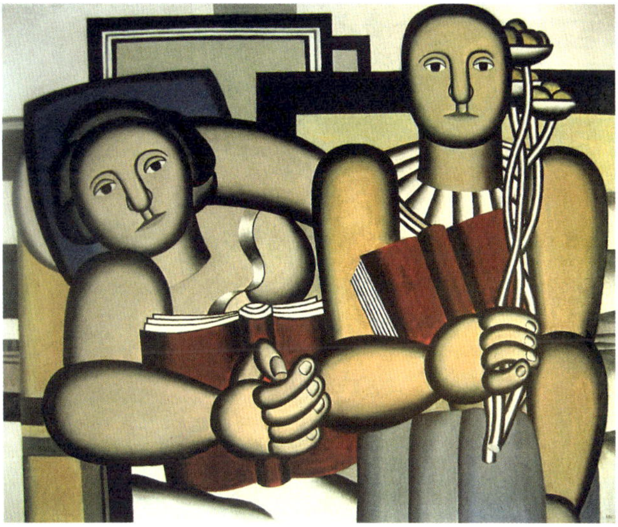

La lectura, 1924

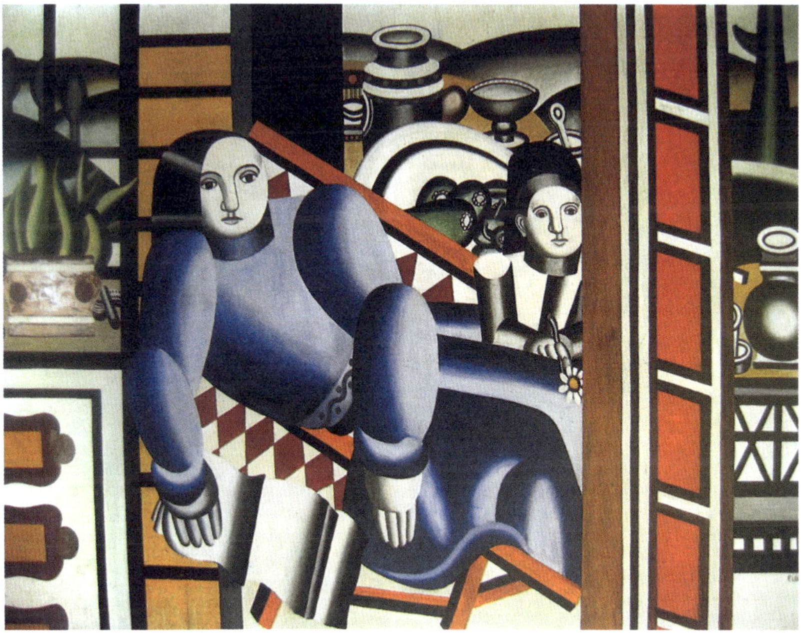

Madre e hija, 1922

sean la figura central, la mesa del primer plano, los fondos abstractos etcétera. Precisamente, de la figura central brotará *Madre e hija* (1922), aunque sea trasladándose de la sala de estar a la cocina, y en ella introduce la naturaleza exterior de un modo tan objetivo que, sobre todo el cactus, es pintado a la manera realista de Henri Rousseau y de los paisajes mecanizados. Asimismo, el motivo del gato negro puede meterse en el regazo de la figura vertical que sostiene la taza y trasformarse en *Mujer con gato* (1922), mientras los desnudos de pie y reclinados serán el punto de partida de *Mujer con flores en la mano* (1922) y *La lectura* (1924), si bien esta representación es mucho más naturalista. Por último, el tratamiento de la mesa central origina una *Naturaleza muerta con jarra de cerveza* (1921), la cual a su vez nos muestra una inusual combinación de la espacialidad cezanniana y los arabescos matissianos con la abstracción geométrica. Finalmente, el tratamiento del cabello de los desnudos en forma de trenzas será la disculpa para otra serie de pinturas, como *Desnudos sobre fondo rojo* (1923), en la que sus negros trazos y superficies contrastan fuertemente con las figuras aisladas y exentas que si, por un lado, traslucen la simplicidad del universo de precisión en la interpretación del desnudo femenino, trasformado ahora en un icono brillante, casi metalizado, por otro evocan los modelos atemporales de la clasicidad.

En Léger la llamada al orden sedimenta igualmente en una segunda dirección: el *espíritu moderno*. Un espíritu abiertamente alentado por lo que Le Corbusier, en su condición de pintor bajo el seudónimo de Jeanneret, venía anunciando desde su *Après le cubisme:* una simbiosis entre el cubismo y el mundo moderno a través de un idealismo optimista que se separa del dadaísmo y del surrealismo. En todo caso, sería ilustrativo analizar los vínculos e interdependencias que se establecen entre el *esprit nouveau* o *purismo,* como denominaban Jeanneret y Ozenfant a su movimiento, y el *esprit moderne* de Léger, pues se entrelazan y complementan de continuo. Tal vez lo más llamativo sea que en el proceso de legitimación del purismo los mentores del *esprit nouveau,* que acostumbraban a silenciar a todo el mundo, al único cubista que respetaban era a Léger. Sin embargo,

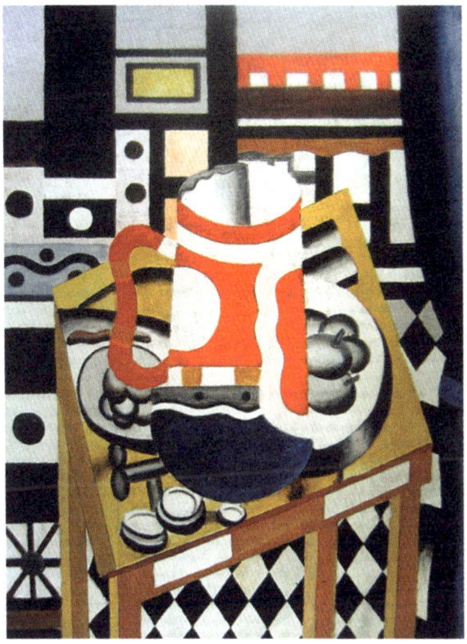

Naturaleza muerta con jarra de cerveza, 1921

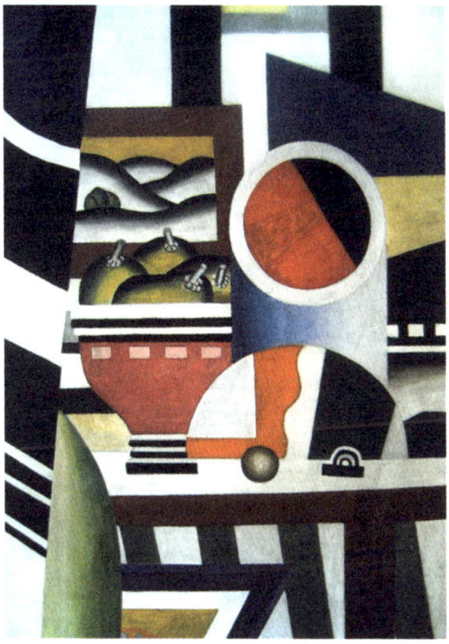

Naturaleza muerta con frutero, 1923

aunque le brindaron colaborar en la revista con ocasión de la producción de su *Ballet mecánico*,[9] nunca le invitaron a formar parte del grupo, ni siquiera a participar en sus exposiciones.

La atracción que sentían los puristas hacia las aportaciones de Léger obedecía tanto a razones teóricas como a las cualidades que apreciaban en sus pinturas, como la belleza y el idealismo objetivo en la época de la máquina, la economía y la geometría en los medios empleados, las analogías que aquél tendía con los objetos mecánicos y facturados, la pureza y la universalidad de sus aspiraciones, etcétera. Es decir, si por un lado se identificaban con él en la solidaridad con el espíritu científico e industrial, mecánico, que se traducía en las analogías, las equivalencias y las metáforas plásticas del arte con la estética de la máquina, por otro, en sus pinturas les atraía el tratamiento del volumen, la precisión de la construcción, el recurso a las formas primarias y la estereometría, rasgos todos que anticipaban las inquietudes de su propia poética y práctica puristas.

Sin embargo, de un modo paradójico, si comparamos las naturalezas muertas realizadas entre 1922 y 1924 por los puristas y por Léger, es fácil apreciar que el último también se dejó seducir por la pureza del *esprit nouveau,* así como por sus obsesiones en trasfigurar los objetos-temas en los objetos-tipo. No en vano Léger, a su ensayo más concluyente, *Estética de la máquina* (1923), le añade el subtítulo *El objeto manufacturado-el artesano-el artista,* en el cual aboga por el valor artístico de los objetos cotidianos diseñados y ejecutados por artesanos. De hecho, *El ballet mecánico* (1923-1924), un filme realizado en colaboración con los cineastas Dudley Murphy y Man Ray, exaltaba la belleza creada por estos artesanos, aunque al mismo tiempo le brindó una excelente excusa para experimentar con más libertad y atrevimiento que en sus pinturas con imágenes abstractas mediante la metamorfosis de los objetos cotidianos a través del movimiento y los ritmos, de la fragmentación y la repetición de los motivos. Fascinado por tales recursos, estuvo tentado incluso de abandonar la pintura para dedicarse en exclusiva al cine. No obstante, olvidando tal intención, se entregó a representar de un modo más estático y simple aquellos mismos objetos cotidianos y los elementos mecánicos que le venían fascinando desde años atrás.

Probablemente esta deriva nos ayude a penetrar en las nuevas series que inicia a mediados de los años veinte. Es posible agruparlas en tres grupos. La primera está dedicada a una representación estática, más simple y precisa, de los objetos cotidianos, a los que, en los insinuados términos puristas, podríamos definir como los *objetos-tipo de los nuevos iconos* de la vida cotidiana. El cometido del artista era organizar tales formas de las nuevas bellezas y hacerlas más visibles, acentuando incluso la claridad efectiva y la comprensión inmediata mediante técnicas artísticas de *extrañamiento.* Baste recordar dos naturalezas muertas: *El sifón* (1924) y *El paraguas y el sombrero de hongo* (1926).

En el primero, el motivo –el sifón tomado de un anuncio publicitario del aperitivo Campari aparecido en el periódico *Le Matin* (12 de septiembre de 1924)– agranda y depura a la manera purista tanto los objetos, la botella y la copa, como la acción de presionar ejercida por la mano hasta trasformar el miembro en un estereotipo impersonalizado.

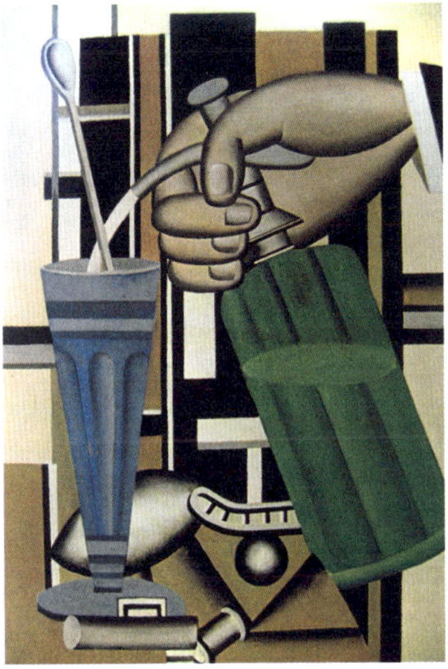

El sifón, 1924

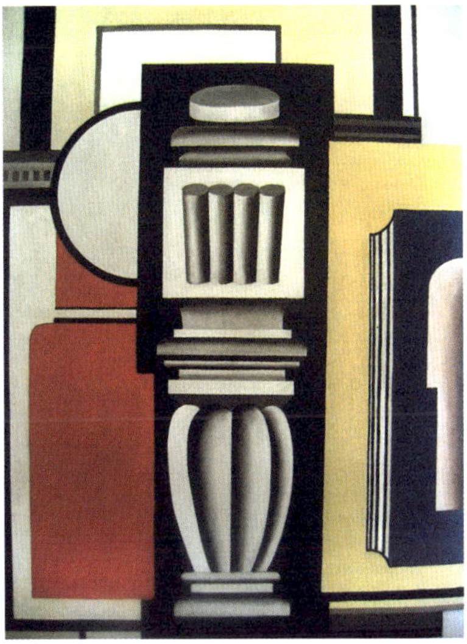

El balaustre, 1925

En su momento fue considerado como un homenaje a un nuevo arte popular, el del anuncio publicitario, pero al mismo tiempo como una transfiguración del mismo por los dispositivos del arte de élite. La interpretación del paraguas y del sombrero en el segundo ejemplo es similar a la del sifón, pero en este caso el escenario es el escaparte como ventana-espectáculo, es decir, insertado en la cotidianidad urbana, otra figura de lo moderno en la que se combinan las nuevas formas de la belleza, del trabajo y del negocio sobre las que había reflexionado en «Nota sobre el elemento mecánico» (1923). La obra es una suerte de homenaje al tremendo cuidado que ponen los artesanos en el trabajo de organizar el escaparate como elemento del espectáculo permanente en el que se ha convertido la calle con una creciente intensidad.

Como se pone de manifiesto en *El balaustre* y en *Composición en la escalera* (ambas de 1925), en la segunda serie adopta como motivo purista *una estilización de la arquitectura* que anticipa las interpretaciones planas de Lichtenstein y otros artistas del pop. Finalmente en una tercera serie, cuyos antecedentes podrían ser *El remolcador* y *El puente del remolcador* (ambas

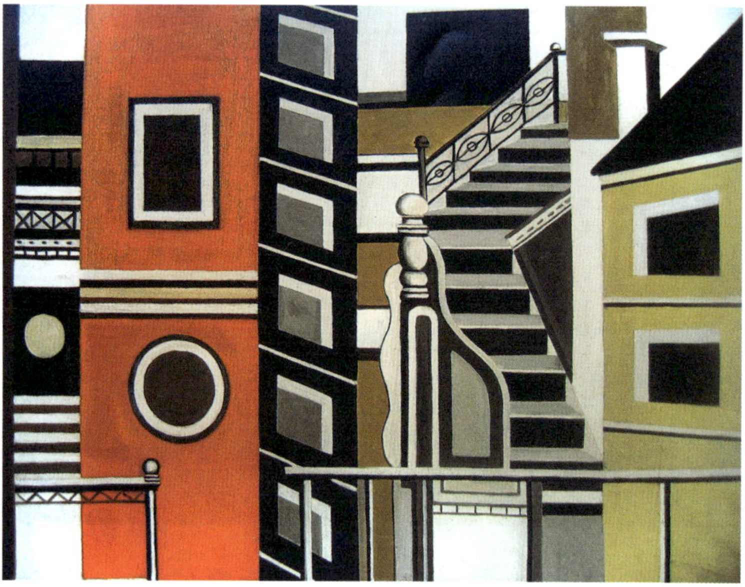

Composición en la escalera, 1925

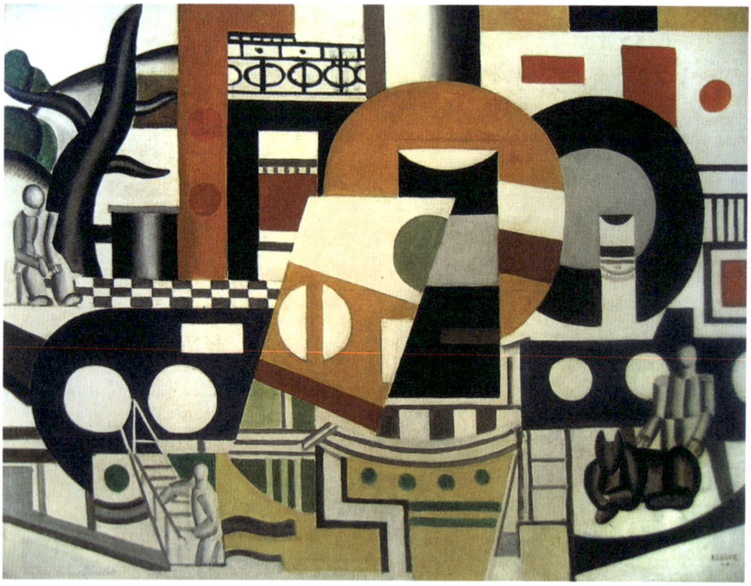

El remolcador, 1920

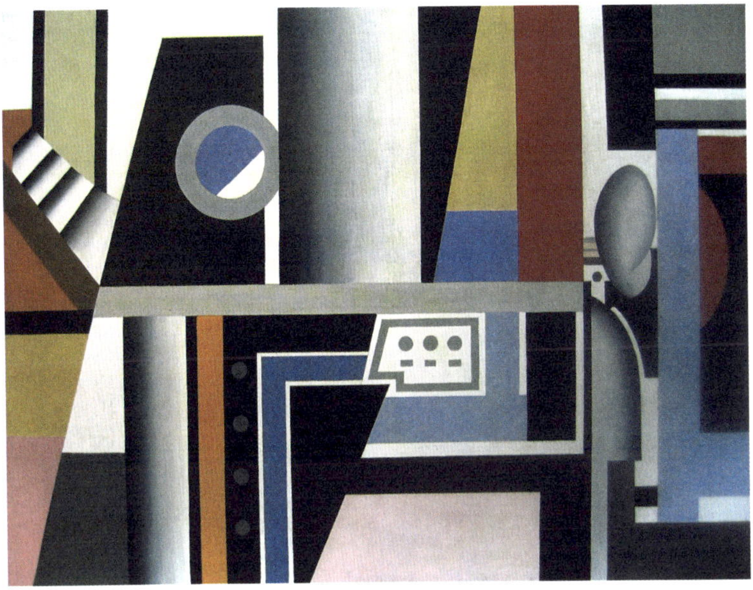

Elementos mecánicos, 1924

de 1920), retoma el motivo de los *elementos mecánicos,* como rezan los títulos de las pinturas realizadas en 1924. En esta ocasión buscaba su inspiración en las piezas reproducidas en las revistas del automóvil.

En *Elementos mecánicos* (1924), por ejemplo, el engranaje de bielas y pistones emerge de un fondo homogéneo, intensamente rojo, destilando una sensación de potencia que se alcanza gracias a la nitidez purista de la representación y la apariencia metálica de los volúmenes y sus superficies. La revista del automóvil *Omnia,* que se anunciaba en las páginas de *L'Esprit nouveau,* ofrecía las imágenes de ruedas y engranajes, pero sobre todo de un rodamiento de bolas que fascinó a los artistas de la vanguardia, entre ellos a Léger, que interpretó el motivo en un cuadro homónimo (1926). Una fascinación que en su caso venía precedida por un proyecto de cartel para *La rueda* (1922), una obra maestra del cine moderno dirigida por Abel Gance, así como por los carteles y su colaboración en el filme *L'Inhumaine,* de Marcel L'Herbier.

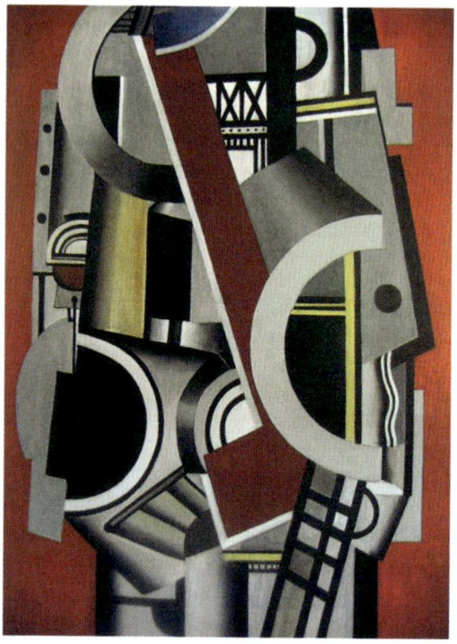

Elemento mecánico, 1924

En esas imágenes la descripción de los objetos cotidianos, las arquitecturas o los elementos mecánicos se confunden con las del purismo, mientras que en la interpretación del espacio, a pesar de que se delatan ciertos guiños al neoplasticismo, sobre todo a Mondrian, recurre una vez más a las técnicas del *papier collé.*

A lo largo de casi una década Léger sortea en todo momento la imitación mecánica en beneficio de la invención a partir de la observación del mundo artificial y de una analogía profunda y secreta con el mundo de la técnica y la ciudad, de una homología en suma, entre la pintura y el maquinismo. En momento alguno pretende copiar, sino más bien, como matizaría en 1923, «crear con objetos mecánicos un objeto bello», en concordancia pero al mismo tiempo en una tensión plástica pura «con el objeto manufacturado que está ahí, absoluto, policromático, claro y preciso, hermoso en sí mismo». Desde 1925 su foco de irradiación se proyectará tanto en la pintura y las colaboraciones con el cine y la arquitectura como a través de su magisterio en la Académie Moderne del *esprit moderne* entre 1924 y 1931.

Hacia 1925, al agotarse el cubismo y el purismo, se consolidaban otras corrientes más moderadas de *l'art vivant* o se abrían paso alternativas más radicales como el surrealismo y el constructivismo internacional, al que los artistas franceses siempre fueron refractarios. Sin embargo, tanto Picasso como Léger seguían siendo referencias obligadas. El primero, en virtud de su habilidad para tender puentes entre el cubismo y el surrealismo, anticipándose a los sincretismos de los años treinta; el segundo, por lograr algo similar entre el cubismo purista y el arte geométrico no figurativo, sin escorar nunca hacia la abstracción.

Para concluir, podríamos resumir su actitud con las palabras con las que cierra su ensayo «Nota sobre el elemento mecánico»:

> El arte es subjetivo, ya lo sabemos, pero con una subjetividad controlada, que se apoya sobre una materia prima objetiva. La obra de arte viene a ser como el *equívoco* de estas dos cantidades. Llegar al estado fijo, al estado de permanencia (no muy a la derecha ni muy a la izquierda) es enormemente difícil. Se necesita un equilibrio perfecto entre el instinto y su control. El romántico se inclina a la izquierda: exceso de subjetividad (estado caliente). El otro hacia la derecha: exceso de objetividad (estado frío).[10]

NOTAS

[1] Fernand Léger, «Los orígenes de la pintura y su valor representativo» [1913], en *Funciones de la pintura,* Barcelona, Paidós, 1990, pág. 19.

[2] Blaise Cendrars, «Pourquoi le cube s'effrite?», *La Rose rouge,* 15 de mayo de 1919, págs. 33-35.

[3] Fernand Léger, «Notas sobre la vida plástica actual» [1923], en *Funciones de la pintura,* cit., págs. 43-44.

[4] Fernand Léger, «Notas sobre el elemento mecánico» [1923], en *Funciones de la pintura,* cit., pág. 47.

[5] Ibídem, pág. 4.

[6] Jean Metzinger, «Note sur la peinture», *Pan,* núm. 10, octubre-noviembre de 1910 y *Paris Journal,* 16 de agosto de 1911. Véase Jean Metzinger, «Cubisme et tradition», en Edward Fry, *Le Cubisme,* Bruselas, La Connaissance, 1968, págs. 66-67.

[7] Léonce Rosenberg, «Tradition et cubisme», *Valori Plastici,* febrero-marzo de 1919. Después sería publicado en un folleto homónimo (París, 1920) y serviría como prefacio a la gran exposición cubista que organiza en la galería Moos de Ginebra, en febrero de 1920. Recogido en Edward Fry, *Le Cubisme,* cit., pág. 149.

[8] Fernand Léger, «Las actuales realizaciones pictóricas» [1914], en *Funciones de la pintura,* cit., pág. 24.

[9] *L'Esprit nouveau,* núm. 28, enero de 1925.

[10] Fernand Léger, «Notas sobre el elemento mecánico», cit., pág. 48.

CURSOS DE INICIACIÓN AL ARTE CONTEMPORÁNEO

1.

El Realismo en el arte contemporáneo, 1900-1950

Rafael Argullol / Valeriano Bozal / Francisco Calvo Serraller / Victoria Combalía / Estrella de Diego Ángel González García / Francisco Jarauta / Lily Litvak / Javier Maderuelo / Simón Marchán Fiz Antoni Marí / Vicente Molina Foix / Antonio Muñoz Molina / Francisca Pérez Carreño Agustín Sánchez Vidal / Guillermo Solana

2.

El Surrealismo y sus imágenes

Juan Manuel Bonet / Eugenio Carmona / Victoria Combalía / Estrella de Diego / Fèlix Fanés Emmanuel Guigon / José Jiménez / Juan José Lahuerta / Simón Marchán Fiz / Juan Antonio Ramírez Agustín Sánchez Vidal / Georges Sebbag / Guillermo Solana

3.

Picasso

Rafael Argullol / Dore Ashton / Juan Manuel Bonet / Valeriano Bozal / Eugenio Carmona Pierre Daix / Estrella de Diego / María Dolores Jiménez-Blanco / Tomàs Llorens / Simón Marchán Fiz María Teresa Ocaña / Josep Palau i Fabre / Robert Rosenblum / Agustín Sánchez Vidal Guillermo Solana / Victor Stoichita

4.

Creadores del Arte Nuevo

Valeriano Bozal / Jaime Brihuega / Eugenio Carmona / Nigel Dennis / María Santos García Felguera Javier González de Durana / Ángel González García / María Dolores Jiménez-Blanco Pablo Jiménez Burillo / Ángel Kalenberg / Robert S. Lubar / Juan Pérez de Ayala / Javier Tusell Agustín Sánchez Vidal

5.

¿Qué es la escultura moderna? Del objeto a la arquitectura

Javier Arnaldo / Kosme de Barañano / Valeriano Bozal / Fernando Castro Borrego Ángel González García / Juan Miguel Hernández León / María Dolores Jiménez-Blanco Juan José Lahuerta / Tomàs Llorens / Simón Marchán Fiz / Juan Navarro Baldeweg Víctor Nieto Alcaide / Víctor Pérez Escolano / Delfín Rodríguez

6.

Los orígenes del Arte Moderno, 1850-1900

Javier Barón / Valeriano Bozal / Victoria Combalía / Estrella de Diego / Ángel González García
Jean David Jumeau-Lafond / Geneviève Lacambre / Serge Lemoine / Tomàs Llorens
Simón Marchán Fiz / Robert Rosenblum / Guillermo Solana / Mary Anne Stevens
Charles F. Stuckey / Belinda Thomson / Richard Thomson

7.

El arte abstracto. Los dominios de lo invisible

Valeriano Bozal / Estrella de Diego / Serge Fauchereau / María Dolores Jiménez-Blanco
Simón Marchán Fiz / Barbara Rose / Pascal Rousseau / Guillermo Solana / Mary Anne Stevens

8.

La otra historia del arte. Heterodoxos, raros y olvidados

Maria-Josep Balsach / Estrella de Diego / Mercè Ibarz / María Dolores Jiménez-Blanco
Pablo Jiménez Burillo / Simón Marchán Fiz / Vicente Molina Foix / Pascal Rousseau
Agustín Sánchez Vidal / Guillermo Solana / Mary Anne Stevens

9.

Capitales del arte moderno

[En preparación]